陈 瑞 华 作 品

刑事审判原理论

第三版

PRINCIPLES OF CRIMINAL TRIAL

陈瑞华 著

法律出版社 LAW PRESS · CHINA

作者简介

陈瑞华 北京大学法学教授，博士生导师，北京大学法学院学术委员会主任。中国法学会常务理事，国际证据科学协会理事。“全国十大中青年法学家”，教育部“长江学者奖励计划”特聘教授，入选国家“百千万人才工程”计划。主要研究领域为刑事诉讼法、证据法学、司法制度、程序法理论、法学方法。在程序价值、诉讼构造、程序性制裁、刑事诉讼模式、辩护、证据理论等方面，有较为深入的研究，作出了理论贡献。著有《刑事审判原理论》《看得见的正义》《刑事诉讼的前沿问题》《程序正义理论》《程序性制裁理论》《刑事诉讼的中国模式》《刑事证据法》《刑事辩护的中国经验》《刑事辩护的理念》《刑事辩护的艺术》等著作。

第三版序言

经过无数次的犹豫、彷徨和踟蹰不前，终于将《刑事审判原理论》的修订工作完成了。

这是在我博士学位论文基础上形成的学术著作，也是我独立出版的第一本书。该书初版于1997年。7年后，该书曾经历过一次“修订”，出过“第二版”。但当时并没有对其内容作出实质性的调整，而只是修改了一些文字表述。时至今日，我终于有机会对该书进行一次真正的“大修”了。

1995年上半年，我顺利完成了博士学位论文答辩，从中国政法大学毕业，获得博士学位，随即进入北京大学法律学系从事博士后研究工作。经过一年多的修改和完善，我将《刑事审判原理论》交付北京大学出版社出版。受当时法学学术环境的影响，该书比较注重对法学原理的讨论，强调研究的“理论性”。基于对当时“注释法学”研究方式的反感和抵触，研究者注重对“刑事诉讼基本理论”的深入挖掘，将总结出规律、抽象出原理、概括成理论作为法学研究的最高境界。《刑事审判原理论》这一书名就反映了我当时的学术追求。与此同时，该书注重对国外最前沿理论的介绍和分析，强调研究的“前沿性”。当时比较重视外国出版社出版的第一手资料。除了在中国政法大学图书馆的库本阅览室和外文阅览室长时间徜徉驻足以外，我还进入国家图书馆外文新书阅览室，发现、阅读和复印了大量外文新书。记得一个偶然的机会，我以母校藏书中的一些注释为线索，在国家图书馆发现了好多本刑事诉讼原版著作，尤其是英美学者研究程序正义和正当程序问题的多部著作和论文集，当时可谓欣喜若狂，几乎全身心投入对研究资料的整理和消化之中。这种研究志趣，在这本书中得到了充分的体现。

以今天的眼光来看，《刑事审判原理论》是一部典型的“博士生作品”，带有浓重的“书生之见”。该书在注重学术研究的“理论性”和“前沿性”的同时，也试图将中国相关问题纳入分析和评论的框架之中，并力图驾驭理论与实践的双重马车。但限于学术能力和研究水平，无法完成理论的本土化，而最终变成“以前沿法学理论评判制度和实践”的作品。笔者在修订中不断发现，该书的不少表述都带有我后来所批评的“对策法学”的意味，也随处可见那种“根据国外法律发展趋势来指点我国立法发展”的价值取向。

令人既欣慰又尴尬的是，《刑事审判原理论》得到了法学界超乎寻常的认可。该书不仅获得过多项学术奖励，还一度成为引证量排到前十名的中文法学著作。这份殊荣，的确值得作者欣慰。但时至今日，我已经出版了近20部著作，所发表的学术论文也已经超过300篇。我自己感觉最得意的作品，如《程序正义理论》《程序性制裁理论》《刑事诉讼的中国模式》《刑事证据法》《论法学研究方法》《司法体制改革导论》等，竟然在引证率方面远远达不到这部根据博士学位论文改编的著作。当然，在2018年推出的一项引证排行榜上，我出版的那部两卷本著作《刑事诉讼的前沿问题》，首次在引证量上超过《刑事审判原理论》。但也并不足以减轻我的尴尬之情。

近10年来，不断有学生、编辑和同行建议我推出一部全新的《刑事审判原理论》。他们所持的理由可谓五花八门。有的说，"这本书是刑事诉讼法学著作中的常青树"，我没有动容；有的认为，"这本书奠定了我国刑事审判研究的理论基础"，我没有轻信；有的劝解道，"迄今为止，这部书具有不可逾越的学术地位"，我也没有被说服……直到有一天，一位同行告诉我，不少大学法学院将这本书列为刑事诉讼法学研究生的必读书目，很多法科学生都在到处寻找这本书，甚至不惜出高价在网上购买山寨版的"书"。有的大学法学院从老师到学生，几乎达到人手一本该书复印件的地步。了解到这些情况，我就再也坐不住了。于是，在一种尽快推出最新版本的动力驱使下，我启动了本书的修订工作。

但一经投入修订工作，我才发现自己要面对极为艰巨的挑战。《刑事审判原理论》从初版到现在，已经过去了20多年。20年的变化可谓沧海桑田，"青山依旧，人事全非"。今日之我，无论是在所坚持的研究方法上，还是在所持有的学术见解方面，都与昨日之我有了很大的不同。对这样一部著作的修订，有点像对一栋矗立经年的公共建筑进行重新维修一样，令人难以把握改变原作的尺度。

在刑事审判问题的研究上，《刑事审判原理论》算是我的开山之作。后来，我提出了一系列新的观点和理论。例如，对程序性制裁理论的挖掘，催生出了"违法审判行为的法律后果"这一理论问题；对定罪裁判、量刑裁判和程序性裁判的分类和讨论，发展出了刑事审判的三大形态理论；对刑事诉讼纵向构造问题的研究，催生了审判中心主义与侦查中心主义的理论课题……更何况，我还研究过第二审程序、死刑复核程序、再审程序等一系列救济程序，并提出了一些理论上的见解。假如要将这些刑事审判的“原理”都包容进来，那么，修订后的《刑事审判原理论》也就面目全非了。

最后，还是一位朋友善意提醒了我：“没有必要对这本书进行外科手术式的改变，可以维持原有的框架结构，只需要将那些不合时宜的表述加以调整就可以了。”其实，《刑事审判原理论》出版20多年来，它之所以有其固有的生命力，就在于读者从这本书里可以获得观点的启发和理论的滋养。我没有必要把后来提出的审判理论过多地纳入进来。还是留给读者一部原汁原味的《刑事审判原理论》吧。

有了这种思路，修订工作就顺利多了。对于该书原有的理论框架，我没有作任何改动，仍然保留了“刑事审判的性质”“刑事审判程序之价值”“刑事审判之基本原则”“刑事审判中的职能区分”“刑事审判程序之模式”五大板块。其中，最后一个板块又被进一步分为“普通审判程序之模式”与“简易审判程序之模式”两大部分。当然，对于原著中“不合时宜的部分”，我也没有手软，而是进行了大刀阔斧的修订。例如，对于刑事审判程序价值的讨论，我吸收了一些后来提出的新观点；对于刑事审判基本原则的分析，我将几个基本原则在我国的适用问题作出了重新表述，以增强论述的问题意识；对于刑事审判中的职能区分问题，我几乎是进行了重写，将法院变更起诉罪名、案卷移送制度的恢复、检察官特殊义务的承担、辩护律师的忠诚义务和有效辩护义务等问题，都纳入该章的整体理论框架之中。不仅如此，对于刑事审判程序模式问题，我也进行了大规模的修订，对于我国刑事审判方式的改革作出了完整的回顾，并作出了中肯的评价；对于我国刑事简易程序的确立和演进过程，我也进行了专门讨论，并对最新的“认罪认罚从宽”特别程序及其对简易程序和速裁程序的影响，作出了较为深入的分析和评论。

经过修订，《刑事审判原理论》（第三版）已经被赋予了新的灵魂。应当说，这本书所总结的审判原理至今并不过时，而具有超越时空的生命力。尤其是对刑事审判性质、多元化审判程序价值、程序正义理论、职能区分原理、审判模式理论以及简易审判程序理论的讨论，至今读起来仍然属于基础性的理论分析，值得初入法学研究之门的人士认真研习。同时，本着“与时俱进”的原则，这本书对于当下中国刑事司法改革所面临的一系列问题，如控审关系、有效辩护、审判构造、司法资源合理配置等问题，也从理论的角度发表了看法。当然，在对待中国法律问题方面，该书第三版的基调不再是对策性的，也不再动辄从“国际法律发展趋势”的角度评判中国法律制度的改革问题，而是转向揭示问题，发现制度成因，或者对所发生的制度变革作出理论评估和效果检验，从而使讨论增加了一些实证讨论或经验分析的色彩，避免提出一些过于主观的论断和命题。

数年之前，应一家媒体之邀，我写过一篇题为《我的第一本书》的小文章，讲述了《刑事审判原理论》一书的出版历程，也谈到自己的一些学术感悟以及该书出版对自己学术之路的影响。时至今日，我依然无悔于当初选择了这条充满艰辛和坎坷的学术之路。应当说，这是一条波澜壮阔的披荆斩棘之路，是一条充满孤寂的求索之路，也是一条惊心动魄的灵魂重塑之路。既然选择了这样一条路，我们就应在教书育人的同时，勇于学术创新，提出新观点，创造新概念，发现新规律，作出新的理论贡献。如此，则一生无憾了。

感谢法律出版社出版这本书的第三版，尤其感谢高山先生为这本书的编辑和版式设计所做的创造性工作。感谢贺维彤先生为本书提供了精美的插图。特别感谢北大出版社的杨立范先生，为这本书的第一版付出了辛劳和帮助。

期待着更多的读者在阅读本书第三版时获得新的灵感，享受更大的愉悦！

陈瑞华

2019年3月1日于北大中关园

绘画：从哈德良皇帝的诏书到查士丁尼皇帝的敕令汇编都是得到了神启，将带给人类正义、智慧、光明、勇气与团结。画师是 Charles Meynier (1768–1832)，原作收藏于法国卢浮宫。哈德良皇帝是罗马帝国第十四任皇帝，与拜占庭皇帝查士丁尼同为“罗马帝国五贤帝”之一。查士丁尼一世非常重视法律文献的整理和汇编。

↑

初版序言

《刑事审判原理论》一书主要研究刑事审判制度和刑事审判程序中的基本理论，对刑事审判的性质、刑事审判程序的价值、刑事审判的基本原则、刑事审判中的职能区分以及刑事审判程序的模式等问题进行了论述和分析。本书的特色在于，运用思辨、比较和实证等多种研究方法，着力于阐释刑事诉讼法学的基本理论范畴及其相互间的关系，揭示刑事审判活动的普遍规律，并在把握各国刑事审判制度的共同改革发展趋势的前提下，对中国刑事司法制度的改革作出预测和展望。

本书是在笔者博士学位论文的基础上经过修改和完善写成的。整个写作和修改过程前后历时两年。本书综合了笔者从事刑事诉讼法学研究以来所形成的主要学术观点和思想，代表了这一时期的研究成果和研究水平。本书也是笔者在北京大学法律学系从事博士后研究工作期间的研究项目之一。笔者在此感谢中国博士后科学基金会为此项研究所提供的资助。

本书的完成和出版凝聚了许多人的心血和关怀。在笔者攻读博士学位期间，导师陈光中教授给予了巨大的扶持和帮助，对本书的写作进行了精心的指导，本书的不少地方也体现了他的思想。在笔者来北大做博士后期间，合作导师杨春洗教授给予了悉心的指导和帮助，就本书涉及的一些理论问题与笔者进行了讨论，使本书从内容到形式得到及时的完善。两位恩师高尚的人品和严谨的治学态度，将使笔者终生受益。笔者在研究过程中还有幸得到了中国政法大学的周士敏教授、严端教授、程味秋教授、樊崇义教授以及北大法律系的王国枢教授、储槐植教授、王以真教授的指导和关心。陶髦教授、肖贤富教授、刘金友教授、张泗汉教授对本书的修改提出了许多中肯的意见和创造性的建议。北大法律系的诸位领导为笔者的研究工作提供了许多便利条件。笔者对上述师长和领导的帮助表示衷心的感谢。笔者也要感谢北京大学出版社的杨立范先生，本书的及时出版是与他的帮助、鼓励和辛勤工作分不开的。另外，在本书的写作过程中，贤妻秦玲女士做了大量的辅助工作，本书的完成和出版既得益于她的支持，也包含着她的心血。

陈瑞华

1995年岁末于北京大学

↓

绘画：七种美德（The Seven Virtues）局部。画中为正义女神。意大利佛罗伦萨画派画家安东·弗朗西斯科（Anton Francesco dello Scheggia）绘画于1465－1476年。画中的女神从左至右依次代表：Prudence（审慎、谨言慎行）、Justice（正义）、Faith（忠诚信仰）、Charity（慈悲、慷慨）、Hope（希望）、Fortitude（贞洁、刚毅）和Temperance（节制）七种美德。相对于七种美德，人类的七宗罪为Lust（色欲）、Gluttony（贪食）、Greed（贪婪）、Sloth（懒惰）、Wrath（愤怒）、Envy（妒忌）、Pride（傲慢）。

目　　录

第一章　导　论

绘画：《在称重灵魂的大天使圣米迦勒》（Saint Michael Weighing Souls），西班牙画家 Juan de la Abadia(1470–1498) 创作于 1480–1495 年。原作藏于加泰罗尼亚国家艺术博物馆（Museu Nacional d'Art de Catalunya）。

↑

第一节 刑事审判的概念

什么是刑事审判？它的内在构成要素有哪些？对此，国内学者很少从法哲学的角度对这些问题进行分析。西方学者——主要是英美学者——则将刑事审判完全等同于民事审判，并根据民事诉讼的性质对审判的普遍含义及其“本质特征”作出分析和评价。总体而言，人们对刑事审判的特殊性并没有深刻的认识。

当代的诉讼理论将审判视为法院解决特定争议各方之间利益争端的国家活动。英国权威的《布莱克维尔政治学百科全书》认为：“审判是指（法院）在诉讼案件中，对有关各方之间的权利分配问题作出有拘束力的裁决，而这些权利被认为原则上已为现行法律所确定。”〔1〕美国学者戈尔丁（Martin P.Golding）则指出，完整意义上的审判（adjudication）须同时包含以下六项构成要素：（1）“存在一种特定的争端”；（2）“特定的争议各方卷入争端之中”；（3）“一个独立于争议双方的第三方（the third party）参与并主持对争端的解决”；（4）“举行听证（hearing），届时双方将有关

〔1〕《布莱克维尔政治学百科全书》，中国政法大学出版社1992年版，第6页。

证据和主张向第三方提出”;(5)“第三方通过宣布一项裁决解决争端”;(6)“裁决须建立在实体法所确立的原则和规则基础之上,并顾及双方在听证时所提出的证据和主张”。[1]

这里所讲的利益争端或争议,通常是指民事诉讼各方进行争讼或抗辩的根据。从内容上看,争端可分为事实争端和法律争端两大类,但一般作为诉讼前提的争端同时包含着上述两方面的内容。在民事诉讼中,争端的产生源于有关各方在民事权利和义务分配方面的利益争执或纠纷,这种争执一旦发生,并不必然引起民事审判的开始。有关各方可以选择私下和解的方式自行求得争执的解决,也可以选择调解、仲裁等方式使争端得到解决。但是,与其他争端解决方式不同,审判是法院以国家名义对有关各方业已发生的权利、义务争执作出最终、权威解决的活动。通过审判,法院对各方的权利、义务进行重新分配,对他们因侵权或其他违法行为所应负担的责任从法律上加以确定,从而使争端从法律上得到解决。

英美法系国家的刑事审判制度一般在诉讼理念及运作方式等方面与民事审判制度具有许多相同或相似的地方,因而上述有关审判的定义及对其内在构成要素的分析可以同时适用于刑事和民事审判方面。但是在其他国家的法律制度中,刑事审判与民事审判却存在巨大的差异,上述有关审判的定义并不能适用于这些国家的制度之中。因此,要想对各国刑事审判的本质作出普遍适用的解释,我们尚须作进一步的分析。

在笔者看来,刑事审判是由国家专门机构主导进行的刑事诉

---

〔1〕 Martin P.Golding, *Philosophy of Law*, Englewood Cliffs, N.J.: Prentice-Hall, 1975, pp.108-112.

讼活动的重要组成部分。在这一重要诉讼阶段上,受追诉者的刑事责任问题要得到最终的确定,法院要对被告人是否有罪的问题作出权威的裁决。在刑事审判开始之前,国家与被告人之间的利益冲突已经发生:作为国家利益代表的刑事追诉官员已开始进行旨在使犯罪嫌疑人的生命、自由、财产等实体权益受到限制或剥夺的追诉活动。刑事审判一经开始,作为国家利益代表的检察官与为维护个人私权而进行争讼的被告人便直接处于对立的地位上。当然,在对刑事自诉案件的审判中,受害人或其法定代理人作为自诉人与被告人组成控辩双方。不过在本书中,笔者所说的刑事审判仅指法院对公诉案件的审判。这种刑事审判的进行一般会伴随着公诉人与被告人之间的争执或抗辩,但这种争执或抗辩并不必然构成刑事审判开始的前提。在包括大陆法系国家在内的许多国家,检察官与辩护一方即使就被告人有罪问题有着完全一致的意见而无任何争执,或者被告人已就检察官指控的罪行全部予以供认,并放弃了所有辩护主张和请求,法院一般仍要对案件进行独立审判,并对被告人刑事责任问题作出独立的判定,而不受检察官或被告人意见的左右。因为在这些国家中,只有法院才有权对被告人刑事责任问题作出权威的确定,检察机关只有将它认为有罪的被告人提交法院审判,才能使被告人最终受到定罪或惩罚。检察官与辩护方无权就被告人有罪这一实体问题进行处分。这样,普遍意义上的刑事审判就不能被定义为"由法院解决争议各方利益争端的活动",而是一种由法院代表国家通过独立地认定案件事实和适用刑事实体法,对被告人刑事责任问题作出最终和权威的确定的活动。为了对刑事审判的概念作出更加全面、深刻的认识,笔者拟通过分析刑事审判与民事审判之间的区别，对构成刑事审判的若干内在要素加以揭示。

首先，法院通过刑事审判所要解决的是国家追究犯罪的合法性和正当性问题。

与民事审判不同的是，刑事审判不是对所谓诉讼主体之间的权利、义务或责任作出分配和确定的活动，而主要是对国家追诉机构提请裁断的被告人刑事责任问题作出权威判定的活动。在法院开始刑事审判之前，侦查机关已对被告人实施了刑事追诉行为，并已就它们认为有罪的犯罪嫌疑人的刑事责任作出了肯定的判断。法院的使命是，通过对国家追诉机关在追究某一个人的刑事责任方面的合法性和正当性进行审查，独立地判明国家追诉机关对某人罪行的认定能否成立，以及在这种罪行成立后对该人如何实施惩罚等问题。

刑事审判开始的前提在于，国家追诉机关经过侦查确认某一个人实施了犯罪这种严重危害国家和社会利益的行为。与其他违法行为相比，犯罪是一种对国家和社会危害最大的行为，因为它不仅破坏了社会秩序、危害了公共安全，而且严重威胁国家的法律秩序，是对法律制度的严重蔑视和毁损。从表面上看，许多犯罪行为直接侵害的是某一社会成员个人的生命、健康、财产、名誉等权益，但它们实际上对国家和社会的根本利益构成了威胁和侵害。这些行为如果不受到国家的严厉制裁和有效抑止，那么不仅社会的安全、公民的利益均无法得到保障，社会正义无法得到维护，而且可能促使受害者求诸私力救济或暴力手段实施报复，以至于引发更多的违法或犯罪行为，使社会的存在和发展受到威胁。正因如此，国家对犯罪行为的处理就不能像处理民事纠纷那样以私人追诉的方式进行，而必须采取国家追诉的方式。国家追诉机关一旦发现有犯罪行为发生，即有权进行侦查，并在确认某一个人的行为构成犯罪时，代表国家对其提起公诉，从而将案件提交法院作出最终裁决。

既然国家已设立专门刑事追诉机构，并由该机构实施刑事追诉活动，法院为什么还要通过刑事审判再对被告人是否有罪的问题进行一次独立的探究呢？这一问题涉及刑事审判活动的目的，本书的第二章将对此作出全面分析。不过在这里，我们可以简单地说，法院进行刑事审判活动的目的在于实现正义的要求，使国家对被告人的定罪或判刑既合乎刑事实体法的要求，也具备正当性和合理性标准。换言之，从实体结果上看，刑事审判的举行旨在确保被告人受到公正的定罪或判刑，防止任何被告人受到不公正、不合理或错误的定罪判刑。没有刑事审判这一程序机制，国家追诉机关对犯罪嫌疑人追诉的决定将成为对其刑事责任进行追究的直接依据，但这一决定极可能会因为缺乏有效的独立审查机制而失去其公正性和合理性。法院正是通过对国家追诉机构所提出的追诉主张的合法性和正当性进行审查，来确保这一目的的实现的。当然，法院进行刑事审判的另一个目的在于给予被告人等可能受裁判结果不利影响的人以获得公正审判的机会。但这一目的也是与对国家追诉机关追究犯罪决定的合法性和正当性的审查和判定相结合而提出的。

刑事审判的第二项内在要素是，它由检察机关代表国家来启动，国家与被告人事实上处于控辩双方的地位。

现代刑事审判制度建立在国家追诉主义理论基础之上，检察机关代表国家行使刑事追诉权，并有权发动刑事审判程序。与那种由个人提出申请之后才开启的民事审判和行政审判不同，刑事审判一般只有在检察机关代表国家正式提出控诉申请的前提下才能开始和进行。这样，在刑事审判过程中，主持法庭审判的法官与出庭支持公诉的检察官均为国家专门机关的代表，国家事实上同时承担审判者和追诉者这两种诉讼角色。这是刑事审判的一项显著特征。

刑事审判的主要目的既然在于实现正义，使被告人受到公正的定罪或判刑，那么现代法治国家为了实现这一目的，一般均建立了诉讼职能的区分与制衡机制，在国家专门机关之间作出控诉与审判职能的区分即是这一机制的内容和要求。法官与检察官尽管同为国家专门机关的代表，但他们在刑事审判中分别行使审判权和控诉权，分别承担审判职能和控诉职能，他们的诉讼角色具有相对的独立性和互不从属性。在刑事审判开始之前，侦查机关已进行了大量的侦查活动，收集并掌握了足以对被告人提起公诉的证据。但检察机关无权对被告人刑事责任问题作出最终裁决，他只能代表国家向法院提起正式的公诉，并出庭支持和证实自己公诉主张的可成立性。法院作为国家的司法审判机关，有权对被告人刑事责任作出最终和权威的裁决。但这种裁决必须通过审查诉讼各方收集并提交的证据和事实而进行，法官不得自行提出诉讼主张，一般也不能提出独立的事实。法官的判决必须通过审查和判断检察机关的控诉请求能否成立而作出。

由于检察机关代表国家对被告人提起公诉，以使有罪被告人受到国家的定罪和判刑，国家（通过检察机关）与被告事实上有着相互冲突的利益，并因此处于控辩双方的对立地位。从表面上看，刑事审判似乎是强大的国家对弱小的公民个人的追究活动，控辩双方无法坐在一起进行平等的协商、对话和交涉。但是，现代刑事审判制度一般把国家与被告人个人视为平等的诉讼双方，并通过建立若干程序机制来确保双方进行平等的对话。这主要包括以下几个方面：(1)检察机关作为国家利益的代表，在法庭上只能通过提出主张、证据并进行抗辩和论证这一理性方式完成追诉犯罪的目标，而不能采取暴力强制、武力威胁等非理性手段。因此，刑事审判包含着检察机关的证明过程。(2)被告人一般拥有一系列的程序性权利和保障，他可以针对检察机关的控诉进行富有意义的辩护，从而确保自己的实体权益不受非法侵害。因而刑事审判又包含着被告人的辩护过程。(3)在刑事审判中，法官作为中立的"第三方"，在控辩双方之间保持不偏不倚的地位和态度；控辩双方作为平等的参与者，通过言词辩论对裁判者施加影响，这使审判成为控辩双方通过理性的交涉和说服来影响法官裁判的场合。

刑事审判的第三项内在要素在于，法院通过在国家利益和被告人利益之间保持相对的平衡，承担起维护法治和正义的使命。

在刑事审判过程中，国家与被告人个人之间的实体利益实际存在很大的冲突：作为国家代表的检察官力图通过使被告人受到定罪、判刑，来实现刑事实体正义，维护社会治安和秩序；同时，被告人一般会尽力避免受到定罪、判刑这一结果，或力图使自己受到尽可能轻的定罪、判刑，以防止自己的自由、生命、财产等权益受到剥夺或损害。无论检察官与被告方在审判过程中是否进行激烈的对抗和争讼，国家与被告人在利益上的这种冲突是始终存在的。

法院尽管也是国家的专门机关，但它并不像检察机关那样承担追究犯罪、揭露犯罪和惩罚犯罪的职责，它所维护的是国家更高层次的利益——维护国家法律的正确实施，实现法治和正义。正如许多中外学者所指出的那样，法院是国家法治最重要的维护者。因为“法治的实质必然是：在对公民发生作用（如将他投入监牢或宣布他主张有产权的证件无效等）场合下，政府应忠实地运用那些它曾宣布应由公民遵守并决定其权利和义务的规则”，[1]即政府应由法律统治并服从法律。要使社会依法治理或服从于法律的统治，就必须有一个拥有独立地位的法律实施机构——法院。在几乎所有国家，法院都承担着制作权威性法律裁判的责任，不受其他任何外界意志的支配。法院进行刑事审判的主要目的在于公正地确定被告人的刑事责任，实现刑事实体法的规定。为实现这一目的，法院必须超脱于检察官和被告人的立场、观点和主张之外，在国家利益和被告人个人利益之间保持相对的平衡，而不能将自己降低为犯罪的追诉者，以至于与检察机关一起实施对被告人不利的诉讼活动。

法院通过刑事审判活动，一般必须作出最终的裁判。这一裁判的基础有两个：一是法院在庭审过程中独立认定的案件事实；二是有关的实体原则和规则。法院对法治和正义的维护主要体现在它对裁判的独立制作上。

通过上述分析，我们可以对刑事审判的概念得出一个较为全面的认识：刑事审判是一种由法院代表国家对被告人的刑事责任问题作出最终和权威裁判的活动，它以公诉机关或自诉人向法院提起控诉为前提，在控方、辩方与法官三方的共同参与下，通过法庭上的听证和审理活动，由法院作出一项有关指控成立与否的裁决，这一裁决需以法官在庭审中认定的案件事实以及实体法的有关原则和规则为基础。

---

〔1〕 Lon L.Fuller, “The Forms and Limits of Adjudication”, in *American Court System*, W.H.Freman&Company, 1978.

第二节 刑事审判的基本特征

笔者在前面的论述中对刑事审判的概念进行了分析和揭示，因而较为强调刑事审判的特殊性或个性特征。但事实上，作为审判活动的重要组成部分，刑事审判与民事审判、行政审判一样，都有着一些共同的基本特征。这些基本的特征一方面使它们与立法、行政等国家职能活动有着实质上的差异，另一方面也使它们与包括和解、调解、仲裁等在内的争端解决方式得以区别开来。为了更加深入地揭示刑事审判的性质，笔者在此拟将审判与上述非审判活动加以比较，从而在理论上对刑事审判的基本特征加以阐释。这些特征尽管是所有形式的审判所普遍具备的，但它们在刑事审判中的表现方式却具有特殊性。

一、和平性和非自助性

以和平和非自助的方式确定被告人的刑事责任，是刑事审判的第一个基本特征。所谓“和平”方式是指一种非暴力的理性方式，它要求刑事案件应以一种理性争辩与交涉的途径进行处理，并使处理方案完全建立在事实和法律的基础上。美国学者富勒（Lon L.Fuller）曾指出：“法治的目的之一在于以和平而非暴力的方式来解决争端。但和平解决争端并非仅靠协议、协商和颁布法律等就能实现的。必须有一些能够在争端发生的具体场合下确定各方权利的机构……”[1]而所谓“非自助”的方式，是指对刑事

〔1〕 Lon L.Fuller, “The Forms and Limits of Adjudication”, in *American Court System*, W.H.Freman & Company, 1978.

案件的处理必须由国家司法机构进行，而不能由有关各方凭借私力自行加以解决。换言之，审判是一种由国家提供的“公力救济”活动，而不是由个人操纵的“私力救济”活动。“和平”与“非自助”是紧密相联的，因为只有当国家掌握对刑事案件的最终审理权和裁决权时，和平才能实现，而那种由被害方操纵的私力报复往往伴随着野蛮的暴力。作为“法治基本条件”的法院，只有通过审判提出一项建立在法律原则和规则基础上的理性裁决方案，才能够确保法律得到具体和现实的实施，社会法治秩序也才能得到维护。一个社会如果没有法院这样一种机构公正而且权威地决定一个人是否犯罪，以及对犯罪者应如何加以处置，那么受害人就会据法苛求，任意地对他进行报复，从而导致私力救济盛行，血腥的暴力将会成为人们寻求自我保护和防卫的主要手段，社会必将陷入无政府状态。在这种情况下，任何一个社会都难以正常地生存和发展。

从人类法律发展的历史来看，和平和非自助地确定被追诉者的刑事责任这一审判特征的形成，经历了长时期的历史演变。在原始社会里，人们一旦发生了某种利益上的争执，一般会通过血亲复仇、决斗、部族间战争等方式私自加以解决。但部族社会的习惯一般禁止受害者进行无限度的报复。“报复的原则是武力对武力，但必须将报复的形式限制在受害人做出相应行为的限度之内，冲突由此而告终。”〔1〕因为“如果不受公意的遏制，报复就可能引起再报复，由此而导致社会混乱”。〔2〕后来，随着国家的产生、发

〔1〕［英］彼得·斯坦：《西方社会的法律价值》，王献平译，中国人民公安大学出版社1990年版，第39页。

〔2〕同上。

展和强大，社会逐渐出现了专门负责解决私人争端及处理严重的侵害公益行为的机构，由国家控制的法律诉讼取代了私人间的同态复仇，有关各方可以将私人争端提交国家司法裁判机构，有关机构或个人也可能将犯罪者起诉至这种机构，由该机构作出一项旨在解决争端和对受追诉者刑事责任加以最终确定的权威性裁决。

由国家审判制度取代私人复仇制度，这是人类文明发展进程中的一次伟大成就。这既可以摒弃私人复仇制度所具有的野蛮性、任意性，也可以由此建立国家法律的权威。审判制度的出现，使当事人之间的争端以及被告人刑事责任问题的确定开始以一种理性的协商、交涉、论证、争辩和说服等方式得以解决，而不再诉诸赤裸裸的暴力。因此，以和平和非自助的方式确定受追诉者的刑事责任是刑事审判所具有的首要基本特征。即使在今天的文明社会里，这一特征仍然存在，并具有极为重要的意义。

二、启动方面的被动性或应答性

与立法机关和行政机关不同，法院不会主动去处理任何一项既没有发生争议也没有被实际提交的事项，它的职责尽管是就被告人刑事责任问题作出权威的裁决，但也必须在有人主动提出申请或控告时才能接受案件、进行审判活动。“从性质上来说，司法权自身不是主动的。要想使它行动，就得推动它。向它告发一个犯罪案件，它就惩罚犯罪的人；请它纠正一个非法行为，它就加以纠正；让它审查一项法案，它就予以解释。但是，它不能自己去追捕罪犯、调查非法行为和纠察事实。”[1]这样，审判在启动方面就

〔1〕［法］托克维尔：《论美国的民主》（上卷），董果良译，商务印书馆1991年版，第110页。

具有了一种被动性。这种被动性有时又被称作“应答性”，即对有关一方提交的事项作出回答和反应。

司法审判的这种被动性或应答性一般被视为它区别于行政活动和立法活动的一项重要标志。美国学者格雷即认为：“法官是一种由某一有组织的机构任命并且应那些主张权利的人申请而确定义务和权利的人。正是由于必须有一项向他提出的申请他才采取行动这一事实，才将法官与行政官员区别开来。”〔1〕富勒则形象地指出：“法院就像出了故障的闹钟，它们只在有人摇动时才能工作。”〔2〕相比之下，行政机关和立法机关的活动则经常是主动性的，它们往往自行制定“议事日程”，并主动地进行各项职责范围内的活动。例如，立法机关一旦发现某一领域内的社会关系需要由国家通过法律规范的形式加以调整，即会主动开始进行起草法律和制定法律的活动。有时，立法机关根据国家各方面形势的发展需要，还可以预先制订一定时期内的立法规划，以便使立法活动有计划地进行。又如，行政机关在进行行政管理活动的过程中，同时拥有管理权、调查权和处罚权，它们的活动不仅要积极主动，而且要富有效率。在很大程度上，行政机关活动的这种主动性和高效率性是确保其行政管理活动取得成效的关键。正是由于行政活动和审判活动有着如此巨大的差异，人们才习惯地将这两种国家权力分别称为“主动的行政权”和“被动的司法权”。

法院审判的被动性或应答性表现在刑事审判的全过程中。例

---

〔1〕 Donald L.Horowitz, *The Courts and Social Policy*, pp.22-23, 1977 by the Brookings Institution.

〔2〕 Lon L.Fuller, “The Forms and Limits of Adjudication”, in *American Court System*, W.H.Freman & Company, 1978.

如，法院要开始对任何一件刑事案件的审判，一般必须有控诉一方提出正式的控诉和指控。没有公诉人或自诉人的起诉，法院不会主动地发动诉讼或主动审理某一案件（不告不理）。又如，上级法院若想对一件未决案件进行复审，首先也必须有控辩双方中某一方的上诉申请，否则案件不会自动进入复审程序。再如，法院在法庭审判过程中，要想就某一程序性事项作出裁定，也须以有关各方提出了申请或请求为前提。但是，这种被动性或应答性仅适用于法院在启动审判程序方面，并仅适用于法院作出判决或裁定的场合。审判一旦启动，法官不可能永远地被动下去，他们仍有权主动地实施各项诉讼行为。在许多国家，主持刑事审判的法官拥有广泛的调查权和自由裁量权，但他们在启动审判程序方面仍是被动的。

三、审判的多方参与性

人们对刑事审判的一般印象往往是法官通过认定事实和适用刑事实体法，对被告人刑事责任作出权威的判定。然而这种印象仅仅代表了现实中审判过程的一个侧面而已。如果我们仔细地观察审判过程，就可以发现在法官作出判决的背后，存在“审判过程本身、尤其是当事人活跃的辩论活动所给以的重大影响和制约”。[1]审判的基本特征就在于，一方面，控辩双方必须有机会提出主张和证据，并就本方主张的成立进行论证和抗辩；另一方面，法官所作的裁决必须建立在通过审判所认定的事实以及有关法律

〔1〕［日］棚濑孝雄：《纠纷的解决与审判制度》，王亚新译，中国政法大学出版社1994年版，第255页。

规范的基础上。

美国学者富勒曾对审判的这一特征作出过深刻的论述：

“使审判区别于其他秩序形成原理的内在特征在于，承认那些将要受到审判所作决定直接影响的人能够通过一种特殊的形式参加审判，即承认他们为了得到有利于自己的决定而提出证据并进行理性的说服和辩论。”[1]因此，“审判的本质就在于——受判决直接影响的人能够参加判决的制作过程”，“一种法律制度如果不能保证当事人参加到审判活动中来，就会使审判的内在品质受到破坏”。[2]

由那些受法院裁判结果直接影响的有关各方参与裁判的制作过程，这事实上使法官的裁判结果成为控辩双方以及作为第三方的法官共同参与和相互作用的结果。与行政管理者不同，法官所作的裁判不是在其单方面调查取证基础上形成的，而是通过与控辩双方进行理性的协商、交涉和争辩而产生的。控辩双方的参与旨在论证其观点和意见，从而对法官的裁决产生制约。美国学者戈尔丁将控辩双方在法官面前所进行的这种争辩直接称为“劝导性争端”。戈尔丁认为，在法官面前发生的这种劝导性争端实际上是控辩双方观点、主张和立场的展开，是为了从法律上公正确定有关各方的权利、义务和责任而进行的。从表面上看，劝导性争端使控辩双方之间的分歧公开化甚至扩大化了，但它能够确保案件以一种和平、理性的方式并在各方共同协商和交涉的情况下

---

〔1〕 Lon L.Fuller, “The Forms and Limits of Adjudication”, in *American Court System*, W.H.Freman & Company, 1978.

〔2〕 Ibid.

得到处理。[1]

因此，审判既不是法官单方面实施的调查活动，也不是法官自行认定事实、实施实体法的纯职权行使活动，而是由法官与控辩双方共同参与并促进裁判制作的活动。在刑事审判过程中，法官所进行的所有与其制作实体裁判有关的活动一般都要在控辩双方同时参与下进行，这些活动既包括法官在法庭上进行的公开听审，也包括法官就审判事项所进行的庭外调查等活动。换言之，由主持庭审的法官与控辩双方共同参与制作刑事裁判、确定被告人的刑事责任，这是刑事审判的又一基本特征。不具备这一特征，法院所进行的活动就不能称为现代意义上的审判。

四、法院审判的集中性

法院审判区别于其他国家职能活动的标志还在于其集中性。这种集中性主要表现在三个方面：一是审判在相对集中的时间内连续不断地进行；二是审判在法庭这一集中的场所内进行；三是审判在控辩双方与法官共同参与下通过某种相对正式的程式进行。正因如此，人们通常将法院的审判活动直接称为法庭审判。

法官在法庭上集中进行审理案件的制度与审判制度的历史同样悠久。中国自西周以来长期实行"两造俱备，师听五辞"这种坐堂问案式的审判制度，即由法官将各方召集到公判庭上对案件进行集中审理和裁断。在古希腊和古罗马的共和时期，司法审判由行政长官或执法官主持并在专门的民众大会（如古希腊的民众

〔1〕 Martin P.Golding, *Philosophy of Law*, Englewood Cliffs, N.J.: Prentice-Hall, 1975, pp.108-112.

大法庭和审判团，古罗马的库里亚民众会议、[1]百人团民众会议或部落民众会议等）面前进行，届时有关双方直接出席审判并进行一定程度的争辩或对抗，最后由法庭当庭确认争议的事实真相并作出裁判。古代社会的人们为了增强审判的权威和威严，往往使审判带有较强的宗教色彩，不仅仪式庄严、正规，而且程序十分烦琐。审判不仅旨在解决争端，而且还要承担宣示某种宗教教义和思想的使命。在此情况下，审判活动必然要在一个相对固定的场所集中进行。不仅如此，集中进行的法庭审判还给双方提供了在法官面前进行争辩的机会，双方在事实和法律方面的分歧也更加集中、明确，这便于法官在了解双方观点的基础上对争端作出解决，而不是简单地以外力压服等非理性方式予以了结。这种由法官在诉讼各方共同参与下集中在法庭上处理案件的做法，在人类审判制度发展和变化的过程中并没有消失。现代各国的审判制度和审判程序尽管有着各种各样的差异，但这种富有较强宗教色彩的法庭审判方式却普遍得到了保留。

法院的审判集中在法庭上进行，这在很大程度上使法庭成为与社会保持暂时隔绝的裁判场所，同时也为更多的公众参与审判活动创造了前提条件。首先，法庭为法官的审判提供了一个避开外界干涉的特殊场所。控诉方一旦将案件提交给法院，法院一般就会指派法官进行审理并作出权威性裁判。这一过程是持续不断地进行的，审判非有法定情形一般不能中断，法官一般也不能中途更换。在法庭内，主持审判的法官具有法定的权威性，他们有权就有关程序事项作出裁定，也有权就案件的处理作出最终

〔1〕 古罗马的一种审判组织，参见［意］朱塞佩·格罗索：《罗马法史》，黄风译，中国政法大学出版社1994年版。

的裁判。法庭审判过程就像一种特殊的机器流转过程，它靠控诉方提出申请而启动，以法官作出权威性裁判为终结。法官在这一过程中拥有相对的独立自主性，他们按照法律事先确定的顺序、步骤和程式而实施诉讼行为，任何外界因素均不得对此实施干预和控制，即使是法官的行政领导和上级法院也无权任意介入。上级法院如果发现下级法院的审判有违法的情况，它不能像行政机关那样通过发布命令等行政手段对下级法院的审判予以干预，而只有等案件依法进入下一轮审判程序后才能进行审理和纠正。

其次，法庭也为公众参与审判活动提供了具体的场所。没有法庭审判这一解决争端的形式，控辩双方对审判的有效参与就不可能真正得到实现。与行政机关在办公室、现场或其他非正式场所进行的行政活动不同，法庭审判为双方同时提出主张、证据并进行当庭质证和辩论提供了可能性。同时，法庭审判也为审判的公开进行创造了条件。在法庭审判过程中，社会公众可以对法庭的审理和裁判活动进行旁听，新闻媒介也可以进行报道。这样，法庭制作裁判的全过程均可能受到社会公众和舆论的监督。不仅如此，法庭也为证人、鉴定人等出庭作证提供了条件。证人、鉴定人等以言词陈述的方式提供有关案件事实的证词，这既可以使法官客观全面地了解案件事实的真实情况，也为控辩双方参与对证据的审查提供了机会，从而使法庭上的举证、辩论和质证具有了实质性意义。另外，法庭还为社会公众参与行使审判权提供了机会。公众参与行使审判权是审判制度民主化的要求。在普通法国家，由非职业人士组成的陪审团有权裁断案件事实问题。在大陆法系国家，非职业法官与职业法官一起组成陪审法庭，对案件事实和法律问题作出裁判。但如果没有法庭审判这一集中解决争端的方式，公众参与行使审判权就不可能具有实质性意义。

五、确定被告人刑事责任的最终性和权威性

法院审判提供了一个使被告人刑事责任问题得到最终和权威性解决的机会，这是审判区别于其他诉讼活动的又一本质特征。所谓“最终解决”，是指刑事案件一旦被提交法院审判，法院不仅要提出一项裁决，而且这一裁决对被告人刑事责任的确定须具有最后的约束力：控辩双方一般不得再向法院提出重新审判的要求，其他任何机构也不得再受理这一案件，更不得就该案件再作出新的裁决或决定。所谓“权威性解决”，是指法院的裁判一旦生效，就会对控辩双方乃至整个社会均具有法律约束力；控辩双方对于法院就被告人刑事责任问题所作的判定一般必须服从和遵守，而不论他们从心理上对这一裁决是否满意，也不论这一裁决是否对自己一方有利；裁决的内容尽管一般对其他公民没有直接影响，但他们仍应尊重和维护该判决的权威性，并有义务确保该判决得到顺利执行。法院由于能够对被告人刑事责任问题提供这种最终和权威的解决方案，它所进行的法庭审判在刑事诉讼中就居于中心的地位。这种所谓“司法最终解决”原则事实上是现代法治的一项基本要求。

在刑事诉讼中，案件一般要经过侦查、起诉和审判三大阶段才能得到处理，但只有审判才是对案件从实体上作出最终处理的关键阶段。因为被告人的行为是否构成犯罪，法院应否对被告人追究刑事责任，这些问题均要经过审判才能得到最终的确定。侦

查机关和检察部门在审判前程序中尽管有权就一些程序性事项作出决定，甚至作出终止诉讼的决定，但这些决定都不是对被告人刑事责任问题的最终解决。

六、法官制作裁判的非合意性

所谓“非合意性”裁判，有三层意思：（1）法院对被告人刑事责任问题的确定建立在它通过审判所认定的案件事实与实体法有关原则和规则的基础之上，而不取决于控辩双方的共同意愿和选择。换言之，法院经过审判所作的裁判不受控辩双方主张、意见的拘束。（2）法院的审判旨在从实体上解决被告人的刑事责任问题，而不是仅仅作出支持一方、反对另一方的决定。（3）审判的结果往往是被告人被判决有罪或无罪，控诉方指控成立或不成立，而不是控辩双方“互有输赢”。法院在审判方面所具有的这种非合意性使法庭在确定被告人刑事责任方面拥有独立自主的权力，而不受控辩双方意见、主张的限制和约束。

当然，审判的“非合意性”特征并不排斥控辩双方在法庭上通过提出主张和证据进行自主的交涉活动，也不否认双方可能在审判过程中达成一定程度的谅解和共识。但即便如此，法官的裁决仍要独立于控辩双方的意见。因为法官的职责在于依据事实和法律制作一项权威性裁判，而不是仅仅促使双方缩小分歧、达成妥协并形成合意。为完成这一任务，法官须对控辩双方提出的证据和意见进行自由的评定，从而独立地确定争端所涉及的事实，并在此基础上适用实体法的有关原则和规则。在现代审判制度中，无论控辩双方对审判程序拥有多大的控制力，也无论双方的参与对法庭裁决具有多大的影响力，法院审判的这种非合意性都是存在的。

第三节　刑事审判程序

从一般意义上看，程序是指按时间先后或依次安排的工作步骤。在最广泛的意义上，诸如电子计算机的编码程序、机器的操作手续和规程、工作的进展顺序等，均可称为“程序”。但在法律制度中，“程序”一词则有专门的含义。从动态上看，程序是指按照一定的顺序、程式和步骤作出法律决定的过程。与程序相对的是“结果”，即程序运作终结后所形成的法律决定，如立法机关经过法定的立法程序所制定的法律文件、司法机关经过司法审判程序所制作的裁决、行政机关经过行政执法和司法程序所作出的行政决定，等等。

作为一种形成法律决定的过程，程序可以包括若干个环节，如程序的启动，程序主体的行为，法律决定的制作、审查和生效，程序的终结等。国家对法律程序的运作加以规范化和制度化即形成与实体法相对应的程序法。所谓程序法，是使实体法对当事人授予的权利及设定的义务得以主张和执行的全部法律机制。在这种意义上，程序是指一系列法律原则、规则和手续的总和。如有关调整司法管辖、诉讼请求提出、审判进行、判决制作等方面事项的法律规则和原则，均可称为程序规范。与实体法相比，程序法是“使法律权利得以强制执行的程序形式，而不同于授予和规定权利的（实体）法律；它是法院通过程序进行诉讼活动的法律；它是机器，而不是产品”。[1]美国学者贝勒斯（Bayles）也认为，“程序法涉及达成一项法律决定的过程和步骤，实体法则涉及法律决定的内容。两者有着明显的区别，因为人们可以采用不同的程序来解决同一实体问题，也可以采用同一种程序来解决不同的实体问题”。[2]

从广义上说，审判程序是国家审判机关制作司法裁决所必经的步骤、顺序和手续的总和，是法院对某一诉讼案件作出裁判的全部过程，它一般包括诉讼的提起、法院的受理、开庭、调查、辩论、评议、判决等一系列有着内在关联性的阶段。在刑事诉讼中，审判程序居于一种核心和关键的地位，法院经过审判程序所作的裁决是国家对刑事案件作出最终处理的法律决定，也是整个刑事诉讼程序所产生的裁判结果。为了建立一种法治秩序，现代文明国家一般都在法律中明确设定有关刑事审判的步骤、顺序、手续和程式，以便使法院依照法定程序实现刑事实体法的规定。

在国家整个法律体系中，刑法是规定犯罪和刑罚的法律，它确立了犯罪的基本构成要件，规定了对各类犯罪所适用的刑罚的种类、幅度等，它以罪刑法定主义和罪刑相适应原则为基础，为国家惩罚、制裁犯罪确定了基本法律依据和具体的法律标准。但是这些抽象的刑事原则和规则是不会自动实施的，它们只有在法院通过审判认定了案件事实真相的基础上，才能转化为具体的可

〔1〕 Klaus R.Scherer, *Justice: Interdisciplinary Perspectives*, Cambridge Univ. Press, 1992, p.123.

〔2〕 Michael D.Bayles, *Procedural Justice*, Kluwer Academic Publishers, 1990, p.3.

操作规范。作为专门解决利益争端的司法机构，法院的审判是确保刑事实体法得到现实实现的关键环节。通过法庭审判，法官从法律上确认刑事案件的具体事实真相，然后根据刑法判明被告人是否有罪、构成何罪及应判处何种刑罚。其中，对刑事案件事实从法律上加以确定是法庭审判活动所要达到的一项直接目标，因为只有在案件事实真相得到揭示的情况下，法官对刑事实体法的适用才有其具体的事实情境。可以说，刑事审判程序是引导刑事实体法从抽象走向具体、从理想规范走向现实适用的桥梁和中介。

作为一种确定被告人是否承担刑事责任的过程和方法，不同国家的刑事审判程序在有关何人制作裁判、事实如何被提交给裁判者以及证明程度和方法等方面可能存在很大的差异，但是这种程序一般必须同时包含以下三个方面：一是证据法规则，即调整证据的提出、调查证据的顺序和方法、举证责任的分配、证人的法定资格等程序事项的规则；二是调整各诉讼参与者（包括法官、陪审官、检察官、被告人、辩护人、证人、鉴定人等）的资格、权利和义务的程序规则；三是调整法庭裁判制作和宣告方式的程序规则。因此，从规范的角度来看，刑事审判程序是一种诉讼权利和义务的分配体系，所有程序原则和规则均旨在从法律上规范各方主体的行为，调整他们相互间的权利义务关系。当然，刑事审判程序又是一种诉讼角色的分担体系。在刑事审判过程中，每一方诉讼主体所担当的诉讼角色——如裁决者、控诉者、辩护者等——都是相对固定的，他们既不能任意放弃自己的诉讼角色，或者相互转换诉讼角色，也不能将其原担当的社会角色带入审判过程。不仅如此，诉讼各方还会按照诉讼角色的内在要求，实施各自的诉讼行为，以实现其固有的活动目标。

第四节　本书的结构设计

在以上的论述中，笔者对刑事审判的概念、特征以及刑事审判程序的含义进行了简要的分析，使读者对刑事审判有了一个初步的印象。但这仅仅是一个开始。本书的主要目的在于对刑事审判制度和刑事审判程序中的基本理论问题进行探讨，并试图在若干理论问题上有所开拓和创新。当然，由于受篇幅、时间和个人研究兴趣等诸多方面的限制，本书不可能对刑事审判中的全部理论问题均进行研究，而仅选择了其中几个具有典型代表意义的基本问题作为分析的对象，并且将研究的视角主要集中在刑事公诉案件的第一审程序上。

第二章是本书的核心部分。在这一章中，笔者试图为读者评价和构建刑事审判程序提供几项较为客观并能够为人们普遍接受的价值标准，同时也拟对国家建立刑事审判制度、进行刑事审判活动的目的作出进一步解释。本书将首先对现代西方学者提出的四种具有典型代表意义的程序价值理论进行分析和评价，以论证建立一种新的程序价值理论的必要性。随后分三节对刑事审判程序的三项独立价值标准分别进行系统的分析和阐释。在本章的最后一节，笔者将对三项程序价值之间的关系进行全面分析，并对它们之间的冲突提出理想的解决方案。

本书的第三章将对指导刑事审判活动的基本原理——审判基本原则进行规范性的分析。本章的核心任务在于运用各项程序价值的标准对刑事审判基本原则进行合理性论证，并对若干项重要原则在中国的适用问题进行分析。本章将对基本原则的体系、功能以及国际公认的基本原则的最低限度要求作出阐释。

在本书的第四章，笔者将对刑事审判的又一项重要原理——诉讼职能区分——作出全面分析。本章不仅要对刑事审判中的控诉、辩护及审判三职能区分的机理进行阐述，而且对维持这种诉讼职能区分机制存在的三项原则也将作出深入的探讨。

本书的第五章将重点分析刑事审判程序的普通模式。本章在设定刑事审判模式划分标准的基础上，拟对两大基本审判模式的形成机制、主要特征及其基础性理念作出论述，并对当前世界各国刑事审判程序的改革趋势作一分析。本章还将对中国刑事审判模式以及当前中国刑事审判方式改革的成功与不足之处进行全面评价。在本章的最后一节，笔者将提出中国刑事审判程序的未来理想模式——参与模式，以便为中国刑事审判制度的改革提供参考和借鉴。

在本书的最后一章中，笔者将对刑事审判程序的特殊模式——简易程序模式作出分析。本章将在对当今世界各国主要简易程序模式进行比较分析的基础上，概括出这一模式的发展趋势，并对中国的刑事简易审判程序的模式作出理论上的分析和评价。

第二章　刑事审判程序之价值

↓

圣经故事《末日审判》中的大天使圣米迦勒（ L'Archange Saint-Michel），原作藏于比利时皇家美术博物馆，由尼德兰画家 Colijn de Coter 创作于 1493-1506 年。

第一节　关于刑事审判程序价值的理论学说

一、刑事审判程序价值概说

在本章中，笔者拟对刑事审判制度中的一项重要原理——程序价值问题——作一系统的研究。与法学界以往所进行的有关实证或比较研究不同，本章研究的对象涉及刑事审判的正当目的以及构建和评价刑事审判程序的价值标准等重大理论问题。笔者将在对中外有关研究成果进行系统整理、分析和评价的基础上，提出自己的刑事审判程序价值理论。

“价值”一词本为经济学上的一个专门术语，意为交换价值或使用价值。19世纪，在许多思想家和各种哲学流派的影响和推动下，“价值”这一概念开始延伸到哲学和社会科学的各个领域。作为哲学一大重要分支的伦理学，即把价值问题作为其重要研究对象。《不列颠百科全书》的解释是：价值即是“善”(the good)，即值得人们向往和追求的善。“人们通常(将价值)区分为工具价值与固有价值，即作为方法的善和作为目的的善。”[1]价值即是善，那么“善”又是什么呢？《牛津英语辞典》认为，善是“最普通的褒义形容词，意指一种高尚的、至少是令人满意的品质的存在，它们或者本身是值得羡慕的，或者对于某种目的来说是有用的”。[2]一般而言，我们说一事物有价值或者是善的，可分别依据两项独立的判断标准：一是看它对于实现某一外在目的而言是否有用和必要，当然这种外在目的本身的善有着另外独立的判断标准；二是看该事物本身是否具有一些内在善的品质，这种品质的有无应从该事物本身而不是从任何外在的事物身上来判断。这样，我们可以将价值区分为两个基本层面：

（1）外在价值，又可称为工具价值，即如果某一事物是达到或实现某一外在目的的必要或充分的手段，那么它就是有价值的，或者是善的。美国学者弗兰克纳（W.K.Frankena）又将这种工具价值区分为两种：一是功利价值，即事物对某种外在目的是有用的，而不论这一目的本身是否善；二是通常所说的“外在价值”，即该事物是达到一个善的目的的必要、充分或既必要又充分的手段，“这是指一种外在的或有益的善，或作为一种手段的善”。[3]在通常情况下，人们所说的“外在价值”是就上述第二种意义而言的。因为只有当事物用以实现的外在目的本身是善的时候，作为手段或工具的该事物的有用性才能超越纯粹技术性意义的范围，成为伦理学意义上的善。

---

〔1〕《不列颠百科全书》（第4卷）“价值学”条，中国大百科全书出版社1985年版，第306页。

〔2〕［美］弗兰克纳：《伦理学》，关键译，生活·读书·新知三联书店1987年版，第166页。

〔3〕同上。

（2）内在价值，又可称为目的价值，即某一事物自身所拥有的一些独立的内在优秀品质。弗兰克纳就曾援引英国哲学家穆尔（George Edward Moore）的观点认为："说一类价值是内在的，仅仅意味一物是否具有它，在何种程度上具有它，单独依靠该物的内在性质。"弗兰克纳将内在价值定义为"由于其内在特征本身是善的善事物"，即某种事物"作为目的，本身就是内在善的，值得向往的，或有价值的"。[1]这样，判断一事物是否具有此类价值的标准就不再是它对于实现任何外在目的是否有用，而是它本身是否具有独立的善的品质。比如我们在对人的价值进行判断时，不能仅仅着眼于该人对于他人或社会是否有过贡献或是否有用这一标准（是否具有外在价值），而更要重视他的人格尊严或内在价值。即使一个人对于他人或社会贡献不大或者毫无用处，我们也不应否认他的人格尊严或内在价值。

当然，有关外在价值和内在价值的分类毕竟是相对的，它只能在一定范围内适用。因为特定的"善"本身如果不是一种手段，就是一种目标。一事物在一定意义上是作为目的存在的，但从更大范围内看，它又是用以实现某一更高目的的手段。我们可以把人类社会中各种的"善"或"价值"按照层次加以区分，因此其中有些只是追求较高价值的一种手段，而全体则在导向某种终极的"善"。相对于所谓"终极价值"而言，外在价值和内在价值的区分似乎就不必要了，因为具有这两种价值的事物都不过是终极价值的直接或间接的手段。不过，本书不拟就此问题过深地论述下去，而仅仅将有关价值的上述含义分析和层面划分理论在可行的

〔1〕参见［美］弗兰克纳：《伦理学》，关键译，生活·读书·新知三联书店1987年版，第166页。

范围内应用于对刑事审判程序价值的分析。

在法哲学中，“价值”一词通常在以下两种意义上使用：一方面，它是指法律制度的伦理目标或道德理想，即法律制度赖以存在的道德根据及其在运作中所要实现的理想结果，如正义、自由、平等、秩序、安全、公共福利等。另一方面，价值又可以指人们据以确定或判断一项好的法律制度和法律程序的标准，它在对法律制度和法律程序进行评价的过程中是作为具体的准据而存在的，而且人们在重新构建一项法律制度和法律程序时也会把它作为具体的尺度。法律价值的上述两方面意义是密切相关的。一项价值目标或价值理想一旦在人们的观念中确立，人们往往会在具体法律规范的设计中为其创造得以现实实现的条件，并在法律实施过程中力图使其得到实现。换言之，法律价值是人们进行立法和法律实施活动时均要努力实现的道德目标。但是，许多价值目标往往是十分抽象的。为了使它们成为可操作的评价标准，人们还需要将它们物化为若干个具体的目标，从而为评价一项既存的法律制度以及重新构建一项法律制度提供具体的尺度和准据。因此，价值目标一经具体化，即可成为用于价值判断的标准。在本书中，笔者不仅仅要分析和研究那些抽象、一般的价值目标，而且还将为人们评价和构建刑事审判程序提供几项具体的价值标准。

所谓刑事审判程序的价值，既是一项刑事审判程序在具体运转过程中所要实现的价值目标，又是人们据以评价和判断一项刑事审判程序是否正当、合理的价值标准。根据价值层面划分的一般理论，刑事审判程序的价值同样可以分为两个基本层面：一是程序的外在价值，二是程序的内在价值。

刑事审判程序的外在价值，是指我们据以评价和判断一项刑事审判程序在形成某一公正裁判结果方面是否有用和有效的价值标准。在这里，评价程序结果的标准是独立的，它们主要是实体正义、和平、安全、秩序等价值。实现这些价值目标的要求相对于作为手段的程序而言，是一种外在的更高目标。一项刑事审判程序如果能够产生好的结果或具备产生好结果的能力，我们就会说它具有一种外在的善，即作为手段和工具的价值。换言之，刑事审判程序的这种价值是从程序结果那里派生出来的。例如，某法院在收到检察机关的起诉书后，不举行公开的庭审程序，而是委派一名法官进行阅卷，并独自秘密地讯问被告人。在获取被告人的有罪供述之后，该法官即以这种供述以及案卷为根据，对被告人秘密地作出了有罪判决。结果，法院经常对那些无罪的人错误地定罪和判刑。在这一例子中，法院审判的结果是不好的，因为它是不公正的：惩罚无辜本身就是一种非正义。同时这种刑事审判程序本身也是不好的，因为它没能给予控辩双方实际参与裁判制作过程的机会，使被告人没有机会提出证据并对不利于自己的证据予以反驳和质证。这种程序不能确保法官对证据进行客观、全面而无偏见的审查，极易导致错判无辜，因而不具备产生公正结果的能力。

刑事审判程序的内在价值，是指我们据以判断一项刑事审判程序本身是否具有善的品质的标准。一项刑事审判程序无论是否具有产生好结果的能力，只要它本身具备一些独立的价值标准，我们就可以认为它具有一种内在的善，即作为目的的价值。在这里，判断程序本身是否正当、合理的标准要独立于用于评价程序结果的价值标准。法官依照一项刑事审判程序从事对案件的审判，即使最终使有罪者受到定罪，使无辜者免受追究，我们也不能对这项程序不加分析地一味加以肯定，而要客观地分析它是否具备一些公认的内在价值标准。换言之，程序结果是否公正，并不能直接证明程序本身是否正当、合理。为了说明这一问题，笔者对下面的例子作一分析。根据某项法律规定，法院和检察部门负有完全相同的调查权。法官在庭审过程中发现不能查明事实真相，遂单独从事庭外调查活动，并收集到大量对被告人不利的新证据。在制作裁判时，法官将这些自行收集而来的新证据直接用作对被告人定罪的主要根据。结果，法官能够发现许多为侦查部门所忽略的有罪证据，并使许多本来会逃脱法网的犯罪分子受到定罪和判刑。在这一例子中，刑事审判的结果是好的，因为法院对那些犯罪人作出了有罪裁判，没有冤枉无辜，实现了实体正义。但是这种刑事审判程序本身却是不好的，因为法官没有给予诉讼各方对他自行收集的证据进行质证和辩论的机会，剥夺了那些与案件结果有利害关系的人有效参与裁判制作过程的机会，因而这一程序不符合最低限度的程序公正标准。在这里，法院的判决是好的，但法院据以制作判决的程序却是不好的。

这样，我们在评价和构建刑事审判程序时实际就拥有两方面的价值标准：一是看它作为一种手段能否产生好的结果，二是看它能否具有一些独立于结果的优良品质。然而，从目前的资料来看，刑事审判程序价值的上述两个层面并没有得到全面深入的研究和分析，许多学者都仅仅强调其中的一个方面，而忽略了另一个方面。大体上看，有关刑事审判程序价值的理论能够形成体系的，主要有程序工具主义理论和程序本位主义理论两种。其中，第一种理论又有两个重要的分支，一是绝对工具主义程序理论，二是相对工具主义程序理论。近年来，随着西方经济分析法学理论的兴起，一些法学家开始用经济分析的方法研究刑事审判程序，提出了一种可称为“经济效益主义程序理论”的价值理论。但这一理论基本上可以归入工具主义程序理论的范围，属于后者的一个特殊分支。在以下的论述中，笔者拟对上述理论给予简要的分析和评价，并在此基础上提出一种新的程序价值理论。

二、绝对工具主义程序理论

工具主义又可称为“结果本位主义”，它在哲学上属于功利主义的一个分支。作为一种思想学说，工具主义程序理论坚持认为，法律程序不是作为自治的和独立的实体而存在的，它没有任何可以从其自身的品质上找到合理性和正当性的因素，它本身不是目的，而是用以实现某种外在目的的手段或工具，而且它也只有在对于实现上述目的有用或有效时才有存在的意义和价值。所谓“绝对工具主义程序理论”，实际上是一种把程序的工具性和手段性强调到极端所形成的程序价值理论。这一理论的核心观点是，刑事审判程序只是用以实现某种特定外在目的的工具和手段，这种外在目的就是刑事实体法的目标。一项刑事审判程序只有在其对查明真相和准确适用刑事实体法有用时，才能够确保正义、安全、秩序、公共福利等实体价值目标得到实现，也才真正富有意义和价值。换言之，刑事审判程序善的标准在于它具有形成好的判决结果的能力，如它能够确保有罪者受到定罪和判刑，使无罪者免受刑事追究。

作为功利主义理论鼻祖的边沁曾对绝对工具主义理论作出过经典性的阐释。[1]边沁认为，刑事审判程序的价值标准必须与刑罚的一般理论结合起来分析。刑法的首要目的在于惩罚和抑止犯罪这一严重危害社会的行为，减少人类的痛苦，这与那种作为人类法律制度一般目的的“实现最大多数人的最大幸福”[2]是一致的。在实现刑法目的方面，刑罚及其产生的威慑力是最为有效的工具。但刑罚也有其消极作用：它给罪犯及其周围的人带来痛苦，也给国家和社会整体利益带来一些损害，尤其是在司法部门误罚无辜时，这种痛苦和损害会更大。因此，国家在实施刑法时应尽可能对罪犯选择合理、适当的刑罚，以最有效地抑止犯罪行为而又将它所带来的痛苦和损害降低到最小程度。刑事审判的唯一正当目的就在于确保上述刑法目的的实现。

边沁认为，“实体法的唯一正当目的，是最大限度地增加最大多数社会成员的幸福”，“程序法的唯一正当目的，则为最大限度地实现实体法”[3]，“程序法的最终有用性要取决于实体法的有用性……除非实体法能够实现社会的最大幸福，否则程序法就无法实现同一目的”。[4]

这样，边沁就提出了绝对工具主义程序理论的基本原则：评价和构建一项审判程序的唯一标准就是最大限度地实现刑事实体法的目的；相对于实体法而言，程序法只是工具法、手段法，刑事

---

〔1〕 Gerald J.Postema, The Principle of Unility and the Law of Procedure: Bentham's Theory of Adjudication, in *Georgia Law Review*, Vol.11: 1393, 1977.

〔2〕 J.Bentham, The Principles of Judicial Procedure, in 2 *Works of J.Bentham* 1, 6 (J.Bowring ed.1838–1843).

〔3〕 Ibid.

〔4〕 Ibid.

审判程序除了作为刑事实体法的工具而有其价值以外，它本身是没有任何意义的。

边沁的上述程序价值思想是以他的功利主义法学理论为基础的。在他看来，所有的国家法律制度都是用以实现所谓"功利原则"(principle of utility)——实现最大多数人的最大幸福——的工具。国家制定法律的主要目的在于对危害社会、破坏"最大多数人的最大幸福"的人实施惩罚和威胁，因为这是进行社会控制的有效手段。因此，实体法(substantive laws)是首先必须制定的，因为它直接体现了主权者的意志，并通过对社会成员行为的明确禁止、要求和惩罚来调整、控制社会关系。但是，立法者不能亲自去实施实体法的规定，因为他缺乏这种权力。他唯一能做的就是在实体法之外另行颁行一种次级的或依附于前一种法律的法律。这种法律的唯一目的在于"提供一种达到真实的手段"，并且为执法官员们获得和实施实体法规定的权力创造条件。[1]边沁将后一种法律称作"附属法"(subsidiary laws, or adjective laws)。[2]这样，边沁就将法律从总体上区分为两大基本部分，其中实体法因其在社会控制中的首要作用而居于第一位，程序法因其只为实施实体法服务而居于第二位，但它们都是主权者用以实施社会控制的工具；它们的区别仅仅在于，实体法是实施社会控制、惩戒违反主权者意志的人的直接有效的手段，而程序法则只能通过确保实体法得到实施而间接完成社会控制的任务。"实体法应当(首先)

[1] Gerald J.Postema, The Principle of Unility and the Law of Procedure: Bentham's Theory of Adjudication, in *Georgia Law Review*, Vol.11: 1393, 1977.

[2] Ibid.

被制定出来，否则程序法将毫无意义。”[1]

边沁的这种绝对工具主义程序理论连同其理论基础一起对后世信奉功利主义法学理论的学者产生了巨大影响。在英美，许多学者都接受了这一理论，并利用它对刑事审判程序本身乃至对“自然正义”和“正当法律程序”这两项原则所体现出来的程序性权利保障等进行评价。在他们看来，被告人在刑事审判中拥有的所有程序权利和程序保障，诸如获知控诉内容和理由、获得听审、得到律师有效协助、获得公开审判、提出本方证人并对不利于己方的证人实施交叉询问等，都是只在两种意义上具有价值的：一是它们有助于裁判者有效地制作准确无误的判决，从而确保刑事实体正义的实现；二是它们能够有效地保障被告人的实体权利，使其生命、财产、自由等不受任意侵犯，这种权利保障是通过使无罪者最大限度地免受有罪裁判之牵连来实现的。如美国学者诺齐克（R.Nozick）即认为，程序不是为了它本身的目的、确保它本身的内在价值而存在的，正当法律程序充其量只是保护实体权利的手段。[2]L.M.弗里德曼（L.M.Friedman）也指出：“正当法律程序当然是一个崇高的理想，要求公正审判的权利是值得为之奋斗甚至为之牺牲的。但是，检验法律制度的最终标准是它做些什么，而不是如何做和由谁去做，换言之，是实体，而不是程序或形式……”因此，“程序仅仅是相对于一定目的的手段而已，实体法

〔1〕 Gerald J.Postema, The Principle of Unility and the Law of Procedure: Bentham's Theory of Adjudication, in *Georgia Law Review*, Vol.11: 1393, 1977.

〔2〕 K.R.Scherer, *Justice: Interdisciplinary Perspectives*, Cambridge University, Press, 1992, p.126.

告诉我们程序的什么部分是重要的”。[1]在许多当代功利主义学者的著述中，这种绝对工具主义程序理论不仅把程序权利和程序保障解释为确保实体权利得以实现的工具，而且还把所有刑事审判规范——如原则、规则等——均解释为用以实现刑事实体法的必要手段。在许多人看来，一项刑事审判程序无论设计得多么精致、合理，只要它不能产生好的结果，就是不好和不可取的；任何一项程序规则只要妨碍实体正义的实现，就应被废除和抛弃。

三、相对工具主义程序理论

这一理论基本上坚持了程序工具论的立场，认为审判程序是实施实体法的工具和手段。但它允许人们在追求程序工具性价值的同时兼顾一些独立的价值目标。换言之，这一理论要求对刑事审判程序的工具性价值的追求给予一些非工具主义目标的限制。这些非工具主义目标主要有两个：一为无辜者不受定罪的权利，二为被告人获得公正审判的权利。

相对工具主义程序理论是由美国学者R.德沃金（R.Dworkin）提出的。这一理论一经提出，即引起各国学者的广泛关注和争论。1985年，德沃金发表了一篇题为《原则、政策和程序》的论文，对其程序理论进行了全面的阐释。德沃金认为，绝对工具主义理论强调了程序的工具性价值，但忽略了权利。事实上，任何一名无辜的公民都享有一种不受错误定罪的“道德权利”（moral rights），对一名事实上无罪的公民予以定罪是一种内在的“道德错误”（moral error），它会带来一种“道德上的成本”（moral

〔1〕　转引自季卫东：《程序比较论》，载《比较法研究》1993年第1号。

costs)。这种“道德错误”和“道德成本”能否减少到最低程度，是评价刑事审判程序正当与否的独立价值标准。[1]

在德沃金看来，没有任何一种刑事审判制度能够保证从不误判无辜。相反，几乎所有刑事审判制度都要承受惩罚无罪公民的风险。与放纵一名事实上有罪的人相比，误判无辜者为有罪将会带来更加有害的结果：这不仅意味着刑事审判程序产生了错误的结果，而且更重要的是它导致了刑法的不公正实施。无论这种错误的定罪会产生什么样的后果，也无论这种错误是否被故意造成，无罪者都会遭受一种非正义的对待。一项有罪判决不仅意味着对被告人的法律谴责和否定性评价，而且会导致他的生命、自由和财产受到剥夺，这就是为什么一个被错误定罪的人会竭力证明其清白的原因：他想证明他所受到的定罪和判刑是不公正的，并尽力避免受到这种严重的道德伤害。

德沃金认为，绝对工具主义程序理论的错误在于，它过分夸大了程序的工具性，将刑法抑止犯罪这一目的的实现视为程序的最高价值，以至于产生了所谓的“为抑止犯罪不惜任何代价，哪怕是故意对无辜者定罪”的极端结论。但是，对无辜者定罪是一种内在的道德错误。法院应当只对那些实际有罪的人予以定罪和谴责，这是正义的要求，而不仅仅是出于功利的考虑。一种有罪判决不论对某种实体价值目标的实现是否有用，只要它违反了正义的要求，就应予以否定。因此，绝对工具主义的这种缺陷应当通过对刑事审判程序施加一些特定的非工具主义目标的限制才能加以克服。

---

〔1〕 R.Dworkin, *A Matter of Principle*, Oxford: Clarendon Press, 1985.

首先，为确保无辜者免受错误的定罪和判刑，我们应当将无罪推定原则作为对工具主义价值目标的一种限制。这一原则要求法院在对某一公民予以定罪时应有合理、充分的证明根据和理由，证明被告人有罪的责任由控诉方负担，在被告人罪行得不到证明的情况下，法院应宣告其无罪。有了这一原则的限制，法院在通过审判程序实现刑法的过程中就会尊重被告人免受错误定罪的权利，而不以误判无辜为代价。这样，相对工具主义理论就将正义作为采纳无罪推定原则的内在根据，从而确认正义与功利均为评价刑事审判程序的价值标准。人们据此可以相信，一项刑事审判程序不仅要有助于实现刑法的目的，而且更要有助于防止无罪的人受到错误的定罪，否则该程序就不具有正当性。

其次，为克服绝对工具主义理论的缺陷，我们应当确保刑事被告人拥有获得公正审判的机会。绝对工具主义理论不仅认为惩罚无辜者是正当的，而且认为程序除对实现刑法有用以外没有任何独立的价值，只要法院作出了正确的判决结果，刑事审判就是有效和成功的，而不论这种结果是通过什么样的程序产生的。换言之，这一理论坚持认为正确的判决结果可通过不公正的程序作出。相对工具主义理论则认为，承认正确的裁判可通过不公正的程序而产生，就等于承认“正确”的判决可通过刑讯逼供以及其他非人道或有损人格尊严的方法而形成。在被告人没有获得公正审判的情况下，法院即使作出了正确的判决，也是出于侥幸或偶然的原因而不是由于它作出了合理的判断。法院的判决尽管事实上是正确的，但这种判决却是通过不可靠、不适当的程序作出的。那些事实上无罪的人会在这种不公正的程序中受到伤害，因为他们如果被判决有罪，就会面临受到不公正定罪的风险。当然，那些事实上有罪的人是不会经受这种风险的，因为如果判决结果事实上是正确的，他们既不会受到不公正的对待，也不会受到伤害；如果由于法院剥夺了他们获得公正审判的机会而导致其判决被上级法院撤销，他们还会成为一种幸运的受益者（a lucky beneficiary）。但是，法院在审判之前并不知道谁事实上有罪或无罪，它只有给予所有被告人获得公正审判的机会，才能确保程序的合理性和可靠性，并使定罪结果建立在充分、合理的事实和法律根据基础上。因此，受到刑事控告的所有公民无论事实上是否有罪，都应获得法院依"自然公正规则"所进行的审判，否则法院就不得对其予以定罪。确保被告人获得公正审判的权利事实上成为对程度工具性价值的又一限制。〔1〕

总体而言，德沃金提出的相对工具主义程序理论基本上坚持了工具主义的观点，即认为刑事审判程序是实现刑事实体正义的工具，而程序具有产生好结果的能力则是判断它合理、正当的根据。但这一理论的相对性在于：它承认人们对工具主义目标的追求要受到正义原则的限制。这两项独立的限制性规则不是可有可无的，裁判者不能为了在个案中实现实体正义而任意废止或无视它们，因为它们的意义在于保证被告人的实体权利——无罪者不受错误定罪的权利——得到实现，并确保刑事审判的实体正义结果得到普遍的实现。

四、程序本位主义理论

这一理论对刑事审判程序价值作出了一种完全非工具主义的

〔1〕 R.Dworkin, *A Matter of Principle*, Oxford: Clarendon Press, 1985.

解释。它认为，评价刑事审判程序的唯一价值标准是程序本身是否具备一些内在的品质，而不是程序作为实现某种外在目的的手段的有用性。被告人在刑事审判中的积极参与及其所获得的公正听审，既不是用以实现刑法目的的有效手段，也不是对程序工具性价值目标的独立限制，而是我们用以评价刑事审判程序的内在价值标准之一。

程序本位主义理论在许多英美学者的著述中十分盛行。受法律传统的影响，英美学者一般特别重视诉讼程序，相信“正义先于真实”（Justice before Truth）。他们认为，法院的审判只要依照公正的程序进行，就能够作出公正、合理的判决。如英国大法官基尔穆尔（Kilmuir）认为：“必须遵守关于审判活动的程序，即使——在一些例外的场合下——有损于事实真相，也在所不惜。”[1]在当代一些英美学者的著述中，一种完全非工具主义的程序理论被系统地提了出来。笔者在此拟着重就英国学者达夫（R.A.Duff）提出的程序本位主义（non-instrumental）理论作一分析。

达夫认为，前述两种工具主义程序理论均犯了一种致命的错误：它们均把刑事审判程序与通过审判程序产生的裁判结果作了不适当的分离，同时也把刑事审判程序自身的公正性同程序所产生的裁判结果的公正性进行了不合理的割裂。如果仅仅从工具主义的角度对刑事审判程序进行评价，我们很可能会认为一名被告人即使在没有获得公正审判的情况下——例如，他没有获得律师的有效协助，他没有机会在法庭审判时到场，他没有向控诉方提出的对他不利的证据进行评论和反驳，等等——也能受到公正的

〔1〕 转引自［法］勒内·达维德：《当代主要法律体系》，漆竹生译，上海译文出版社1984年版，第337页。

定罪和判刑；同时，法院即使遵循了一种不公正、不合理甚至不人道的审判程序，它也能作出公正的裁判。这样，公正的裁判结果就可以通过不公正的审判程序产生。但事实上，这一结论是不能成立的。

达夫教授强调，刑事审判是一项理性的事业。[1]这首先意味着法院通过刑事审判所作的裁判结果必须具备合理的根据并经过充分的论证。一项刑事裁判的质量会因为产生它的程序本身不具有可靠性和合理性而受到损害。法院即使对一名事实上有罪的被告人作出了正确的有罪裁判，但如果这一裁判建立在不充分、不可靠的证据基础上，或者它是通过不可信、不合理的程序产生的，那么这一裁判结果就会因为没能得到合理的证明而失去其公正性。因此，理性要求法院的刑事裁判必须建立在合理根据的基础上，被告人不仅要事实上有罪而且要被充分地证明有罪。只有这样，法院的有罪裁判才具有公正性和合理性。其次，刑事审判的理性特征还表现在，裁判者在刑事审判过程中必须将其制作的裁判结论向那些受裁判拘束、影响的人进行证明，使裁判的合理性和正确性得到他们的理解。英国有句古老的箴言："正义不仅要得到实现，而且必须以人们能看得见的方式得到实现"，讲的就是这个意思。达夫认为："正如法律本身的合理性必须向那些受其约束的人予以证明一样，一项刑事裁判也必须向那些受其影响的被告人作出合理性证明。"[2]刑事审判的目的并非仅仅在于对被告人过去的行为作出一项准确的判断，而且还要向被告人及其他社会成员宣示和证明判决的公正性。因此，如果正义不能以人们"看得

---

〔1〕 R.A.Duff, *Trial and Punishment*, Cambridge Univ.Press, 1986, pp.110–114.

〔2〕 Ibid.

见”的方式得到实现，那么正义本身事实上也就不会实现。

刑事审判的上述理性特征恰恰是它与所谓“道德批评”(moral criticism)的联系之处，同时也是它与一般的司法调查(judicial inguiries)之间的主要区别。“像道德批评一样，审判是一个理性的论证和辩论过程，它要尽力说服那些其行为受审查的人接受裁判结论的正确性和公正性。”[1]正如同法律强调和尊重公民的理性主体地位并要说服他接受已向他证明其合理性的义务一样，作为法律制度组成部分的刑事审判制度也必须强调和尊重被告人的理性主体地位，确保他参与裁判的制作过程，使他对裁判结论产生认同和理解。

在上述分析的基础上，达夫教授对被告人获得公正审判的权利的意义作出了一种新的解释。“问题的关键并非简单地说法庭如果拒绝给予被告人听审的机会就会作出不正确的裁断，而这实际上是在拒绝确认被告人在审判中所处的参与者(participant)地位。”[2]这种拒绝如同一个人批评另一个人犯有一种道德过错却拒绝听取后者对批评的反应一样，构成了一种对正义要求的违背。被告人无论事实上有罪还是无罪，他们都有获得听审的权利，而且这种权利要独立于无罪者免受定罪的实体权利。一名有罪被告人获得听审的权利并非一种获得不同裁判的权利，而是一种在审判中发挥适当作用、充当适当角色的参与权。这就是为什么法庭一旦不给予被告人获得公正审判的机会，它的有罪裁判就会被上级法院撤销的原因：“不仅因为这种定罪是不可靠的，也不仅因为这会给予法庭遵循不可靠程序的刺激，而且因为这种审判具有一

〔1〕 R.A.Duff, *Trial and Punishment*, Cambridge Univ.Press, 1986, pp.110-114.

〔2〕 Ibid.

种内在的不公正性：它没能给予被告人以应得的地位。”[1]这样，获得公正审判的权利就绝不是一种像德沃金所说的那种对工具主义刑事程序目标的限制，而具有其内在的独立价值。

总之，公正的程序与公正的裁判结果是不可分的。离开了公正、合理的程序，法院的裁判即使对被告人的行为作出了正确的判断，也不具备任何公正性可言。“在没有给予实际有罪的被告人获得公正审判机会的情况下对他予以定罪，并非旨在通过不公正的手段制作一项公正的裁判。因为裁判的公正性与产生这一裁判的程序的公正性具有一种内在的关联性。”[2]刑事审判程序的真正价值在于，它能够给予被告人获得公正审判的机会，提供一种确保被告人与裁判者通过协商、对话和争辩而共同制作裁判的场合，使被告人通过积极有效地参与裁判的制作过程而保持一种道德主体地位。

五、经济效益主义程序理论

这一理论是由西方经济分析法学派提出的。经济分析法学是20世纪70年代初首先在美国兴起的法学思潮。这一思潮的主要代表人物是科恩、波斯纳等，其中尤以曾任芝加哥大学教授的波斯纳（Richard A.Posner）最为著名。波斯纳的主要著作有：《法律的经济分析》（1977年）、《法律程序和司法活动的经济分析》（1973年）、《正义的经济学》（1981年）等。经济分析法学的核心思想是，所有法律活动（包括立法、执法和诉讼等）和全部法律制度都以有

〔1〕 R.A.Duff, *Trial and Punishment*, Cambridge Univ.Press, 1986, pp.110-114.

〔2〕 Ibid.

效利用自然资源、最大限度地增加社会财富为目的。换言之，“效益”是法律活动的唯一宗旨。经济分析法学家们主张运用经济学特别是微观经济学的观点和方法分析、评论法律制度及其功能，朝着实现经济效益的目标改革法律制度。〔1〕波斯纳即认为，经济学是对法律进行规范分析的有力工具，在一个资源有限的世界中，效益是一个公认的法律价值，表明一种行动比另一种更有效，当然是制定公共政策的一个重要因素。波斯纳运用经济效益这一价值标准，对包括刑事审判程序在内的法律制度的各个领域都进行了详尽的分析，并提出了自己独特的经济效益主义程序理论。

从本质上讲，波斯纳等人提出的这种程序价值理论属于程序工具主义理论的一个特殊分支，因为它也坚持所谓“审判程序不过是最大限度地实现某一外在价值目标的工具”的观点。只不过这里的“外在目标”是最大限度地增加公共福利或提高经济效益。与其他程序手段一样，刑事审判程序在运作过程中也会耗费大量的经济资源。为了提高审判活动的经济效益，我们应当把最大限度地减少这种经济资源的成本作为审判活动的唯一目标，并在评价和设计刑事审判程序时将其作为一项主要价值标准。

大体而言，刑事审判活动的经济成本主要包括两种：一是由于刑事判决的错误所造成的成本，简称为“错误成本”（error costs）；二是在进行审判、制作刑事判决过程中所直接产生的成本，简称为“直接成本”（direct costs）。波斯纳认为，刑事审判的目的就在于最大限度地减少程序的“错误成本”和“直接成本”，用一个简单的公式表示就是：

〔1〕 Richard A.Posner, An Economic Approach to Legal Procedure and Judicial Administration, in *the Journal of Legal Studies* 2(1973): pp.399-400.

Minimize Sum（EC+DC）

（EC和DC分别是“错误成本”和“直接成本”的英文缩写）

同时，人们还应对这两项成本的总和予以最大限度地降低，而不能只是单独地减少其中任何一项，否则就会破坏两者间的相对平衡。例如，我们如果只是尽量减少审判中的“直接成本”，将最少的人力、财力和物力投入到刑事审判活动之中，那么判决的错误率势必会提高，由此导致审判的“错误成本”畸形增加。同样，为了确保判决正确性而增加的“直接成本”也要大于因减少判决错误而节省的“错误成本”。

“错误成本”的产生主要源于法院作出了错误的判决。事实上，刑事被告人要么是有罪的，要么是无罪的。法院的刑事判决一般会产生四种结果：（1）对一名实际有罪的人定罪（简称为CG）；（2）对一名实际无罪的人定罪（简称为CI）；（3）没有对一名实际有罪的人定罪（简称为–CG）；（4）没有对一名实际无罪的人定罪（–CI）。在这四种可能出现的判决结果中，只有CG和–CI是正确的，而CI和–CG则均为不正确的。因为无论是CI还是–CG，任何一项错误判决结果都会导致经济资源的无效使用，因而是一种不适当的经济成本。例如，如果法院错误地判决一名实际无罪的人有罪（CI），那么它在原来刑事审判中所耗费的全部资源将付之东流，没有任何成效。不仅如此，原审判决一旦被上级法院推翻，国家还要对那些受到错误定罪的公民给予高额经济赔偿，这无疑是对国家经济资源的极大浪费。同样，如果法院经过审判没有对实际有罪的人定罪（–CG），那么审判活动也不会产生任何经济效益，因而失去了意义。

“直接成本”产生于刑事审判过程之中。这种成本主要包括公共成本和私人成本两种。前者主要涉及法官的薪金、陪审员和证人的报酬、法庭设施的使用，等等。后者则涉及当事人委托律师的费用、聘请专家鉴定的费用，等等。一般而言，刑事审判的周期越长，审判程序越是烦琐和复杂，直接成本也就越大。

经济效益主义程序理论遭受到了许多批评。如有人认为，人的生命、自由和人格尊严是不能用金钱来衡量和计算的，经济效益主义论者将经济效益作为评价审判程序的唯一价值标准，这无异于贬低了人的生命、自由和人格尊严的意义。也有人认为，经济效益论者忽略了其他重要的价值目标，如正义。一种刑事审判程序可能比另一种程序要少耗费许多经济资源却仍不能使人乐于接受，因为它更缺少公正性。对此，经济效益主义论者回应道，效益与正义是同义词，如波斯纳即明确宣称：“正义的第二种意义，简单说来就是效益。”[1]

六、提出一种新的程序价值理论的必要性

在前面的分析中，笔者介绍了四种典型的刑事审判程序理论。我们据此可以看到，对于刑事审判程序的价值问题，法学家们尚未形成一致的意见。正如博登海默所指出的那样，“法律是一个带有许多大厅、房间、凹角、拐角的大厦，在同一时间里想用一盏探照灯照亮每一个房间、凹角、拐角是极为困难的，尤其是由于技术知识和经验的局限，照明系统不适当或至少不完备时，情

〔1〕［美］波斯纳：《法律之经济分析》，美国Little Brown 公司1972年版，第1页。

形就更是如此了”。[1]前面所述的四项程序价值理论分别从不同的角度对刑事审判程序的价值目标和标准进行了分析，提出了很有见地并各成体系的思想，从而为我们认识刑事审判活动的规律提供了深刻的思想素材。但这些理论中的每一种都只是抓住了有关程序价值问题的某一方面，也都程度不同地有着绝对化和片面性的理论缺陷。

绝对工具主义程序理论发现了刑事审判程序在实现刑事实体法方面的意义和作用，为人们正确评价刑事审判程序提供了一项重要的价值标准。正如这一理论所强调的那样，刑事审判程序确是保证实体法得以实施的工具。一项刑事审判程序如果总是产生错误的判决结果，那么人们有理由对这一程序的科学性和合理性产生怀疑。如同法律在实现社会控制方面具有工具性价值一样，作为法律制度组成部分的刑事审判程序也具有一种服务于某一外在目的的工具性价值。承认这一点，并不会使程序的价值和意义受到贬低。相反，这有助于我们增强对程序技术性意义的客观认识。但是，工具主义绝对论者将审判程序的这种工具性价值强调得过了头，以至于无法对程序的意义作出全面的认识。例如，他们不能正确地解释为什么在经过刑事追诉部门的全面侦查之后，法院仍要举行烦琐、正规而且对发现真实未必永远有益的法庭调查和辩论，也不能解释为什么法院必须保证被告人获得公正的审判。他们甚至不能告诉人们为什么法院不能采用中世纪曾广为盛行的刑讯逼供等野蛮的调查手段。绝对工具主义价值理论在否认程序自身的独立内在价值的同时，也否定了作为程序参与者的被告人、

---

〔1〕［美］E.博登海默：《法理学——法哲学及其方法》，邓正来译，华夏出版社1987年版，第199页。

被害人等的主体地位，将他们视同没有人格尊严的诉讼客体。

可能是由于历史的巧合，或者由于其他方面的原因，绝对工具主义程序理论一般在专制主义国家总能得到来自立法和司法实务等方面的支持，尽管对这一理论的系统阐释可能出自现代民主国家的学者。例如，中世纪欧洲一位著名的司法调查官埃莫里克斯（Eymericus）曾讲过一句名言：“只要真相能够得到，它是如何获得的并不重要。”（*Non refert quomodo veritas habeatur, dummodo habeatur.*）[1]事实上，一个社会越是趋于专制，就越会将连同法律程序在内的整个法律制度均视为实现秩序、安全等外在实体价值的工具，也就越会否定法律程序的内在价值。欧洲中世纪以及纳粹德国的刑事司法实务状况充分证明了这一点。因此，正如刑罚报应论者指责功利主义论者并不反对通过惩罚无辜来达到控制犯罪的目的那样，程序本位主义论者也会指责工具主义论者宁肯不要程序也要实现刑法的目的。可以说，工具主义的绝对化必然导致程序虚无主义的盛行。

相对工具主义论者对绝对工具主义理论的一些缺陷进行了纠正。他们正确地指出，正义要求法院不得对无罪者予以定罪，并且要求法院按照“自然正义规则”的要求，给予被告人获得公正审判的机会。相对工具主义论者的理论贡献在于，他们认识到了刑事审判程序不仅要产生对实施刑法有用的判决结果，而且还应产生公正的结果。这种判决结果的公正性要靠审判程序自身的公正性加以保障。这样，他们就为程序设定了功利性和公正性两套价值标准，从而在理论上前进了一大步。但是，工具主义相对

〔1〕 *Comparative Law Yearbook*, Vol.9, Martinus Nijhoff Publishers, Dordrecht, 1985, pp.4-5.

论者仅仅浅尝辄止，没有对程序正义进行更为深入的探索。一方面，尽管他们强调法院裁判结果和刑事审判程序本身均要满足正义的要求，却仍然承认公正的程序只是服务于公正判决结果的手段和工具。他们没有看到公正的审判程序在保障程序参与者人格尊严和道德主体地位方面的独立作用。另一方面，由于这一理论实质上仍坚持工具主义程序观点，它所提出的两项限制性价值要求能否达到其预期的目的也是令人怀疑的。事实上，人们一旦将一项程序规范仅仅视为达到某种结果的工具，也同样会为了这种结果的更好实现而废弃这一程序规范。当代程序虚无主义者一般也不赞同那种完全抛弃审判程序的主张，他们也承认一些旨在确保程序公正的规则的重要性和正当性。但他们仅仅强调这些规则的工具性价值，而不承认它们的内在价值。他们一旦发现遵守一些旨在确保被告人获得公正审判的规则会妨碍他们实现其他一些价值目标——如便利、效率、实用等——时，便会优先选择后者而放弃对这些规则的遵守。相对工具主义理论之所以存在这种缺陷，是因为它们仍然没有认识到刑事审判程序具有一些独立于那种工具性价值的内在价值。

程序本位主义理论的一项重要贡献在于，它详尽地阐释了刑事审判程序的内在价值问题，为我们评价刑事审判程序提供了又一个独立的价值标准。这一理论强调，一项公正的刑事审判程序应确保受判决结果影响的诉讼各方参与到审判活动中来，成为程序的控制者而不是诉讼客体。这一理论还要求，无论是否有助于刑法目的的实现，刑事审判程序都应当确保被告人获得公正的审判。这样，程序本位主义理论就将程序内在价值与人的人格尊严和道德主体地位联系在一起，确认程序具有一种独立的、非工具性的价值。但是，这一理论也走向了与工具主义截然相反的另一极端：程序在这里被视为至高无上的决定者，只要遵守了公正的审判程序，法院的判决就是公正的，而不论这种判决事实上是否建立在正确的事实基础之上。这显然是不正确的。程序本位主义理论的缺陷在于，它把程序与程序的结果完全混为一谈，认为公正的判决是公正程序的必然结果和逻辑延伸。事实上，程序与结果有着密切的联系，却是不能合二为一的，公正的结果具有其独立于程序的评判标准，程序公正只是结果公正的一项必要条件，而不是充分条件。例如，上级法院经过上诉审或再审，一旦认为下级法院所作的裁判在认定事实或适用法律上有不正确之处，即可能撤销原判，即使原审法院在制作该判决时遵守了程序公正的全部要求。

经济分析法学家们通过对刑事审判程序进行细致的经济分析，提出了又一项基本的程序价值标准——经济效益。这使刑事审判程序价值的研究开始从传统的定性分析走向定量分析。尽管经济效益主义理论确有将经济效益价值强调得过于绝对化等项缺陷，但它至少启示我们在对一项刑事审判程序进行评价时应将经济效益作为一项基本的价值标准。如果没有正当的理由，人们不应不适当地增加经济资源的成本；同时在两个同样符合其他价值标准的审判程序中，人们有理由选择成本较少的一个。

通过上述对四种刑事审判程序价值理论的评价，我们可以看出，单纯采取其中任何一种理论观点都不能使我们建立一种科学的刑事审判程序价值理论。相反，我们应当从综合的角度构建一种新的程序价值理论。这一理论能够容纳和协调法学家们在程序价值方面提出的正确观点，并尽量避免和克服其固有的缺陷。事实上，如果我们从更深层次上分析就会发现，上述四种程序价值理论所存在的片面性缺陷乃是源于它们分别所赖以存在的法哲学理论的局限性和片面性。例如，工具主义程序理论建立在功利主义法学理论基础上，经济分析法学理论在一定意义上也是功利主义法学的一个分支。而程序本位主义理论则在很大程度上受到传统自然法学理论或当代所谓"价值侧重法学"理论的影响。但是正如许多法哲学家所指出的那样，功利主义法学和自然法学尽管在不同的角度上发现了真理，但它们都有片面性和绝对化的缺陷。近些年来，法哲学理论开始出现了一体化的发展趋势，一些学者试图在吸收各家学说的基础上创建一种综合法理学理论。〔1〕刑事审判程序价值理论也应顺应这种理论发展趋势，以求博采众长，并有新的开拓。

例如，美国学者萨默斯（R.S.Summers）在对法律程序进行价值分析时，即提出了对法律程序进行评价和构建时所应遵循的两套价值标准。〔2〕他认为，评价一种法律程序首先应看它是否具备产生好结果的能力，程序的这种产生好结果的能力可称为"好结果效应"（good result efficacy）。所谓好的结果，是指法律程序运作的结果符合和平、安全、正义等项实体价值标准。如果法律程序是实现这种好结果的工具，我们就会认为程序在这一方面是好的〔3〕。但是，"好结果效应"并不是法律程序所应具有的唯一一项价值。如果一项法律程序本身——而不是通过它的结果——能够达到诸如程序理性、人道、尊重人的人格尊严和隐私等项价值，

〔1〕［美］E.博登海默：《法理学——法哲学及其方法》，邓正来译，华夏出版社1987年版，第199页。

〔2〕R.S.Summers, Evaluating and Improving Legal Process—A Plea for "Process Values", in *Cornell Law Review*, Vol.60, November 1974, No.1, pp.25-26.

〔3〕Ibid.

那么我们就会认为该程序在这一方面是好的，而不论它是否具备“好结果效应”。[1]萨默斯将这种用以判断法律程序本身是否为善的价值标准称为“程序价值”（process value），而这种由法律程序本身所具有的提供“程序价值”的能力则被称为“程序价值效应”（process value efficacy）。[2]这样，人们在评价法律程序时实际就有了两套相互独立的价值标准，任何一项法律程序也只有同时能够实现上述两方面的价值目标，它才能被认为具有完整的伦理基础。

又如，美国哲学家贝勒斯（M.D.Bayles）在吸收经济分析法学理论、德沃金的相对工具主义程序理论以及萨默斯的程序理论的基础上，提出了一种新的综合性程序理论。贝勒斯教授认为，法院从事司法审判有两个一般的目的，即解决争端（resolving disputes）和发现真实（finding the truth）。但这两个目标太抽象、太一般化了，它们不能为人们评价法律程序提供有用的价值标准。因此必须为法律程序设定若干个具体的价值目标。[3]首先，贝勒斯在批评经济效益主义论者将经济效益价值绝对化这一缺陷的基础上，提出了法律程序应尽力减少程序运作过程中的经济成本（DC）以及程序因产生错误的裁判结果所带来的经济成本（EC）等观点。这样，法律程序的第一个价值目标就在于最大限度地减少“直接成本”和“错误成本”的总和。用公式表示即为：

〔1〕 R.S.Summers, Evaluating and Improving Legal Process—A Plea for “Process Values”, in *Cornell Law Review*, Vol.60, November 1974, No.1, pp.25–26.

〔2〕 Ibid.

〔3〕 M.D.Bayles, “Principles for Legal Procedure”, in *Law and Philosophy* 5 (1986) 33–57, D.Deidel Publishing Company, 1986.

Minimize Sum（EC+DC）

其次，贝勒斯也吸收了德沃金理论中的“合理”部分。他认为，道德成本（MC）源于法官对无罪者予以定罪这样一种道德错误，而这种错误则构成了对无罪者不受错误定罪这一道德权利的侵犯。这样，最大限度地减少法律程序的道德成本就成为法律程序的又一项价值目标。至此，法律程序的目标可总体上概括为下列公式：

Minimize Sum（EC+MC+DC）

最后，贝勒斯在吸收萨默斯等人理论的基础上，又提出了法律程序的第三项价值目标，即提高和实现所谓的“程序价值”（process benefits, or process values）。他认为，自尊、公平、参与、中立等项价值目标是法律程序自身所提供的，它们即使并不能增强法院判决的准确性，也应成为独立于程序结果的一项独立价值。这一价值的意义在于，它能够确保法律争端从心理上和实际效果上得到解决，即使判决并没有准确地判定过去发生的事实真相，争端各方只要确信他们受到了公正的对待，他们也会自愿接受法院的裁判结果。而前述两项价值目标虽有助于实体真实的发现，却忽略了也无助于争端的真正解决。这样，法律程序的总体目标就可以用这样一个公式来表示：

Minimize Sum（EC+MC+DC−PB）

［PB是“程序价值”（Process Benefits）的英文缩写］

通过对萨默斯和贝勒斯的理论进行分析，我们可以发现，他们都试图构建一种综合的程序价值理论，从而避免过去那种单纯的工具主义理论或程序本位主义理论所固有的缺陷。他们的观点作为一种理论尝试，无疑具有积极的意义。但是令人遗憾的是，他们在纠正理论绝对化、简单化毛病的同时，又犯了一种新的简单化错误。萨默斯尽管提出了用以对法律程序作出评价的两项独立价值标准，但对两者之间的关系，尤其对两项价值之间冲突的解决却没有进行富有意义的分析，因此这种理论给人以"罗列"价值标准之感，没有进行具有独立创见的探讨。不仅如此，萨默斯的理论还有过分夸大所谓"程序价值"地位之嫌，他对程序的经济效益目标也没有产生明确的认识和理解。贝勒斯的分析似乎更令人难以全盘接受。他所提出的程序价值目标简直就是波斯纳、德沃金和萨默斯三人所提出的目标的简单相加。至于这三项价值目标之间的关系以及价值目标出现冲突时应如何协调，他几乎没有作任何分析和评价。当然，贝勒斯在最近出版的《程序正义》一书中对其理论中原有的缺陷进行了一定的补救，增加了对诸如实体正义与程序公正的关系、程序公正标准的理论基础等问题的独立分析〔1〕。但是，创建一种真正综合的程序价值理论的任务似乎还远未完成，人们有理由期待一种更有说服力的理论。

在下面几节的论述中，笔者拟以刑事审判程序为切入点，提出并论证一种新的程序价值理论。笔者将为刑事审判程序设定三项基本的价值标准：一是内在价值，即程序自身符合正义要求；二是外在价值，即程序因具备产生公正结果的能力而具有的工具性；三

〔1〕 M.D.Bayles, *Procedural Justice*, Kluwer Academic Publishers, 1990, pp.115-138.

是保障性价值，即程序符合经济效益的要求，这一价值相对于前两者而言带有保障性。在此基础上，笔者将对三者之间的关系从理论上作出适当的协调，对它们之间的冲突提出理论上的思路。

第二节　刑事审判程序的内在价值
——程序的公正性

一、提出程序内在价值标准的必要性

马克思曾就审判程序与实体法的关系作出过以下著名的论述："实体法……具有本身特有的必要的诉讼形式……审判程序和法二者之间的联系如此密切，就像植物的外形和植物的联系，动物的外形和动物的血肉的联系一样。审判程序和法律应该具有同样的精神，因为审判程序只是法律的生命形式，因而也是法律内部生命的表现。"[1]我国许多学者根据这一论述得出了审判程序只具有工具性价值的结论。但他们忽略了马克思在同一文章中还有以下的告诫："如果审判程序只归结为一种毫无内容的形式，那么这种空洞的形式就没有任何独立的价值了。"[2]事实上，如同其他所有法律程序一样，刑事审判程序不仅仅是用以实现实体法的工具、手段或形式，它本身也是目的：它具有一种独立于程序结果的内在价值。这便是笔者在本节中所要分析和证明的一个重要论点。

人类刑事诉讼制度的发展史在一定程度上可以被视为程序内在价值从无到有、从依附到独立的发展史。自国家追诉制度产生

〔1〕《马克思恩格斯全集》(第1卷)，人民出版社1956年版，第178页。

〔2〕同上。

以来，人们起初把诉讼仅视为追诉犯罪的过程，着重强调程序的工具性价值。例如，在中世纪的西欧各国，法官是国王的臣属，是当权者的统治工具；法律的首要目的是实现公共安宁，即“无论如何、不惜任何代价也要维持治安”。[1]法律程序连同法律本身都仅仅被视为当权者实现其政治利益的工具和手段，当权者在必要时可以不择手段。在这种制度中，绝对工具主义程序观念的出现是不足为奇的。随着社会的进步，尤其是经过近代一系列影响深远的政治改革和司法改革运动，法律与政治开始分离，独立的法官成为法治秩序的维护者。同时，随着一系列现代诉讼原则和制度的确立，程序成为“法律的中心”和“公正适用法律规则”的保障，成为对其他国家权力进行约束的一种重要力量。结果，“开始是作为一种机构需要的东西变成了一种提高自身价值的美德”，“正当程序和公平是法院自信和信用的主要渊源”，而且“手段的道德性逐渐包含合法性和正义的整体”。[2]这样，体现程序自身内在品质的公正性和合理性价值就成为不依附于结果而独立存在的程序价值。可以说，承认刑事审判程序具有其独立的内在价值符合刑事诉讼制度发展的内在逻辑。

程序内在价值标准尽管最初出现于英美学者的程序本位主义理论之中，但它目前已为许多原来信奉程序工具主义理论的学者所接受。一位匈牙利学者在分析大陆法系国家刑事程序的发展趋势时即着重指出：

[1] [美]诺内特等：《转变中的法律与社会》，张志铭译，中国政法大学出版社1994年版，第74页。

[2] 同上。

> 刑法必须通过一个正式(formalized)和理性的(rational)程序才能得到适用。在这种程序中,司法机关的支配地位被被告人所拥有的权利保障所平衡;最终的裁决属于一个无偏见和独立的法院的权力;公平和正义将在最大限度上得到保障。如果程序满足了这些基本要求,我们就会相信判决的公正性。否则我们就会怀疑这一判决的合理性,其原因仅仅在于我们不能同意判决所赖以产生的程序。[1]

日本学者田宫裕认为:"正当程序并非无限地探求真实,一方面它重视发现真实的程序,同时信赖这一程序而把依照正当法律程序达到的结果作为正确的结果来对待","基于这种思想,它是相对主义、程序主义"。[2]我国台湾地区学者黄东熊也明确指出:"刑事诉讼法所期求者,乃有实体面之正义与程序面之正义。实体面之正义,乃以进行刑事诉讼为手段而求实现,而程序面之正义,则在刑事诉讼之过程本身求实现。"[3]

刑事诉讼程序自身的内在价值目前已得到许多学者的强调,许多国家的立法机构正通过立法措施使这一价值目标得到现实的实现,并将其奉为指导立法工作的重要道德尺度。但是在中国,这一价值标准无论在刑事司法领域还是在刑事立法领域中均受到了忽视乃至无视。中国刑事审判实务中出现的所谓法院"提前介入"起诉或侦查程序、法院"先定后审"、合议庭"审而不判"、审

---

〔1〕 *Comparative Law Yearbook*, Vol.9, Martinus Nijhoff Publishers, Dordrecht, 1985, pp.4-5.

〔2〕 [日]田宫裕:《最近的正当程序争论》,研修340号(1976),第3页。

〔3〕 黄东熊:《刑事诉讼法论》,三民书局1991年版,第5页。

判委员会“不审而判”等现象，从实质上讲均为“重实体轻程序”乃至程序虚无主义的典型表现。对于司法实务中这种否定程序自身价值的例证，笔者无须作过多的分析，因为这已为许多读者所熟知。同时，如果我们打开刑事诉讼法典及其他刑事诉讼程序规范性文件，就会发现“重实体轻程序”的规定俯拾即是。这种否定程序内在价值的法律规范一般有两种表现形式：一是对刑事司法官员严重违反法律程序但不可能影响案件正确处理的行为没能规定有效的制约方式；二是对侵犯被告人、被害人、辩护人等的诉讼权利的行为不作任何有效的法律制裁。这两类规范的共同特征在于：对于刑事程序规范的违反并不单独成为阻止诉讼进程、废止司法官员诉讼结论的根据。

刑事司法和刑事立法领域中这种“程序附属于实体”乃至程序虚无主义现象的发生，从根本上讲源于立法者、司法官员以及法学家们对法律程序的共同价值判断。目前在刑事程序价值方面的权威理论观点是，包括刑事审判程序在内的所有程序规范都是国家用以揭露犯罪、证明犯罪和惩罚犯罪的工具和手段；只要公安司法机关查明了案件事实真相，并且惩罚了犯罪者而又没有误罚无辜者，刑事诉讼的任务即可得到实现；至于这种诉讼活动是否遵循了公正、合理的程序，这本身并不重要，除非这种程序对于实体真实的发现是必不可少的。换言之，只要刑事程序的结果没有错误，诉讼活动就没有任何瑕疵，程序作为保证结果正确性的工具，它本身并不具有任何独立于结果的价值和意义。很显然，这是一种与工具主义极为相似的理论观点。

例如，中国大陆学者近年来在美国、日本等国学者提出的程序理论的影响下，开始就刑事诉讼目的问题展开新的研究，并产生了若干具有代表性的理论，这对于推动刑事诉讼法学基础理论的发展起到了促进作用。但是颇值得注意的是，这些理论似乎在很大程度上都受到了功利主义或工具主义哲学理论的影响，它们从不同侧面坚持了程序工具主义的价值理论。大体而言，这些理论可分为以下两类：一为“惩罚犯罪、保障人权统一论”，二为“实体真实与法律程序统一说”。

第一种理论主张，“惩罚犯罪是刑事诉讼的目的和任务”，也是“刑事诉讼的中心内容”，但“保障人权亦是保证完成惩罚犯罪任务的重要条件”。“保障人权主要是指保护被告人的合理权利以及保护无罪的人不受刑事追究。”“惩罚犯罪代表了国家和社会的利益，也包含了保护个人权益的内容”，因此它与保护人权“从根本上是一致的，两者所追求的都是刑事诉讼目的所在，因而不是互相排斥的”。〔1〕这种理论基本上得出了与绝对工具主义程序理论相似的结论，即认为刑事程序具有服务于某种外在目的——惩罚犯罪——的工具性价值，所有权利保障都旨在保证这一目的的实现，并且也只在其有助于惩罚犯罪时才具有意义。换言之，程序以及体现人权保障精神的程序规范均不具有独立于结果的内在价值。

第二种理论认为，“实体真实与法律程序的辩证统一关系，表现为二者既相互对立又相互依存：一方面，追求实体真实的诉讼活动要受到法律程序的种种限制；另一方面，法律程序又保证实体真实的实现。离开了法律程序，实体难以达到真实，或者即使达到了真实，也不过是个别的真实，而它所破坏的则是普遍的真

〔1〕 徐益初：《论我国刑事诉讼中的几个辩证关系》，载《中国法学》1991年第1期。

实；离开了实体真实，法律程序便失去了意义”。[1]这种理论看到了法律程序具有对实现实体真实目标的限制和保障作用，主张优先选择法律程序，但它似乎暗含着这样一种前提，即实体真实是刑事诉讼的首要目的，“法律程序则是保证其达到实体真实这一目的的手段”；它所强调的所谓优先选择法律程序，其理论意义仅仅在于达成“普遍的真实”，哪怕以损失“个别的真实”为代价。因此，这种理论大体上与相对工具主义程序理论相吻合。

工具主义程序理论在中国的影响如此之大，那么造成这一现状的原因是什么呢？笔者认为，这与我国法学家、立法官员及司法官员长期以来只重视刑事程序的工具性或技术性价值，而忽略程序自身的伦理性价值是密切相关的。目前在我国占主导地位的诉讼理论一直将包括刑事审判在内的诉讼活动视为一种认识活动。在这一活动过程中，公安、检察和审判机关的共同任务在于查明案件的事实真相，运用证据揭示过去已经发生且与确定被告人刑事责任密切相关的事实，以确保（实际）有罪者受到刑事追究，（实际）无罪者则免受定罪和刑事处罚，换言之，即不枉不纵。这样，刑事诉讼程序的唯一意义或功能就在于作为司法官员进行认识活动的工具，促进事实真相的查明；诉讼活动的最高认识准则为实事求是原则，即查明案件的实质真实，并以此为根据来适用刑法、制作裁判和处理案件。既然诉讼活动就等于认识活动，那么诉讼程序就必然被视为只具有技术性意义的工具，它本身不存在什么实现价值——尤其是独立的价值——的问题，程序工具主义理论的产生也就不足为怪了。但是，刑事审判及其他诉讼活

〔1〕 李心鉴：《刑事诉讼构造论》，中国政法大学出版社1992年版，第68页。

动究竟是不是一种认识活动呢?

笔者认为,刑事诉讼(包括刑事审判)是一种认识活动,但又不仅仅是一种认识活动。说它是一种认识活动,是因为侦查人员、检察官和法官在这一活动过程中确实要运用证据揭示那些与刑事追诉有关的案件事实真相,从而为适用刑事实体法创造一个具体的事实情境。不仅如此,被告人、被害人、证人、辩护人等对诉讼活动的参与也确实在一定意义上有助于事实真相的揭示,他们参与诉讼活动的目的之一也有着确保真正有罪者受到定罪判刑、使无罪者免受刑事追究的意味。说诉讼活动不仅仅是一种认识活动,是因为这一活动同时包含了两种相互作用、相互联系的动态的过程,即事实真相的认识过程及程序自身独立价值的实现和选择过程。例如,在刑事审判过程中,法官与检察官、被告人、被害人等共同进行诉讼活动并在诉讼过程中制作司法裁判。抛开法官的裁判结果暂且不谈,在这种裁判结果的制作和形成过程中,法官要时时刻刻面临着对检察官与被告人、被害人之间的诉讼权利和诉讼地位进行协调的问题,也时时要在国家利益与个人利益之间进行权衡和选择。这是因为,实体利益与诉讼权利是密切相关的,承认一个诉讼主体在诉讼中拥有独立的实体权益——如被告人不受错误定罪的权利,被害人要求惩罚犯罪者、赔偿自身损失的权利,等等——就必须确保该诉讼主体富有意义地参与到诉讼过程中来,使他们与法官一起进行理性的争辩和说服,并对裁判结局共同发挥影响、制约作用。一个法官在审判过程中要时刻面临着如何对待被告人和被害人的问题。如果法官否认他们的诉讼主体地位,排除他们参与裁判制作过程的可能,就等于将他们的实体权益置于无足轻重的地位,而完全站在国家追诉犯罪的立场上。这样，审判程序就不可能具备最低限度的公正性和合理性，法官的裁判也难以得到被告人以及其他社会成员的认同。相反，作为裁判者的法官如果承认和尊重被告人、被害人的诉讼主体地位，就会给予他们获得公正听审的机会，使他们充分而有效地参与到裁判制作过程中来，成为自身实体权益乃至自身命运的决定性和控制者。在这种情况下，被告人、被害人的实体权益就会与国家利益一起，受到裁判者的尊重和关注，他们的人格尊严也会受到尊重和得到承认，审判程序将符合正义的要求，被告人、被害人及其他社会成员也会对这一审判过程的公正性和合法性产生信任和尊重。

因此，刑事诉讼（包括刑事审判）活动不仅仅是一种以恢复过去发生的事实真相为目标的认识活动，而且也包含着一种程序道德价值目标的选择和实现过程。一项刑事诉讼程序相对于另一项刑事诉讼程序而言，即使在形成案件事实真相方面并没有任何劣势，但如果它使被告人、被害人的诉讼主体地位和人格尊严受到贬损，使他们受到不公正的对待，那么人们也会因此对该程序本身作出“不公正”“不合理”等道德评价。那种仅仅把刑事诉讼活动视同认识活动、仅仅承认刑事诉讼程序工具性意义的观点，事实上并不能完全否认刑事诉讼活动是一种价值实现和选择过程，只不过它仅仅承认程序的工具性价值而完全忽略了程序的独立内在价值及程序独立的伦理性目标。因此，将刑事诉讼活动完全等同于认识过程，很容易为程序工具主义理论的产生提供一个现实的思想基础。

为了对程序工具主义理论作出合理的批判和吸收，笔者在本节以及其他各节中将证明，刑事审判活动旨在实现一种多元的程序价值目标，这些目标或者通过刑事审判过程本身、或者通过裁判结果本身而得到实现。但在本节中，笔者将着重分析刑事审判程序所具有的独立内在价值——程序公正，这一价值是程序自身所具有的，而与程序结果无关。

二、正义与程序公正

正义是法律制度所要实现的最高理想和目标，也是人们用来评价和判断一种法律制度具有正当根据的价值标准。作为法律制度的重要组成部分，刑事审判程序本身也必须符合正义的要求，才能具备一种内在的优良品质。正如一部非正义或不公正的法律不是好的法律一样，一项刑事审判程序如果不符合正义的要求或程序公正的标准，也不是好的程序。换言之，刑事审判程序的内在价值是指程序的公正性。要对程序公正这一价值作出深入的阐释，我们必须首先从正义的概念分析起。

在西方思想史上，有关正义的理论文献可谓汗牛充栋。笔者在此无暇进行全面的介绍和分析。一般而言，正义是一种人类社会的美德和理想，它本身属于一种道德价值或道德目标。古罗马的查士丁尼认为："正义乃是使每个人获得其应得的东西的永恒不变的意志。"西塞罗也把正义定义为"使每个人获得其应得的东西的人类精神意向"。[1]究竟什么是"每个人所应得"的东西呢？根据西方学者的普遍解释，"一个人所应得的，就是他有权得到的"。正义是一个以权利为基础（right-based）而不是以目的为基础（goal-based）的价值目标。[2]正义要求我们确保每个人获得他

---

〔1〕［美］E.博登海默：《法理学——法哲学及其方法》，邓正来译，华夏出版社1987年版，第255页。

〔2〕［美］艾德勒：《六大观念》，郗庆华等译，生活·读书·新知三联书店1991年版，第191页。

所应得的权益，这种权益不仅来自现实法律的规定，而且也来自自然法的要求。正义要求我们将每个人都视为“自治的、负责任的道德主体”和权利主体，即视为一个目的(end)，而不是用以实现他人或社会目的的手段，同时应对每个人的人格尊严、自由意志等给予充分的尊重。此外，正义还要求我们根据每个人的具体情况给予其相应的待遇，即不偏不倚，使每个人各得其所。正因如此，正义才被视为一项用于调整人与人之间、社会成员与整个社会之间关系的理想准则。

关于正义与法律的关系是法哲学上的一个永恒课题。人们一般都认为，正义是法律所应致力实现的一个最重要的目标。在人类法律史上，几乎每一项法律制度的建立和改革都体现了特定时代的正义观念。正义也是人们用来评价一项法律、制度或政府决定的主要价值标准。如果我们说立法部门制定的一项法律、司法部门作出的一项判决是“不公正”或“非正义”的，这往往意味着对这一法律或判决的消极评价或否定。

在法律制度中，正义可表现为三种主要形式：一是实体正义(substative justice)；二是形式正义(formal justice)；三是程序正义(procedural justice)。实体正义是指人们在对实体上的权利、义务和责任进行确定时所要遵循的价值标准。从动态上看，法院进行刑事审判的过程就是把刑法所确定的原则和规则具体适用于对被告人刑事责任的判定的过程。法院所作的实体裁决是否正当、合理，其评判标准就是看它能否使每个人所应得的利益得到保障。从静态上看，国家制定实体法的目的在于以法律规范的形式对特定的权利、义务和责任作出调整，这种调整也应符合正义的一般要求。因此实体正义又可视为作为法律制度组成部分的实体法所要实现的正当目标。在一般情况下，法院通过准确地适用实体法的规定，对案件作出权威性裁决，这就意味着实体正义得到实现。所谓形式正义，是指对实体法所确立的规则的公平适用。形式正义要求“对相同的情况予以相同的对待”，它具体包括两项内容：(1)对相同情况下的案件作出同样的处理，对不同的案件则作出不同的处理；(2)在适用某项法律规则时，应当对一切人一视同仁，不偏不倚。形式正义有时又被视为程序正义的重要因素，因为它对于法官将法律公正地适用到具体案件上具有重要的指导作用。但形式正义与实体正义也有着密切的联系：它要求法律和法院对一切案件和一切人适用实体法时应当遵循统一的标准，而不搞不适当的“差别待遇”，因而它是使实体正义得到普遍实现的保障。实际上，形式正义是联系实体正义与程序正义的纽带，它在确保法律的公正实施方面起着相对独立的作用。

与实体正义和形式正义都不相同的是，所谓程序正义，是指法律程序在具体运作过程中所要实现的价值目标。与程序正义相比，实体正义和形式正义主要是一种“结果价值”，它们体现在法律程序的结果——如立法部门制定的法律、行政部门作出的决定、法院宣告的判决等——之中，是评价程序结果的两项价值标准。而程序正义则是一种“过程价值”，它主要体现在程序的运作过程中，是评价程序本身正义性的价值标准。一项法律程序本身是否具有程序正义所要求的品质，要看它是否使那些受程序结果影响的人受到了应得的待遇，而不是看它能否产生好的结果。程序正义又可分为司法领域中的程序正义与非司法领域中的程序正义两大类。本书所指的程序公正主要是指作为司法领域重要方面的刑事审判程序的内在价值。在以下的论述中，笔者将以正义的一般含义为指导，对刑事审判程序公正的标准作一深入的分析。

三、刑事审判程序公正的标准

作为程序的内在价值，程序公正旨在为人们评价和构建刑事审判程序提供若干项独立的价值标准。但是，所谓“给予每个人以其所应得的权益”的正义原则是十分抽象和一般的要求。仅凭这一原则，我们无法对一项刑事审判程序的正当性作出具体准确的评价。因此，我们需要为刑事审判程序本身设立若干具体且可操作的公正标准。这些公正标准既是正义对程序的具体要求，也是程序公正原则的基本内容。依据这些标准，我们可以对刑事审判各阶段的活动方式、法官的各项诉讼行为以及诉讼参与人所受的各种待遇等是否合乎正义的要求作出评判，从而将有关一项程序公正与否的结论建立在科学和理性的基础上。

根据西方学者传统的观点，判断法律程序公正与否有两项原则：一为“自然正义”原则（natural justice principle）；二为“正当法律程序”原则（due law process principle）。这两项原则同样也适用于对刑事审判程序的评价和构建。

“自然正义”是一项十分古老的程序公正标准，其理论基础是传统的自然法理论。这一原则早在古罗马时代和中世纪即已被人们所接受，成为自然法、万民法和神判法的基本内容。“自然正义”有两项基本要求：（1）任何人不得做自己案件的法官（*nemo judex in parte sua*）；（2）应当听取双方当事人的意见（*audi alterm partem*）。这两项要求后来在英国司法制度中得到了牢固的确立，被用来作为法官解决争端时所要遵循的最低程序准则和公正标准。根据自然正义的第一项要求，法官在审判中不得存有任何偏私，而且须在外观上使任何正直的人不对其中立性有任何合理怀疑。根据自然正义的第二项要求，法官须给予所有与案件结果有直接利害关系的人充分陈述自己意见的机会，并且对各方的意见予以平等对待。“自然公正”原则目前已被广泛地适用于法院的司法审判以及各种非正式司法裁判活动中，成为法律程序的一项基本价值目标。这些原则制约着那些在法庭内外行使司法审判权的机构或个人的行为方式。他们如果违反了这些原则，那么其主持进行的司法审判活动及审判程序的结果均无法律效力。当然，“自然正义”原则的内容并不是一成不变的，上述两项原则仅构成自然正义原则的基本要求。根据英国司法机构和学者的解释，“自然正义”原则也可包含一些新的要求。

后世学者对于“自然正义”原则作出了详细的分析和合理的论证。美国学者戈尔丁认为，英国学者所说的“自然正义”实际包含以下九项内容，它们都构成了据以评价和判定司法审判程序自身公正性的标准：(1)与自身有关的人不应该是法官；(2)结果中不应包含纠纷解决者个人的利益；(3)纠纷解决者不应有支持或反对某一方的偏见；(4)对各方当事人的意见均应给予公平的关注；(5)纠纷解决者应听取双方的论据和证据；(6)纠纷解决者应只在一方在场的情况下听取另一方意见；(7)各方当事人都应得到公平机会来对另一方提出的论据和证据作出反应；(8)解决的诸项条件应以理性推演为依据；(9)推理应论及所提出的所有论据和证据。上述标准被看作一个社会对公正司法的基本要求。假如该社会是一个公正的社会，并建立了用以解决纠纷的机制或机构，这种机制或机构就应以一种公平方式运行，从而给当事人以一种受到公正对待的感觉。戈尔丁认为，坚持上述公正标准有两个理由：一是公平能够促进争端的真正解决，而不是简单地了结；二是确保诉讼各方对整个司法审判制度产生信任，而没有这种信任，这些法律制度将无以复存。〔1〕

“正当法律程序”是《美国联邦宪法》所确立的一项基本原则。该法的第5条修正案规定：“非经正当法律程序，不得剥夺任何人的生命、自由或财产。”第14条修正案对各州也提出了相同的要求。根据美国学者和联邦最高法院的解释，正当法律程序可分为两大类，即“实体性正当程序”（substantive due process）和“程序性正当程序”（procedurl due process）。前者是对联邦和各州政府部门立法权的一项宪法限制，它要求任何一项涉及剥夺公民生命、自由或财产的法律不能是不合理的、任意的或反复无常的，而应符合公平、正义、理性等基本理念。程序上的正当程序则涉及法律实施的方法和过程，它要求用以解决利益争端的程序必须是公正、合理的。而关于程序性正当程序，权威的解释是：“任何权益受判决结果影响的当事人都有权获得法庭审判的机会，并且应被告知控诉的性质和理由……合理的告知、获得庭审的机会以及提出主张和辩护等都体现在‘程序性正当程序’之中。”〔2〕

与“自然公正”原则一样，“正当法律程序”也深深扎根于西方传统的自然法和自然权利理论之中。美国学者认为，正当法律程序体现了公平、正义、合理等基本理念，而程序性正当程序更是

〔1〕 参见［美］戈尔丁：《法律哲学》，齐海滨译，生活·读书·新知三联书店1987年版，第240~241页。

〔2〕 Christopher Osakwe, The Bill of Rights for the Criminal Defendent in American Law, in *Human Rights in Criminal Procedure*, Martinus Nijhoff Publishers, 1982, p.260.

体现了正义对法律程序的基本要求。联邦最高法院大法官杰克逊(Robert Houghwout Jackson)认为:“程序的公正和合理是自由的内在本质,如果有可能的话,人们宁愿选择通过公正的程序实施一项暴厉的实体法,也不愿选择通过不公正的程序实施一项较为宽容的实体法。”[1]因此,程序性正当程序实际所表达的价值就是程序公正。但是,程序性正当法律程序的具体标准是什么?对此问题,许多美国学者都不从理念上加以概括和总结,而是把《美国联邦宪法》第1~10条修正案中所包含的程序保障要求均直接视为程序公正的具体标准。他们认为只要坚持了这些具体程序要求,如确保被告人获得律师的有效协助,获得公正陪审团的审判,获得提出本方证据和向对方证人提出质证的机会,等等,审判程序就是公正的。

自然正义原则和正当法律程序原则均被视为程序公正的标准,并具有较强的可操作性,但它们所赖以存在的理论基础却受到了人们的怀疑。许多西方学者均指出,这两项原则都建立在自然法理论的基础上,它们旨在从程序方面确保公民的生命、自由和财产等自然权利不受任意的剥夺。自然法理论所表达的作为法律最高理想目标的正义观念尽管美好,但这一理论本身却是无法得到合理证明的。自然法学家们无法为人们提供有关正义观念的科学论证,他们甚至不能为人们提供一个关于正义的完整定义。近年来,许多学者都提出了“超越自然法”的口号,并从社会学、心理学、人类学等不同的角度对正义的理论基础和程序公正的标

[1] Christopher Osakwe, The Bill of Rights for the Criminal Defendent in American Law, in *Human Rights in Criminal Procedure*, Martinus Nijhoff Publishers, 1982, p.260.

准进行新的探讨。在这种情况下，一种被称为“消极性正义理论”(negative justice theory)的学说开始出现，并得到了许多学者的支持。[1]这一理论通过对人们的“非正义感”(the sense of unjustice)的分析，提出了几乎不会使人产生任何争议的最低限度程序正义的思想。

“消极性正义理论”认为，没有人能够客观地和确定地知道什么是正义，正义也无法得到合理的证明。[2]正义要求“给予每个人以应得的利益”，但人们对“应得权益”有着千差万别的理解，也难以证明怎样才能将“应得权益”给予每个人。因为正义是一种开放性、容纳性很强的价值，它的含义会随着时代的发展而产生变化，而且不同的法学理论对正义的解释也各不相同。然而，社会学和心理学方面的分析显示，人们对非正义的感觉要比对正义的感觉更加敏锐；人们通过运用道德判断方面的直觉和理性的认识，能够确知什么是非正义，尤其当他们受到不公正待遇时，更是如此。从刑事审判活动的角度来看，人们几乎不可能从正面详尽地列举出程序公正的全部要求，也难以获知那种绝对公正的程序是什么样的。但是人们能够对程序不公正的情况产生感性和直观的判断。例如，一名法官没有听取某当事人的意见和证据即作出对他不利的判决，或者法官出于偏私对双方当事人的意见作出了不平等的对待，或者法官的判决不是建立在当事人提出的证据基础上，而是在某种外界压力或干预下以非正式的调查为根据，等等。在这些情况下，当事人往往会产生较为严重的不公正感，社

〔1〕 G.M.Pops&T.J.Pavlak, *The Case for Justice*, Jossery-Bass Publishers, 1991, p.85.

〔2〕 J.R.Lucas, *On Justice*, Oxford Univ.Press, 1980, pp.1-19.

会公众对这种审判的公正性也会作出否定的评价。而且这种不公正感和否定评价还会导致人们对产生这种非正义结果的制度、程序、裁判等作出强烈的反应,从而伴随着愤慨、不满或失望等心理和行为的出现。

因此,一个现实的法律制度尽管不能确保正义理想得到彻底的实现,但它至少应当减少和克服一些明显的非正义情况,并提供一些旨在消除人们不公正感的程序和制度保障,从而确立一些为实现正义所必须的价值标准。坚持这些价值标准尽管不一定能确保程序公正的绝对实现,但不遵守这些标准却必然给人们带来不公正感。因此,这些旨在克服人们不公正感的程序公正标准构成了实现正义的必要条件,从而成为一种最低限度的公正标准。

总体而言,"消极性正义理论"所提出的有关最低限度程序公正标准的观念为我们研究刑事审判程序的内在价值问题提供了一个较为科学的方法。正义是一个其含义处于发展、变化之中的价值。正义的观念和正义的标准要与特定时代和特定社会的政治、经济、文化等方面的状况相适应,并受制于一个社会的法律传统。因此,每个社会都会根据自己的情况对正义作出相对独立的解释,人们也很难提出一种普遍适用于所有时代和社会的正义理想。但是,人类在长期的社会生活中有着共同的需要和欲望,也会产生一些相同或相似的价值观念和价值标准。例如,几乎所有国家的法学家都承认正义是其法律制度的最高目标,也都承认审判程序的核心和灵魂在于实现正义,尽管这些国家实际建立的法律制度和审判程序存在许多差异。在刑事审判活动方面,各国都建立了一些共同的程序和制度,并确立了一些共同的程序保障标准。例如,几乎所有国家都确立了刑事被告人获得法庭审判的权利，赋予被告人获得律师有效协助的机会，要求法官以公开、直接和言词的方式从事法庭审判，等等。而且随着时代的发展和司法改革的深入进行，这些共同的程序保障标准在范围上还出现了逐步扩大的发展趋势。

值得注意的是，“最低限度程序公正标准”作为一种观念，目前已得到许多国际法律文件的承认和接受。联合国《公民权利和政治权利国际公约》第14条第3项即确立了刑事被告人在审判中所享有的“最低限度程序保障”：(1)获知被控的罪名及案由；(2)获有充分的时间与便利准备辩护并与辩护人联络；(3)获得迅速审判；(4)有权委托辩护人，并获得公设辩护人协助；(5)有权与对方证人对质，并申请法院传唤他所提出的证人出庭作证；(6)有权获得翻译帮助；(7)不得强迫被告人自证其罪。《欧洲人权宣言》第6条第3项及《美洲人权宣言》第8条也分别规定了受刑事控告者在审判中所享有的“最低限度权利”。上述国际人权公约确立的所谓“最低限度程序保障”和“最低限度权利”即体现了一种最低限度程序公正观念。一些国家以这些最低限度程序保障为标准和方向，对本国的刑事审判制度进行改革。这使最低限度程序公正观念和标准在不少国家都得到人们的普遍接受。

在笔者看来，最低限度程序公正标准有以下几方面的特征：(1)它们能够为各国所普遍适用。这些标准超越了各个社会在政治、经济和文化等方面的差异，其普遍性超越了社会文化的多样性和特殊性，因而可作为评价和判断各国刑事审判程序的价值标准。(2)它们是最低限度的公正标准。遵守了这些程序公正标准并不一定使正义要求全部得到实现，但不遵守这些标准则必然会导致刑事审判程序的不公正和不合理。换言之，遵守这些程序公正标准是实现刑事审判公正的必要条件。(3)这些公正标准具有开放性，它们的具体内容和要求可随时代的发展而变化，并能容纳一些新的程序正义要求。

根据笔者的归纳，刑事审判程序的最低限度公正标准主要有以下六项：(1)受刑事裁判直接影响的人应充分而富有意义地参与裁判制作过程，简称为“程序的参与性”；(2)裁判者应在控辩双方之间保持中立，简称为“裁判者的中立性”；(3)控辩双方应受到平等的对待，简称为“程序的对等性”；(4)审判程序的运作应符合理性的要求，简称为“程序的合理性”；(5)法官的裁判应从法庭审判过程中形成，简称为“程序的自治性”；(6)程序应当及时地产生裁判结果，并使被告人的刑事责任得到最终的确定，简称为“程序的及时性和终结性”。

四、程序的参与性

这一程序公正标准又可称为“获得法庭审判机会”的原则(having ones day in court; having a hearing或者being heard)，其核心思想是，那些权益可能会受到刑事裁判或诉讼结局直接影响的主体应当有充分的机会富有意义地参与刑事裁判的制作过程，并对裁判结果的形成发挥其有效的影响和作用。所谓“权益可能受到刑事裁判直接影响的主体”，主要是指国家、刑事被告人、被害人等各方。国家(通过检察官)是刑事诉讼的发动者和犯罪的追诉者，法庭制作的刑事裁判能否对被告人定罪判刑，涉及犯罪者能否受到惩罚和谴责的问题，这与国家的利益密切相关。被告人是受到国家专门机关刑事追诉的人，他的刑事责任要通过法庭的裁判加以确定。一旦被法庭定罪判刑，被告人的自由、财产、名誉乃至生命等权益就可能遭到国家的合法剥夺。被害人作为犯罪行为的侵害者，一般对犯罪者有着强烈的复仇和索赔愿望，也因此具有参与追诉活动的欲望。法庭的刑事裁判一旦对被告人作出了有罪处理，被害人往往会产生一定的心理满足，并有可能获得民事赔偿或精神损失补偿。因此，国家、被告人、被害人因犯罪行为的发生及刑事诉讼的进行而与法庭裁判结果有着直接的利害关系，其利益会受到裁判结果的直接影响。为了论述的方便，笔者在本章中将这些"与法庭刑事裁判有着直接利害关系的主体"统称为"程序参与者"。

程序参与者为什么要充分而富有意义地参与法庭裁判的制作过程？程序参与原则有哪些具体要求？要回答这些问题，我们首先应对"参与"的含义作一分析。

"参与"（participation）一词经常出现在政治学著作中。在政治学家看来，参与是指"一种行为，政治制度中的普通成员通过它来影响或试图影响某种结果"。[1]一般而言，普通公民对政治活动尤其是政治决策活动的参与是民主社会的一个重要标志。参与作为一种活动，同时包含着以下几项基本要素：(1)参与是一种行为，而不是单纯的心理感应或欲望的冲动，参与者必须亲自通过身体活动参加到一种过程中来，而不能只是作为旁观者静观过程的进行而无所作为；(2)参与的目的在于影响或改变结果的状态，使其按照自己喜欢的标准得以形成，也即以达到满足自己欲望和要求的结果为目的；(3)参与必须是自主和自愿的，而不能是被

〔1〕 Jack H.Nagel, *Participation*, Prentice-Hall, Inc., 1987, pp.1-5.

迫、非自愿或由他人以各种方式控制的。参与不同于一般所谓的“参加”或“在场”的重要之处，就在于它包含着“自主、自治地参加”这一含义。因此，一个人在一种国家职能活动中如果能够参与其中，就意味着他作为一个积极主动的道德主体通过具体的行为促使这一过程产生符合自己真实意愿的结果；同时，作为参与者，他还必须按照自己的自主意志发动行为、影响结局，而不是仅仅作为一种客体被动地承受别人强行为自己安排的结果或命运。

刑事审判程序作为法院刑事裁判结果形成的过程，是由诉讼各方参与进行而不是仅由法官单独实施的活动过程。这里的“参与”也与一般意义上的参与一样，要求参与者须作为自主的主体，通过积极、主动和自愿的行为，对法官的裁判结果实施有效的影响。由于程序参与者既包括作为普通公民的被告人和被害人，也包括强大的国家专门机关的代表——检察官，而且裁判的制作者又是国家审判机关的代表——法官或陪审官，因此确保程序参与者富有意义地参与裁判的制作过程对于程序公正的实现具有极为重要的意义。

在通常情况下，由那些与案件有着直接利害关系的主体充分而富有意义地参与到裁判制作过程之中，对于确保裁判结果的客观性和公正性是有利的，因为“如果诉讼各方在一个法律适用过程中都能提出证据，阐述并证明自己的主张，真相就更可能产生，法律也可得到正确的适用，从而使程序产生好的结果”。[1]但是，程序参与原则无论是否具有上述工具性意义，它都有着独立的内在价值：“因为各方一旦能够参与到程序过程中来，就更可能接受

〔1〕 R.S.Summers, “Evaluating and Improving Legal Process—A Plea for ‘Process Values’”, in *Cornell Law Review*, Vol.60, November 1974, No.1, pp.25-26.

裁判结果；尽管他们可能对这一判决的内容并不同意，但他们更可能遵从它。”[1]一些学者进行的实证研究显示，一个人在对自己利益有着影响的判决制作以前，如果不能向法庭提出自己的主张和证据，不能与其他各方及法官展开有意义的辩论、证明和说服等，就会产生强烈的不公正感，这种感觉源于他的权益受到了裁判者的忽视，他的道德主体地位遭受法官的否定，他的人格尊严遭到了贬损。[2]因此，程序参与原则对于程序公正的实现是一项十分必要的前提条件，没有这一原则的保障，刑事审判程序的公正性是不可能实现的。

程序参与原则有下面几项基本的要求：一是程序参与者应在裁判制作过程中始终到场；二是程序参与者应富有意义地（meaningfully）参与裁判的制作过程；三是程序参与者应有充分的机会参与诉讼活动并有效地影响裁判结果；四是程序参与者应在参与过程中具有人的尊严，并受到人道的对待。笔者下面对上述四方面的要求加以展开分析。

首先，法院应当确保检察官（国家利益的代表）、被告人和被害人自始至终地到庭出席法庭审判。这一要求又可称为“到庭原则”。它是保证程序参与者实际参与法庭审判的前提。根据这一要求，被告人、检察官和被害人不仅应参与法庭审判的全部过程，而且在法庭举行的庭外调查或准备活动中也应直接参加和到场；法官一般不得在某一方程序参与者缺席的情况下举行审判活动，也不得在一方参与者不在场的情况下听取其他各方的意见和证据。

〔1〕 M.D.Bayles, “Principles for Legal Procedure”, in *Law and Philosophy* 5 (1986) 33–57, D.Deidel Publishing Company, 1986.

〔2〕 Ibid.

其次，程序参与者应“富有意义”地参与。所谓“富有意义”地参与，是指程序参与者应有机会发表本方的意见、观点和主张，提出据以支持其主张的证据和论据，并拥有为进行这些活动所必需的便利和保障措施，从而对裁判结果的形成发挥有效的作用。程序参与者如果只是在庭审中始终保持沉默，或者被动地听任法官单方面地进行调查，而不向裁判者陈述观点和论据，那么这种“参与”是没有任何意义的，因为他们无法通过积极的行为对法官的裁判发挥任何影响，“参与”不会产生任何效果。要使程序参与者的参与不流于形式而富有意义，裁判者必须做到以下几点：(1)确保各方向法庭提出有利于本方的主张、意见和证据，并对其他各方提出的证据和主张进行质证、反驳和评论，从而拥有充分的参与机会；(2)确保各方拥有充分的时间和便利进行抗辩准备，及时将各方的证据告知其他各方，尤其要及时告知被告人、被害人有关控诉的内容和理由，确保每一方均有为反驳其他各方主张和证据进行准备的机会，确保被告人、被害人获得有效的律师协助，从而拥有足够的参与能力；(3)确保各方的主张和证据均得到考虑和采纳，在各方同时在场的情况下听取每一方的主张和证据，并将裁判结论直接建立在根据这些主张、证据、辩论等所进行的理性推论的基础上，从而使各方的参与产生实际的参与效果。

再次，程序参与者应“充分”地参与到法庭审判过程之中。所谓“充分”参与，不仅是指各方有机会详尽地向法庭提出意见和证据、对其他各方的意见和证据提出质证，而不受任何不适当的限制，而且要求法院赋予各方获得重新参与审判活动的机会。对“充分”参与的最主要保障是程序参与者可通过上诉或申诉获得在就同一案件进行的复审程序中富有意义地参与的机会。

最后，法院还应在审判过程中对各方参与者给予人道的对待。这项要求可以说是“自主、自治地参与”所固有的。从参与的目的来看，程序参与者要想自主地对裁判结果产生影响，就必须自愿地进行诉讼行为，不受人身、精神上的强制或胁迫。被告人、被害人如果在参与过程中不拥有人的尊严，而是时时受到非人道的对待——如人身污辱、暴力胁迫、精神压制等——那么他们的参与即使再充分、再富有意义也是毫无价值的，因为这违背了参与者应为具有主体资格的人而非被动的客体这一基本参与原则。

五、中立性与程序的对等性

这两项相互联系的程序公正标准都要求裁判者对各方程序参与者一视同仁、平等对待。所谓中立原则，是指裁判者应在发生争端的各方参与者之间保持一种超然和无偏袒的态度和地位，而不得对任何一方存有偏见和歧视。这一原则是对裁判者个人地位和态度的要求，又可称为“静态的平等对待”。程序对等原则要求裁判者在刑事审判过程中给予各方参与者以平等参与的机会，对各方的主张、意见和证据予以同等的尊重和关注。由于这一原则是对裁判者在庭审过程中态度的要求，因而又可称为“动态的平等对待”。

平等对待是“给予每个人以应得权益”这一正义原则的基本要求。英国有句古老的法律格言：“正义不仅应当得到实现，而且还应以人们能够看得见的方式得到实现。”（Justice must not only be done, but must be seen to be done.）只有这样，争端各方才能确信自己受到了公正对待。中立原则和程序对等原则即是保障“正义以人们能看得见的方式”得到实现的两项价值标准。这两项原则都能够确保裁判者通过抑止自己的偏见并给予各方平等参与机会的方式，使各方受到公正的待遇。法官一旦不保持中立或使各方不能平等参与，就可能在认定事实和评定证据方面产生预断，形成偏执，以至于作出错误的裁判。但是，裁判者这种对各方的不平等对待，无论是否直接导致裁判的错误或参与者的实体权益受到损害，也无论这种程序是否会产生不公正的结果，它都具有一种内在的不公正性。因此，中立原则和程序对等原则具有一种独立于程序结果的内在价值：使各方参与者受到并确信他们受到了公正的待遇。

中立原则是一种消极性原则，它旨在通过排除若干种程序不公正的情况来发挥其程序内在价值的作用。这一价值标准具体包括以下三项具体要求：（1）与案件有牵连的人不得成为该案的裁判官；（2）法官不得与案件结果或争议各方有任何利益上或其他方面的关系；（3）裁判者不应存有支持或反对某一方参与者的偏见。笔者在此仅对上述第三项要求作一分析。

裁判者对某一方程序参与者存有偏见，可能源于其个人情感上的好恶，也可能源于其先入之见或预断。法官形成第一种偏见的前提条件是他不适当地偏向某一方参与者而对其他各方怀有敌意或存在歧视。如果法官头脑中存有这种偏见，由此所产生的个人情感上的好恶就会妨碍他公正地对待程序参与者各方。法官之所以会形成第二种偏见，往往是因为他对案件事实或裁判结果在庭审前即产生判断。法官的先入之见和预断往往是对某一方程序参与者不利的。因为这种偏见会妨碍法官平等地关注程序参与者的意见、主张和证据，并且在评价证据和认定事实时产生专断和偏执。上述两种偏见不仅会导致法官的中立地位受到损害，而且会使程序参与者无法受到公正的对待。

程序对等原则也有两项基本的要求：一是程序参与者应在参与法庭审判过程方面拥有平等的机会、便利和手段；二是法官应当对各方的意见和证据予以平等的关注，并在制作裁判时将各方的观点均考虑在内。但是，程序对等原则要求程序参与者不仅拥有形式上的参与权，而且还应拥有实质上平等的参与能力和参与机会。为此，法院应确保参与能力较弱的一方享有一些必要的“特权”，以纠正各方事实上所存在的不平等现象。

六、程序的合理性

亚里士多德（Aristotle）曾说过：“人是一种理性的动物。”〔1〕人们在安排自己的事务时一般愿意通过理性而不是通过那种随机和任意的行为或赤裸裸的暴力来进行。理性是人的本质属性之一，理性能力是指人类所具有的以推理或积极的行为来实现其有目的结果的能力。一个人被认为具有理性主要是指它具备了最低限度的理性能力；而一项判断和结论也只有在它是以确定、可靠和明确的认识为基础的情况下，才能被认为是“理性的”或“合理的”。〔2〕程序理性原则又可称为程序合理性原则，它是指法官制作裁判的程序在运作过程中必须符合理性的要求，而不能是任意的

〔1〕 转引自［美］E.博登海默：《法理学——法哲学及其方法》，邓正来译，华夏出版社1987年版，第245页。

〔2〕 R.S.Summers, “Evaluating and Improving Legal Process—A Plea for ‘Process Values’”, in *Cornell Law Review*, Vol.60, November 1974, No.1, pp.25-26.

和随机的。

美国学者L.富勒曾精辟地指出：程序理性原则（principle of procedural ration）要求制作司法裁判的法官在审判过程中须做到：（1）“仔细地收集证据并对各项论点进行讨论”；（2）“仔细地对这些证据和论点进行衡量”；（3）“冷静而详细地对案件作出评议”；（4）“公正而无偏见地解决问题并以事实为根据”；（5）“对判决和决定提供充足的理由”。[1]很显然，法官按照上述要求从事审判活动，更易发现案件事实真相。这表明程序理性原则与其他各项程序公正标准一样，也具有一种工具性价值：合理的程序往往会产生合理、正确的判决结果。但是，无论这种程序能否产生正确的结果，它都具有一种独立的内在价值：它能使程序参与者有机会获知程序的进程、判决结果的内容以及判决据以形成的理由和根据，从而更能从心理上接受判决结果；同时，理性的程序能够对判决结果作出充分的合理性证明，使程序参与者确信自己受到了公正的对待。笔者下面拟对程序合理性原则的诸项具体要求逐一加以说明。

首先，程序合理性原则要求法官据以作出判决的事实必须经过合理的证明。按照理性的要求，人们作出任何一项判断和结论都必须以可靠的事实或知识为根据，并须经过推理和证明。法官要得出对被告人有利或不利的结论，也必须将其判决建立在可靠的事实基础上。但法官的身份决定了他只能在法庭上通过审查控辩双方的证据和主张及其自行调查的证据来认定事实，这种事实的可靠性必须经过举证、质证、辩论等诸多环节才能得到确定。

---

〔1〕 R.S.Summers, “Evaluating and Improving Legal Process—A Plea for ‘Process Values’”, in *Cornell Law Review*, Vol.60, November 1974, No.1, pp.25-26.

可以说，现代刑事审判程序所包含的举证责任分担、证明标准以及无罪推定等项规则均旨在确保法官的结论建立在经过证明的合理根据基础上。

其次，程序合理性原则要求法官在制作裁判之前必须进行冷静、详细和适当的评议。评议是法官对各方证据、主张及案件主要争议点等集中进行总结、整理和讨论的活动，也是法官在直接的听审之后将其对案件事实的感性认识上升为理性认识的过程。通过评议，全体参与审判的法官在事实认定和法律适用方面的意见构成了最终裁判的基础，裁判结果也因此具备事实和法律上的根据。因此，适当的评议是法官裁判结论及其理由的直接来源，也是使法官抵御外界的干预和压力、确保判决结果具有合理根据的重要保障。

再次，程序合理性原则要求法官的裁判必须以法庭调查和采纳的所有证据为根据。在人类诉讼史上曾出现过许多在今天的人们看来与理性要求相悖的审判方式。例如，欧洲人曾通过宣誓(a wager of law)、神明裁判(the trial by ordeal)、决斗(the trial by battle)等方式来判定被告人是否有罪，从而将其裁判结论的形成直接寄托在上帝或神的启示上。根据史书记载，中国古代也有“以神兽触罪者”的审判方式。如东汉王充曾说：“皋陶治狱，其罪疑者，令羊触之，有罪则触，无罪则不触。”[1]正是“证据裁判主义”制度的产生，才结束了上述宗教色彩很浓的判决方式，使人类审判活动建立在理性要求的基础上。但是，法官的裁判不仅要建立在证据基础上，而且还须满足下面几项要求，才能符合理性：

〔1〕(东汉)王充:《论衡·是应》。

（1）据以形成裁判的证据必须由法官在法庭审判过程中进行了合理的调查，其客观性和相关性得到充分的证实和揭示；（2）证据必须包括程序参与者各方提出的证据，法官不得任意地将某一方证据排除在外；（3）所有据以作出裁判的证据均须经过各方的质证和辩论。

最后，法官应明确陈述其据以制作裁判的根据和理由。法官可能自己确信裁判具有合理、充分的根据，但如果不能将其根据和理由以明确的方式陈述出来，那么正义仍无法以人们能看得见的方式得到实现。"陈述判决理由是公平之精髓"，"受到判决的人有权知道判决是如何作出的……"〔1〕因此，判决必须附有明确的理由，以使受判决影响的人了解并检验判决的合理性；判决理由也必须得到明确的表述，以使人们对判决形成信任。

七、程序的自治性

美国学者艾森伯格（Melvin A.Eisenberg）曾认为，为确保审判程序的公正进行，法官须同时承担三项义务："（1）法官认真倾听当事人的主张；（2）法官必须以认真回答当事人主张的方式，对自己作出决定的根据进行充分的证明；（3）法官作出的决定必须建立在当事者提出的证据和辩论的基础上，并与此相对应。"〔2〕其中第三项义务对于确保程序公正具有关键的意义，它要求法官的裁判结果必须从法庭审判过程中形成和产生。这就是"程序自治"原则。

---

〔1〕［美］彼得·斯坦等：《西方社会的法律价值》，王献平译，中国人民公安大学出版社1990年版，第99页。

〔2〕Melvin A.Eisenberg, "Participation, Responsiveness, and the Consultative Proless: An Essay for Lon Fuller", *Harvard Law Review* 92（1978）, pp.411-412.

所谓“程序自治”，是指刑事审判程序在产生裁判结果方面具有唯一的决定性作用。这一程序公正标准同时包含以下几个方面的要求：(1)法官的裁决须产生于法庭审判活动全部结束之后，而不能在审判开始之前或审判正在进行过程中形成；(2)法官的裁决须建立在他(或他们)在法庭审判过程中对案件事实和适用法律问题所形成的理性认识基础之上，而不是他在审判活动之外所产生的预断、偏见或传闻的基础上；(3)法官的裁判须以各方程序参与者在庭审过程中所提出的有效意见、主张和证据为根据，而不能任意地将一方或多方参与者的观点和论据排除于定案根据之外。

一般而言，程序自治原则有助于法官严格遵循法律确定的审判程序，准确地发现案件事实真相，确保刑事实体正义目标的实现。因为只有在这一原则的保障下，法官的裁判才能建立在控辩双方所提出并给予全面审查的证据、主张的基础上，法官才能按照法定的顺序和步骤审查证据、认定事实和适用法律，并从法庭审判过程中形成有关被告人有罪或无罪的印象。这要比法官抛开程序任意地从事调查的做法更有助于全面、客观、冷静地查明事实真相。从这方面来讲，程序自治原则具有一种工具性价值。但是，无论这一原则是否以及在多大程度上有助于实体正义目标的实现，它都具有一种独立的内在价值。因为审判程序为检察官、被告人和被害人均提供了一种参与裁判制作过程、影响裁判结果的机会，法官通过法定的审判程序认定事实并制作裁判，这事实上可确保诉讼各方的参与更加富有意义而不流于形式，也使程序理性原则、中立原则及程序对等原则的存在具有实质上的意义和效果。

程序自治原则在刑事审判程序公正的诸项最低限度标准中居于核心的地位。这一要求对于制作裁判的法官构成了一个重要限制，而对于作为主要程序参与者的被告人和被害人而言，则成为一种极为重要的程序保障。在这一原则的限制下，裁判者必须以各方程序参与者提出的主张、证据及论证作为制作裁判的唯一根据，他的推理和判断也必须论及各方在审判过程中提出的所有有效主张、证据和论证，这就使刑事审判程序真正成为具有独立生命力和内在优秀品质的自治体，也排除了任何外界因素干扰裁判者主观判断的可能性。只有这样，审判程序才能不仅不沦为实体法的附庸而且成为具有独立决定实体结果作用的动态过程。在程序自治原则的保障下，被告人、被害人等程序参与者能够通过进行说服、协商、争辩等理性方式左右、制约裁判的结果，从而成为自身实体权益乃至个人命运的决定者。他们尽管不拥有制作裁判的权力，但由于他们的参与对于裁判结果有着决定性的影响和作用，他们事实上拥有了与裁判者一起对裁判的形成进行讨论和提出建议的权利。这样，刑事审判程序的公正性就会得到类似于政治决策过程的民主性那样的现实保障。

八、程序的及时性和终结性

刑事审判程序公正性的这一项价值标准实际包含着两方面的要求：一是审判程序应当产生及时（timely）的裁判结果；二是刑事审判程序应通过产生一项最终的（final）裁判而告终结。这两方面的要求可分别简称为“程序的及时性”和“程序的终结性”。

当我们说刑事审判程序的运行过程过于迟缓或过于急速时，实际是在用“及时性原则”对程序进行评价。“及时性是在过于急速和过于缓慢这两个极端之间的一种中间状态。"[1]一方面,这一原则要求审判活动不能过于急速地进行,否则程序参与者无法充分和富有意义地进行,法官也难以进行充分的庭审准备、从容不迫的听审和冷静细致的评议。因此审判的进行需要一定的时间成本,以使法官有足够的时间听取各方的陈述和辩论,审查各方提出的证据,并进行适当的评议。实证研究的结果表明,那些匆匆忙忙地从事刑事审判的法官很难对各方的证据和主张进行全面、细致的权衡、评价和采纳,因而极易对案件事实的认定及实体法的适用形成错误的判断,以至于作出错误的判决。同时,过于急速的审判由于使法官来不及进行充分适当的评议,因而可能导致案件裁判结论得不到合理的证明,被告人、被害人也无法获知判决据以制作的根据和理由,以至于损害了程序理性原则。不仅如此,过于急速的审判还使被告人、被害人乃至检察官难以提出有力的主张、证据和论证,也难以对法官的裁判结论进行有效的影响,因为他们既无法进行充分的攻击或防御准备,也无法从容地进行参与。这样,刑事审判程序公正性就难以得到保障。

另一方面,及时性原则也要求审判活动不能过于缓慢地进行,否则程序正义也难以得到实现。英国有句古老的谚语:"迟来的正义为非正义",讲的就是诉讼拖延的消极后果。人们通常认为,审判拖延不仅浪费了司法资源,对社会公共福利造成了损害,而且可能导致审判程序产生不公正的裁判结果。因为随着审判的拖延,案件的结案期间得到不适当的延长,而这会导致证据无可挽回地流失,证人的记忆力也会减退,案件事实真相的查明将

[1] M.D.Bayles, "Principles for Legal Procedure", in *Law and Philosophy* 5 (1986) 33-57, D.Deidel Publishing Company, 1986.

变得更加困难。但是，无论诉讼拖延是否会导致不公正结果的产生，它都会对程序公正带来消极的影响。因为审判的不适当延长会使被告人、被害人的利益得不到适当的关注，他们往往会产生受忽视的感觉；而且拖延会使法官难以向程序参与者各方就裁判结论作出合理性证明，也会增加他们在说服控辩各方从心理上接受裁判的合法性和正当性方面的困难。

由此可见，审判既不能过于急速也不能过于缓慢地进行，否则程序的公正性和合理性就会因此而受到消极影响；刑事审判活动的进行只有保持在一个适当及时的限度内，法官的裁判结论才能得到合理的证明，程序参与者也才能避免受到另一种形式的不公正对待。

"终结性原则"是一项与"及时性原则"有着密切联系的要求。一项刑事审判程序如果永远没有终结之时，或者它可以随时无限期地被法官重新启动，那么被告人的刑事责任问题就将永远得不到最终的确定，这种刑事审判程序的存在和运作也就失去了意义。因此，必须有一个标志着被告人的刑事责任得到最终确定、刑事审判程序的运作得以终结的状态，它意味着刑事审判过程的最终结束。"及时性原则"要求裁判者不过分拖延审判的过程，使裁判得以及时地产生，这事实上与程序终结原则的要求和效果有着一致之处。

"终结性原则"对程序结果的作用是不明显的，因为刑事审判程序的终结并不意味着裁判者必然得出正确的结论、制作公正的裁判。相反，"终结性原则"在很多场合下对裁判结果的正确性构成了一种妨碍：它使裁判者对自己已作出的判决的公正性不可能进行无限制的重新审查，使被告人、检察官等各方参与者不可能反复提出开启审判程序的申请，从而导致一些裁判结果的错误得不到最终的纠正。尽管如此，“终结性原则”仍具有一种完全独立于程序结果的内在价值：它旨在克服和防止审判程序的任意启动，使程序的开启和运作符合理性的要求；同时，它旨在对被告人、被害人等程序参与者的利益给予适当的关注，防止出现那种因被告人的刑事责任被反复审查而使被告人、被害人的生活得不到安定，其利益始终处于待判定状态这样一种局面。因此，刑事审判程序的及时终结构成了程序公正、合理和一项必要条件。

九、程序公正的意义

在前面的论述中，笔者提出了六项刑事审判程序公正的标准，并对每一项公正标准均进行了简要的分析。我们可以看到，坚持这些公正标准，可以使程序本身具备一种独立于结果的内在善的品质；我们可以据此使刑事审判程序达到最低限度的公正性和合理性。但是分析和论述似乎还不能到此为止。人们有理由提出这样一个问题：确保刑事审判程序具备最低限度的公正标准，这本身究竟有什么意义？换言之，在对一个公民定罪和判刑之前，法院为什么要给予他获得公正审判的机会？

笔者认为，从总体客观效果来看，坚持前述程序公正标准要比不坚持这些标准更有助于刑事实体公正的实现，即确保有罪者受到定罪，使无罪者免受刑事追究。但是，采用公正的程序无论在个案中能否有助于达到上述效果，它从总体上都具有一种独立的意义：它有助于使那些受法庭裁判结果直接影响的人真正拥有独立的诉讼主体地位，并使他们的人格尊严及其内在价值得到承认和尊重。

关于人的内在价值和人格尊严问题，康德（Immanuel Kant）曾提出过一项“作为普遍最低道德标准之基础的人性原则”，即“永远把人类——无论你亲自所为，还是代表他人——当作目的而绝不要仅仅当作手段来对待”。康德认为，任何用以满足人们需要的对象，作为手段，都只具有“有条件的价值”，而作为目的本身而存在的人则具有“绝对的价值”；把人仅仅作为手段来对待，就是把他当作只具有外在或实用的价值而毫无内在价值的人对待，而永远把他当作目的来对待，就是永远把他当作具有内在价值的人来对待，无论他是否可能恰巧具有任何外在价值。那么，把人当作永远具有内在价值的人来对待究竟意味着什么呢？康德指出，它要求把人当作一个自主的行为者，即一个能够表达并追求自己目标的人来尊重。〔1〕

康德的这一思想对后世的法哲学家产生了深远的影响。德国学者施塔姆勒（Rudolph Stammler）即在此基础上提出了所谓“尊重和参与”的原则，并由此归纳出“正当法律”的几项绝对要求，其中最重要的是：一个人的意志内容绝不能受制于他人的专制权力；在对任何人提出法律要求或实施控制时，必须使承担义务者保持其人格尊严。只有这样，才能将每一个社会成员都看作一种目的，而不是仅被当作专横意志的对象和实现他人目的的手段。意大利法学家韦基奥（G.D.Vecchio）也指出，尊重人的人格独立性乃是正义的基础，每个人据此都可以要求他人不把他当作一个工具或对象来对待。将人作为目的的原则要求尊重“人的绝对价

〔1〕 参见［美］E.博登海默：《法理学——法哲学及其方法》，邓正来译，华夏出版社1987年版，第162页。

值、所有人的平等自由、每个人在联合体中所具有的能动而非被动地参与立法的权利、良心自由……”〔1〕

无论康德及后来的学者阐述的这种关于人的内在价值的理论及其根据能否成立，这一理论所得出的结论却得到了各国学者的普遍承认和接受。对于任何一个社会而言，如果一个社会成员仅仅被当作用以实现他人或社会整体目的、利益的手段来对待，就等于从根本上否认他是社会的一员，因为这种对待意味着他的人格尊严没有得到承认和尊重，意味着他的应得权益和应得地位——作为主体人的地位——遭到了无理的否定，这就违背了正义的基本要求。〔2〕《世界人权宣言》和《公民权利和政治权利国际公约》在序言中均强调，对每个人固有的人格尊严及平等权利的确认是实现世界自由、正义及和平的基础，并且承认每个人作为主体人的地位和尊严也是保障其生命、自由和财产等权益的基础。人们可能都会认识到一个人的生命、自由、财产、隐私等具有某种基于人的本质特性而产生的内在价值，而不仅仅具有对于社会、他人乃至其本人有着某种效用的外在价值。但是，所有这些权益均建立在对作为道德主体的人的人格尊严加以尊重的基础上。对于一个仅被视为手段而不具备主体地位的人而言，其生命、自由、名誉、隐私等权益是不具有现实基础的。因此，这种不得将任何人当作手段来对待的人性原则，就成为普遍适用于每一个文明社会的最低道德标准。任何一项法律制度或法律程序都必

〔1〕 参见［美］E.博登海默：《法理学——法哲学及其方法》，邓正来译，华夏出版社1987年版，第162页。

〔2〕 K.R.Scherer, *Justice: Interdisciplinary Perspectives*, Cambridge Univ, Press, 1992, p.126.

须满足这一道德标准，否则就是不公正、不合理和不人道的。

那么，在刑事审判领域中，公正的程序是如何使程序参与者的内在价值和人格尊严受到尊重的呢？根据笔者的分析，刑事审判程序的各项最低限度公正要求分别从以下五个方面产生这种效果。

第一，公正的程序通过确保诉讼各方对审判程序的控制及其对裁判结果的影响，使他们的人格尊严和自主意志得到保障。美国学者萨默斯曾指出，参与往往意味着公民能够自主地主宰自己的命运。“在现代民主社会中，大部分公民宁愿自行管理自己的事务，也不愿由别人主宰自己的命运，哪怕别人做的要比自己更好。参与性统治（participatory governmance）的反面是奴隶制、政治服从或军事管制。”[1]在刑事审判活动中，参与原则确保各方参与者充分发表自己的观点、主张和论据，并进行一些积极的交涉和抗辩，这在很大程度上使他们拥有对审判程序进行控制、对裁判结果的形成施加积极影响的机会。尤其是对于被告人而言，获得参与的机会有助于使他的人格尊严受到尊重。因为被告人通过积极的参与，可与其他各方及法官进行理性的交涉、对话和说服，并促使法官在制作裁判时充分考虑他的意见和证据。这在很大程度上使被告人成为法官在制作裁判方面的协商者、对话者和被说服者。被告人尽管不能像法官那样直接制作裁判，但他通过影响裁判内容，使自己拥有自主决定自己命运的权利。这就使被告人的主体地位得到了体现：他的人格尊严和自主意志受到承认和尊重，他不是一个其命运受法庭任意摆弄和处置的被追究者和受惩罚者，也不是被法官用作维护社会治安的工具或牺牲品，而是一

〔1〕 R.S.Summers, “Evaluating and Improving Legal Process—A Plea for ‘Process Values’”, in *Cornell Law Review*, Vol.60, November 1974, No.1, pp.25-26.

个独立的权利主体。

第二，公正的程序通过使程序参与者各方受到平等的对待，来确保他的主体地位和人格尊严受到尊重。一般而言，受到平等对待的要求，乃是源于“人类希望受到尊重的愿望”，“当那些认为自己同他人平等的人在法律上得到了不平等的待遇时，他们就会产生一种卑微感，亦即产生一种他们的人格与共同的人性受到侵损的感觉”。而“促使法律朝平等方向发展的力量乃是人类不愿受他人统治的欲望”。[1]法官平等对待控辩双方对被告人而言具有重要的意义：这意味着他与国家追诉机构在诉讼地位上处于平等的状态，他的诉讼请求、实体权益将会受到与控方同等的尊重，这有助于使被告人产生公平感和受尊重的感觉。这种感觉有利于被告人的主体地位和人格尊严受到切实的尊重和承认。

第三，公正的程序可通过合乎理性的运作，使程序参与者成为理性的、负责任的道德主体。一项合乎理性的程序能够使那些受到判决结果直接影响的人获知和理解法院据以定案的根据、判决的内容以及程序产生裁判结果的途径和方式，并且通过确保他们了解判决的理由和根据，使其最终理解他们的参与是富有意义的。这些都显示出法院对程序参与者应得权利和应得地位的尊重，因为理性的程序实际要求我们在对某一社会成员作出不利决定时应尽可能地慎重，使任何一项对其不利的决定既具有合理性、必要性又向他进行了充分的论证，从而使他确信判决的合理性和公正性。

第四，公正的程序通过使裁判直接在审判程序中形成，确保

〔1〕［美］E.博登海默：《法理学——法哲学及其方法》，邓正来译，华夏出版社1987年版，第280页。

程序参与者的人格尊严受到尊重。程序的自治性在很大程度上是使程序的价值和意义得到保障的集中体现。而程序的价值往往是与程序参与者的内在价值紧密相关的。尊重程序的自治性就是确保程序相对于实体的独立自主性以及程序对实体的绝对决定作用。程序的自治性和独立性程度越高，程序参与者的内在价值和人格尊严就越能得到现实的保障。对于这一点，如果我们能从“程序即是对参与者权利的保障和对国家权力的限制”这一方面来认识，就显得更好理解了。事实上，程序的完全工具化也必然会导致被告人、被害人等人格尊严的工具化。

第五，公正的程序通过及时地形成裁判结果并使刑事审判过程得到终结，使各方程序参与者的利益受到尊重和关注，其人格尊严和道德主体地位得以具备。程序及时和终结原则可以防止被告人、被害人因审判的过于迟缓或急速以及审判程序的反复任意开启而受到不公正的对待，使他们的主体地位得到加强，并避免使他们居于被动地承受裁判者处置和对待的地位。这样，被告人、被害人在一定程度上可以避免成为他人或国家用以实现某种外在目标的工具或手段，而成为具有独立自主意志的“目的”。

通过上述分析，我们可以对刑事审判程序公正的非工具性意义作一概括：它旨在表达一种最基本的思想：一个人要真正被视为一个主体而不是一件物品，至少应能够处于一种可与法官就如何对待他的问题进行协商的地位，也就是强调尊重程序参与者作为自主、负责和理性的主体地位：“我们必须与他一起共同参与判决制作的程序”，“向他证明我们判决的合理性”，[1]并给予他以充

[1] R.A.Duff, *Trial and Punishment*, Cambridge Univ.Press, 1986, pp.99-119.

分的尊重和关注。这样，程序参与者的人格尊严或内在价值就可以得到承认和尊重。

当然，坚持程序公正标准还有一种附带的间接意义：它有助于使被告人、被害人从心理上接受和承认判决结果的公正性和合理性，使社会公众对程序及裁判结果产生信服和满意。美国学者贝勒斯曾对此作过精辟的分析，他认为，法律程序的内在价值并不能完全独立于程序的一切后果（effects），而只是独立于法官的判决结果（decision outcomes）："从程序到程序内在价值的因果链条并不经过判决这一环节"，程序的内在价值可通过程序本身得到实现，但坚持程序内在价值标准有助于使诉讼各方从心理上对裁判结果表示服从和确认，即使这种结果对他不利。[1]

这种观点从一个角度上揭示了程序公正的间接意义。对于与法庭裁判结果有着直接利害关系的被告人、被害人等各方而言，法庭所作的公正裁判结果与他们所受的公正对待都具有至关重要的意义。尤其是在那些诉讼结局至为明显的刑事案件中，诉讼各方能否受到公正对待，往往决定着他们是否对审判程序及裁判结果作出积极、肯定的评价。一个坚持程序公正标准的法庭在审判过程中能够使被告人、被害人等产生较强的受尊重感，因为他们应得的权益受到了法庭的重视和关注，他们与法官一样成为裁判制作过程的平等协商者、对话者和受说服者，而不是被动的受压服者和被追究者。诉讼各方由于能够受到平等的尊重，因而对程序及法庭裁判从心理上主动产生信服和确认，被告人也会因此而自愿认罪服判，积极接受改造。这种状态最有利于国家法律的实

〔1〕 M.D.Bayles, "Principles for Legal Procedure", in *Law and Philosophy* 5 (1986) 33-57, D.Deidel Publishing Company, 1986.

施，并使法院裁判得到尊重和遵守。

不仅如此，审判以公正的方式进行，还可以唤起社会公众对国家实施刑事制裁措施的认同感，促使他们自觉承认和尊重法院、审判制度乃至国家法律制度的威信和权威，使国家法律实施过程产生良好的社会效果，从而促使社会形成一种良好的法治秩序。审判公正的这种意义已明显超过了刑事诉讼领域，成为国家法治秩序赖以存在和维持的重要保障。

第三节　刑事审判程序的外在价值
——程序的工具性

一、程序结果公正的标准

在对一项刑事审判程序进行评价时，人们除了看它本身是否具有内在价值以外，还要看它是否具有产生公正结果的能力。如果它不具备这种能力——例如，通过这种程序，法官几乎总是形成误判无辜的结果——那么我们可以断定它不是一项好的审判程序。刑事审判程序的这种外在价值是一种工具性价值，因为这种价值的存在取决于程序产生了公正的结果，程序在这里是作为实现好结果的工具或手段而发挥作用的。但是，要评断一种程序是否具有外在价值，我们首先应确定什么是公正的结果，以及程序结果公正的具体标准是什么。

所谓公正的结果，是指法庭通过刑事审判活动所制作的裁决符合刑事实体正义和形式正义的要求。公正的裁判结果是法庭通过整个刑事审判过程所要达到的一种理想结果，它主要体现在法院所作的刑事裁判上面。如果我们从所谓“给予每个人以应得的对待”这一意义上来理解正义的话，那么公正的结果就是指法院对刑事被告人作出他所应得的处理，如对他宣布应得的定罪或判处应得的刑事处罚等。在以下的分析中，笔者拟提出四项结果公正的标准；任何一项刑事裁决都必须同时符合这四项公正标准，否则就违背了正义的要求。

首先，裁决必须是客观或准确的。换言之，刑事审判程序所产生的裁决结果必须具有客观的案件事实基础，并且将刑事实体法的原则和规则合理地适用到这一事实上。这一标准可简称为“客观性标准”。

法院要对一个公民作出定罪或判刑，就必须确定他实施了某一触犯刑律的行为，构成了犯罪。但这种确定必须建立在客观的案件事实基础之上。只有这样，裁决中所涉及的定罪或判刑才是符合正义要求的。相反，如果法院不以客观的事实作为定案的根据，就必然会导致无辜者受到惩罚或者有罪者逃避法律的制裁。而惩罚无辜和放纵犯罪都是非正义的裁判结果。

康德曾明确指出，除非一个人已犯有当罚之罪，否则就不应当对他定罪和处刑。“一个人的生命绝不能仅仅被作为达到某种目标的手段而受摆布……他的内在人格（他作为一个人的权利）保护他免受这种摆布，即使的确可以谴责他丧失了文明人格。在对他或他的同胞作出施加刑罚的任何考虑之前，我们必须找到他应受刑罚的罪行。”[1]在现代法治社会里，确定某人犯有罪行的唯一正当根据就是他确实实施了某种为刑法所禁止

〔1〕［美］戈尔丁：《法律哲学》，齐海滨译，生活·读书·新知三联书店1987年版，第179页。

的行为。这里既有事实的认定也有法律的适用问题。法官必须首先根据经验和理性判定某人是否已实施了某一行为，然后根据刑事实体法判定这种行为是否构成犯罪。如果法官错误地认定案件事实，如认定某一无辜者实施了某项犯罪行为，或认定某人实施的合法行为构成犯罪，那么他所作的有罪裁判就失去了正当的根据。这种没有正当根据的定罪和处刑即使对维护社会利益非常有效，它都违背了"给予每个人以应得的对待"这一正义原则，因为它把无辜者的生命、自由、名誉等都只当作实现某种外在目的的手段，将他视同没有人格尊严和正当权利的客体。

裁判的客观性一旦不能得到实现，这不仅可能使无辜者受到惩罚，而且可能使真正的有罪者逃脱法网。与惩罚无辜一样，放纵有罪者也是有违正义要求的结果，因为正像报应主义刑罚论者所强调的那样，当罪犯蓄意违反刑法的时候，他相对于他周围的守法公民来说便获得了不公平的利益。这种"道义上的不平衡"必须通过定罪和处刑来加以矫正。放纵罪犯实际上就等于默许他通过剥夺或侵犯其他社会成员的应得权益获得其不应得的权益，因而是一种内在的非正义。对此，康德也曾作出过这样一种强调："即使一个文明社会要……自行解体，最后一个仍在狱中的杀人者也必须被处决，以使每个人都将充分地获得他的行动所赋予的价值，以使血腥罪行因之而不会归咎于未能坚持实现惩罚的人们。"否则，"他们就可能被看作这种公开违反合法正义行为的同谋。"[1]

---

[1] 转引自[美]戈尔丁：《法律哲学》，齐海滨译，生活·读书·新知三联书店1987年版，第179页。

裁判的客观性尽管对于维护结果的公正性是不可或缺的，但它本身却是“很难得到完全实现的”。有人甚至认为，在刑事审判中实现“绝对的客观真实”，既不可能，也没有必要。这是因为，法官通过刑事审判所认定的事实是他主观上所形成的认识，他只能尽力使自己的主观认识符合客观真实，却很难使已成为历史事件的案件事实完全地恢复或再现。受认识手段、认识能力以及审判时限的限制，法官不可能无休止地对案件事实的全部细节进行探究；受审判程序原则和规则的约束，法官也不可能无限制地推翻原有结论，而随意开启审判程序。这就使法院所确定的案件事实只具有相对的客观性，这种相对的客观性又可称为法律上或程序上的客观性。因为只有法官在经过正当审判程序之后认定的事实才能成为据以制作裁判的基础，也才具备“法律事实”（而非客观事实）的资格。

结果公正的第二项标准是，裁决结果不得违背形式正义原则的要求。这一标准也可简称为“形式正义标准”。

法院的刑事裁判不仅要建立在客观事实的基础之上，而且也要遵守形式正义原则：属于相同情况的人或案件应得到同样的对待，而属于不同情况的案件或个人则应得到与这种不同情况相适应的差别对待。这一原则是确保结果公正的必要条件。

在刑事审判活动中，形式正义原则对法院的定罪和判刑裁判都是适用的。就定罪决定而言，形式正义原则要求法院对所犯罪行性质相同的犯罪人均应予以定罪，并且应对他们判定相同的罪名。就判刑决定而言，形式正义原则要求法院对所犯罪行具有同等危害程度的犯罪人适用相同的刑罚。法院所作的刑事裁判一旦违反了上述形式正义原则，就会使当事者产生强烈的不公正感，从而导致裁判的合理性和正当性受到消极影响。

但是，罪行的性质及其危害程度仅仅是法院在适用刑罚时所要考虑和权衡的一部分因素。除此之外，法院还要考虑犯罪人的个人情况，如年龄、性别、身体状况、再犯可能、可改造性等，以及当时的社会治安状况和国家的刑事政策，等等。形式正义原则并不要求对一切犯罪人绝对地一视同仁，因为以同样的方式对待不同的情况与那种以不同方式对待同样情况的做法一样，都是非正义的。形式正义也允许法院在必要时对不同的犯罪人采取适当的差别对待，但它要求法院对上述诸多方面的因素进行综合考虑和对照，使差别对待具备合理的根据，保持适当的限度。

结果公正的第三项标准是，裁判结果必须在严格适用法律规则与适当行使自由裁量权之间保持平衡。

一般而言，刑事实体法的原则和规则都是一般性的规范，而刑事案件的事实和情节则是千差万别的，机械地适用实体法原则和规则不仅无法使实体正义目标从抽象走向具体、从理想走向现实，而且在许多情况下还会导致非正义结果的产生。因此，法官在制作刑事裁判时必须拥有必要的自由裁量权，使刑事规则得到公正的适用。法官拥有适当的自由裁量权对于他作出公正的判刑尤其重要。

在诸如杀人、强奸等恶性刑事案件中，每个案件的实际情况往往都存在很大的差别，刑法一般对这些犯罪规定了从短期监禁到无期徒刑乃至死刑的量刑幅度。一般而言，法官只要在这一巨大幅度内选择和确定刑罚，就没有违反刑法的规定。但是，正义要求法官必须充分考虑刑事案件的具体情况，给予每个犯罪人以应得的刑罚处罚。在确定某一犯罪人的刑罚时，法官必须综合考虑各种责任分配标准，并在这些标准之间达成协调。“法官有意把刑罚与已经认定的罪行的严重性联系起来——这可以说是‘按劳取酬’的表现——但是，他们又不得不考虑被告人的个人情况，特别是被告人可能在何种程度上对某种矫正措施（如缓刑）产生积极反应——这一点又与‘按需取酬’相似。”〔1〕同时，法官还必须谨慎地审查被告人重新犯罪的可能性以及保护公众不受侵害的必要性。此外，“法官们还必须考虑舆论对本案的评价可能对公众产生什么影响，以及判处的刑罚能在何种程度上起到震慑他人的作用。”〔2〕如果不对上述标准进行综合考虑和协调，法官要对犯罪人确定适当的刑罚几乎是不可能的。

拥有适当的自由裁量权固然对法官作出公正的判决十分重要，但这种裁量权一旦不适当地行使，就会使各方面情况基本相似的犯罪人受到差别很大的刑事处罚，从而违背了形式正义原则。因此，法官在严格适用实体法规则与行使自由裁量权之间必须保持适当的平衡。这种平衡一旦被打破，那么无论哪一方得到不合理的强调或忽视，都会导致法官作出不公正的裁决。

结果公正的最后一项标准是，裁判结果必须在个体正义和社会目标之间保持平衡。

在传统的刑罚理论中，报应主义论者较为强调刑罚的内在正义标准——给予每个犯罪人以应得的刑事处罚，而功利主义论者则更加重视刑罚的外在价值目标——通过刑罚实现对社会整体利益的维护和保障。当代的法学家们越来越深刻地认识到，报应主

〔1〕［英］彼得·斯坦等:《西方社会的法律价值》，王献平译，中国人民公安大学出版社1990年版，第94~95页。

〔2〕同上。

义和功利主义理论都只是强调了刑罚目的的一个方面并片面地将它们加以绝对化了。对法官而言，他对任何犯罪人所作的判刑都必须同时兼顾刑罚的个体正义目标和刑罚的社会效果，而不能偏重于其中任何一个方面。

为了实现刑罚的个体正义目标，法官必须对犯罪人判处与其罪行的性质和危害程度大体相当的刑罚。换言之，刑罚的严厉程度必须与犯罪人已实施的犯罪行为的危害性相适应。因为正义要求犯罪人应当承受与其罪行在道德上的可谴责性相适应的刑罚。正义也要求法院所判处的刑罚必须有一个最高限度，即不违背“罪刑相适应”的量刑原则。正如程序公正旨在尊重程序参与者的人格一样，刑罚的个体正义目标也旨在承认和尊重犯罪人的人格尊严和道德主体地位，而不是仅仅把他当作实现社会和国家利益的手段。但是，法官在制作刑事裁判时仅仅关注个体正义目标的实现是不够的，因为这极易使刑罚变成赤裸裸的报复，以至于忽略了社会整体的利益。

为了实现刑罚的社会目标，法官必须通过判刑来有效地防止犯罪者本人以及其他社会成员犯下新的罪行。法官必须采取“向前看”的态度，在适用刑罚时充分考虑犯罪人的可改造性以及犯罪所造成的社会影响，并且要考虑采用多大幅度的刑罚才能震慑那些潜在的犯罪人，使其免于犯罪。但是，刑罚的社会目标同样也不能成为法官在判刑时所要考虑的唯一因素，否则就可能带来惩罚无辜、严刑峻罚等不公正结果。因此，法官在制作刑事裁判时应对刑罚的个人正义目标和社会目标同时予以兼顾，并进行适当的平衡。

二、程序的工具意义

既然程序是一种旨在确保公正的结果得以实现的工具或手段，那么这种工具或手段是否可以被其他别的工具或手段取代呢？换言之，作为实现结果公正性的工具，程序是不是可有可无的呢？要回答这一问题，我们首先应对程序的工具意义作一分析。

现代西方新程序主义理论认为，实体正义的相对概念是形式正义，而程序并不等同于形式。程序的基础是过程，其实质是反思理性；程序是相对于结果而言的，但程序合成物也包含实体的内容。程序在使实体内容兼备实体正义和形式正义的层次上获得了一种新的内涵。[1]我国学者也认为，程序绝非只是单纯的手段和形式，因为程序所促进的社会理性秩序乃是正义的重要内容，它有相当的价值因素；程序是实现实质性正义的前提，实质性正义从理论到现实的合乎理性的转化过程只有通过程序才能予以实现；程序是设定理性或合理规则，引导正义由理想状态到现实状态的转化过程，这一过程乃是动态的。[2]可见，上述两种理论都认为，程序是一种动态的过程，它在确保实体正义实现的问题上拥有独立的意义，而不是可有可无的手段或形式。

实际上，刑事审判程序作为一种旨在对被告人刑事责任问题作出最终裁决的动态过程，仍然具有一种工具或手段的意义。因为许多刑事审判程序原则和规则都具有确保实体正义目标实现的功能，程序——尤其是公正的程序——对公正结果的实现具有一

〔1〕 参见季卫东：《程序比较论》，载《比较法研究》1993年第1号。

〔2〕 参见龚祥瑞：《西方国家司法制度》，北京大学出版社1993年版，第153页。

定的保障作用。将刑事审判程序视为工具并没有贬低它的地位和意义，程序的工具意义是程序价值的一个重要方面。但是，与一般的工具或手段不同，刑事审判程序在形成公正结果方面具有一种不可替代性和不可选择性：对于所有的刑事案件，法官都必须在有关各方的参与下按照法定的方式、步骤、顺序进行审理，并在进行完这种正式的审判过程之后作出一项权威的裁判；程序一旦启动，法官与其他各方主体就具有相对固定的诉讼角色，并按照角色分工进行特定的诉讼行为；各方必须在程序原则和规则的约束下进行活动，而不能抛开程序任意进行活动。因此，刑事审判程序能够以一种独立的方式确保刑事实体正义的实现。

那么这种“独立的方式”究竟是什么样的呢？换言之，刑事审判程序是怎样产生公正结果的呢？在笔者看来，程序对公正结果的促进或保障作用主要通过以下四个方面的途径进行：(1)程序保证裁判结果的合法性和权威性；(2)程序确保裁判结果合乎理性的要求；(3)程序确保刑事实体法的规定从抽象走向现实；(4)程序确保实体正义目标得到适当的选择。最后，一项科学公正的刑事审判程序能够从总体上减少刑事实体不公正现象的发生，从而促进公正结果的产生。下面的论述旨在对上述几方面的途径作出具体的分析和阐释。

(一)裁判结果合法性和权威性的实现

现代各国的宪法和法律几乎都确立了这样一种观念：未经公正的法庭审判程序，任何人也不能被定罪或判刑。《美国联邦宪法》将此表述为：“未经正当法律程序，任何人也不能被剥夺生命、财产或自由。”这种观念强调了程序的内在价值，即给予每一个其权益受判定的公民以获得公正审判的机会。同时它也强调了程序的另一方面的重要意义，即程序对于裁判结果合法性和权威性的保障意义。这种保障意义具体表现在：无论被告人事实上是否有罪，也无论被告人事实上是否实施了某一行为，法院依法定程序所作出的有罪裁判或无罪裁判对其刑事责任的确定具有合法和权威的效力。这样，事实上有罪与法律上有罪就得到明确的区分，法院的裁判意味着国家从法律上判定某人是否有罪。

通过法定的审判程序确保刑事实体正义的实现，这是法治的基本要求。定罪是一种国家以权威的方式对个人实施的谴责，它极有可能会导致个人的自由乃至生命被国家剥夺，给犯罪人及其亲友带来消极的后果。为了防止定罪活动任意地进行，现代法治国家一般均设有种种法律机制对此加以限制，以确保定罪的适当性、必要性和合理性。刑事审判程序即为这些法律机制中最为重要的环节。[1]通过刑事审判活动，法官的裁决可望建立在经过合理证明的案件事实基础上，有罪被告人的罪行可得到充分的证明。同时，国家法律所设定的种种原则和规则对法官的权力给予各方面的限制，并使被告人和其他参与者获得申明观点和主张的机会。经过法庭审判程序，法官一旦确认被告人的罪行得到了合理证明，即可以权威的方式向社会宣告他“在法律上有罪”，这种宣告具有法律的约束力。法官如果断定被告人的罪行没能得到合理的证明，或者认为被告人确实无罪，那么他也可以正式向社会宣告该被告人“在法律上无罪”，从而解除对他的指控和怀疑。

在许多国家，刑事审判程序对于确保裁判结果的合法性和权威性具有如此重要的意义，以至于法官一旦违反了程序法原则和

〔1〕 R.A.Duff, *Trial and Punishment*, Cambridge Univ.Press, 1986, pp.99–119.

规则，即可能导致其有罪裁断被上级法院推翻或撤销。

（二）裁判理性的维护

有的学者认为，程序通过以下几个途径确保法官的选择“合乎理性”：一是现代程序的结构按照职业主义的原理形成；二是程序一般分开进行，易发现和纠正过程中的错误；三是程序创造了根据证据资料自由对话的条件和氛围，使各种观点和方案得到充分考虑，实现优化选择；四是通过预期结果的不确定性和实际结果的拘束力这两种因素的作用，程序参加者的角色活动的积极性易被调动起来，他们基于利害心而产生的强烈参与动机也会促进选择的合理化。[1]这种观点是就一般意义上的法律程序而言的，它对于刑事审判程序也同样适用。

在笔者看来，刑事审判程序对裁判结果合理性的保障主要通过三个机制来进行：一是审判程序的多方参与机制；二是刑事证明机制；三是刑事救济机制。

刑事审判是一种在法官与诉讼各方共同参与下进行的确定被告人刑事责任的活动。这种多方参与性可确保诉讼各方从不同的角度提出主张、证据和事实，法官可同时接触多方面的证据，并全面地确定刑事案件的事实。这可以确保裁判建立在经多方提出和调查而形成的事实基础上。同时，多方参与还为各方的理性交涉创造了条件。法官的裁判是对刑事案件作出权威解决的理性方案，多方参与可防止裁判由法官一人任意或随机地制作，确保法官与被告方、控告方以及其他有关各方进行理性的协商、论证的说服，使法官在其他各方的对席辩论基础上形成一种吸收各方意

〔1〕 季卫东：《程序比较论》，载《比较法研究》1993年第1号。

见和观点的裁决。从另一个角度来看，刑事审判又是一种特殊的证明活动。在法庭上，控辩双方围绕“被告人有罪”这一事实和论题进行证实和证伪活动，作为裁判者的法官或其他裁判者在听取或参加这种证明活动的基础上，判定被告人的罪行是否已得到证明。经过这种证明，法官只对那些其罪行已得到合理、合法证明的被告人定罪，而对于那些罪行尚未得到合理证明的被告人则判定无罪。这种裁判可以促使有罪者认罪服判，使社会公众对判决产生信服，并对有罪者被判罪的理由有明确的认识和理解。因此，通过多方参与和理性的证明活动，法院所作的裁判可最大限度地符合理性的要求。不仅如此，现代各国普遍建立的刑事救济程序还为上级法院对下级法院的裁判进行事实和法律上的审查创造了条件。通过这种审查，法院可尽量发现裁判中的错误和不公正之处，使裁判结果符合正义的要求。

（三）实体价值的实现

刑事审判不仅是一种认识活动，而且更是一种价值的实现和选择过程。法院通过刑事审判，不仅要合理地确定案件事实真相，判定被告人的行为是否构成犯罪，而且可以通过一个正式和权威的方式宣告被告人有罪或无罪，并在确定他有罪之后以国家的名义对他进行谴责。

刑事审判程序的这一意义是其他任何一种所谓的工具或手段都无法取代的。通过对一个公民构成犯罪这一事实进行正式的宣告和谴责，我们可望加强公众对法律的尊重和遵守，警戒那些潜在的犯罪人认真承担法律义务，消除公众和社会舆论对于诸如犯罪是否确曾发生、被告人是否构成犯罪等问题的疑问，并向那些已被定罪的人或潜在的犯罪人传达一种信息：遵守法律可以避免受到法院的定罪和谴责。同时，刑事审判程序还要求我们将每一个公民均视为一种理性、负责任的道德主体，而不是将他仅仅视为用以实现国家和社会利益的工具；它还要求我们只对那些我们能够证明他负有刑事责任的违法者予以定罪。法院通过刑事审判活动，除了要确定被告人是否构成犯罪并宣告法律的要求以外，更重要的是通过理性的方式，证明它所作决定的合理性，说服被定罪者接受法律的谴责和制裁，服从法律的要求。

这样，法院通过刑事审判程序，不仅可使刑事实体法的规定得到现实的实现，而且可以表达和实现这一法律所包含的正义、秩序、安全、公共福利等各项法律价值。

（四）实体正义目标的选择

程序结果公正性的诸项具体要求得到全面实现，这是一种最为理想的状态。但在具体的刑事审判活动中，这些要求的实现有时是不可能的。一旦两项结果公正标准之间发生冲突，法官必须对它们进行适当的权衡和协调，以使由这种价值选择所带来的损失及付出的代价降低到最小限度。笔者在此不拟对刑事审判结果中的价值选择问题进行全面论述，而仅就程序在对不惩罚无辜与不放纵有罪这两项公正目标进行选择方面的作用加以分析。

实际上，确保有罪者受到应得的惩罚、无罪者免受刑事处罚，是正义的基本要求。惩罚无罪者和放纵有罪者都违背了实体正义的要求，都是法院通过刑事审判所要尽力避免的结果。但在两者无法同时得到避免的情况下，法院应当以不惩罚无罪者作为优先的价值选择。英国有句古老的箴言："宁可放纵九十九个罪犯，也不冤枉一个无罪的人"，说的就是法官在刑事审判过程中应以不枉作为其裁判的基本着眼点。

英国学者特纳(J.W.C.Turner)曾就此指出:“定罪的后果是非常可怕的,在人们的眼中,一个无辜的人被定罪,这无论如何都是一场巨大的灾难。”[1]法院对公民的定罪之所以可怕,是因为它不仅仅是对该公民的行为在性质上所作的权威结论,而且更标志着国家对公民的一种法律评价:它是对公民本人的谴责以及对公民行为正当性的否定,也是国家对公民实施惩罚的直接根据。一个人一旦被贴上“罪犯”的标签,即意味着他将在相当长的时间内——甚至终生——遭受一种耻辱。而且,定罪还往往伴随着刑罚的实施,使公民的生命、自由、财产等权益受到剥夺。正是因为定罪会给一个公民的命运和前途带来如此巨大的影响,因此它一旦发生错误——如对一名无辜者予以定罪、判刑——就会给该公民及其亲友乃至国家和社会均带来极为严重的消极后果。它使国家的法律制度和司法程序的威信和尊严受到巨大的损害,破坏了被定罪者及其他社会公众对法律制度的尊重和信任,甚至导致国家与社会成员产生根深蒂固的矛盾。因此,如果说放纵有罪者会使国家和社会的暂时性利益受到损害的话,那么相比之下,惩罚无辜则会使国家根本利益和社会整体利益受到危害。法官在不能确保“不枉不纵”得到实现的情况下,应当优先选择不枉无辜,即使这样做会使一些实际有罪者逃脱法网。

刑事审判的进行一般会受到严格的时间限制。法官一旦在法定时间内不能对被告人有罪这一结论形成确定的认识,检察官如果不能将被告人有罪这一论题证明到法定的程度和标准,法庭即应对被告人判处无罪。这一从法律上对被告人无罪的判定,并不

[1] [英]特纳:《肯尼刑法原理》,王国庆等译,华夏出版社1989年版,第484页。

一定意味着被告人事实上无罪，它只是法官根据在刑事审判中被告人罪行没能得到证明这一事实，对刑事案件所作出的一种法律解决方案。即使有一名被人在犯罪现场抓获的现行犯，法官也不能不经审判即对他定罪和判刑，而仍应按照法定程序对他的罪行能否有充足证据加以证明这一点进行审查。因为法院要对一个人判决有罪，必须有充分和合理的根据，并且要向该人以及全体社会公众证明他的罪行。这种建立在证据裁判主义基础上的刑事审判程序，固然会使一些真正有罪的人因为其罪行得不到充分证明而逃脱法网，但它有助于确保无罪的人免受不公正的定罪和判刑，因而对于刑事实体正义的适当选择是具有保障作用的。

刑事审判程序的最后一项工具性意义表现在，一项科学、公正的审判程序较之不公正的程序而言，能够大大提高产生公正裁判结果的能力。换言之，在一般情况下，公正的程序比不公正的程序更有可能产生公正的裁判结果。这样，那些作为最低限度程序公正标准的原则就具有了一种工具性意义：按照这种程序公正标准设计和构建的程序将成为用以实现刑事实体正义的更好的手段。程序的公正性与程序的工具性由此也会形成一种和谐一致的状态。对于这一点，笔者将在第五节中展开分析。

第四节　刑事审判程序的保障性价值
——程序的经济性

一、程序经济性的含义与标准

所谓程序的经济性，是指刑事审判程序的设计和运作应当符合经济效益的要求。在现代汉语中，经济性又称为经济效益性，是指用较少的人力、物力和时间获得最大的成果。经济学家往往用“经济效益”一词来描述生产者或消费者之间的均衡。如果一个生产过程以最少的总成本投入生产出既定水平的产出，或者一个生产过程可使既定的投入组合达到最大的产出水平，那么这一过程在生产上就是有效益的。[1]可见经济性涉及两个基本概念：投入和产出。前者是指投入的各种资源，如人力、物力、财力等；后者则是指获得的成果或效果。要使一种行为或过程符合经济性的要求，就必须同时做到两点：一是使投入的资源得到最大限度的节约；二是使产出的成果达到最大化。同样，一项刑事审判程序要符合经济效益的要求，也必须确保司法资源的成本降低到最小限度，同时使最大量的刑事案件尽快地得以处理。因此，刑事审判程序的经济性不单纯等于司法资源的节约，也不单纯等于程序的简易或审判的快速进行，而是同时包含这两个方面。

传统的法学理论一般只关注法律程序的正义目标。有些学者即使提出了法律程序的经济效益问题，也往往是把它作为正义的附属价值来看待的。如一些西方学者认为，如果说正义是一个与权利有关的价值（a right-related value）的话，那么效益则是一种与目的有关的价值（a goal-related value），即达到一项有价值的目标的最好、最快、最廉价且损失最小的手段，这样程序的经济性充其量只能是对其他法律价值的保障，它本身对于刑事审判程序而言没有独立的价值。但是这些学者实际上把程序的经济性同诉讼的社会效益相混同了。诉讼的社会效益是指刑事审判程序在实

〔1〕 参见［美］阿瑟·奥肯：《平等与效率》，王奔洲等译，华夏出版社1987年版，第2页。

现程序正义与实体正义等价值方面所达到的社会效果，即刑事审判活动所产生的一种间接结果，它与诉讼的经济效益具有十分不同的含义。正因如此，我们不把刑事审判程序的经济性标准界定为一般意义上的所谓诉讼效益或效率，而是专门用它来指诉讼的经济效益标准。正如本节将要着力阐明的那样，程序的经济性既与程序的内在价值和外在价值密切相关，它本身也是一项评断刑事审判程序合理性的独立价值标准。

随着20世纪70年代以来西方经济分析法学的兴起，法律程序中的经济效益因素逐渐受到人们的重视。尽管在一些经济分析法学家的著述中，经济效益因素被片面地强调到绝对化的程度，但目前几乎所有法学家都已认识到：程序的经济性同程序本身的内在价值及其外在价值一样，都是在评价和重建一项刑事审判程序时所要考虑的重要标准。正如匈牙利学者阿尔培德·欧德（Arpad Erdei）所说的那样，“在我们当今的时代里，几乎所有刑事司法程序改革都有两个基本目标：一是发现实施一种迅速、简便和成功程序的新方式和新途径，换言之，使刑事诉讼活动的进行更有效率；二是确保诉讼参与人（participants）的权利，这与公正的要求密切相联”。[1]贝勒斯教授也认为，经济效益问题是我们在对法律程序进行评价时所要考虑的一项重要因素，“没有正当的理由，人们不能使程序在运作过程中的经济成本增大”；同时“在其他条件相同的情况下，任何一位关心公共福利的人都有理由选择其经济成本较低的程序”。[2]我国台湾地区学者陈朴生也曾指出：“刑事

〔1〕 *Comparative Law Yearbook*, Vol.9, Martinus Nijhoff Publishers, Dordrecht, 1985, pp.4-5.

〔2〕 M.D.Bayles, “Principles for Legal Procedure”, in *Law and Philosophy* 5 (1986) 33-57, 1986 by D.Deidel Publishing Company.

诉讼法之机能，在维持公共福祉，保障基本人权。……唯为寻求事实真相，维持公共福祉，或为保全程序的公正，保障基本人权，不计程序之烦琐，进行之迟缓，亦属于个人无益，于国家社会有损。故诉讼经济于诉讼制度之建立实不可忽视。"[1]

《美国联邦刑事诉讼规则》第2条规定："本规则系以保障刑事程序产生公正的决定（the just determination）为目的；本规则旨在……确保程序之简洁（semplicity in proceeding）、诉讼进行之公正（fairness in administration），并除去不合理的费用与迟延（the elimination of unjustifiable expense and delay）。"《日本刑事诉讼法》第1条也规定："本法系以在刑事案件上，于维护公共福祉，保障个人之基本人权的同时，发现案件的事实真相，准确而迅速地适用刑罚法令为目的。"这两部法典中所谓的"迅速""程序之简洁""除去不合理的费用与迟延"等，也就是旨在强调刑事诉讼程序应符合程序经济性的基本要求。

程序的经济性标准既适用于对单个刑事案件审判过程的评价，也适用于对国家整个刑事审判制度的评价。对于前者，程序经济原则要求审判过程的经济成本要降到最低的程度，这种经济成本基本上类似于经济分析学家们所谓的"直接成本"（DC）。而对于后者，程序经济原则则要求国家合理地配置刑事司法资源，使刑事审判程序的运作从整体上同时符合资源节约和产出最大化的要求。在刑事审判过程中作为成本的司法资源主要包括以下四个方面的内容：（1）人力资源。如进行刑事审判活动需要有相当数量的专职法官、书记官、翻译官、法警等。在实行陪审制

〔1〕 陈朴生：《刑事经济学》，正中书局1975年版，第327~386页。

的情况下还要有一定数量的非专职审判人员。(2)物力资源。如为进行正常的审判活动所必备的法庭设施、通信及交通设备等。(3)财力资源。如法官、陪审员、书记官等的薪金,司法鉴定费用,对出庭作证的证人所支付的报酬和补偿费用,等等。(4)时间资源。在审判过程中,时间的浪费往往意味着法院在单位时间内审判活动效率的降低,并导致对单个案件的审判成本的经济费用的增加,因此在刑事审判程序运作过程中,时间已成为一种与经济成本有关的司法资源。这些司法资源相当于国家在刑事审判方面所进行的必要投入。那么,一项刑事审判程序怎样才能使这种司法资源投入或成本得到最大限度的节约而同时又使产出“成果”达到最大化呢?在这里,我们有必要设立一些具体的程序经济性标准,以便对一项审判程序的经济效益作出准确的测量和评定。

首先,刑事审判程序的设立应保证审判活动的迅速有效进行。美国和日本宪法均确立了刑事被告人获得迅速审判的权利。迅速的审判使法院得以早日对案件作出裁判,使司法资源的成本得以降低,因而有利于社会公共利益的维护;同时它也可以使被告人等程序参与者早日脱离或减少讼累。所谓迅速,是指法院在审判过程中应尽量避免任何不必要的拖延,但审判的迅速进行有其固有的限度:它不得妨碍审判活动的公正进行。为确保审判活动的迅速进行,刑事审判程序应按下列规则设计:(1)减少不必要的审级;(2)适当减少参加法庭审判的审判官;(3)对程序参与者所提出的申请及时作出处分;(4)对实施诉讼行为和作出决定确立严格的时间限制;等等。

其次,刑事审判程序应当尽量简化。一项刑事审判程序设计得越烦琐、复杂,法官在审判中所受到的限制则越多,审判过程中的经济成本也就越大。这是因为繁杂的程序不仅会降低审判活动的速度，而且也容易增加单位时间内的人力、物力和财力投入。因此，刑事审判程序应力求简捷便利，以节省不必要的成本。但是程序的简化与迅速审判一样也有一个必要的限度，即不妨碍审判的公正进行。那么刑事审判程序怎样才能得到简化呢？陈朴生教授曾就此提出了两项规则：一为不“过剩”，即减少不必要的程序，如调查证据、询问、传唤等如属于不必要的，则不得为之；二为“不重复”，即已经起诉的同一案件在同一或不同一法院再行起诉者，应“谕知不受理之判决，以终结其诉讼关系。”〔1〕需要指出的是，这里所指的程序的简化并不等于采取简易程序，而是对普通程序在具体环节上所作的必要的简化处理。

最后，刑事审判程序应保证司法资源的合理配置。在一定时期以内，国家对刑事审判活动的司法资源投入一般是相对固定和有限的。国家只有使这些资源得到最佳的合理配置，才能在不损害正义目标实现的前提下提高审判活动的经济效益。司法资源不合理配置的情况主要有两种：一是在审判过程中对所有的刑事案件平均分配司法资源，采用繁杂程度基本相同的程序，而不论案件所涉及的被控罪行是否严重和复杂，不论案件事实是否已十分清楚，也不论被告人是否已供认了犯罪事实等；二是在审判过程中本末倒置，对所涉罪行较为严重、社会影响较大的案件分配较少的司法资源，采用简便迅速的程序加以处理，而对那些较为轻微、事实清楚的案件则分配较多的司法资源，采用较为繁杂的程序处理。在这两种情况下，国家对刑事案件的审判所投入的司法

〔1〕 陈朴生：《刑事经济学》，正中书局1975年版，第327~386页。

资源同其产出的“成果”相比都是不相适应的。因为案件越是重大复杂，公正的刑事审判活动所产生的社会效益越大，国家对这些案件的审判投入也就应当相应地增大。同时，对于那些涉及轻微罪行、控方已掌握相当充分的有罪证据的案件，司法部门如果仍按照较为正规、繁杂的程序进行审判，则会造成一些不必要的司法浪费。因此，国家有必要根据一定的标准，在不同类型的刑事案件中建立相应的繁简程度不一的审判程序，而不应对所有案件一视同仁，更不应本末倒置。

二、程序经济性的意义

对程序经济性目标的追求在很大程度上是由于国家对刑事审判活动的资源投入是十分有限的，如果不在审判过程中提高经济效益，那么司法机关就无法顺利履行其审判职能，大量刑事案件就可能因为来不及审判而造成积压。因此，实现审判过程的经济性具有一种客观的或被动的意义。但是我们可以设想这样一个社会：在那里，国家极其富裕，它对刑事审判活动的资源投入是巨大的——国家可以根据刑事案件的增长情况和审判活动的必要性增加司法资源，如增加审判官人数、增设法庭、延长审判时间，等等——在这种情况下，国家是不是就没有必要、也没有动力去提高审判过程的经济效益了呢？

回答是否定的。因为无论国家多么富裕，它每年的财政收入和可供支配的资源总有一个相对固定的数量。在一个设有基本财政管理制度的国家，为进行刑事审判活动所需要的年度费用一般与其他支出项目如经济投资、教育投资、社会福利费用、国防投资等一起都进行了预算，司法机关不能随意突破预算所规定的司法资源投入数额。即使在那些财政管理制度不健全的国家，为进行刑事审判活动所投入的司法资源也不可能无限地增长，否则国家的其他项目的投资就会受到影响。因此，对程序经济性目标的追求具有积极的意义。

刑事审判是一项耗费巨额财政收入的国家职能活动。根据1965年美国国会的报告，仅就美国联邦系统来看，该年度用于处理刑事案件的费用高达210亿美元，占该年度联邦财政收入的4%以上。这一数目要比该年度美国联邦政府所支出的失业救济金大得多。〔1〕1983年，美国联邦和各州在刑事和民事审判方面支出的费用高达397亿美元，即每一美国公民平均花费170美元。这项费用约占该年度整个政府开支的3%，其中大部分用于刑事审判方面。英国内政部1983—1984年度报告指出，英国该年度投入到刑事审判方面的费用总额高达25.4亿英镑，其中13亿英镑直接用于法庭审判。英美学者就此感叹道，如果社会不存在犯罪，国家将不会进行刑事审判活动，社会的整个福利水平将会得到很大提高。〔2〕根据现代经济学的原理，政府的财政收入是由纳税人所缴纳的税金所组成的，政府在开支方面必须向每一个纳税人负责，并应向纳税人申请和汇报每一项支出的情况，任何一种不必要的浪费都是对纳税人利益的损害。而提高政府活动的经济效益，使有限的资源得到充分合理的利用，则是政府部门的一项基本义务。因此，司法部门在刑事审判方面提高经济效益，对每一个公民的利益都是一种必

〔1〕 转引自黄东熊：《刑事诉讼法论》，三民书局1991年版，第363页。

〔2〕 参见［美］罗伯特·考特等：《法和经济学》，张军等译，上海三联书店1991年版。

要的维护，并最终有利于社会整体利益的保障。

程序经济原则要求法院适当地加快刑事审判活动的速度，避免不必要和不合理的拖延。一方面，司法拖延不仅会造成大量刑事案件无法得到及时处理从而导致严重的积压，以至于影响司法机关职能的履行，而且也会导致案件的事实真相无法得到查明。因为刑事审判开始得越晚，持续得越长，证据就越可能灭失，如随着时间的流逝，证人对案件事实的记忆会逐渐模糊甚至消失，他对案件事实的描述也会越来越不准确甚至与原来的陈述产生矛盾。同时，法院作出判决与案件发生的时间间隔越长，刑罚就越难以发挥其预期的威慑效果。因为刑罚实施得越迅速及时，它的合理性就会越加明显，已实施犯罪的人和潜在的犯罪人所受的威慑力和恐惧感就越加强烈，社会公众对刑事审判结果的公正性就越会形成一种共识。

另一方面，司法拖延会严重损害被告人和被害人的利益。审判开始得越晚，持续时间越长，被告人对其生活和事业的安排就会受到越发严重的消极影响。在法院的生效裁判作出之前，被告人的自由、财产乃至生命等实体权益处于待判定的状态，他本人也处于犯罪嫌疑人的地位，这既会影响他的名誉和信誉，也会影响他与别人的正常交往以及他的事业和前途。而对于那些被羁押的被告人而言，司法拖延还意味着他的人身自由被限制的期间的延长。司法拖延问题还会使被害人的权益得不到及时的保障。被害人在刑事审判中一般拥有强烈的追诉愿望，他愿意看到被告人被迅速定罪并处以刑罚，这种愿望如果得不到及时满足，他所受到的精神创伤就无法得到愈合。同时，对于被害人而言，严重的司法拖延还会使其产生强烈的受到不公正待遇的感觉，因为司法机构对他的主张和要求没能及时给予充分的关注，对他的权益保障乃至人格尊严的维护也没有显示出应有的关心和尊重。

由此可见，坚持刑事审判程序的经济效益标准不仅对提高社会福利水平、维护全体社会成员的利益具有一定的保障作用，而且对于确保程序工具性价值和内在价值目标的实现也具有较大的促进作用。严格来说，刑事审判程序的经济效益价值的这种意义基本上也属于工具性的，因为程序在这里是被作为用以提高社会公共福利、降低国家司法资源消耗的手段而得到强调的。但提高刑事审判活动的经济效益毕竟不是国家进行刑事审判的终极目标，它只能是用以确保正义这一法律价值在审判过程以及裁判结果中同时得以实现的工具。正因如此，这一价值标准就不能与程序的外在价值和内在价值居于同一层次和等级上，而只能算作一种"保障性价值"。将程序的经济效益价值视为一种"保障性价值"，并不是说这一价值不重要或可有可无，而是强调它在诸价值标准的选择中不具有绝对的优先权。国家在构建和设计刑事审判程序时应优先考虑实现正义的要求，然后才能适当顾及提高经济效益的问题。

第五节　刑事审判程序价值之多元论

一、程序内在价值与外在价值之协调

作为评价和构建刑事审判程序的两项相互独立的价值标准，程序内在价值与外在价值之间存在十分复杂的对立统一关系。对于这种关系，中外学者过去从未进行过系统的分析。但是，要构

建一种新的程序价值理论，就不能只是对程序的诸项价值标准加以单独的分析，而应阐释清楚这些价值标准的统一和冲突之处，并对这种冲突提出可行的解决方案。下面的论述旨在对程序的内在价值和外在价值之间的一致性、冲突及协调分别作一分析。

（一）一致性

关于程序内在价值与外在价值的一致性，美国学者泰勒（Tyler）曾指出："在一般情况下，公正的程序比不公正的程序能够产生更加公正的结果。"〔1〕泰勒将公正的程序对于公正结果的促进和保障作用视为程序的工具性意义之一。萨默斯和贝勒斯也曾对各项程序公正标准的工具性意义作出过分析。〔2〕例如，贝勒斯教授即运用"最大限度地减少程序的错误成本"这一标准对各项传统的程序正义原则进行了合理性证明。他认为，包括（法官）中立原则（principle of impartiality）、获得听审的权利（an opportunity to be heard）、提供裁决及理由的原则（principle of providing findings and reasons）等在内的各项程序正义原则分别从不同的方面确保程序结果的公正性。〔3〕

上述学者的分析在一定意义上是可以成立的。从实证分析的结果来看，公正的程序在一定程度上的确可以促进公正结果的产生，并具有一定的工具性。这是程序公正性与程序工具性价值的主要一致之处。例如，裁判者在审判过程中确保控辩双方充分而

〔1〕 G.M.Pops&T.J.Pavlak, *The Case for Justice*, p.85, 1991 by Jossery-Bass Publishers.

〔2〕 R.S.Summers, Evaluating and Improving Legal Process—A Plea for "Process Values", in *Cornell Law Review*, Vol.60, November 1974, No.1, pp.25-26.

〔3〕 M.D.Bayles, "Principles for Legal Procedure", in *Law and Philosophy* 5 (1986) 33-57, D.Deidel Publishing Company, 1986.

有效地参与裁判的制作过程，可以获得对双方主张、证据进行全面了解和审查的机会，并通过听取双方从各自不同甚至相反的角度对案件事实的认识，加强对事实真相的全面、客观的判断。这与那种由裁判者单独、秘密地从事调查的审判方式比较起来，更有助于案件事实真相的显露和揭示。又如，一名中立而无偏见的裁判者较之一名偏向诉讼一方的裁判者而言，更可能避免误判。因为裁判者的偏见无论是产生于他与某一方有利害牵连还是产生于他事先存有预断，都会阻止他客观地认定案件事实、公正地适用法律。有时候利益关系会促使裁判者故意歪曲事实、制造不公正的裁判。再如，程序理性原则要求裁判者在对案件事实作出认定时，要经过详细的评议、冷静的判断，并以经合理论证而采纳的证据为基础。这要比那种凭借猜测、预断或其他任意、随机的方式所作的判断更加可靠。不仅如此，程序对等原则、程序自治原则及程序及时原则均具有这种对程序结果公正性的促进和保障作用。

但是，我们能否就此认为公正的程序必然会产生公正的结果呢？换言之，公正的程序是否一定就是对产生公正结果而言有用的程序呢？对这一点，程序工具主义理论认为公正的程序依附于公正的结果，它为后者而设立并同样可以为了后者而牺牲；而程序本位主义理论则认为公正的裁判是公正的程序的必然结果，那些由公正的程序所产生的结果几乎无一例外地符合正义的标准。这两种观点都是不成立的，因为它们要么忽略了程序自身公正标准的独立性，要么不承认实体裁判结果公正性的独立性。事实上，根据笔者在本节中的分析，公正的程序与公正的结果各有其独立的判断标准。从理论上讲，具有最低限度公正性的程序并不一定会产生符合实体正义标准的结果。例如，法官尽管与程序参与者各方并没有任何利益上的牵连，他也依法允许各方充分地提出主张、证据并进行了富有意义的辩论，他的裁判严格地从程序过程中形成，但他最终仍作出了不公正的裁判：对事实上无罪的人予以定罪，对有罪者予以放纵。这是在各国司法实务中都会遇到的情况。由此我们可以否定“公正的程序必然会产生公正的结果”这一结论的正确性。

既然公正的程序并不必然具备产生公正结果的能力，那么公正的程序在多大程度上或在什么场合下可以形成公正的结果呢？换言之，程序的公正性与程序的有用性在什么范围内才能保持一致呢？

笔者认为，公正的程序在总体上和普遍的情况下会产生公正的结果。“总体上”和“普遍的情况”是相对于“个体上”及“特殊的情况”而言的。法官坚持程序公正的诸项标准，在个案中或在特殊、偶然情况下可能会作出错误的裁决，但这不是主流。在一般情况下，不坚持程序公正的诸项标准更容易导致法官误罚无辜或放纵犯罪。对于这一点，我们可从两个方面加以说明。

首先，坚持程序公正标准而作出不公正的裁决可分为两种情况：一是程序以外的因素阻止了真相的发现，二是程序本身成为发现真实的障碍。在第一种情况下，导致不公正结果产生的不是程序本身，而是其他因素，如案件情况复杂，法庭所收到的全部证据尚不足以证明事实的真相；案件中涉及的复杂问题非人类目前的认识手段和认识能力所能解决；法官本身不具有较好的专业素质，如能力不高、知识不广、经验不丰富、缺少敬业精神等，以及审判过程受到一些外界因素的偶然干扰，以至于对裁判的形成产生了消极影响;等等。但在一个法制健全的社会里,这些源自客观方面及法官主观方面的裁判错误毕竟是偶然的和个别的现象,而不会成为主流。在第二种情况下,非正义结果的发生与程序本身密切相关:这种符合程序公正标准的审判程序本身成为法官发现真实的阻碍。在这种情况下,立法者不得不进行一定的价值权衡和选择。但这种选择不能导致这种结果发生:要么实体正义要么程序正义成为审判程序唯一的价值目标。立法者应尽力在不违背程序正义原则的前提下提高程序产生公正结果的能力,从而使公正性和有用性形成最大限度的一致或重合。但对于任何一名审判官而言,遵守公正、合理而又合法的审判程序是他们的绝对义务,他们在任何情况下都不能抛弃或越过法定的程序,而去追求"实体上的真实"。应当说,公正的程序阻止法官制作公正的裁判的情况毕竟是在个别或特殊情况下发生的,它不具有普遍性。否则那些被人们长期遵守的程序正义原则就不会具有任何生命力。而且从正义的要求来看,对程序参与者各方给予公正的对待与给予有关各方的实体权益、义务和责任以应得的判定——过程中的公正对待与结果中的公正裁断——之间并不存在天然的矛盾,它们都是法律实施过程中对正义要求的体现。因此,公正、合理的刑事审判程序能够确保实体正义和形式正义在裁判结果中得到普遍的实现。

其次,坚持不公正、不合理的程序进行审判有时也可能会作出公正的裁判,但这不具有普遍的意义。正如调查人员采用刑讯、胁迫等野蛮、非人道的侦查手段有时也能查明事实真相一样,采用不公正的审判程序有时也可能实现实体正义。但从普遍的情况来看,不公正的审判过程也如同刑讯等非人道程序一样是导致法官作出错误裁判的根源之一。不仅如此，即使在那些所谓“不公正的程序产生公正的结果”的个别场合下，法官所作的公正裁判也往往取决于法官个人的职业素质、职业道德修养等主客观方面的因素。一个具有良好的专业素质、丰富的审判经验、较强的敬业精神而又廉洁自律的法官，即使遵循不公正、不合理的审判程序，有时也能作出公正的裁判。但是这种几乎完全建立在法官个人良心、素质及道德自律基础上的“公正裁判”的形成纯属一种侥幸，因为这种审判程序并不具有普遍意义上的有用性，尽管它在个案中是有用的。

因此，国家立法机构即使将实现实体正义作为审判的主要目标，也有必要建立一套公正、合理、科学的刑事诉讼程序。只有这样，裁判者才能最大限度地减少不公正的裁判结果，确保实体正义得到普遍的、整体的和长远的实现。

（二）冲突

程序的公正性与程序的工具性尽管有着一些和谐一致之处，但它们在不少场合仍存在矛盾和冲突。概括起来，程序的这两种价值之间的冲突可表现在以下三个方面：（1）公正的程序产生了不公正的裁判结果。例如，法官严格遵守各项程序正义要求，却判处实际无罪者为有罪，或者使一名真正有罪的人逃脱法网。在这里，公正的程序产生了与公正的结果完全相反的结果，程序公正性与工具性难以保持一致。（2）不公正的程序产生了公正的审判结果。例如，法官在审判过程中违背了程序对等原则，对被告方的主张和证据没有给予充分的关注，也没有给予被告方对控方证据提出质证的机会，但他在裁判中却得出了公正的结论：被告人犯有被控罪行，因为被告人确实犯有这一罪行。在这里，公正的结果通过非正义的程序产生，程序内在价值与外在价值又难以保持一致。(3)公正的程序与公正的结果没有任何内在的联系。换言之，程序本身尽管符合公正标准，但它在产生公正的结果方面却徒具形式，而没有任何实际意义。这实际上是“不公正的程序产生公正的结果”的又一种表现形式。因为法官主持的公正审判对其裁判结果虽没有产生任何实质上的影响或决定性的作用，但一些公正程序以外的非正式的——也是不公正的——程序却是这种结果形成的源泉。例如，法官尽管在庭审过程中给予各方参与者以公正的对待，但他的裁判却没能建立在法庭调查和辩论的基础上，而是以他本人的预断或其他没有参加法庭审判的人的意见为根据作出的。在这里，程序的自治性也受到了损害，这种徒具形式的审判过程由于不具有程序自治这一特征已失去了公正性。

刑事审判程序的内在价值与外在价值之间所发生的这种冲突在很大程度上是与刑事审判程序的性质密切相关的。根据美国学者罗尔斯(John Bordley Rawls)的观点，刑事审判程序只能实现一种“不完善的程序正义”(imperfect procedural justice)，即虽然有一种据以判断结果公正性的独立标准，却没有可以确保其实现的程序。刑事审判的理想结果一般是：只要被告人犯有被控告的罪行，法院就应当对他作出有罪判决，审判程序就是为探求和确定这方面的真实情况而设计的。但是，即使法律得到仔细的遵循，过程被公正恰当地引导，审判程序还是有可能产生错误的结果：一个无罪的人可能被判决有罪，一个有罪的人却可能逍遥法外。〔1〕

〔1〕　参见[美]约翰·罗尔斯：《正义论》，何怀宏等译，中国社会科学出版社1988年版，第81页。

为什么会出现这种情况呢？罗尔斯解释说，非正义的刑事审判结果“并不是来自人的过错，而是因为某些情况的偶然结合挫败了法律规范的目的”。[1]这种解释尽管能够说明一些外在因素对公正结果形成的阻碍作用，却忽略了程序自身也有妨碍真实发现的作用。事实上，公正的程序之所以会产生不公正的结果，不仅是由于一些偶然因素的作用，而且也有审判程序本身的原因。首先，公正的程序与公正的结果各有其独立的一套价值标准体系，符合程序公正性标准的程序并不一定具备产生公正结果的能力。如前所述，人类社会从来就不曾存在一种绝对公正的审判程序模式，我们已经提出的各项据以判明程序公正性的标准都是旨在克服某种特定的不公正性，它们都是对某种程序非正义的矫正或预防。这些程序公正要求的直接目的在于使程序参加者的主体地位和人格尊严在审判过程中受到承认和尊重，而不是单纯为了预防不公正结果的出现。因此，在刑事审判领域中，尽管遵守一些程序公正的标准一般会有助于达成公正的结果，但公正的程序与公正的结果之间并不存在必然的因果关系。其次，公正的程序更可能产生公正的结果，这是就一般情况且相对于不公正的程序而言的。但在某些情况下，公正的程序本身在客观上就具有产生非正义结果的可能性。给予程序参与者以公正的对待，如确保他们充分而富有意义地参与到裁判过程中来，有时尽管使审判过程具备了程序正义的要求，却对法官客观地认定案件事实构成妨碍，使本来可由法官单独一人探究即可得以揭示的案件事实真相变得难以认定。尤其是在法律设有程序保障机制的情况下，法官的审判

〔1〕［美］约翰·罗尔斯：《正义论》，何怀宏等译，中国社会科学出版社1988年版，第81页。

活动及其在审判过程中所作的有关裁定、决定或判决很可能因为他违反了一项旨在确保被告人受到公正对待的程序规则而遭到废除或撤销。在这种情况下，公正的程序乃至这种程序的保障机制均可能成为法官查明真相、实现实体正义的障碍。

（三）协调

价值的协调主要旨在张扬两种价值之间的一致性，解决它们之间的冲突和矛盾；即使在冲突和矛盾无法予以根本消除的情况下，也应以最大限度地提高其一致性为宗旨，对它们作出必要的调整。为了在程序内在价值与外在价值发生冲突时能够找到一个较为理想的解决方案，笔者拟提出以下几项协调原则。

（1）兼顾原则。确保刑事审判程序与审判的结果同时符合正义的要求，这是一种最为理想的结果。为此，必须牢固树立一种对程序的内在价值和外在价值予以兼顾的观念。兼顾原则要求我们对公正的程序和公正的结果予以同等的重视，并通过刑事审判活动的进行，使程序参与者受到最低限度的公正对待，确保有罪者受到适当的定罪和判刑，无罪者免受刑事追究。只有这样，才能确保正义的要求在整个刑事审判活动中得到全面、彻底的实现。“重实体轻程序”实际上否定了程序所应具有的独立的内在价值，将程序仅仅视同附属于结果的工具；而“重程序轻结果”又把程序的内在价值置于至高无上的地位，使“公正结果”的实现不成为一种目标而成为“公正程序”的偶然结果，甚至成为程序的附庸。这两种观念都是与“兼顾原则”相违背的，因而是不可取的。

（2）程序与实体不可分离原则。刑事审判的理想目标包括三个不可分离的方面：一是程序本身符合公正的标准；二是实现公正的结果；三是公正的结果是通过公正的程序实现的，即公正的程序直接产生了公正的结果。但是这三个方面有时很难在刑事审判程序的运作中同时实现，因为程序是具体的、可操作的，包括程序参与原则等在内的程序公正标准也是可以在刑事审判活动中直接实现的，但审判的结果却是很难预知的，一种程序能否具备产生公正结果的能力，须视刑事审判活动结束后的结果而定。即使公正的程序本身具备这种能力，它也只是实现公正结果的必要条件，而不是充分条件。因此，我们应当首先确保各个程序参与者受到公正的对待，使程序的运作符合文明、公正的标准；而在随后进行的救济程序中，除了继续实现程序公正的要求以外，还要对审判结果进行彻底的审查，以确保这种结果符合刑事实体正义的要求。尤其是那些为纠正和避免已生效裁判的错误和不公正性而设立的非常救济程序，更是对刑事裁判结果的最后一次补救。

（3）权衡原则。一旦公正的程序与公正的结果无法同时兼顾，而且通过几道步骤也不能使两者同时得到实现，法官就会面临一种困境：要么放弃实体公正结果，忍受一种结果上的非正义，要么使程序参与者受到不公正的对待。为摆脱这种困境，他必须对这两种价值进行适当的权衡，以便作出选择。这种权衡应当遵循以下几项具体要求：

一是不得将“有罪必罚”奉为绝对的价值目标。刑事审判的理想结果固然是不枉不纵，使有罪者受到定罪和适当的处刑，使无辜者免受追究并尽快洗脱罪嫌，但在不枉与不纵难以同时实现时，法官应当以不枉作为首要的选择。这是对惩罚无辜和放纵犯罪人这两种不公正结果进行缜密的权衡、比较之后所得出的结论。因此，为了实现程序公正的目标，法官必要时也可以在个案中不对一名事实上可能有罪的人予以定罪、处刑。但这种对公正结果的牺牲应被证明是必要的、不得已的。另外，不冤枉无辜者是一项绝对的价值目标，法官在任何情况下都应当尽力加以避免。一项刑事审判程序或一个审判过程无论多么符合公正性、合理性或人道性的标准，只要它产生使无辜者或法律上无罪的人受到定罪的结果，法官就应当通过适当的程序，对这种程序结果予以否定；而一种审判程序如果经常地产生这种不公正的结果，立法者就应当对它进行必要的修改、补充或完善。

二是严格遵守国际公认的最低限度程序公正标准。这些标准一般都在国际公约中以具体权利保障规则的形式体现出来，是普遍适用于各国刑事审判活动的最低伦理和文明标准。确立和遵守这些公正标准应被视为法院的绝对义务。即使遵守这些公正标准可能导致法院作出错误裁判（如放纵真正的犯罪者），它们也不得被放弃。换言之，国家应在设计和构建刑事审判程序、进行司法审判活动中确保这些最低公正标准得以绝对地实现，使程序参与者受到最基本的公正对待。

三是使程序公正保持适当的限度。程序公正固然是一个理想的价值目标，但它涉及对国家利益与个人利益的平衡问题，因此，必须在一定的限度内得到保障。无论是立法者还是司法者，都不能为了实现程序公正而不计任何后果和代价，以至于使国家的根本利益——如刑事审判权的正常行使，审判程序必须产生一种裁判结果等——被不必要的牺牲。例如，如果把中立性标准强调得过于绝对化，使当事人对国内所有法官都申请回避，那么法院就无法对刑事案件进行正常的审理活动。在这种情况下，国家就应对诉讼各方的这种权利给以适当的限制，以确保国家刑事审判权的正常行使。

二、正义与效益之协调

在这一部分的论述中，笔者拟对程序内在价值、外在价值与经济效益价值之间的关系作一分析。为了论述的方便，我们将这种关系统称为正义——包括程序正义与结果公正——与效益之间的关系。

（一）一致性

对于程序内在价值与经济效益价值之间的一致性，笔者在前面的论述中已有所涉及。一般而言，刑事审判活动保持适度的效益性——如使审判程序适当地快速进行——会确保程序及时地产生裁判结果，并可使程序产生终结的结果，这符合程序正义的基本要求。因为迅速审判并及时产生裁判结果会使被告人、被害人的利益受到充分及时的关注和维护，防止诉讼拖延给他们带来的损害，从而使他们受到公正的对待。这样，适度的经济效益性便具有一种工具性意义：它是确保程序内在价值得以实现的有效手段。但是，程序公正与程序经济性之间的这种一致性也有其固有的适用范围和界限。因为程序的经济效益一旦被不适当地追求——如审判过于急速地进行、程序过于简化、结案周期明显地过于缩短等——程序正义原则就会受到严重的损害。例如，过于急速的审判过程有违程序及时原则，并极易导致程序理性、程序参与等公正标准无法得到实现。

对于程序外在价值与程序经济效益价值之间的一致性，笔者也有过论述。同样，对经济效益价值的适度追求符合程序及时原则，这在一定程度上可保证裁判结果符合正义的要求。因为审判的进程越迅速，证据就越可得到及时有效的收集和保全，案件事实真相也可能因证据的少流失而得到最大限度的揭示。而且适当的快速审判会使刑法的实施过程更易得到社会公众的认可和同情，使刑罚的合理性得到较强的证明。因此，经济效益价值也有一种以促进实体正义实现为目的的工具性价值。当然这种对经济效益的追求也必须保持一定的合理限度，否则过于急速的审判过程会导致程序参与者各方来不及充分地提出证据、阐释主张和进行辩论，法官也来不及进行冷静细致地审查判断证据和评议，从而导致审判过程流于形式，法官制作出不公正、不正确的判决。

正义与效益的一致性不仅仅表现在上述方面。一般而言，公正的审判程序由于给予被告人、被害人以充分而富有意义地参与裁判制作过程的机会，使他们的人格尊严和利益受到尊重和关注，从而产生受尊重、得到公平对待的感觉。而公正的裁判结果又会使那些受裁判直接影响的人的实体权益受到应得的对待，即罪当其罚。公正的程序与公正的裁判结果对于法律的公正实施乃至法治秩序的形成和巩固都具有重要的保障作用，被告人、被害人及其他社会公众对审判过程、裁判结果、法官、法院乃至法律的尊严和权威会形成普遍的尊重和认同。这很容易导致被告人等程序参与者减少甚至放弃向上级法院申请复审的机会，使审判程序得以及时的终结。不仅如此，公正的裁判结果由于避免了程序的“错误成本”，审判程序重新启动的机会也得到大大的减少，案件的结案周期也可大大缩短。因此，符合正义要求的刑事审判过程对正义的完全实现在一定程度上有利于程序经济效益价值的实现。当然，正义与效益的这种一致性也是相对的，它只代表了两者关系的一个侧面。在许多场合下，正义与效益之间的冲突又是不可避免的。

（二）冲突

经济效益主义程序理论曾将刑事审判活动中的资源成本分为两种：一是因裁判错误而产生的成本；二是在审判过程中直接投入的成本。为了使审判的过程符合正义的要求并使审判程序产生公正的裁判结果，国家司法部门必须投入必要的司法资源，投入必要的人力、物力、财力；而为了提高审判活动的经济效益，司法部门又必须使审判过程的资源成本降低到最小的程度。于是程序的公正性、工具性同程序的经济性价值就必然会产生冲突。这种冲突主要表现在以下三个方面：

（1）司法资源的有限性从总体上限制了司法部门对正义的绝对追求。

由于国家对司法资源的投入是有限的，司法部门不可能为使程序参与者受到公正的对待而不惜任何代价或不考虑司法资源的限制，而且也不可能为查明某一疑难案件的事实真相而无限期地展开法庭调查和辩论。相反，它们必须使正义的实现有一个必要的限度。这样，司法资源的有限性会迫使法官放弃对正义的绝对追求，以保证效益的提高。因此，从国家刑事审判制度的整体运转情况来看，程序的经济效益价值标准与正义标准存在很大的冲突。

（2）在正常情况下，刑事审判程序公正性的增强会直接导致司法资源成本的增大，以至于降低审判活动的经济效益。

正义的实现具有一种开放性和容纳性，人类刑事审判制度的发展史在一定意义上也可以视为程序公正程度不断得到提高的过程。而程序公正性的增强又必然会使程序参与者的权利受到更加充分的保护，程序的烦琐和复杂程度也会得到相应的提高，这一切又会导致审判活动速度的降低和资源成本量的增大，甚至导致刑事案件的积压和严重的司法拖延。

（3）对程序经济效益的不适当追求往往会使正义的要求无法在刑事审判过程和结果中实现。

刑事审判活动的公正进行必然会消耗一定的司法资源，而审判程序公正性和合理性的提高又会使这种资源成本得到相应的增加。与此同时，法官要通过刑事审判活动来查明案件事实真相，也要有相当数量的司法资源投入作为保障，而且随着刑事案件在社会影响程度及其复杂或疑难程度等方面的增大，司法部门投入的司法资源也应当有相应的增加。但一旦法官对程序的经济价值过于偏重，为确保刑事审判活动正常进行所必需的最低数量的司法资源不能得到提供，那么公正的程序和公正的结果就很难得到实现。例如，某些法官过于急速地进行刑事审判活动，使被告人在庭审前既来不及充分地进行辩护准备工作，也来不及委托辩护律师为自己辩护，而且也无法充分地行使上诉权。这虽然能提高审判活动的经济效益，却无法保证当事人对审判活动的有效参与，使当事人受到不公正的对待。

（三）协调

近年来，几乎所有国家都程度不同地面临着严重的刑事案件积压和司法拖延的问题。由于各国投入刑事审判活动中的司法资源都十分有限，而犯罪率又保持居高不下的发展趋势，再加上各国受加强刑事诉讼中人权保障这一世界潮流的影响，通过刑事司法改革逐步建立了一整套相对完备、正规、繁杂的审判程序，因此协调好正义与效益之间的关系，适当地提高刑事审判活动的经济效益，已成为各国立法者共同面临并亟待解决的一个重大课题。鉴于此，我们应对正义与效益之间的冲突设立以下几项基本的协调原则：

（1）兼顾原则。传统的法学理论和立法原则将正义作为刑事审判程序的唯一价值目标，忽略甚至无视经济效益价值。而现代的经济效益主义程序理论又把经济效益奉为刑事审判活动至高无上的价值目标。它们都犯了绝对化和片面性的错误。事实上，正义与效益同为刑事审判程序的两项独立价值标准，两者互不依附，各有其自己的作用范围。兼顾原则要求我们在确保刑事审判过程和审判结果符合正义要求的同时，还应当使审判活动的经济效益性得到适当提高，即尽可能以较少的司法资源审判较多的刑事案件。同时，在对一项刑事审判程序进行价值评价时，应当建立两套标准和尺度；只要程序不符合其中的任何一项标准，我们就应当对该项程序进行适当的改革或重新设计。

（2）正义优先原则。与程序公正性和结果公正性相比，程序经济性毕竟属于次一级的价值标准，因此不能为提高审判活动的经济效益而不惜牺牲正义的实现。换言之，在对正义与效益价值进行选择时，应将正义作为优先选择和实现的价值，只有在正义得到实现的前提下，才能谈得上提高经济效益。同时，对程序经济性价值的追求，也不能妨碍正义目标的实现，否则即为本末倒置。因此，应当确立一个最低限度的正义标准，遵守这一标准的要求具有绝对的优先性。对于这一标准，在任何情况下，即使出于提高经济效益的动机，也不能予以违反和背弃。

（3）程序繁简分立原则。由于国家对刑事审判活动所投入的司法资源十分有限，司法部门不可能也没必要在所有刑事案件的审判中均投入相等的司法资源，采用繁简程度完全相同的程序。因此立法部门应当同时设立两套审判程序：一是普通程序，主要适用于案情重大、复杂或社会影响程度较高的案件；二是简易程序，主要适用于所涉罪行轻微、事实情节简单的案件。根据各国的惯例，普通审判程序一般较为正规、复杂，要达到较高的程序公正标准，使程序参与者的权利受到较为充分的保障，而简易程序则较为简便快捷，所要达到的程序公正标准较低，但它所花费的司法资源投入较少。通过确立程序繁简分立原则，司法部门可集中有限的司法资源去审理那些重大、复杂、疑难的刑事案件，使程序尽可能符合更高的公正性和合理性标准，并确保程序产生公正的裁判结果。同时使那些适用简易程序的案件在确保程序参与者受到一定程度的公正对待的前提下，尽可能迅速地结案，并降低其司法资源成本。需要指出的是，程序繁简分立原则并不等于正义与效益的"分离"，而是使正义与效益这两项价值目标从总体上形成和谐与统一。即使在普通程序中，司法部门也应尽量避免不必要的司法资源浪费；而在简易程序中，司法部门也应当使程序参与者受到一定程度的公正对待。

三、结论

通过以上几节的分析，我们可以看到，刑事审判程序的三项价值目标之间存在复杂的对立统一关系。从本质上看，刑事审判不仅仅是一个运用证据查明案件事实真相的认识过程，它更是一个价值选择和实现的过程。刑事审判活动旨在实现一种多元的程序价值目标。这三项程序价值目标相互之间尽管可能存在种种冲突和矛盾，它们的作用方向也不尽一致，但刑事审判的目的不是仅强调其中的任何一个或两个，而是通过对三项价值进行适当的协调和平衡，追求三者之间的“合力”，即最大限度的统一。无论是立法部门对国家的刑事审判制度进行重新规划和设计，抑或是司法部门对具体刑事案件进行审判活动，程序的三项价值目标均应同时得到考虑和实现。即使是人们对一项刑事审判程序进行价值评价，也应当把这三项价值同时作为具体的标准。目前，这三项程序价值已超越了法律传统的界限，成为各国在进行现代意义上的刑事审判活动时所普遍采用的价值标准。在结束本章的论述之前，我们有必要从宏观的角度对这三项程序价值标准和目标作出综合性评价。

我们先从刑事审判程序的外在价值总结起。由于犯罪是一种严重危害社会整体利益的违法行为，任何一个现代文明社会都要建立一整套法律制度来有组织地预防这种行为的发生，并且在这种行为实际发生以后通过对行为人的生命、自由、财产等权益进行有组织的剥夺和限制，从而谴责和惩罚行为人并抑止这种行为的继续发生。但要成功地对这种触犯法律的犯罪人予以处理，国家不仅要通过法律对犯罪和构成犯罪的条件以及对各种犯罪的刑罚处罚方式作出明确的规定，而且也要建立一种旨在使这种法律规定得以在具体案件中实施的法律机制。这种法律实施机制包括很多环节，刑事审判程序便是其中最为重要和最为关键的一个环节。即使把通过确保实体法的遵守和实施来维护社会公共利益置于我们首要的关注点，我们也有理由建立一套完备的刑事审判制度。因为通过刑事审判活动，我们不仅可以合理地认定案件的事实真相，确定被告人的行为是否构成犯罪和应否受到刑罚处罚，而且可以提供一个正式和权威的宣告被告人有罪或无罪的方式，并在确定他有罪之后以国家的名义对他的行为予以谴责。

通过实施刑事实体法来实现我们所遵奉的价值目标，这是刑事审判制度作为一种工具和手段所要实现的主要目标之一。但即使是在实现其外在价值的过程中，刑事审判程序也是一种不可替代并具有独立意义的工具。换言之，这种工具旨在以其独立的作用方式来实现刑事实体法的目的。例如，无论是古代的神明裁判、中世纪的纠问式审判程序，抑或是现代的刑事审判程序，均把查明案件事实真相视为其运作的基本外在目标，但是几乎所有的现代法学理论都不会赞同中世纪的价值观念：为了查明事实真相可不择手段或不考虑任何代价。因此，作为实现刑事实体法的工具，刑事审判程序并不是可有可无的，也不完全依附于它所要达到的目的。司法人员要遵循其内在的规律性和合理性，使其工具性价值按照理性的要求得以实现。

刑事审判程序的内在价值反映了正义观念对审判过程在品质上的一种基本要求。法律不仅要向公众施加其要求、义务和命令，而且要把公众视为负责任的理性主体，向其证明这种要求、义务、命令的合理性。与此同时，司法部门在法律实施过程中也要对与案件有利害关系的公民予以适当的尊重，对其要求、主张予以充分的关注，使其受到公正的对待。这种过程的正当性并不完全依附于结果的可接受性，而具有其独立的意义。公正的审判程序将包括被告人、被害人在内的所有程序参与者均视为诉讼的主体：法官在制作裁判的过程中要将他们均视为可进行协商、探讨、交涉的对话者和参与者，要向他们证明和显示其判决、裁定、决定的合理性和正当性，尽力以理性的方式说服他们接受和承认裁决的权威性；同时，他们尽管不能亲自制作有关自己权益问题的裁决，但法官在判决时至少应把他们的观点、立场、证据等充分、平等地考虑在内，并使裁判的结果完全建立在法庭上进行的所有合理交涉活动的基础上。这样，获得法庭审判的机会对所有程序参与者而言都意味着获得每一个公民都能从法律中得到的尊重和保障。无论审判的最后结果是否对自己有利，法庭审判的整个过程对每一方程序参与者而言都具有独立的意义。

刑事审判活动不仅要在程序运作过程和裁判结果中实现正义的要求，而且还应尽量通过最少的司法资源投入产生最佳的效果。程序的经济效益价值是对刑事审判程序量的要求，它不仅对程序公正和结果公正的实现具有一定的保障作用，而且有利于国家司法资源的节省。正义与效益尽管可能会产生种种矛盾和冲突，但它们至少应被视为各自独立的程序价值标准，然后在优先确保正义实现的前提下，使程序富有效益。

第三章　刑事审判之基本原则

《正义女神监督财富的公平》，德国画家 Clemens Jüger 创作于 1545 年，现收藏于慕尼黑国立博物馆。绘画中，正义女神端坐裁决者位置，天平秤盘上放着钱袋子和各类契约。帐前左侧是世俗统治者和宗教主事们的无奈抗议，右侧是弱势群体、被剥削阶层的鼓舞欢呼。

↑

第一节　刑事审判基本原则概述

一、法律原则与规则

一般意义上的原则有“起源”、“基础”和“原理”之义，它从属于一门科学的理论部分，并具有不证自明性。在法学中，原则是指构成法律制度之理念基础的基本准则。作为具有一般指导意义的基本法律原理，法律原则与法律规则和法律概念一起，构成了法律规范的基本要素。

法律原则一般是在一定社会政治思想、价值观念或法律传统的影响下形成的，它们所揭示的内容都是法学中的一般理论或基本思想。如罪刑法定原则、无罪推定原则，都是作为构架现代刑事法律制度的基础性准则，这些内容构成了刑事法学的基本原理。法律原则一般都经历过从政治思想原则向法律准则的转化和演变。由于思想和理论本非法律关系的调整者和规范者，因此一项思想准则在被法律制度正式确定、固定下来以前，仅为一种具有指导意义的理论原则，还不能算作法律原则。但它在一定条件下一旦被法律所确立或者被立法者所接受并在法律规则中体现出来，往往就具有了法律规范的性质。

规范性是法律原则的基本属性。正是这一属性使它与法律规则一起成为人们进行法律行为的准绳和法官制作裁判的直接或间接依据。法律原则一般都是通过设定权利、义务和责任而对法律关系主体的行为进行规制的准则，它们的规范性要由具体的法律规则加以体现和贯彻，从而具有可操作性。正因如此，有的学者将法律原则直接称为“根本规则”。但是，作为法律规范的两个基本要素，原则与规则既有联系，也有一些内在的区别。

美国学者德沃金在对实证主义法学理论中有关“法律仅为‘主要规则’和‘次要规则’的结合体”这一论点进行批判的过程中，明确分析了原则与规则之间所存在的差异。德沃金认为，法律原则和规则是一种逻辑上的规范划分，它们都关系着特定情况下就法律义务所作的决定，但它们在性质上却各不相同：第一，规则是在“全部或者没有”(all or nothing)的形式下适用的，它要么有效要么无效，而法律原则则有伸缩性。第二，法律原则是人们在一定情况下所必须考虑的，但它本身并不一定解决问题。第三，在几个原则发生冲突时，人们必须权衡几个原则相对的分量，将其中一个作为决定的主要根据，但其他原则也是人们所必须加以考虑的。相反，当几个规则发生冲突时，只能是一个有效，其他无效。至于何者有效，何者应放弃或修正，只能通过这些规则范围以外的其他规则来加以解决。[1]

德沃金对原则和规则所作的区分被许多学者广为引用，并奉为经典。但这种区分却是很不彻底的，它只概括了两种法律规范

---

〔1〕 M.D.Bayles, Principles for Legal Procedure, in *Law and Philosophy* 5(1986), D.Reidel Publishing Company 1986, pp.35-36.

在形式上的一些差异，却未能揭示出法律原则的内在本质。事实上，法律原则和规则的差异从本质上均源于两者在法的结构体系中所处的不等位性和不同层次性。

从整体上看，法律规范体系的建立旨在确保一些特定法律价值目标的实现。一项法律原则之所以会被立法者接受并确立于法律之中，之所以会被法官奉为裁判的直接根据，其内在原因就在于它有助于实现某一个或某几个法律价值目标。美国学者贝勒斯认为，任何一项法律原则均具有一种“可证明性”（justifiability），即符合某些规范化特征；如果有证据证明一项原则符合正义的标准或者它具备产生好结果的能力，这种证据就是与法律原则的可接受性密切相关的。[1]我们可以说，法律原则之所以能充当“规范性的思想准则”，在很大程度上是因为它们能够从不同的角度实现正义、秩序、安全、自由等价值的内在要求。

正因如此，法律原则在实现法律价值目标方面所提供的是一种“可操作的规范性法律原理”，它以其宏观的指导性和较宽的调整范围稳定地对法律关系主体的行为进行调节和规范。法律原则不为某一行为设定具体的适用状态或为某一行为人设定具体的权利、义务或法律后果，它的规范性作用的发挥要依赖于法律规则的协助和保障。

法律规则则处于法律规范体系的较低层次。它尽管也是为确保法律价值的实现而设立的，但它一般有其具体的适用条件和场合，有其确定的权利、义务内容和明确的法律后果，因而能为人的行为提供明确的规范和指导。法律规则的这种特点，决定了它的

〔1〕 M.D.Bayles, *Principles of Law*, D.Reidel Publishing Company, 1987, pp.4–6.

思想容量要远远小于法律原则。在人类法律制度的发展初期，法律通常都是一些规则的复合体，也不曾超出“操作性规程”的层次。随着法律理论的发展，法律的调整范围逐渐扩大，立法技术日益发达，法逐渐突破了规则复合体的限度，创造出大量的原则。这些体现法律思想的原则对各种繁杂的法律规则具有统摄和规制作用，它们的要求一般要通过法律规则来实现。

正是由于法律原则和规则在法律规范体系中所处的不等位性和不同层次性，才导致两者在发挥作用形式上的一系列差异。这些差异主要体现在以下三个方面：（1）作为具有一般指导作用的法律原理，法律原则没有为行为人提供具体的行为模式；如果没有法律规则的保障，法律原则自身难以发挥有效的规范作用。而法律规则则为行为人提供了一套明确、具体的行为模式，它具有较强的可操作性。（2）法律原则居于法律规范体系的较高层次，它要对一般性和普遍性的关系予以协调。所谓“没有无例外的原则”，讲的就是原则的内容和要求仅适用于一般情况，作为例外的特殊情况可适用与原则内容完全相反的规则。相反，法律规则确立了较为明确的权利、义务和责任，一般没有适用的例外。（3）在若干个原则发生冲突时，人们必须根据具体情况对这些原则所体现的价值加以权衡，这种权衡的根据是居于这些相互冲突的原则之外的更一般、更核心的原则或更高层次的法律价值。相反，两个法律规则一旦发生冲突，决定其中一个有效另一个无效的根据一般是处于更高层次的法律原则。

但是，法律原则与法律规则又存在十分密切的联系：一方面，法律原则的内容和要求要由法律规则加以体现和保障，没有具体、可操作的规则加以保障，法律原则将成为一种空洞的口号或宣言，而不具有法律约束力；另一方面，作为具有普遍指导意义的思想准则，原则对规则的确立乃至修改起着决定性的作用；立法者如果不对法律原则作出改变，法律规则就只能在一个十分有限的程度内作出改变。相反，如果一项法律原则被确立、修改或废除，那么它势必会带来法律规则体系的巨大变化。

二、刑事审判基本原则的性质

刑事审判基本原则，是指诉讼各方在刑事审判过程中必须遵循的基本行为准则。这些原则贯穿于刑事审判活动的始终，或者对刑事审判全过程产生着重大的影响和作用，从而对审判活动的进行有着普遍的指导意义。与一般的程序规则和具体的审判原则不同，刑事审判基本原则作为一种根本的法律程序规范，直接体现了刑事审判程序价值的要求，对这些程序价值目标的实现具有宏观上的保障作用，并因此对刑事审判活动具有整体上和普遍性的指导意义。

与其他各种法律原则一样，刑事审判基本原则也经历了从思想原则乃至政治原则向规范性法律准则的转化和演变。例如，审判独立原则和无罪推定原则在近代各国司法改革中都曾作为体现新的法律价值和现代法治精神的思想准则，为各国刑事审判程序规则新体系的建立奠定了基础。在一些国家，这两项原则还被用作争取政治民主、创建现代宪政制度的锐利武器。但是，审判独立和无罪推定原则一旦被一国宪法和刑事诉讼法确立下来，就不再仅仅是单纯的思想准则，而具有法律程序规范的性质。因此，法律规范性是刑事审判基本原则的基本属性之一。当然，刑事审判基本原则不是一般的法律规范，它们不能直接要求或禁止法官、检察官、被告人等从事某一具体的诉讼行为，也不能对法官的某一行为设定具体的法律后果，甚至不能为被告人、被害人等如何行使某一具体诉讼权利提供可操作的实施模式。刑事审判基本原则的规范性必须通过一些中介物才能得到表现，这些中介主要是同样具有法律规范性质的具体审判原则和程序规则。这些具体原则和程序规则一般须体现基本原则的要求，使基本原则所包含的思想内容和具体要求得以在具体的法律关系情境中贯彻和实现。从表面上看，某一程序规则似乎为法官及其他程序参与者提供的仅为具体的行为准则，但我们如果认识到它与审判基本原则的内在联系，就不难看出基本原则实际上是透过程序规则这一中介和桥梁，对各方的行为起着间接但更为根本的规范作用。

例如，许多国家的刑事诉讼法都有一条规则，即要求法官、检察官、被告人等在正式开庭审判时必须到场，否则审判程序及裁判均不具备法律效力。这一规则实际就体现了直接原则的要求。直接原则要求法官作为裁判者必须对各方提出的证据进行直接的接触、审查和采纳。但法官直接接触证据的前提是他必须亲自出庭或到场，否则直接接触是不可能的。不仅如此，审判基本原则还可通过具体原则发挥其法律规范的作用。例如，作为一条基本原则，无罪推定原则要求证明被告人有罪的责任必须由控诉方承担。但控诉方承担证明责任本身还不能算作一项程序规则，而是一种比规则处于更高规范层次的具体原则，它本身的规范性还须通过一系列规则加以体现。如检察官在庭审过程中须当庭提出对被告人不利的证据，这一规则旨在保障检察官证实被告人有罪这一结论的成立。但这一规则可成立的根本理由还在于它间接地体现了无罪推定原则的精神。

由此可见，刑事审判基本原则尽管不能直接充当诉讼各方行为的法律准则，但它却作为一种根本的法律程序规范，居于法律程序规范体系中的最高层次，通过具体原则和程序规则这些中介，最终调节着各方在审判过程中的权利、义务及相互间的法律关系。

刑事审判基本原则之所以能充当根本的法律程序规范，是因为它们直接体现了程序价值的要求，是确保各项程序价值目标在刑事审判过程中得以实现的主要保障。刑事审判程序的各项价值对基本原则的确立发挥着决定性的制约作用。根据笔者在本书第二章的分析，每一项程序价值都包含着若干项相互联系的具体要求或标准。这些直接体现程序价值要求的标准构成了指导刑事审判活动最一般、最核心的思想准则——简称为"核心原则"。贝勒斯教授即认为，法律制度的各项价值目标——如正义、秩序、自由等——的要求在各个法律部门中均表现为一些"核心原则"(central principles)，这些"核心原则"为处于该法律部门不同规范层次上的"最一般原则"(the most general priciples)和"特殊原则"(special principles)的正当性和合理性提供了最充分的根据。[1]贝勒斯这里所说的"核心原则"、"最一般原则"和"特殊原则"大体上与笔者所说的"核心原则"、"基本原则"和"具体原则"分别相对应。由于"核心原则"都是一些作为法律价值目标具体要求或最低限度标准的价值准则，它们本身属于思想观念的范畴，不具有法律规范性，但它们可为各种法律规范的设立提供基本的思想基础。刑事审判基本原则可直接体现这些"核心原则"的要求，承载它们的思想内容，协调它们的不一致甚至相互冲

〔1〕 M.D.Bayles, *Principles of Law*, D.Reidel Publishing Company, 1987, pp.11-14.

突的价值要求。同时，基本原则还可以同时兼顾两项以上的“核心原则”甚至多项程序价值目标，从而成为程序价值得以具体实现和协调的最重要保障。相反，具体原则和程序规则所体现的往往是某一项“核心原则”或单一的价值目标，它们在保障程序价值实现方面只能发挥有限的作用，而不能广泛地体现程序价值的要求。在很多情况下，具体原则和程序规则都要通过基本原则这一中介与各项“核心原则”发生联系，它们通过实施基本原则的要求而间接地保障程序价值目标的实现。

例如，作为刑事审判程序公正最低要求的六项程序正义原则即可被视为指导刑事审判活动的六项“核心原则”，它们一方面为刑事审判基本原则的可接受性和正当性提供了直接的思想基础，另一方面又可通过基本原则的规范性作用而得到具体的实现。如审判独立原则作为现代法院组织制度的基础，要求主持法庭审判的法官和其他裁判者在进行审判和制作裁判方面必须具有独立性和自主性，而不受任何外界因素的非正当干扰、影响或阻碍。这一基本原则对程序参与、法官中立、程序对等、程序理性等各项“核心原则”都具有保障作用，从而为法官公正地从事刑事审判提供了一个良好的外部环境。又如，审判公开原则要求法庭审判过程和裁判结果须向社会公开，允许普通社会公众了解裁判制作过程、据以制作的理由及裁判的结果。有了这一基本原则的保障，法庭审判可以受到社会公众的广泛监督，法官的审判可保持最低限度的公正性和合理性，最终得到社会公众的信任和尊重。

刑事审判基本原则的基本属性还表现在它法律效力的普遍性上。换言之，刑事审判基本原则作为规范性法律原理，对刑事审判活动的进行具有普遍的指导和规范作用。这些基本原则一般在整个刑事审判过程中都是有法律约束力的程序规范，它们作用的范围不囿于刑事审判过程的任何阶段或环节。如无罪推定、审判独立、不告不理等原则，从审判程序的启动、运作到终结都是审判人员与程序参与者各方须共同遵守的法律准则，并为整个刑事审判过程中的程序规则提供了直接思想基础。有些基本原则尽管不是贯穿于整个刑事审判过程的法律准则，却仍能发挥其普遍的指导作用，因为它们对整个刑事审判过程具有重大影响，并对其他基本原则的实施产生着明显的积极意义。如一事不再理原则、审判公开原则等尽管分别只在审判程序终结和开庭审判时发挥作用，但它们对于程序诸项价值的实现仍具有重大保障作用。法律如果不确立这些原则，包括审判独立、无罪推定、直接和言词审理在内的各项基本原则的效力就难以得到充分发挥，甚至会遭到破坏。

三、刑事审判基本原则的功能

在现代各国的法律制度中，刑事审判基本原则一般通过三种途径得到法律的确认：一是由宪法明文加以规定。如许多国家的宪法都确立了司法独立、无罪推定、被告人有权获得公正法庭审判、不告不理等项基本原则。但这些所谓的“宪法原则”一般都要由刑事诉讼法及其他相关法律通过设立具体原则和程序规则加以实施。二是由刑事诉讼法及其他相关法律明文确立下来，并由一系列的具体原则和程序规则加以保障。三是尽管在宪法和其他法律中没有得到明文规定，却体现在一系列具体原则和程序规则之中。换言之，这些具体原则和程序规则间接地体现了某一基本原则的内容和精神，从而使它得以在法律中确立下来。如许多国家虽未明文规定直接和言词原则，却在刑事诉讼法中以该原则为指导，建立了旨在实施该原则要求的具体原则和程序规则体系。刑事审判基本原则无论通过上述哪一种途径得到确立，它们一般都是作为一个整体发挥其规范性法律准则的功能。概括起来，刑事审判基本原则的功能主要表现在以下五个方面：

（一）承载、兼顾和协调各项程序价值

刑事审判基本原则不仅仅是某一项核心原则甚至某一项程序价值的承载者，它们从总体上对各项程序价值乃至对同一程序价值的不同具体要求起着协调、兼顾、整合的作用。首先，这些基本原则调整着审判程序的启动、运作过程和终结等各个环节，它们通过为裁判者设定一系列法律义务，使包括被告人在内的各方程序参与者充分而有效地参与裁判制作过程成为可能，从而确保审判程序符合最低限度的公正标准，或为程序公正目标的实现创造良好的外部环境和条件。正如欧德教授（Arpad Erdei）所说的那样，这些具有内在关联性的基本原则构成了任何一种公正、合理的刑事审判程序所必须具备的要求，“它们决定着程序参与者——尤其是被告人——权利的范围和保障程度”。[1]其次，刑事审判基本原则的实施可确保程序外在价值目标的实现。作为人类在其长期刑事审判实践中探索、总结出来的规律性准则，各项基本原则是在通过法律程序实施法律这一前提下确保裁判者查明事实真相、不枉不纵从而实现实体正义的基本法律保障。正如我们将要在以下几节中阐释的那样，包括无罪推定、审判独立、直接和

---

〔1〕 Arpad Erdei, “Introduction: Comparative Comments from the Hungrian Perspective”, in *Comparative Law Yearbook*, Vol.9, Martinus Nijhoff Publishers, 1985.

言词审判、审判公开等在内的各项基本原则都从不同方面保障程序在符合公正标准的前提下具备产生公正结果的能力。刑事审判基本原则在很大程度上充当着程序内在价值与外在价值的协调者和整合者，使这两项价值之间的冲突和紧张得以减少或者消除。不仅如此，这些基本原则及其所包含的例外规则还可确保刑事审判程序在一定范围内符合经济效益的目标。

（二）决定和影响刑事审判程序的基本结构

刑事审判基本原则从整体上决定和制约着刑事审判程序的结构，调整和规范着审判活动的进行。首先，从静态的角度来看，基本原则作为程序法律规范的一个重要层次，为法律规则体系的建立及其可成立性证明提供了内在的正当性根据，从而成为规范程序规则的基本准则。在对刑事审判活动进行调整和规范的过程中，基本原则在各种繁杂具体的法律规则与抽象的程序价值目标之间建立起有机的联系；通过基本原则这一中介和桥梁，各项程序价值目标就可以体现于程序规则之中。同时，在基本原则的指导下，各项程序规则成为一种协调统一、方向一致的体系，具有与原则体系相同的性质和意义。其次，从动态的角度来看，基本原则的增加、修改或废除往往会带来刑事审判结构的变化。这是因为，基本原则对法官与诉讼各方在审判中的地位及其相互关系产生着重大的影响和制约，基本原则的变化必然会打破原有的关系模式，使各方主体的地位发生变化。例如，近代大陆法系国家通过刑事司法改革，确立了一系列新的审判原则，如公开、直接、言词、不告不理、无罪推定、审判独立、一事不再理等，这些原则分别针对纠问式诉讼制度的某一方面缺陷而确立，使刑事审判程序具备了与纠问式程序截然不同的特征，从而带来了审判程序结构的深刻变化。

（三）作为基本法律原理，指导着立法部门的刑事诉讼立法活动

刑事审判基本原则一般都是在总结人类长期刑事审判活动规律的基础上形成的基本法律原理，它们可以发挥其立法准则的功能。尤其是那些为国家宪法或国际公约所确立的基本原则，其立法准则的功能就更加明显。国家立法部门可以通过建立新的程序规则，使已经为宪法和法律所确立的基本原则得到具体的解释、体现和保障。立法部门也可以接受某一项基本原则的部分内容，并根据其合理要求和内在精神，建立新的法律概念和法律规则。因此，作为立法活动的基本准则，刑事审判基本原则尽管不同于其他旨在调节立法技术或体现刑事政策的专门立法原则，但它们对立法部门的刑事诉讼立法仍起着重要的指导作用，左右着刑事审判程序的发展和改革。

与一般法律原则一样，刑事审判基本原则为立法部门的刑事诉讼立法活动提供了一般的指导性准则。刑事诉讼立法如果不对基本原则加以增、删、改，程序规则就只能在一个十分有限的范围和程度上改变；相反，基本原则一经确立、修改或废除，就必然会引起程序规则的实质性变化。因此，刑事审判制度的改革在很大程度上可以说是刑事审判基本原则确立、修改或废除的过程。立法部门只有根据刑事审判程序的价值标准，并考虑到本国的具体情况，确立起刑事审判基本原则的范围，才能为本国刑事审判制度的改革设定一个宏观的纲领和指导性方针。同时，立法部门一旦决定采纳某一项刑事审判基本原则，就必须为该原则建立相应的程序规则保障体系。立法者在这方面必须果断，要么建立起一套使某一原则得以实施的完善的程序机制，要么在法典中不确立这

一原则。立法者如果在法典中对某一原则从形式上作出了规定，却没有设立任何体现该原则要求的程序规则，那么这一原则就只能成为一种空洞的口号或宣言，而难以发挥其法律规范的作用。

（四）作为程序规范，调整着诉讼各方的诉讼行为

刑事审判基本原则不仅是立法准则，而且更是司法审判活动中的基本行为准则，对参与法庭审判的诉讼各方的诉讼行为有着调整作用。法官的行为一旦违反了基本原则的要求，一般会在诉讼程序方面承受消极的法律后果，如某一行为、决定、裁判等失去法律效力，审判程序重新开始和进行，各项决定和裁判重新制作，等等。同时，控辩双方及其他参与人的行为如果背离了基本原则的要求，他们也会遭受不利的法律后果，如他们的申请得不到准许，他们提出的证据得不到法庭的采纳，他们提出的主张、观点得不到法庭的充分考虑，等等。刑事审判基本原则尽管不像法律规则那样具有直接的可操作性和可适用性，但它们可通过相关的法律规则具有间接的可操作性。

（五）指导司法机关进行能动性司法活动

在现代法治社会里，司法机关的能动性司法活动通常是在具体刑事审判过程中进行的。通过这种活动，法官在其裁判中建立一些新的程序规则，使其成为与成文法具有同等效力的法律规范。在进行这种法律规则的创制活动中，法官往往会运用各项基本原则所包含的法律原理，进行适当的法律推理，以确保他们所确立的新规则具有正当和合理的根据。在这种情况下，刑事审判基本原则——尤其是那些已为宪法所确立的原则——具有指导司法部门进行适当法律创制的功能。

例如，美国联邦最高法院曾运用《美国联邦宪法》第5条和第

14条修正案"正当法律程序"条款，在许多判决中建立并发展出了一系列新的程序规则，使宪法中有关保障被告人诉讼权利的规定普遍适用于各州。[1]又如，意大利宪法法院从1990年开始，通过一系列司法判例，对新颁布的《意大利刑事诉讼法典》进行了较大的修改和补充，这种修改是以宪法所确立的基本原则为根据进行的。该法院在1990年7月所作的一项判决中指出：新法典有关"辩诉交易程序"的规定违背了宪法上的无罪推定原则，[2]因为它没能确立较为完善的司法审查程序。根据这一判决，一种旨在加强对当事人所达协议进行司法审查的程序规则得以建立起来。我国尽管没有建立司法判例制度，但最高人民法院仍有权就刑事审判程序问题进行司法解释，并发展出一些旨在体现基本原则要求的新程序规则。如该院1989年11月即通过司法解释，确立了"疑罪从无"的程序规则，以至于突破了我国《刑事诉讼法》的成文规定。实际上，"疑罪从无"规则是无罪推定原则的一项基本要求，法官们在进行司法解释时很明显接受了无罪推定原则的内涵，并以此作为进行法律规则创制的准则。

四、刑事审判基本原则的体系

刑事审判的每一项基本原则都不是孤立地存在和发挥作用的，它们存在一定的内在关联性和相互依赖性，共同组成了一个完整的程序原则体系。在这个原则体系中，每一项基本原则都是

---

〔1〕 参见[美]卡尔威因等：《美国宪法释义》，徐卫东、吴新平译，华夏出版社1989年版，第230~237页。

〔2〕 William T.Pizzi & Luca Marafioti, "The New Italian Code of Criminal Procedure: The Difficulties of Building an Adversarial Trial System on a Civil Law Foundation", in *The Yale Journal of International Law*, Vol.17, No.1, Winter 1992.

其中一个基本构成要素，并且对于整个体系的正常运转是不可缺少的。在任何一个法律制度中，刑事审判的各项基本原则都应被视为一个完整的统一体来对待，每一项基本原则都要通过它来发挥作用，其性质也要取决于它所在体系的性质。换言之，每一项基本原则只有在其所处的原则体系中才具有特定的性质和意义；即使两项基本原则在含义、要求上极为相似，但如果它们分属于两个基本原则体系而这两个体系又分别从属于两个性质、功能各不相同的法律制度，那么这两项原则在具体要求和实际功能方面也就会存在较大的差异。

大陆法系国家经过近百年来的刑事司法改革，逐渐建立了一套较为完善的刑事诉讼原则体系，这些原则主导着大陆法系各国的刑事程序，它们所体现的基本法律价值与对基本权利的保障一起，构成了这些国家刑事程序的"标准结构元素"和指导原则。在这些原则中，那些居于刑事审判程序规范的核心并对刑事审判活动具有普遍指导作用的基本原则形成一个完整的体系，它们体现了大陆法系诸国的基本法律价值取向和法律精神。笔者在此拟就两种较具典型代表意义的基本原则划分理论作一分析。

德国学者赫尔曼将刑事诉讼原则分为三个部分：一是指导整个刑事程序的原则；二是涉及检察院、警察地位的基本原则；三是涉及开庭审判的基本原则。[1]其中与刑事审判活动有着直接关系的主要是第一和第三部分。那些指导着整个刑事程序的原则的效力贯穿于刑事诉讼活动的始终，它们实际上也是指导刑事审

〔1〕 参见《德国刑事诉讼法典》，李昌珂译，中国政法大学出版社1995年版，绪言。德国学者赫尔曼对"主导德国刑事诉讼程序的刑事诉讼法原则"的意义和内容作了简要的介绍。

判活动的基本原则。这些原则包括以下十个:(1)法治国家程序原则。它有两项相互矛盾的要求:一是禁止国家滥用权力并确保国家权力的自我限制,保障公民通过行使防御权而抵御国家权力的侵犯,从而确保刑事程序的公正实施;二是要求建立一套用以惩罚犯罪、伸张正义的刑事司法制度。(2)"法定法官"原则。它要求必须根据法律规定,对每一个案件在开始审判之前普遍地确定出有管辖权的法院,禁止有目的地任命法官去审决特定案件。(3)手段同等原则。它要求在刑事诉讼中对被告人和刑事追诉机构予以平等的对待。(4)诉讼关照义务原则。它要求法院、刑事追诉机关有义务帮助不熟悉刑事程序的被告人行使权利,以确保实际的不平等性得到平衡。(5)听取陈述原则。它要求法官只能就检察院、被告人已对此作出了陈述的事实、证据作出裁决,为此他不仅要听取陈述,而且要在裁决时注意这些陈述。(6)相应性原则。它要求法院和刑事追诉机关所采取的强制性措施——特别是侵犯公民基本权利的措施——在种类、轻重程度上要与所追诉的行为大小相适应,禁止采取过度的措施。(7)无罪推定原则。它要求法院和刑事追诉机关在未经确定有罪判决之前,对任何人都不得视为有罪。在判断证据时应遵循"疑义有利于被告人"的原则。(8)快速原则。它要求尽可能快速地实施刑事程序,以保障被告人利益并查明事实真相。(9)任何人不必自我归罪原则。它要求法院和刑事追诉机构不得赋予任何人承担证明自己实施了犯罪行为的义务。(10)一事不再理原则。它要求法院和刑事追诉机关在某一行为已由产生法律效力的有罪或无罪判决加以确定后不得再就同一行为启动新的程序。

那些只在刑事审判阶段具有法律效力的基本原则则包括以下

八项:(1)实体真实原则。它要求法院独立自主地全面查清事实真相,不受诉讼参与人所作声明、所作证据申请乃至被告人所作有罪供认之拘束。(2)言词原则。它要求法院只根据在开庭审判过程中已经口头陈述和口头辩论过的事实制作判决,而一般不得把侦查案卷上记载的内容作为判决的基础。(3)直接原则。它有两方面的要求:一是法院须亲自直接审查、判断证据,而不得依据侦查案卷作出裁决;二是法院须使用"最接近行为"的证据。(4)证据申请原则。即检察院、辩护人在特定前提条件下有权强迫法院采集证据,法院只在法定情况下才能对证据申请予以拒绝。(5)集中原则。它要求法庭审判应不间断地进行,以实现快速原则的要求。(6)审理公开原则。它要求法院的审判原则上须公开进行,以使审判受到公众监督。(7)自由心证原则。即法官须根据其个人的自由确信而确定证据。(8)"疑义有利于被告人"原则。即法院在调查证据后如果不能确信被告人有罪,则须宣告他无罪。

另一种得到大陆法系各国普遍接受的原则划分理论则将刑事审判基本原则分为组织性原则和运作性原则两大部分。[1]所谓组织性原则,是指指导司法制度的组织和结构的基本原则,它们尽管并不直接规范审判活动的进行方式,却通过规范和指导法院的组织体系及其审判组成方式,对刑事审判活动起着间接的指导作用。这些原则主要包括裁判合议原则(collegiate judicature)、非职业审判员参与裁判原则以及法官独立原则。所谓运作性原则,是指那些指导和规范着刑事审判活动实际运作过程的基本原则,它们决定着审判的基本方式,因而被视为最重要的审判原则。这

[1] Arpad Erdei, "Introduction: Comparative Comments from the Hungrian Perspective", in *Comparative Law Yearbook*, Vol.9, Martinus Nijhoff Publishers, 1985.

些原则主要包括:(1)职权原则(principle of ex officio procedure)。它要求刑事司法机构在法定前提条件具备时负有发动刑事程序的义务。(2)无罪推定原则。它要求被告人不负有证明自己无罪的义务,证明被告人有罪须由控诉机关承担。(3)保障公民个人自由和权利的原则。(4)告知各方参与者诉讼权利和义务的原则。(5)发现真实的原则。(6)自由评定证据原则。(7)直接和言词审理原则。(8)公开审判原则。

上述两种基本原则划分方法尽管分别着眼于不同的方面和角度,但它们基本上能够概括出大陆法系各国刑事审判基本原则的范围。大陆法系各国的这一刑事审判基本原则体系对于其刑事审判程序的结构模式有着主导性的决定作用。在这一原则体系中,作为其基本构成要素的每一项基本原则均经由司法改革而得到确立并体现出这一法系刑事审判程序的某一方面特征。这些特征综合起来标志着这种刑事审判程序符合了现代法治和正义的基本要求。例如,纠问式制度将法官视为君主专制统治的工具和行政机构的附庸,而作为现代法院组织制度基础的法官独立原则则要求并保障法官独立自主地从事审理和制作裁判,这为审判程序自治创造了良好的条件。又如,无罪推定原则的确立使被告人成为诉讼的主体,而不再仅仅是国家追诉机构用以维护社会治安和统治秩序的工具,目前这一原则已成为大陆法系刑事诉讼程序的基础。不仅如此,直接、言词、公开原则分别是在取代纠问制下的间接、书面、秘密的审判方式的基础上而得以确立的,不告不理原则是对纠问制下法官任意开启审判程序这一做法的纠正,一事不再理原则则是对纠问制下司法官员随意就已决案件再开追诉程序这一做法的否定。由上述基本原则设定的审判程序结构也符合现代人权保障思想的精神，被告人在上述原则的保障下可以获得法院的公正审判，并成为裁判制作过程的积极参与者和诉讼的主体。当然，这些基本原则也决定了大陆法系国家的刑事审判程序仍能保持其固有的传统特征。如职权原则、实体真实原则等强调法官在审判过程中的司法调查职能及其对审判程序的主导与控制，使审判在很大程度上仍具有“官方司法调查”的性质，等等。

与大陆法系国家的学者不同，英美学者一般不用“基本原则”这种概念来概括和分析其规范性法律原理。在英美，调整和规范刑事审判活动的最高理念是“正当程序”和“自然正义”两项价值准则。这两种体现程序正义观念的价值准则在刑事审判全过程中可物化为一系列法律程序规范。例如，《美国联邦宪法》修正案中的“权利法案”（Bill of Rights）在规定“正当法律程序”条款的同时，又以此为根据确立了旨在确保被告人获得公正审判的各项程序保障。它们包括：（1）获得迅速审判的权利；（2）获得公开审判的权利；（3）获得公正陪审团审判的权利；（4）提出本方证人并与对方证人对质的权利；（5）获得有关控诉内容和理由的通知的权利；（6）以强制程序取得有利于己的证据的权利；（7）获得律师协助的权利；（8）不受双重危险的权利，等等。上述正当法律程序保障为法院对被告人的定罪设立了一系列障碍。法官、检察官只有采取正当的措施越过这些障碍，并依法定程序确定被告人“在法律上有罪”，才能对被告人定罪或判刑。根据美国学者的解释，正当法律程序理念已包含了无罪推定的思想，因为正当法律程序所体现的“只有经过公正合理的法律程序才能对被告人予以定罪”的思想与无罪推定的要求相吻合，两者均要求法官通过法定程序制作裁判、定罪结果应从正当的法律程序中直接产生。正因如此，有的学者将无罪推定奉为美国刑事司法制度的基石。[1]

从美国刑事司法制度的实际运作情况来看，上述正当法律程序保障已成为指导刑事审判活动的基本法律准则，它们在正式的对抗式审判程序中具有普遍的法律效力。违反了这些法律准则，刑事审判程序及其所产生的裁判结论将不具有法律效力。在20世纪60年代的美国，由联邦最高法院实施的“正当法律程序革命”中，联邦最高法院运用这些法律准则，对一系列案件作出了重新判决，并推翻了各州法院采取违反上述法律准则的方式所制作的司法判决，使正当法律程序及其所要求的各项程序保障性准则在美国得到普遍的实施。我们就此可将这些体现正当法律程序要求的法律准则推定为刑事审判“基本原则”。当然，相对于大陆法系各国的刑事审判基本原则体系而言，《美国联邦宪法》所确立的这种正当法律程序保障准则体系具有以下两方面的特点：一方面，它们只在正式的对抗式刑事审判程序中适用。在英美，获得法庭审判是被告人的一项权利，被告人可自愿放弃这一权利而选择有罪答辩（plea of guilty）。在此情况下，案件将不经过正式对抗式审判而告终结，刑事审判的各项“基本原则”——正当法律程序保障准则——也将失去其法律效力。因此，这种“推定性基本原则”的适用取决于被告人的自愿选择。另一方面，即使在正式对抗式审判活动中，被告人也有权放弃一项或几项正当法律程序保障，并因此使部分推定性“基本原则”不再适用。例如，如果被告人自愿放弃律师协助权，那么，律师协助被告人行使防御权作为一项原则就不再具有法律效力。不仅如此，即使我们将无罪推定作

〔1〕 参见［美］卡尔威因等：《美国宪法释义》，徐卫东、吴新平译，华夏出版社1989年版，第230~237页。

为美国刑事审判的一项“推定性基本原则”，这一原则的适用也可由被告人自愿选择。因为在这种制度中，被告人的自治性和处分权受到高度的尊重，司法机关甚至不能为了被告人利益而强迫他本人选择某种程序运作方式甚至某种裁判结果。

大陆法系各国的刑事审判基本原则体系与英美等国的“推定性基本原则”体系在性质、结构、功能等方面各不相同。作为这两个体系构成要素的“基本原则”和“权利保障准则”，它们的性质和意义也要取决于其所在的整个体系的性质和意义。例如，直接和言词原则在大陆法系国家刑事审判中的首要意义在于确保法官直接接触证据、听取各方以言词方式进行的举证和辩论，从而更加合理地揭示案件事实真相，使刑事实体正义得以实现；而与此相关的“与对方证人对质”权利在英美则是为确保控辩双方行使交叉询问权并进而控制审判程序而设立的。又如，英美法中所谓“不受双重危险”的权利旨在防止被告人受到两次以上任意的追诉或定罪，确保被告人的生活安定性和人格尊严不因国家维护社会秩序而受到损害。而大陆法中所谓“一事不再理”原则尽管也包含着类似的要求，但其首要目的仍在于保障判决的稳定性和法的安定性。

由此可见，无论是在英美，还是在大陆法系诸国，刑事审判基本原则都是作为一个统一的整体发挥作用的，它们的整体作用是一致的。

作为基本原则体系的构成要素，各项基本原则之所以能够成为一个有机的整体，是因为它们相互间存在一定的内在关联性。这种关联性主要表现在：所有各项基本原则相互依赖、相互作用、相互制约，它们旨在从不同方面实现各项程序价值；这些原则若有一项遭到违背，往往会导致其他各项原则的功能无法得到充分发挥，整个基本原则体系功能的发挥也将受到消极的影响。换言之，每一项基本原则都对整个原则体系功能的发挥起着积极的促进作用，而这种作用的正常发挥又往往取决于其他各项原则的保障和配合。各项基本原则的这种内在关联性体现了它们在作用方向上的一致性和不可分割性，成为整个基本原则体系赖以存在的凝聚力。

五、中国刑事审判基本原则的体系

大陆法系国家的刑事审判基本原则与《美国联邦宪法》所确立的权利保障原则尽管在性质、立法形式及功能等各方面有着较大的差异，它们作为两套不同的原则体系也分别体现了两种刑事审判程序的结构特征，但它们在规范内容方面仍有着许多相似之处。换言之，作为这两种基本原则体系的基本构成要素，每一项基本原则都有着与对方的另一原则大致相同或相似的要求。例如，法官独立原则在两大法系国家中已无实质性的差异，这一原则的核心要求及内在精神已得到各国的普遍承认。无罪推定原则在两大法系中也拥有相同的程序保障，如被告人不承担证明自己无罪或有罪的责任，法官如对被告人有罪尚存疑问则作有利于被告人的解释，等等。这反映出两大法系国家均已逐渐接受了这一原则的基本要求。又如，直接和言词原则与获得“与对方证人对质”的权利准则尽管立法宗旨不同，却仍包含着一些相同的要求，如证人、鉴定人在庭审中应以言词方式提供证言，禁止法官以控方侦查卷宗作为裁判的直接根据，等等。公开审判原则从某种意义上讲也可以被视为确保被告人获得公开审判的原则，因为这一原则在赋予法官一定法律义务的同时也使被告人获得了一种可推定的权利。尤其值得注意的是，"二战"以后联合国及其他国际组织通过的许多国际性人权公约均为各国设定了一些旨在确保被告人获得公正审判的最低限度保障。这些"最低限度保障"规范体现了最低限度程序公正要求。它们超越了国家、意识形态、法律传统、文化等各方面的界限和限制。在这些"最低要求"中，一些对刑事审判活动有着普遍指导意义的基本法律准则得到了确立，它们实际构成了刑事审判的最低限度基本原则。

联合国《世界人权宣言》第10条和《公民权利和政治权利国际公约》第14条均规定，"获得独立无私法庭之绝对公正、公开之审判"为"受刑事控告者"的基本权利。《世界人权宣言》第11条第1项与《公民权利和政治权利国际公约》第14条第2项均确立了无罪推定原则。《公民权利和政治权利国际公约》第14条第3项在规定被告人享有"最低限度保障"的同时，间接地确立了直接和言词原则："(被告人)得亲自或间接诘问他造证人，并得声请法院传唤其证人在与他造证人同等条件下出庭作证。"此外，还确立了一事不再理原则："任何人依一国法律及刑事程序经终局判决判定有罪或无罪开释者，不得就同一罪名再予审判或科刑。"上述原则在《欧洲人权公约》和《美洲人权公约》中也得到了确立。1982年，国际律师联合会(International Bar Association)在印度首都新德里召开了第19届大会，会上通过了《国际律师协会关于司法独立最低标准的规则》；1983年6月，在加拿大的蒙特利尔举行的世界司法独立第一次大会上一致通过了《世界司法独立宣言》。上述两个国际文件试图为建立普遍适用于各国的"最低司法独立标准”作准备，它们对司法独立的基本含义、具体要求及其保障规则等均作出了详细的规定。[1]第7届联合国预防犯罪和罪犯待遇大会通过的《关于司法独立的基本原则》对上述两个文件的许多内容都作了吸收。不仅如此，联合国大会于1985年11月通过的《联合国少年司法最低限度标准规则》（北京规则）确立的“少年权利”规则即把无罪推定作为少年被告人在刑事程序中的基本保障。联合国第8届预防犯罪和罪犯待遇大会通过的《关于检察官作用的准则》第10条确立了控审分离的原则：“（在刑事诉讼中，）检察官的职责应与司法（审判）职能严格分开。”

上述联合国通过的国际法律文件大多已得到我国政府的签署或承认。按照国际普遍遵循的惯例，一国已签署或承认的国际法律文件虽不能对该国具有直接的法律效力，却至少应具有道义上的效力：该国司法机构在司法活动中负有遵循这些准则的道德义务，该国立法机构也应以这些准则为标准和方向，将本国法律中与这些准则不相一致之处进行修改、废止或增加，以使本国法律符合这些准则所体现的法律价值和法治要求。基于这一认识，笔者下面拟就中国刑事审判基本原则的体系完善问题作一分析。

我国《刑事诉讼法》共确立了十余项基本原则，它们都对审判活动的进行具有法律约束力。但是，我国法律所确立的刑事审判基本原则却存在体系上和结构上的缺陷。例如，有些规范有着过于具体、明确的要求，不能充当指导性的法律原理，更不能直接承载、协调程序的诸项价值目标及核心原则。这些规范尽管在刑事诉讼全过程中适用，却只能算作具体原则或程序规则，而不能

[1] Shimon Shetreet, “Judicial Independence: New Conceptul Dimensions and Contemporary Challenges”, in *Judicial Independence*, Martinus Nijboff Publishers, 1985.

居于基本原则的层次上。又如，有些规范本身有着十分抽象或模糊的含义和要求，它们很难具体化为若干项具体原则甚至程序规则，从而不具有法律规范的效力。再如，有些“原则”只能属于法律的一般要求，它们不具有基本原则所应有的法律规范性质。我们不能从中归纳出任何对指导刑事诉讼活动富有意义的特殊准则和具体规则。

不仅如此，有些法律规范不仅不具有基本原则的性质，而且可能使人产生歧义，从而破坏其他基本原则的效力。如法律要求“公检法三机关”“互相配合”“互相制约”，但在分工负责已十分明确的前提下，如何才能配合和制约？实际上，仅从字面意义上来看，配合和制约是一对相互矛盾的概念，即谈配合必会削弱制约，谈制约又难以做到配合。将这两个意义相反而又难以同时实现的要求并列在一起作为基本法律准则，不利于维护该原则普遍的法律效力。从刑事诉讼活动的实际进程来看，警察、检察和审判机关分别承担不同的诉讼角色，它们在国家权力机制中的分工制约关系在诉讼中已变为一种诉讼职能的制衡关系。因此，“配合”和“制约”均不能准确地概括“三机关”在刑事诉讼实际进程中的关系。不仅如此，在刑事诉讼法典中明确要求国家司法部门“互相配合”会大大冲淡甚至否定它们的职能分工，使控审分离这一现代刑事审判基本原则的法律效力遭到破坏。

由此看来，我国法律所确立的刑事审判基本原则的体系仍存在不完善之处。这种不完善主要体现在刑事诉讼立法和司法两大领域。

首先，刑事审判活动缺乏一系列基本原则的规范和指导。换言之，在各项程序价值目标与程序规则之间缺少一个有效的中介和联结者——刑事审判基本原则。例如，现行审判程序规则对法官权力的限制太少，法官没能保持其中立和超然的态度和地位，却经常给人以积极的调查者和主动的追诉者的印象。这是因为包括不告不理、审判独立、一事不再理等在内的一些基本原则均未得到法律的确立，法官的诉讼行为缺乏基本原则的有效规范，而各项审判程序规则均未能全面地体现这些基本原则的要求。事实上，上述基本原则在不同程度上都会对法官发现真实的目标施加一些限制，促使法官在遵循法律程序的前提下从法律上确定被告人是否有罪。但是，现行审判程序规则由于失去上述基本原则的规制，法官在这些规则指引下往往走向竭力追求所谓“实质真实”的道路，甚至不惜以牺牲程序的内在价值为代价。因此，即使是修正后的刑事诉讼法所确立的“基本原则”也不足以对各项审判程序规则实施有效的规制，刑事审判程序本身也因此难以包含较多的伦理性价值。

其次，刑事审判实践中出现的种种问题表明，现有审判基本原则的体系尚不能有效地发挥其司法准则的功能。我国刑事审判实务中出现的种种问题，如法庭审判过程中证人、鉴定人不出庭作证，法庭审理流于形式，合议庭对案件不具有独立自主的裁判权，法院随意否决被告方的辩护意见，等等，这归根结底显示出一些基本原则在我国刑事审判并没有得到实施和贯彻。上述问题的普遍出现也显示出我国刑事审判程序尚不具备自行产生裁判结果的能力，即最基本的程序自治性，而这在很大程度上可归因于包括审判独立、不告不理、直接和言词审理以及一事不再理在内的基本原则未能得到全面确立，由此导致法官的诉讼行为具有任意化和随机性等后果。事实上，法官们任意或随机进行的诉讼活动尽管对于他们及时制作有罪裁决十分有效和方便，却无法确保审判过程符合程序正义的要求，从总体上降低了程序产生公正结果的能力。

因此，无论在刑事立法还是在刑事司法领域，我国刑事审判基本原则体系由于其自身存在的不完善之处而使它的功能得不到完全的发挥，审判程序难以达到最低限度的程序公正标准。而采取立法手段，将一些已为世界各国普遍承认的基本原则吸收并确立在我国刑事审判制度之中，已成为一种势在必行的改革措施。

但是，我们应该吸收哪些基本原则呢？将大陆法系和英美法系各国确立的基本原则全部照搬过来，显然是不可能的。因为两大法系国家并未建立完全相同的基本原则体系，许多含义相似的原则在这两种制度中也分别有着不同的要求和功能，有些原则甚至还决定和影响着它们各自不同的结构特征。笔者认为，吸收国外基本原则的宗旨在于完善我国的刑事审判基本原则体系，从而确保程序价值目标的实现和协调。为此应确立以下指导思想：（1）应吸收为各国普遍承认的基本原则。有些原则作为某个国家和某一法系的特有原则，对于确保程序各项价值的实施尚不具有普遍意义的，可不予吸收。（2）应吸收那些体现国际公认最低程序公正要求的基本原则。对于我国政府已签署或承认的国际法律文件中确立的基本原则一般应予吸收。（3）应当采纳基本原则中为各国普遍接受的要求。由于同一项基本原则在不同国家和不同法系有着不尽一致的要求，采纳那些共同的要求将有利于该原则的实施。根据上述思想，完善我国刑事审判基本原则体系应着重吸收和确立以下四大部分基本原则：

一是作为现代刑事诉讼制度基础的无罪推定原则。这一原则尽管在整个刑事诉讼过程中均具有指导意义，但它在刑事审判活动中仍应作为最基本的法律准则。我国修正后的《刑事诉讼法》已在一定程度上确立了这一原则。

二是调节和规范现代法院组织和结构的基本原则。它们包括四项:(1)审判独立原则;(2)合议原则;(3)非职业审判人员参与行使审判权原则;(4)法官排除预断和偏见的原则。

三是规范着刑事审判程序启动、运作和终结全过程的基本原则。它们包括五项:(1)直接和言词原则;(2)审判公开原则;(3)不告不理原则;(4)禁止强迫自证其罪原则;(5)一事不再理原则。

四是确保刑事审判中诉讼职能区分与制衡的基本原则。它们包括三项:(1)控审分离原则;(2)控辩双方平等对抗原则;(3)辩护律师地位独立原则。

在以下的论述中,笔者将着重就前三部分中的无罪推定、审判独立、直接和言词原则以及一事不再理原则作出分析和评价。第四部分所包含的三项原则与诉讼职能区分与制衡这一基本原理密切相关,笔者将在本书第四章中加以全面分析。

第二节　无罪推定原则

一、无罪推定原则的含义

在现代法治社会中,定罪是国家对作为其成员的个人从法律上所作的一种否定性评价和结论,定罪的直接后果一般是国家依法对犯罪人处以某种刑事处罚,从而导致该人的自由、财产或生命等权益遭到剥夺。按照法治原则的要求,国家对任何人定罪都必须同时具备两项基本要求:(1)司法机关有充足的证据证明该人实施了刑法所禁止的犯罪行为，从而从事实和法律两方面确定该人负有刑事责任；（2）司法机关经过合法、正当的程序作出了生效的有罪裁决。为确保国家对公民的定罪公正地进行，各国一般均设立了无罪推定原则。

从历史上看，无罪推定是在否定中世纪纠问式诉讼制度的基础上形成并发展起来的一项法律原则。它与刑法中的“罪刑法定”原则一起，构成了现代刑事法律的基石。根据现有的资料，在大陆法系国家确立这一原则之前，英国的诉讼理论（尤其是刑事证据理论）早就产生了无罪推定原则的基本观念。

根据英国证据法，从法律上确定某一事实的存在有两种途径：一是运用证据加以证明；二是根据法律作出推定。所谓“推定”（presumption），是指根据某一基础事实（basic fact）断定另一项推定事实（presumed fact）存在的法律规则。推定一般可分为两种：确定性的推定（decisive presumption）和可反驳的推定（irrebuttable presumption）。“确定性的推定”又称为“不可反驳的推定”，是指根据某一基础事实所推断出来的推定事实是不可反驳和推翻的，具有确定的法律效力。“可反驳的推定”则是指根据充分的相反证据，某一推定事实能够被推翻或否定的推定。“这种推定成立的条件是没有别的证据与被推定的事实相矛盾，它只能为案件事实提供表面看来确凿无疑的证明，这种证明可以被否定它的证据或与它相冲突的更有力的相反推定所推翻。”[1]在刑事诉讼中，包括无罪推定在内的绝大多数推定均属于“可反驳的推定”。无罪推定在英国证据法上的传统表述是：“未经依法证明

〔1〕 参见［英］特纳：《肯尼刑法原理》，王国庆等译，华夏出版社1989年版，第487页。

有罪之前，被告人应被推定为无罪。”无罪推定是一种最稳固的推定，要驳倒或推翻这一推定，起诉方须将被告人的罪行证明到“排除一切合理怀疑”的程度：(1)必须清楚地证明犯罪已经发生；(2)同时证明该犯罪行为由被告人实施。

英国证据法上的“无罪推定”原则后来为《美国联邦宪法》及其诉讼实务所采用。《美国联邦宪法》第5条和第14条修正案都规定：“非经正当法律程序，不得剥夺任何人的生命、自由或财产。”根据美国学者丹尼尔·韦伯斯特(Daniel Webster)的解释，这种程序要求“判刑前需进行审理，根据调查结果进行起诉，审问结束后才能作出判决”。换言之，在依照正当、公正的法律程序作出有罪判决之前，“所有的人都被推定为无罪”。正当法律程序要求政府承担证实被告人有罪的责任，并达到超出合理怀疑的程度，“政府既不能推诿这种责任，也不能通过法定的犯罪推定降低证据的标准”。[1]根据正当法律程序原则的要求，无罪推定已成为美国对抗式刑事审判制度的基石和正常运作的保障。

大陆法系国家对“无罪推定”原则的确立始于法国1789年的《人权宣言》。《人权宣言》第9条规定：“任何人在被宣判为犯罪者之前，均应推定为无罪。”随后，这一原则又被德国、意大利等国的宪法或法律确立下来。如《意大利宪法》第27条第2款规定：“被告人在最终定罪之前，不得被认为有罪。”“二战”以后，联合国通过的许多人权保障公约或其他法律文件均确立了这一原则。如《世界人权宣言》第11条规定：“凡受刑事控告者，在未经依法公开审判证实有罪之前，应视为无罪，审判时并须予以答辩上所

〔1〕 参见［美］卡尔威因等：《美国宪法释义》，徐卫东、吴新平译，华夏出版社1989年版，第231页。

需之一切保障。"《公民权利和政治权利国际公约》第14条规定："受刑事控告之人，未经依法确定有罪以前，应假定其无罪。"如今，无罪推定原则已成为国际普遍适用的人权保障原则。

根据各种国际法律文件和各国法律的规定，无罪推定原则的表达方式有一个基本的公式："在……之前，被告人（或任何人）……"这一公式的前半部分讲的实际上是推定无罪的前提，共有三种表述方式：

（1）"在被法院依法判决有罪之前"；

（2）"在被依法最终定罪（或确定有罪）之前"；

（3）"在未经依法证明有罪之前"。

公式的后半部分讲的则是对待被告人（或"任何人"）的方式，共有两种表述方式：

（1）"应被推定（视为）无罪"；

（2）"不应被认为有罪"。

如果将公式的前后两半部分分别加以排列组合，我们可得到有关无罪推定原则的六种不同的表述方式。尽管如此，根据各国学者的解释，无罪推定的基本含义是相对固定的，它在不同国家和法系中没有明显的区别。

按照笔者的理解，无罪推定原则的含义可从两个方面加以解释：一是它规定了对被告人或任何人加以定罪的程序条件。这一原则要求，国家确定某人为犯罪人必须同时具备以下几项程序条件：（1）司法机关经过法定的程序；（2）以生效判决的方式确定其有罪；（3）被告人的罪行有充分的证据加以证实。二是它规定了受到追诉或审判的犯罪嫌疑人、被告人在刑事诉讼过程中的待遇：不应被作为犯罪人来对待，拥有无罪公民的一切权利，并可以为维护自己的权益而与追诉者展开程序上的对抗和论辩。概括起来，无罪推定原则可包括以下几个层次的内容：

（一）被告人的罪行须经依法证明才能确定

这一层次的含义是无罪推定原则所包含的证据法上的效果。既然无罪推定是一种可反驳的推定，它旨在确保司法机关以慎重的方式定罪，那么提出相反证据的责任必须由追诉方承担，而且这种“反证”必须达到足以推翻这一推定的程度，否则无罪推定就必然成为无罪的判定，被告人就会因为未被证实有罪而成为法律上无罪的人，无论他事实上是否实施了犯罪行为。因此，检察机关作为国家刑事追诉机关，一旦向法院提出了对被告人追究刑事责任的要求和主张，它就有义务向法院证实被告人有罪这一结论的成立，从而推翻无罪推定。如果检察机关不能以充分证据证实自己的主张，即将被告人有罪这一结论证明到法定的程度和标准，法院将直接判决被告人无罪。当然，在不同的诉讼制度中，无罪推定在证明方面的含义是不完全相同的。

在大陆法系各国的审问式审判程序中，无罪推定原则也要求检察官承担证明被告人有罪的责任，被告人不承担证明自己有罪或无罪的责任，但有提出证据、进行辩护的权利。但在这种制度中，检察官的证明责任被法官的职权作用大大削弱了。因为法官有责任调查证据，否则可能承担判决“事实不清”的审判后果，而且其判决将被上一级法院撤销。〔1〕而在英美对抗式审判程序中，被告人及其辩护人尽管也负有一定的举证责任，但这种举证责任仅仅是形式上的，被告人对其主张的证明不必达到“排除合理怀疑”

〔1〕［斯洛文尼亚］儒潘基奇：《关于比较刑事法的若干法哲学思考》，杨忠民译，载《比较法研究》1995年第1期。

的程度，而只要达到“优势证明”即可；被告人的证明即使不能成立，其后果也只是法官不对其主张、证据予以采纳，但这并不能撤销检察官证明被告人有罪的责任。在任何情况下，检察官都负有说服陪审团接受其指控主张的责任，检察官的这种证明责任是实质上的，因为他如果不能证明被告人有罪达到“排除合理怀疑”这一最高程度，就将承担败诉的风险，法庭将因此作出有利于被告人的解释。

因此，无论在大陆法系还是在英美法系刑事审判制度中，无罪推定原则在证明方面的要求有其共同之处：（1）证明被告人有罪的责任由作为控诉方的检察官担负；（2）被告人不承担证明自己有罪或无罪的责任；（3）当裁判者对被告人有罪的判断尚存怀疑时，应作出对被告人有利的解释。

（二）只有在法院通过合法、正当的程序作出有罪判决之后，国家才能对被告人予以定罪

无罪推定原则的这一层次含义又可分为两个方面的要求：一是只有法院才拥有对个人的定罪权。换言之，对公民的行为从法律上确定为犯罪，并因此对其生命、财产、自由等权益加以剥夺，这种权力最终属于作为国家审判机构的法院。法院所作的有罪判决一旦生效，即标志着国家对被告人刑事责任追究的合法化和正当化；这种代表国家确认被告人在法律上有罪的法律文件是对被告人的行为进行谴责并对其处以刑罚的直接根据。相反，在法院未作出生效有罪判决之前，国家尚不能从法律上确认被告人有罪。二是法院的有罪裁判必须经过合法、正当的法律程序才能作出。换言之，没有经过法律规定的正当程序，法院不能从法律上判决一个人有罪，即使这个人事实上确实犯有罪行。这一要求与

《美国联邦宪法》修正案中有关“正当法律程序”的规定是十分吻合的。它要求法院所作的有罪裁判结果须从合法、正当的法律程序中直接产生，法院须将其裁判直接建立在经过法庭审判程序所采纳的证据、事实基础之上。

（三）被告人应拥有为对抗国家追诉权所必备的程序保障

无论对被告人予以定罪需要什么样的程序性条件，在他被依法作出有罪判决之前，他所处的地位和身份都不能与犯罪人相同。这是确定无疑的。但他在被判决有罪以前的整个审判过程中，究竟应处于什么样的地位呢？说他处于无罪公民的地位，但他事实上正受到检察官代表国家进行的刑事追诉，他与无罪公民又不可能完全一样。实际上，被告人在法律上居于无罪的地位，是就其实体法上的地位而言的，他在诉讼程序上仍居于受追诉的地位。被告人尽管处于受追诉者的地位，但他在无罪推定原则的保障下，可获得一系列旨在对抗国家追诉权的诉讼特权和程序保障；这些特权和保障旨在确保被告人拥有足以与国家追诉机关相对抗的武器，使国家与个人之间天然的力量不平衡状态得到纠正。被告人所拥有的这种特权和保障有很多，其中较为重要的有获知被控罪名和理由，获得自己委任的律师或公设律师的有效协助，拥有为准备辩护所需要的适当时间、手段和便利，不受强迫自证其罪，等等。由此，被告人的诉讼主体地位可得到充分保障。

二、无罪推定原则的意义

无罪推定原则在许多国家都被视为刑事审判制度的基石之一，它可以确保多元化的程序价值目标的实现。在联合国已通过的许多人权保障公约之中，无罪推定均被视为确保被告人获得公正法庭审判的前提。有的法律文件还直接把“推定无罪”视为被告人在刑事审判过程中的一项基本权利。下面笔者拟就这一原则在刑事审判过程中的意义作一分析。

（一）无罪推定与程序正义

无罪推定作为一种可反驳的推定，它不是对被告人作出的无罪判定或终结性结论，而是对被告人在刑事审判中所处地位的保护性假定，它要求法院在审判过程中确保被告人受到公正和人道的对待，防止其人格尊严受到不适当的贬损及其诉讼地位的恶化。这一原则的意义在于防止过早地和无根据地把任何人看作罪犯，不允许根据推断、一般了解、未经充分检验的材料和违反既定证明程序而取得的信息，认定一个人实施了犯罪。无罪推定原则以其特有的方式保障着刑事审判程序的公正性和合理性，人们很难找到另一项法律原则能像它那样对保障人的名誉、尊严、权利和自由具有如此重要的作用。具体而言，无罪推定原则对审判程序公正性目标的实现具有以下几方面的意义：

（1）它确保被告人在审判过程中受到公平的对待。这一原则要求审判机关保障被告人享有一系列的诉讼特权，以确保他拥有足以与国家追诉机关相抗衡的能力，从而使他与国家追诉机关原本不平等的诉讼地位得以平衡和纠正。不仅如此，这一原则还设定了检察官承担证明被告人有罪的责任，而被告人则没有责任证明自己有罪或无罪，这就为国家追诉活动设下了障碍，使国家追诉机关原本十分强大的追诉权得到制约和平衡。所有这些都有助于确保被告人与检察官在防御手段和诉讼地位上的实质平等，使双方能够真正对等地参与到裁判的制作过程中来，成为能够以自己积极自愿的行为影响诉讼结局的诉讼主体。另外，无罪推定原则要求法官在审判过程中不得将被告人当作有罪的人来对待，而应排除对被告人先入为主的偏见，不以追诉方的起诉书为依据得出被告人有罪的结论。这可防止法官对案件的结局和被告人的刑事责任问题作出过早的评论和断定，防止法官失去其应有的中立和超然态度。因此，无罪推定原则的首要意义在于，它通过确保被告人与检察官平等地参与裁判制作过程，促使法官保持中立无偏的态度，使被告人在审判过程中受到公平的对待。

（2）它对被告人充分和富有意义地参与法庭裁判制作过程具有积极的保障意义。无罪推定原则设定了一种国家追诉官员与被告人一起通过举证、争辩和说服来影响裁判结局的具体环境。而在这一过程中，被告人不承担任何证明自己有罪或无罪的义务，他所负的唯一义务是运用证据证明自己辩护主张的可成立性。被告人在审判过程中拥有包括辩护权在内的一系列程序保障，他可以在庭审前进行充分的准备，从而能够提出具有实质效果的辩护理由、证据并对控诉方的指控作出有效的反驳。被告人既可拥有充分的防御能力，也可获得足够的防御手段，并通过对中立无偏的裁判者施加影响取得良好的参与效果。因此，无罪推定原则对于作为程序公正核心要求的程序参与原则具有重要的保障作用。

（3）无罪推定原则有效地确保审判程序符合理性的要求。这一原则设定了刑事审判中的诉讼证明机制，要求被告人有罪这一结论应有充足的证据加以证明，并由承担追诉职责的国家追诉机关承担证明责任。同时，这一原则还要求法官的有罪裁判应通过这种以刑事证明机制为核心的刑事审判程序而形成，从而建立在法官对证据的采纳判断以及对事实的认定的基础上。这一原则要求法官从法庭上进行的理性论证和争辩中形成对事实真相的认识，不得以预断、偏见、猜测等非理性的判断代替这种理性认识活动。这样，法官就可以将自己的结论建立在经得起理性检验的证据和事实基础之上，使裁判过程符合理性的要求。

（4）无罪推定确保审判程序具有自治性。无罪推定原则要求法院只有经过正当、合法的审判程序，确认被告人的罪行已得到充分证明，并作出生效的有罪裁判之后，才能从法律上认定被告人有罪。这种要求实际上意味着法院的有罪裁决结果直接从法庭审判程序中产生。无罪推定原则对“程序自治性”的保障主要通过以下几个途径进行：它禁止法官在审判开始前和审判过程中对被告人的罪行产生任何形式的预断、偏见、猜测；它要求法官在法庭审判过程结束后形成其裁判结论，使其有罪裁决或无罪判决的结论都有其合理的根据；它要求法官对被告方的辩护意见和证据予以充分的关注和考虑，对其中有效的部分纳入其判决的根据之中；它要求法官在制作实体裁判时必须具有独立自主性，即只根据其对证据的考量认定案件事实，并将相关的法律规定适用到这一事实之中，在判决时不受其他任何无关因素的干预、影响和左右。这样，在无罪推定原则的保障下，法院的任何有罪裁判都必须经过合法、正当的刑事审判程序才能作出和生效，审判程序对实体裁判的产生和形成具有了决定性的作用，因而可以达到自治。

不仅如此，无罪推定原则还要求国家建立一种对刑事被告人较为宽容、更加文明和人道的社会政治环境。在这种环境中，新闻媒介、公众舆论乃至其他国家机构对正处于审判过程中的被告人采取一种较为公正的态度，在法院最后判决其有罪以前，不将其视为“罪犯”或对其采取歧视、排斥的态度。尤其是一些对公众舆论影响甚大的大众传播或新闻媒介，更应恪守职业道德，在对案件进行报道时，应尽力避免将被告人直接称为“罪犯”或“犯罪人”，并且避免采取任何可能使公众对被告人产生有罪的预断、偏见或猜测的报道方式。即使对一名被当场拘捕或抓获的“现行犯”，在其被法院判决有罪之前也不应称其为“罪犯”。只有这样，法官、法院、审判程序乃至法院的裁决才能在整个社会中建立起崇高的威信和尊严，外界对法院审判的干预、压力和影响才能够减少到最低限度。因此，在无罪推定原则的保障下，法院审判的独立自主性将会在一个较好的环境中得到保障，审判程序公正性的实现也将会具有更大的现实可能性。

（二）无罪推定与实体正义

无罪推定原则对刑事实体正义的保障主要表现在，它旨在防止法院对任何人作出无根据的、错误的定罪，从而最大限度地避免冤枉无辜。这一意义主要通过以下几个方面而得以实现：

（1）无罪推定要求控诉方以对被告人的无罪这一推定作出反证的方式承担证明被告人有罪的责任，并要求这种证明达到最高的证明程度。

一方面，控诉方要证明被告人有罪，必须推翻法律设定的“无罪推定”。否则，他的控诉主张不仅不能得到证明和被法院接受，而且还会直接导致被告人无罪这一原为推定的命题在法律上成立。在这种情况下，推定的无罪就将转化成为法律上的无罪。另一方面，控诉方要驳倒无罪推定，就必须将被告人有罪这一命题证明至最高的程度。如在英美，这种证明须达到“排除一切合理怀疑”（beyond any reasonable doubt）的最高证明程度。法律为控诉方设定如此高的证明标准，并要求该方运用证据充分排除任何有关被告人无罪的可能性或合理疑问，从而说服法庭接受自己一方的控诉主张，这显然为定罪活动增加了难度。

（2）无罪推定原则要求确保被告人拥有足以与控诉方相抗衡的权利保障，如被告人在审判过程中有律师的协助，并有机会进行较为充分的辩护准备。法庭为使被告人受到公正的待遇，甚至还会给予被告人包括查阅控诉方的卷宗、保持沉默的“特权”，以维护控辩双方在攻击、防御方面的实质对等性。这些都使控诉方的刑事追诉活动面临一系列的障碍，定罪的难度又增加了许多。

（3）无罪推定原则要求法院在对被告人有罪尚存疑问时作出有利于被告人的解释。控诉方对被告人有罪这一命题的证明只要没有达到法定的较高程度的证明标准，那么无论被告人事实上是否有罪，法院均应判定控诉方没有推翻无罪推定，这会使证明有罪变得更加困难。但由于面临这种风险的控诉方会被迫采取积极主动的行为提高证据的质量，排除任何无理的辩驳或非难，因而这也会确保控诉方以合理的方式提高控诉的成功率。

因此，无罪推定原则通过为控诉方的刑事追诉活动设置各种障碍，来防止无根据的公诉和定罪，这有助于保护被告人的权益，减少无罪者受到公诉、定罪或判刑的危险性。英国学者特纳明确指出：无罪推定原则使“对有罪者宣判无罪的危险大于对无罪者宣判有罪的危险”。[1]无罪推定原则正是通过确保被告人免受错误的、无根据的定罪判刑来加强对其基本人权的保障，从而实现刑事实体正义目标的。

---

〔1〕［英］特纳：《肯尼刑法原理》，王国庆等译，华夏出版社1989年版，第659页。

（三）无罪推定与诉讼效益

无罪推定原则有助于实现程序的经济效益目标。这主要表现在：它要求法院在对被告人有罪尚存合理的疑问时，直接作出对被告人有利的解释：判决被告人无罪。这有助于法院及时终结已经开启的刑事审判程序，防止审判活动无休止地延续和拖延下去。这对于防止国家司法资源和程序参与者各方财力的浪费，提高审判活动的经济效益都具有一定的积极意义。

总体而言，无罪推定原则尽管一般被视为在整个刑事诉讼活动中均具法律效力的基本原则，但它在刑事审判活动中尤其具有重要的意义。这不仅因为审判是刑事诉讼的中心环节，是决定被告人刑事责任乃至其命运的最关键阶段，而且因为在审判开始之时，国家追诉官员一般已通过侦查收集并掌握了大量足以证明被告人有罪的证据，从而对被告人有罪这一结论已产生了肯定的判断。在此情况下，作为裁判者的法官是直接接受控方的结论从而使审判程序流于形式，还是不受任何人结论的拘束而使裁判结论直接从审判程序中产生呢？无罪推定原则要求法官未经正当的法律程序不得对被告人予以定罪，这就使刑事审判程序自身不再流于形式，而成为决定实体结果的独立因素，从而具有了独立于实体法的意义。这一原则的贯彻可以彻底根除那种将程序视为实体的附庸、视为可有可无的形式的观念。这有助于在全社会建立起法律程序的权威。不仅如此，无罪推定原则还是公民用以维护基本权利、抵御国家机关迫害的武器，它不仅可以使被告人拥有一系列基本程序保障，而且可以确保他免受国家非正当、不合理的定罪和追究，因而构成公民人权保障的屏障，成为防止国家权力滥用的独立因素。无罪推定原则的根本意义在于确保现代法治秩序的建立，促使国家机构依法活动，尤其依法律程序进行与公民基本权利密切相关的活动。

三、无罪推定原则在我国的适用

无罪推定原则作为一项确定和保障被告人诉讼地位的基本法律准则，目前已得到许多国家宪法、法律及一些国际人权保障公约的确立，它实际已超越了社会制度、意识形态、法律文化传统的界限和阻碍，成为各国普遍承认的诉讼原则。我国目前已参加或缔结了联合国通过的一些国际人权保障公约，如《联合国少年司法最低限度标准规则》《儿童权利公约》《联合国保护被剥夺自由少年规则》等，对其中规定无罪推定原则的条款并没有声明保留。承认这些国际公约有关无罪推定原则的规定，标志着我国已接受了这一原则的要求和内容。全国人大1990年通过的《香港特别行政区基本法》第87条规定："任何人在被合法逮捕后，享有尽快接受司法机关公正审判的权利，未经司法机关判罪之前均假定为无罪。"1993年通过的《澳门特别行政区基本法》也明文确立了无罪推定原则。这两部法律的通过，标志着我国立法机关首次在法律中将无罪推定原则确立下来。

（一）我国法律对无罪推定原则的吸收

自1996年以来，我国《刑事诉讼法》都确立了一项基本原则："未经人民法院依法判决，对任何人都不得确定有罪。"尽管不少人认为这一规定是为废除免予起诉制度、确保刑事审判权（包括定罪权）由人民法院统一行使作保障的，但它事实上从一个特定的方面确立了无罪推定原则。这是因为，无罪推定原则的核心是，只有经过法院依法定程序作出有罪判决，一个公民才能被确定有罪，而在判决生效前的整个诉讼过程中，该公民在法律上不是罪犯，而应享有推定无罪的待遇。新的规定尽管没有出现“假定”或“推定”无罪的表述，但实际已包含了“在法院依法判决前，任何人都不得处于有罪公民之地位”这样一种含义。《刑事诉讼法》不仅作出了上述规定，而且还通过确立一系列规则和制度，使无罪推定原则的具体要求得到法律的采纳，这具体表现在以下方面：

1.受刑事追诉者在起诉前处于“犯罪嫌疑人”的地位，在起诉后则处于“被告人”的地位

“犯罪嫌疑人”和“被告人”尽管从表面上看只是对被追诉人名称表述上的区分，但这具有深刻的意义：它们标志着受刑事追诉者在整个诉讼过程中不是“罪犯”、“人犯”或“有罪者”，而从法律上处于无罪公民的地位。“犯罪嫌疑人”和“被告人”作为两种诉讼程序上的身份界定，标志着受刑事追诉者拥有诉讼主体的资格，能够与追诉方展开积极主动的争辩和对抗，并对裁判者的结论形成施加充分有效的影响。为此，受追诉者应拥有一系列为有效参与诉讼活动所必备的程序保障和诉讼特权。这样，刑事诉讼法就为受刑事追诉者充分有效地行使防御权设定了一个前提，使其诉讼主体地位有了现实的基础：他们在法律上无罪，在诉讼程序上拥有当事人的地位和资格。

2.在法庭审判过程中，公诉人负有提出证据、证明被告人有罪的责任

自1996年以来，立法机关通过改革刑事审判方式，赋予公诉一方提出证据、证实本方指控事实的法律义务。在庭审过程中，

检察官须将其作为指控根据的证据依次向法庭提出，如讯问被告人，询问证人、鉴定人，出示物证，宣读书证并接受和反驳辩护一方对其证据的质证和诘难等。法官不再承担提出控方证据、展示控诉证据内容的义务，而仅作补充性的调查。这样，提出证据、证实被告人有罪的责任事实上就由公诉一方承担，被告人不承担证明自己有罪或无罪的义务，而拥有辩护权。这显然符合无罪推定原则的要求。

3.法庭在证据不足，不能认定被告人有罪时，应当作出证据不足、指控的犯罪不能成立的无罪判决

刑事诉讼法确立了对“疑罪”作有利于被告人的解释的规则。公诉人既然不能提出确实充分的证据证实被告人的罪行，法庭经过听审和补充性调查也不能使被告人有罪的事实得以查明，那么这就意味着“无罪的推定”尚未被推翻，而必然转化为“无罪的判定”。这显然是无罪推定原则的内在应有之义。

（二）我国全面确立无罪推定原则的两大障碍

我国学者和司法实务专家对无罪推定的争论表明，这一原则的价值并没有得到人们的广泛认同，不少人对它的积极意义尚存在疑义。同时，从我国立法机关的立法意图和精神来看，无罪推定原则——尤其是国际刑事司法标准意义上的“推定无罪”的权利准则——在我国的全面适用尚难一时达到。同时也应当看到，无罪推定原则所体现的价值观念与我国传统的法律价值观之间仍存在相当激烈的冲突。这会对该原则在中国法律中的全面确立及其在中国司法实务中的切实贯彻产生极大的阻碍作用。笔者在下面的分析中拟对有可能妨碍无罪推定原则在我国确立和实施的两个因素作一探讨。

1.理论认识上的误解

今天几乎没有哪个学者仍坚持将无罪推定原则贴上“西方法律原则”的标签而加以拒斥和批判。这种曾在我国法学界流行一时的非理性的研究方法在学者中已不再有多少市场。但是，由于所掌握的资料存在局限性，尤其是由于认识方法上有着一定的不合理性，人们对无罪推定原则在认识上仍存在误解。既然对这一原则“是什么”的问题都没有认识清楚，那么在对其作出评价时势必也难以保持公允性和客观性。认识上的误解最典型地表现为：认为无罪推定有违“实事求是”的准则，与“以事实为根据，以法律为准绳”的原则也相矛盾。这种观点认为，被告人之所以参加刑事审判活动，是因为司法机关有一定的证据确信他可能实施了犯罪行为，因而对他采取了刑事追诉活动；在审判过程中将被告人视同“无罪的人”，不符合事实。被告人有罪与否须通过客观的调查和审理之后才能确定。这种观点之所以会对无罪推定原则形成误解，是因为它把刑事审判活动仅仅视为一种认识活动。

事实上，刑事审判活动不仅是一种旨在查明案件事实真相的认识活动，而且更是一种选择和实现法律价值的过程。从认识论的角度来看，法院进行刑事审判活动的直接目的在于通过开庭审判的方式审查控辩各方提出的证据，并在此基础上查明案件的事实真相。“实事求是”是指导法官对案件事实的认识符合客观实际的必要原则；“以事实为根据，以法律为准绳”则要求法院将其裁判直接建立在事实和法律的基础上：通过运用证据客观地查明案件事实，并将刑事实体法的规定适用到这一事实上，作出权威的法律裁决。很显然，作为指导人们认识活动的思想准则，“实事求是”和“以事实为根据，以法律为准绳”是有效的，它们有助于刑事审判结果公正性和客观性的实现。但是，无罪推定原则却不是一种指导人们认识活动的准则，因而与“实事求是”发生作用的领域不同。无罪推定原则是对被告人在审判过程中的地位作出特殊保障的原则，它要求司法机关在审判过程中须给予被告人以公正和人道的待遇，尊重其人格尊严和主体地位，同时在证据不足以认定其有罪时，对其作有利的解释，以防止他受到错误的和无根据的定罪。这一原则体现的是一种对人的内在价值和主体性高度尊重的价值观念，它发挥作用的领域主要是审判的全过程，它发挥作用的方式主要是指导司法机关进行价值选择和实现法律价值目标。因此，这种认为无罪推定原则有违“实事求是”原则的观点，看不到刑事审判是一种价值实现和选择的过程，认识不到这一原则在维护刑事审判程序权威性与保障公民人权方面的重要意义。坚持这一观点，既不利于科学地认识和评价无罪推定原则，也不利于建立一种公正的刑事程序。

2.传统法律观念的阻碍

无罪推定原则是在西方法律文化传统基础上形成和发展起来的法律原则，它与西方社会那种崇尚个人价值、尊重人的人格尊严、保障个人基本人权的观念是相协调的。根据这种观念，个人的权益是神圣不可侵犯的，国家对个人的权益不得以社会整体利益的名义加以剥夺，个人为了维护自己的正当利益和权利，有权对任何人甚至国家相对抗，国家要对任何人的自由、财产、生命等实体权益加以剥夺，就须在法律程序上给予其必要的保障。正是基于对个人尊严和价值的高度尊重这一点，西方社会才出现了“自然正义”和“正当法律程序”这两种理念，从而赋予法律程序以独立的内在价值。强调审判程序的内在价值实际上正是体现了对人的尊严和价值的尊重。

相反，按照我国的法律文化传统，国家和社会整体的利益是至高无上的，社会的和谐、稳定以及社会秩序和公共安全的维护是首要的法律价值；个人的利益是次要的，要从属于国家和社会的整体利益，在必要时为维护国家利益可以不惜牺牲个人的任何利益。根据这种传统观念，刑事实体法不过是镇压和控制犯罪的一种工具，诉讼程序仅仅是实现刑事实体法的工具和手段。审判人员即使严重违反了诉讼程序规范，但只要他查明了案件的事实真相并作出了刑事实体法所认可的正确裁判，这种违反也是可以容忍的。根据这种观念，对被告人权利和尊严的维护不具有独立的价值，而只是实现实体法的手段。如果在某种情况下给予被告人以公正的、人道的待遇会妨碍实体法的正确实现，司法机关就会放弃对被告人的保护而去追求惩罚犯罪之目标。因此，对审判程序独立价值的否定，必然也会导致对被告人人格尊严的不尊重，反之亦然。

第三节　审判独立原则

一、现代审判独立的概念

审判独立是一项为现代法治国家普遍承认和确立的基本法律准则。作为一项宪法原则，它调整着国家司法审判机关与立法、行政等其他职能部门的法律关系，确认司法权的专属性和独立行使性，是现代“法治的基石”和法院制度的基础；作为一项司法审判原则，它确保法院审判权的公正行使，防止法官的审判过程和结果受到来自其他政府权力或外界力量的干涉和影响，使法院真正成为公民抵制专横权力、维护自身人权的最重要也是最后的一道屏障。没有审判独立原则，也就没有现代意义上的审判制度和审判程序。[1]

通常说来，现代审判独立原则首先要求法院只依照法律从事审判活动，制作司法裁判，而不受其他外部机构的干涉。如英国学者斯蒂芬（Stephen）将一个独立的司法审判机关定义为“一个只根据法律实现正义而不受政府政策和倾向性影响的司法机关”。芬兰学者塔培利（Taipale）则认为，审判独立的核心要求是“司法机构只有根据法律实现正义，只有法律才是影响其判决内容的唯一因素。其他任何政府机构，无论其地位有多高，都不能对司法机构所作的判决予以干涉”。上述两位学者的观点指出了审判独立原则的一项核心要求，即法院在判决制作过程中应保持独立自主的地位。

正如西蒙·斯特里特（Shimon Shetreet）教授所说的那样：

> 现代意义上的审判独立概念不仅仅局限于法官的个体独立，即法官的身份独立和实质独立，它还应包括司法机关整体上的独立。同样，审判独立也不仅仅旨在确保法官免受行政机关的压力或立法机关的干涉，它也应包括法院的内部独立，即法官独立于其同事或上级。[2]

---

〔1〕 Shimon Shetreet, “Judicial Independence: New Conceptul Dimensions and Contemporary Challenges”, in *Judicial Independence*, Martinus Nijboff Publishers, 1985.

〔2〕 Ibid.

根据国际上通行的标准完整的审判独立概念应当包括四个不可分割的基本方面，即实质独立、身份独立、集体独立以及内部独立。

实质独立（substantive independence）的基本含义是：法官在履行审判职能以及制作司法判决的过程中，只能服从法律的要求与其良心的命令。法官只有具备了这一方面的独立要求，才能在审判过程中保持一种中立的地位和公正的态度，并免受任何无关的外在压力。因此，实质独立在德国又被称为“职能独立”（德：Sachliche Unabhaengigkeit），在美国则称为“裁判独立”（decisional independence）。法官在作出实体裁判时固然要保持其独立性，但由于处理程序上的申请、审查证据的证明力与证据资格、作出程序方面的裁定等活动也属于其司法审判职能的组成部分，因而独立地从事这些活动也应属于“实质独立”的要求。

所谓“身份独立”（personal independence），是指法官执行审判职务的任期和条件应当得到充分的保障，以确保法官个人不受行政机关的控制。为实现法官的身份独立，法官的调迁、薪俸、退休、纪律处分等与其任职有关的事项必须免受行政机关的控制，而由专门法律直接规定，并由一个不受行政机构控制的机构加以管理。

审判独立要求法官不仅免受行政机关的控制和其他政治力量的压力，而且也不能受到任何可能对其执行司法职能产生影响的经济或财务方面的干涉或限制。因此，现代审判独立概念也应包括这样一个重要方面，即司法审判机关作为一个整体而表现出来的“集体独立”（collective independence）。“集体独立”要求扩大司法审判机关参与其自身司法行政事务管理的范围，如监督和控制法院的人事管理，进行法院财务的预算，维持法院基础设施建设，等等。

审判独立概念的最后一个方面是司法审判机关的“内部独立”(internal independence)。所谓“内部独立”，是指法官在执行审判职务过程中应独立于其同事和上级法院的法官。要实现法院的“内部独立”，下级法院的法官必须对其同事或上级保持“实质独立”，即在作出司法裁判时不受他们的控制和干涉，法官不仅拥有独立认定事实和独立适用法律的权力，而且在运用程序规则和证据规则处理法庭审判中的程序事项方面也拥有不受其同事或上级干预的独立性。同时，法官还须保持其“身份独立”，即在任职期间和条件方面也不受其同事或上级的控制。但是，法院的“内部独立”也有一定的限度，例如，法官在法院内部的司法行政事务方面要受到其同事乃至管理人员的控制，如确定开庭日期、分配案件、布置法庭设施等，法官在处理这些事务方面不能完全独立于其同事或上级。

审判独立概念的上述四个方面相互间存在内在的联系，它们作为一个整体，成为现代审判独立原则不可分割的基本要求。从整体上看，法官的实质独立和身份独立可统称为法官的个体独立(independence of the individual judge)，它们分别从裁判的制作以及任职条件两方面确保法官个人免受任何外界的控制和干涉。法院的内部独立严格说来也属于法官个体独立的范围，只是它有其专门的针对对象，即法官的同事或其上级主管机关和上级法官。过去人们通常认为，法官个体独立才是审判独立原则的主要内容，对法官个体独立的干涉和违背是对法治原则最严重的违反。但实际上，对法院集体独立的干涉和违背也会对法官个人执行其审判职能带来极为消极和不利的影响，因为法院作为一个整体一旦在经济上受控于行政机关或其他政府部门，那么作为法院内部成员的法官在从事审判活动时也势必会直接或间接地受到它们的影响或干涉，因而难以保持真正的独立性。因此，审判独立概念的这四个方面构成一个有机的整体，缺少其中任何一项要求都会影响审判独立原则的全部实现。

二、审判独立原则的意义

审判独立原则所拥有的普遍意义主要表现在：它旨在确保法院公正无私地进行审判，使法院所作的裁判能够为相互对立的诉讼双方——无论判决是否对其有利——所普遍接受，从而增强法院及其审判程序在社会公众中的威信。尤其当其中一方为某一国家机关时，这种意义就越发明显和重要。

卡坡里蒂（Mauro Cappelletti）教授曾就此写道：

> 审判独立——尤其独立于行政机关——本身不具有终极的价值；它本身不是一种目的，而只具有一种工具性价值，它的最终目的是确保另一项价值的实现——法官公正而无偏私地解决争端。[1]

对这一点，我们可以从以下两个方面加以具体阐释。

（一）审判独立与实体正义

从历史的经验和教训来看，对法官“实质独立”的最大威胁

〔1〕 Mauro Cappelletti, “Who Watches thd Watchmen? —A Comprative Study on Judicial Independence”, in *Judicial Independence*, Martinus Nijhoff Publishers, 1985.

来自行政机关、立法机关以及新闻媒介的干涉。尤其是在审判一些具有较大影响的刑事案件时，法官有时会受到很大的压力，以至于在判决时背离法律的要求。无论这种非法的干涉、压力甚至控制来自何处，法官一旦屈从于此，就很难保证结果的公正性和客观性。因为任何一种对法官施加的外在压力，无非是要法官在认定事实或适用法律方面确立一种预决的结论，这种结论要么来自一种预断、偏见，要么来自一种非理性的猜测，但它们都违反了程序理性原则的要求，不符合认识活动的客观要求和规律。我们以最典型的两种干涉为例对此作一说明。首先来看某一权力部门对法官审判的干涉。这种干涉之所以能够进行，是因为该部门或官员拥有某种足以对法官或法院的处境产生影响的权力，从而对法官产生压力或控制。这种干涉的方式是由某一官员将一种预断或结论强加给法官，迫使其依此作出判决。这种结论的产生，往往不是来自直接的法庭审判——因为干涉者一般不参加法庭审判——而是源于根据其他渠道所产生的预断、偏见乃至猜测。而且，干涉者的动机一般不是为了实现法律的要求，而是为了实现个人或本部门的利益。因此，这种以专横权力为依据对审判结果的改变，极易导致法官作出不公正裁判。其次来分析一下新闻媒介对审判的干预。这种干预之所以发生，是因为诸如报纸、广播、电视等大众传播媒介的报道对社会舆论具有着极大的影响。新闻媒介对审判的最严重的干预莫过于对一名尚处于法庭审判过程中的案件进行“定性”，如公然称某一被告人为“罪犯”，或者认为某一被告人“罪大恶极”“应予严惩”。这种结论的产生，同样不是来自直接的听审——即使记者参与了审判，也无权作出结论——而是源于预断甚至受到大众

"歇斯底里"情绪的影响和左右。最终可以想见,法官的审判一旦失去了独立性,他的裁判结果就难以符合实体正义的标准,因为这种结果的根据不是法官通过公正的法庭审判所形成的认识或按照正义的要求所作的价值选择,而是非理性的预断、偏见甚至猜测。

(二)审判独立与程序公正

审判独立原则对程序公正的实现具有以下两个方面的保障作用:首先,审判独立原则旨在通过确保法官审理权与裁判权的统一而间接实现程序公正的要求。审判独立原则一旦遭到违反,其结果往往是法官不能自主地决定判决的内容,而受制于某种外在的力量。这样就会导致法官审理权与实体裁判权的分离。这种分离实际意味着法官有审理之名,而无实际的最终裁决权,以至于使法庭审判的整个过程与审判程序的结果之间不具有内在的逻辑联系。审判独立原则对于审判程序自治性的实现具有重要的意义,因为只有在法官个人同时拥有独立自主的审理权和裁判权的情况下,当事人的举证、质证、辩论等活动对法官判决的形成才可能具有决定性意义,法官的裁判也才能真正建立在庭审过程基础之上。其次,审判独立原则可确保法官保持一种从容、冷静的心态和公正待人的态度。一个拥有独立自主的审判权的法官在审判过程中是从容不迫和泰然自若的,他一般能够保持一种勇于容纳各种不同甚至对立主张、观点和证据的宽容态度。这种态度有助于他在制作涉及被告人前途和命运的实体裁判问题上保持慎重,因而在审判过程中能够自觉地摒弃预断、克制偏见,不以个人好恶来影响裁判结果和程序进程,并且兼听各方的不同意见,从而使各方程序参与者受到公正的对待。

三、审判独立原则在我国的适用

我国《宪法》和《人民法院组织法》都确立了“法院依法行使职权原则”，强调法院“依照法律规定独立行使审判权，不受行政机关、社会团体和个人的干涉”。从整体上看，我国所确立的审判独立原则具有以下几个方面的特点：首先，这种审判独立原则建立在民主集中制的政治制度即人民代表大会制度基础之上。审判权、立法权、行政权等都是国家权力统一而不可分割的组成部分。其次，最高人民法院、地方各级人民法院分别由全国人民代表大会和地方各级人民代表大会选举产生，并向后者负责，接受其监督。最后，我国实行人民法院依法独立行使审判权的制度，强调人民法院作为一个统一的整体，根据民主集中制原则从事司法审判活动。人民法院审判案件的组织形式有三种：独任庭、合议庭和审判委员会。独任审判庭和合议庭审判案件，均要由审判人员制作裁定和判决书，经院长或庭长审核后签发。重大、疑难案件由院长提交审判委员会讨论决定。但所有判决书、裁定书都要由审判人员署名，以法院的名义发出。

自2014年以来，随着司法体制改革的逐步推进，我国法院在审判独立方面出现了较大的进步。一方面，随着“司法责任制”的逐步推行，那种“让审理者裁判，让裁判者负责”的改革理念得到了一定程度的贯彻。法院院长、副院长和庭长审批案件和签署裁判文书的做法受到禁止，他们要参与案件的审判过程，只能以普通法官的身份主持法庭审理，而对于其他法官负责审理的案件，则一般不再进行干预。同时，审判委员会讨论案件的范围受到了较大的限制，只有那些特别重大、复杂、疑难且被列入法定范围的案件，才会被提交审判委员会讨论决定。审判委员会对于合议庭或独任法官就案件事实的裁断意见，不再进行重新讨论决定，而只有权对其法律适用问题作出决定。这显然表明，法院内部的“司法行政化”问题得到了一定程度的解决。法官、合议庭在审判独立方面得到了制度上的保障。

另一方面，随着“法院人、财、物收归省级统管”政策的实施，“司法地方化”问题得到了一定程度的解决。目前，省级法官、检察官遴选委员会和惩戒委员会的建立和运行，使法官的任命、晋升、惩戒等逐渐不受同级地方政府的控制；法院在财政经费拨付方面越来越多地得到中央和省级财政的保证，也使同级政府干预法院审判工作的现象有所改观。

不仅如此，自2010年以来，我国铁路法院逐渐与铁路管理系统进行脱离，而被纳入普通法院的体系。这也使存在多年的铁路法院的“司法部门化”问题得到了解决。

可以说，司法体制改革的缓慢推进，使审判独立原则从内涵到外延再到保障机制方面，都发生了令人瞩目的变化。但是，由于受多方面因素的制约，我国法院在独立行使审判权方面仍然面临着一系列的困难。这既有制度安排上的困难，也有理论观念上的阻碍。对于这些问题，我们应当认真地加以面对，并探求解决问题的方案。

(一)法官实质独立的难题

我国的独立审判原则注重的是对法院整体独立性的保障，以防止其他机关、团体或个人对法院审判权的干涉和控制。这样一种原则实际上将法院这一国家机构视作一个统一的整体，强调的是法院的职能独立或实质独立。在这种理念指导下，法官在司法审判过程中并不享有个体的独立性：他既不享有实质独立，也不拥有身份的独立。

我们认为，法官的实质独立是审判独立的核心和目标。没有法官个人在进行审判活动和制作司法裁判方面的独立性，审判程序将难以具备最起码的公正性和合理性。就从事司法审判活动而言，依法组成的审判庭——无论是独任庭，还是合议庭——实际是法院的代表，它以法院的名义行使法院所拥有的审判权。但是，审判庭是由法官直接组成的，法官如果在进行审判活动、制作司法裁判方面不拥有个体上的独立性，那么审判庭的审判活动也不可能拥有独立性和自主性。将审判独立等同于法院的实质独立，固然从理论上排除了法院以外的因素对审判活动的干预和控制，却抹杀了法官个人乃至审判庭在审判过程中的独立性和创造性，并为上级法院对下级法院的审判、法院内部的行政领导对审判庭的审判加以干预、控制提供了理论根据。

（二）法院的"内部独立"问题

尽管我国司法改革逐步贯彻了"让审理者裁判"的理念，在一定程度上保证了法官、合议庭对审判权的独立行使，但是，院长、副院长、庭长对法官、合议庭的审判工作仍然保留了加以"监督"的权力。这种所谓的"监督"经常演化为直接的干预，甚至直接指令合议庭或法官改变原有的裁判结论。而审判委员会对案件的讨论决定权，实质上就是改变法官和合议庭裁判结论的权力。尽管审判委员会讨论案件的范围明显缩小，但这种直接改变合议庭或法官裁判结论的权力，无疑会导致法官、合议庭的内部独立性不复存在。

不仅如此，迄今为止，我国的司法体制改革对于上下级法院的关系没有作出任何实质性的调整。上级法院对下级法院的垂直领导，经常通过下指令、分配指标、加强绩效考核等方式表现出来。尤其是在案件的审判方面，上级法院会进行各种形式的干预、影响或控制。如上级法院的行政领导就下级法院正在审理的案件作出批示，上级法院派员“提前介入”到下级法院正在进行的审判活动之中，等等。这种来自上级法院的干预一旦发生，那么不仅下级法院的法官难以独立审判，而且两审终审制和上诉审程序均将流于形式，失去存在的意义。

（三）法院的集体独立问题

经过2014年以来的司法体制改革，我国法院在人、财、物等方面的保障逐渐脱离同级地方政府的控制，无论是司法的地方化还是司法的部门化问题，都得到了一定程度的缓解。但是，法院的审判工作受到外部干预、影响或者承受压力的情况依然存在。我国实行的政权组织形式是人大领导下的“一府一委两院制”，法院院长要由同级人大选举产生，其他法院行政官员和法官则要由同级人大常委会任命产生。法院院长要定期向同级人大报告工作，并接受后者的监督和质询。而在组织人事方面，法院还要接受同级党委政法委员会的领导。同级党的纪律检查部门（同时也是同级监察委员会）也会对法院的行政官员和全体法官进行党纪监督和政务监督，甚至可以直接对其采取调查措施，直至移交检察机关提起刑事公诉。不仅如此，检察机关对法院还可以行使法律监督权，不仅可以通过抗诉督促法院启动再审程序，而且可以通过列席法院审判委员会会议的方式，直接干预法院的审判工作。凡此种种，都说明，在我国现行的司法体制不发生根本变革的情况下，仅仅通过一些技术性的体制调整，是难以为法院的集体独立创造基本条件的。

（四）法官的职业保障机制

由于我国法律不承认法官个人在执行司法审判职能方面拥有独立的地位，因而许多为各国所普遍接受的法官司法行为准则没能在我国确立下来。例如，我国的法官可以广泛而不受约束地参加各种形式的政治活动，如成为某一政党的高级领导人、积极参与党的政治活动等。又如，我国没有确立“司法豁免规则”，因而没能赋予法官特殊的权利和地位。法院在推行“司法责任制”的过程中，通过所谓的“责任倒查”“终身问责”，对那些作出“错误裁判”的法官追究法律责任。这就可能对法官的独立审判产生一些消极的影响。再如，我国没有确立“对法官正在进行的审判禁止评论”的保障性规则。一些新闻媒介往往在其报道中预先对具体案件的审理结果作出判断和评论，以至于对法院正在进行的审判活动制造出许多压力和影响。事实上，不设立一些最低限度的法官司法行为准则，就无法对法官的活动范围进行适当的规制和约束，法官也难以在审判活动中保持其应有的中立性和公正性；不建立一些特殊的保障性规则，法官的审判就会因为外界的干涉而无法保持其独立性。

第四节　直接和言词原则

一、直接和言词原则的含义

直接和言词原则是由两项审判原则组合而成的：一是直接审

理原则；二是言词审理原则。

根据德国学者的解释，直接审理原则（德：Grundsatz der Unmittelbarkeit）有两方面的含义：一是“在场原则”（德：Anwesenheit grundsatz），即法庭开庭审判时，被告人、检察官以及其他诉讼参与人必须亲自到庭出席审判，而且在精神上和体力上均有参与审判活动的能力；二是“直接采证原则”（德：Grurdsatz der Unmittelbarkeit der Beweisaufnahme），即从事法庭审判的法官必须亲自直接从事法庭调查和采纳证据，直接接触和审查证据；证据只有经过法官以直接采证方式获得才能作为定案的根据。

言词审理原则（德：Mündlichkeit sprinzip）又称为“言词辩论原则”，是指法庭审判活动的进行，须以言词陈述的方式进行。这一原则也有两个方面的含义：一是参加审判的各方应以言词陈述的方式从事审理、攻击、防御等各种诉讼行为，所有没有在法庭审判过程中以言词或口头的方式进行的诉讼行为，均应视同没有发生，或不存在，而不具有程序上的效力；二是在法庭上提出任何证据材料均应以言词陈述的方式进行，诉讼各方对证据的调查应以口头方式进行，如以口头方式询问证人、鉴定人、被害人等，以口头方式对实物证据发表意见，任何未经在法庭上以言词方式提出和调查的证据均不得作为法庭裁判的根据。由于上述两项原则均要求诉讼各方亲自到庭出席审判，法官的裁决须建立在法庭调查和辩论的基础上，而严禁以控诉方提交的书面卷宗材料作为法庭裁判的根据，因此这两项原则有其共同的含义和功能，在理论上往往被综合在一起，称为“直接和言词原则”。[1]

---

〔1〕 参见［德］：罗科信：《刑事诉讼法》，吴丽琪译，法律出版社2003年版，第429页以下。

在大陆法系国家，直接和言词原则是经过对中世纪纠问式制度的改革和扬弃而确立下来的。根据这一制度，法院一般直接以调查官员所作的书面笔录为根据制作最终的裁决，而不再举行任何形式的法庭审判。这种书面笔录记载着调查官员所收集的证据记录。根据当时的法律，证人和被告人对调查官员所陈述的事项如果不被记载于书面笔录之中，即被视为没作过这种陈述（拉丁：*Quod non est in actis, non est in mundo*）。相反，对于调查官员所作出的书面笔录上所记载的事项，即使证人和被告人没有作出这种陈述，也应视为有这种陈述（拉丁：*Quod est in actis, est in mundo*）。由于法院的裁判直接建立在调查官员书面笔录的基础上，因此纠问式的审理又被称为间接审理主义（德：Mittelbarkeitsprinzip）和书面审理主义。

随着人类理性的发达和正义观念的发展，这种建立在间接和书面原则基础上的纠问式制度的不合理和不公正性逐渐地为人们所认识。19世纪，一种被称为“革新的纠问式诉讼”的制度在大陆法系各国建立起来。在这一制度下，法庭审判作为法院判决的唯一基础，一般要按照公开、口头和直接的方式进行。审判庭应当根据审问被告人和审查全部证据所得的直接印象作出裁判，而完全不是根据现成的案卷作出裁判。这样，在大陆法系诸国的刑事审判制度中，直接和言词原则就通过取代间接和书面原则而得到确立。

英美法系中尽管没有确立直接和言词原则，却设有与之相关的“传闻证据规则”（hearsay rule）。根据这一规则，某一证人（原证人）在法庭外就案件事实所作的陈述内容被他人以书面方式提交给法庭，或者被另一证人（出庭证人，其证言来源于原证人）向法庭转述或复述出来，这种书面证言和“转述证言”均为“传闻证据”(hearsay evidence)。这种“传闻证据”既不能在法庭上提出，也不能成为法庭据以对被告人定罪的根据。按照英美学者的观点，排除传闻证据“不是因为它不相关”，而是因为它不可靠和不可信；同时“在许多审判中，采纳传闻证据容易拖延诉讼过程”。“由于传播过程中的错误以及人为的欺骗，传闻证据很容易被歪曲：它来源于不在场的证人，该证人既不能对其证言起誓，也不会受到质证，因而其可信程度得不到检验。”[1]而且，法庭本来可以通过有效的交叉询问来揭露证人过去的不诚实行为，从而为鉴别其证言的真伪提供参考；由于证人不出庭，这种机会就失去了。由此可见，传闻证据规则旨在确保控辩双方与提供证言的原证人亲自直接接触，获得询问、质证和当面听取其陈述的机会。

直接和言词原则与传闻规则尽管性质不同，却具有相似的要求和功能。两者均不承认证人在法庭之外就案件事实所作的言词证言具有证据能力，无论这种证言是以书面方式还是以他人转述的方式在法庭上提出。传闻证据规则尽管着重强调不能使当事人在审判庭对原证人施行反对询问，传闻法则乃当事人主义下之原理，故重视当事人与证据之关系，但是这一规则在客观上也会产生确保审判者与证人亲自接触和直接听取陈述、质证的作用，因为传闻证据也使当事人不能在审判者面前对原证人施行反询问，因而无法确保审判者直接审查证据。同样，直接和言词原则尽管着重强调审判者亲自调查证据，重视审判者与证据的关系。但是，这一原则要求诉讼各方均同时出席法庭审判，要求证人出庭

〔1〕 参见[英]特纳：《肯尼刑法原理》，王国庆等译，华夏出版社1989年版，第530页。

作证，因此在客观上也会使控辩双方拥有对对方证人进行质证的机会。

直接和言词原则作为一项基本法律准则，在刑事审判活动过程中表现为以下两项具体的要求：一是对法庭据以作出裁判的证据在法律效力上的要求，即一切证据必须在法庭上由审判人员亲自接触并赋予控辩双方对其以言词陈述方式进行质证的机会，然后才能作为法庭据以定案的根据；二是对法庭审判程序的要求，即法庭只有以直接和言词的方式对案件事实进行调查和辩论，它所作出的裁判才能具有法律上的效力，否则审判程序与法庭的裁判均将失去法律效力。具体而言，直接和言词原则在刑事审判程序方面可包含以下几项规则：

（一）法庭审判必须在被告人、检察官等亲自在场的情况下进行

"在场原则"要求诉讼各方尤其是被告人本人必须到庭参与审判活动的进行。除了法律明文规定允许缺席审判的特殊情况以外，被告人必须出庭。如《德国刑事诉讼法》即规定了"讯问本人的原则"，要求对被讯问者，必须传唤其到庭，以便在法庭上进行当面回答。同时，"公诉被告人在审判期日不到庭的，不得审判"。《日本刑事诉讼法》也规定：原则上，"被告人在公审期日不到场时，不得开庭"。

（二）在法庭审判过程中，所有提供言词证据的原证人、鉴定人、被害人、被告人必须出庭作证

证人、鉴定人必须亲自出庭向法庭提供证言，被害人、被告人也必须当庭陈述。法庭一般不得以书面的方式对言词证据进行调查和采纳，不论这种书面形式的言词证据是由被告方提出，还是由检察官以书面卷宗笔录的形式提出。换言之，控辩双方在法庭

外就证人证言、鉴定结论，被害人陈述、被告人供述等言词证据所制作的书面笔录或书面陈述均不能作为法庭据以定案的根据。只有如此，法官与原证据的中介物或隔阂才能得到排除，法官裁判与控方书面卷宗之间的必然联系才能被切断。

（三）法官对证据的调查和采纳必须亲自进行

法官要与证据建立直接联系就必须与证据进行直接接触，亲自对证据进行调查和采纳，而一般不得委托其他法官或其他法院进行这种活动。因为法官一旦委托其他法官从事调查证据活动，如询问证人、鉴定人、被害人或被告人等，他所直接面对的将是他人所作的书面证言或陈述笔录，他与证据之间就无法建立直接的联系。

（四）法庭审判须持续而集中地进行，一般不得间断

这一要求又被称为“审判集中原则”。根据这一原则，法庭审判一旦开始，就必须按照法定的程序持续而不间断地进行，直至法庭作出裁判为止。因为法庭审判一旦中断，法官在法庭上对各项证据所产生的直观和鲜明的印象就会日渐减弱甚至消失，法官与证据之间的直接联系就会遭到割裂或中断。因此各国法律均要求审判除因特殊情况必须中断之外，必须持续不断地进行。即使法庭因故中断，也必须在较短的时间内迅速恢复进行。如《德国刑事诉讼法》规定：“中断审判期间总计不超过十日的，可以恢复审判的进行；中断期间超过十日的，法庭应重新开始审判程序。”

（五）从事法庭审判的法官须自始至终地参加审判，不得中途更换

法官要与所有证据建立直接的联系，就必须亲自出席庭审，并在审判的全过程中在场，以便听取诉讼各方的举证、陈述、质证

和辩论，听取证人、鉴定人等的口头陈述，并在必要时直接询问证人、鉴定人等。如果在审判结束之前更换法官而又不中断或更新审判程序，那么后来参加庭审的法官对已进行完毕的审判活动就无法充分的了解，对已调查完毕的证据也无法产生直接的印象。为确保法官自始至终地参加法庭审判，许多国家都规定法官一般不得中途退出法庭审判。

如《德国刑事诉讼法》规定："进行审判的时候，负责审判的审判官及检察官和法院书记处的书记官应当始终出席，不得中途退庭。"《日本刑事诉讼法》也规定："在开庭后更易审判官时，应当更新公审程序。"同时为防止因更换法官而导致审判程序的重新开始和重复进行，有些国家还专门设有"候补法官"，他们在法庭审判开始后就参加旁听庭审，一旦有主持审判的法官因病或其他情况而不得不退出法庭审判，"候补法官"可接替该法官的工作，以确保法庭审判持续不断而又顺利地进行。

直接和言词原则并不能在所有刑事审判程序和程序的各个阶段中均能适用，它在刑事审判活动中有着自己的适用范围。一旦超出这种范围，这一原则就不再发挥其指导作用。

首先，直接和言词原则一般只能适用于初审法院就刑事案件的事实所作的审判活动之中。而初审法院就程序方面的问题（如回避、管辖错误等问题）所作的审查和决定程序，以及复审法院仅就法律方面问题所进行的审判程序（如一些国家第三审法院的法律审程序）一般不适用这一原则，而可以实行书面或间接的审判方式。

其次，直接和言词原则只适用于普通的刑事审判程序，而一般不适用于各种为提高诉讼效益而设立的简易程序。如在大陆法系各国采纳的“刑罚命令程序”“简易审判程序”以及英美等国实行的“辩诉交易程序”中，法庭不再举行完整的审判程序，因而不适用直接和言词原则。

最后，直接和言词原则只适用于一般的场合，而在一些特别的场合下不能适用。这一原则有一系列的例外规则。例如，在一些特殊情况下法庭可就被告人的刑事责任问题举行缺席审判程序；在证人因死亡、重病、出国、距离法庭太远等客观情况而无法出庭作证时，法官可将经过审查的书面证言作为裁判的根据，或者在控辩双方参与下亲自去证人住处进行询问并制作书面笔录，或者委托当地法院对证人进行调查并将询问笔录作为证据；等等。

二、直接和言词原则的意义

在刑事审判过程中，直接和言词原则的意义在于割断控诉方书面卷宗笔录与法院裁判之间的必然联系，确保法官与证据之间建立直接的联系，并将其裁判直接建立在法庭调查所得的证据基础之上。这主要表现在以下三个方面：

（一）直接和言词原则与程序公正

首先，直接和言词原则要求法官直接与证据接触，法官须在控辩各方在场的情况下当庭调查证据，这就创造了一种由诉讼各方共同参与、法庭集中审理的环境。在此环境中，控辩双方所提出的证人均须出庭并以言词陈述的方式提供证言，任何一方均有机会向对方的证人进行质证，对对方的证据进行反驳。法庭对证据的调查均在被告人到场的情况下进行，这无疑就使被告人获得了提出证据、发表观点和主张的机会。在直接和言词原则的保障下，控辩双方可在实质意义上从事攻击、防御活动，从而富有意义地参与法庭制作裁判的过程，并通过自己的诉讼活动对法庭裁判结果产生制约和影响。

其次，直接和言词原则对于审判程序的自治性具有独特的保障作用。从大陆法系国家的司法改革历史来看，直接和言词原则是在取代间接和书面的审判方式的基础上得以确立的。这一原则的最大功能在于防止法官直接将其裁判结论建立在国家追诉官员所制作的侦查笔录的基础上，确保法官直接与控辩双方提出的证据进行接触，并从法庭审判过程中直接形成对案件事实的认定及其对被告人刑事责任的判定。在这一原则的保障下，所有被采纳为定案根据的证据——无论是国家追诉一方提出的，还是被告人提出的——均需以最原始的方式展示在法庭上，使法官直接运用五官对证据的证明力作出判断，从而对过去已发生的与案件有关的事实通过法官的感性和理性认识得到恢复。这样，法官对案件事实的认定及其对案件的判决就可以通过法庭审判独立地作出，而不受控辩双方证据、主张的预先约束。

最后，直接和言词原则可促使法官减少预断和偏见，使控辩双方受到平等的对待。这一原则创造了一种法官与控辩双方进行平等论证、抗辩和说服的环境，案件结局将通过理性的说服和判断而不是任意的猜测或武断的认同而得以产生。在这一过程中，法官即使事先对案件事实存有先入为主的预断，也会通过接触证据——如询问证人、鉴定人，听取他们的证言，听取书证，审查物证等——而使这种预断和偏见得以减弱或克服。不仅如此，直接和言词原则还可确保程序对等原则及程序理性原则的要求得以在审判过程中体现。

(二)直接和言词原则与裁判结果公正

法院对被告人刑事责任的确定必须通过各方共同参与、法庭集中审理的方式进行,这是由司法审判的本质所决定的。直接和言词的审理方式有助于法官查明事实,作出公正裁判。对此可以作以下几个方面的阐释。

第一,直接和言词原则旨在排除法官与原证据之间的隔阂和中介物。直接和言词原则要求各方的证据均应以最原始的形式向法庭提交,如证人、鉴定人、被害人须亲自出庭向法庭陈述证言,实物证据须尽量以其原始的形式在法庭上展示。只有如此,法官才能与原始的证据产生直接的联系,从而对各项证据的证明力作出客观的判断和确定。

第二,直接和言词原则可确保控辩双方获得向对方证据进行质证的机会。在英美等国,交叉询问被视为确保控辩双方控制法庭调查、法庭发现真相的有效手段。大陆法系国家尽管没有确立交叉询问制度,但仍承认被告人拥有向证人提出质证和询问的权利,强调证人证言必须经过审判官的询问和控辩双方的质证,才能作为法庭裁判的根据。控辩双方的质证是揭露伪证、强化证据证明力的有力武器。但只有在以直接和言词方式进行的正式法庭审判中,证人、鉴定人等才能出庭作证,控辩双方对证人、鉴定人等的质证才有可能进行。

第三,直接和言词原则旨在切断控诉方卷宗材料与法庭裁判之间的必然联系,这有助于防止法官对被告人作出错误的定罪和判刑。控诉方的卷宗笔录作为记载侦查过程和收集证据结果的书面材料,所反映的大多是控诉证据的传来形式(而不是原始形式),它一般体现的是控诉方对被告人有罪问题的意见。直接和言词原则使法官有机会对各项控诉证据进行直接的接触和审查，这不仅使控诉方证据可得到重新独立的审查，而且可保证辩护方的证据进入法庭调查范围，甚至成为判决的根据。这样法官就可以摆脱控方卷宗的控制，独立地评定证据和认定事实。

（三）直接和言词原则与公开审判

审判公开原则要求法院在审理刑事案件和就被告人的刑事责任问题作出宣判时，除有特殊情况以外，一般应允许社会公众在法庭所能容纳的空间内，在场旁听审判的进行。这一原则的意义在于，确保社会公众对刑事审判主要过程的了解、参与甚至控制，对法庭裁判的制作过程进行监督，从而增强社会公众对法庭、法院乃至审判制度的信任和尊重，增强法官的责任心，防止其他任何非司法因素介入法庭审判过程并且左右法院的判决结果。在直接和言词的审判方式下，法庭的裁判直接建立在其直接调查和言词辩论的基础上，各方提出的证据一般都以原始的方式出现在法庭上，诉讼各方的诉讼行为均以言词陈述方式作出，这就为社会公众全面了解审判的过程创造了条件和环境。而在间接和书面的审判方式下，公众即使参与旁听，也无法了解审判的实质过程，审判过程实际上是处于秘密进行之中的，这就使审判公开的目的很难得到实现。因此，许多学者均把直接、言词和公开的审判方式同时作为现代审判方式的象征，有的学者还将直接和言词原则视为“审判公开的基础”。

三、直接和言词原则在我国的适用

从理论上看，我国法学界和司法界都赞同在刑事审判中全面贯彻直接和言词原则。自1996年以来，我国《刑事诉讼法》一直不断地吸收直接和言词原则的理念。特别是2012年以来，《刑事诉讼法》逐步确立了证人、鉴定人、侦查人员、专家辅助人出庭作证的制度，不仅明确了证人等出庭作证的条件和不出庭的情形，而且还为证人、鉴定人出庭作证确立了一些程序保障。可以说，随着证人、鉴定人等出庭作证制度的确立，我国法院对于公诉方案卷笔录的依赖有所减少，直接和言词原则的实施才具有了现实可能性。

自2014年以来，我国司法改革决策者一直强调建立以审判为中心的诉讼制度。在这种以"审判中心主义"为目标的改革过程中，直接和言词原则得到了前所未有的强调。在一些实务界人士看来，只要确保证人、鉴定人出庭作证，确保证据出示在法庭，案件事实查明在法庭，并确保对证人、鉴定人的当庭质证，那么，直接和言词原则也就得到了贯彻，并进而实现了庭审实质化的改革目标。在最高人民法院参与制定的一些规范性文件中，有关规范法庭调查程序、完善对证人的法庭质证规则、完善法庭辩论规则、完善当庭宣判制度等方面的内容，再次得到重申和强调。

但是，仅仅通过确保证人、鉴定人出庭作证，建立相关的举证、质证和辩论规则，就能使直接和言词原则得到贯彻实施吗？在2010年以后，随着刑事证据规则的逐步确立，证人、鉴定人出庭作证的情况逐渐增多了起来，对证人、鉴定人的当庭质证甚至交叉询问也随之出现在法庭审理过程之中。但是，伴随着证人出庭作证的同时，法庭竟然允许公诉方宣读侦查机关所作的证人证言笔录，并将这种证言笔录与证人当庭证言同时作为法庭举证、质证和辩论的对象，甚至还以证言笔录"得到其他证据印证"或者

"当庭证言得不到其他证据印证"为由，直接将证言笔录作为定案的根据。既然证人出庭作证并不具有将证言笔录阻挡在法庭之外的效力，那么，直接和言词原则真的得到贯彻了吗？

其实，直接和言词原则是大陆法国家所确立的一项基本原则，它由"直接审理原则"和"言词审理原则"组合而成。作为一项审判原则，直接和言词原则对证据的法律资格提出了专门要求，也就是所有证据必须在法庭上由法官、陪审员亲自接触，经控辩双方当庭质证，才能作为定案的根据。从消极的角度来说，那些未经裁判者当庭接触、未经控辩双方当庭质证和盘问的证据，原则上不得作为定案的根据。与此同时，作为直接和言词原则的基本要求，法庭审判原则上不得中断，法官在审判过程也不得中途更换，否则，原来所进行的法庭审理活动应归于无效。根据这一审判集中进行原则的要求，法律必须对于法庭休庭时间作出严格限制：一方面，法庭审理一旦启动，即应持续不断地进行，即使不得不休庭，也应有最高休庭时间的限制，超出这一时间，法庭审理应属无效；另一方面，在法庭审理结束后，法庭应连续不断地进行评议和表决，以便产生裁判结论，庭审结束与宣判之间的时间也应有最高期间的限制，超出这一期间，法庭审理及其裁判结论也都应被宣告无效。

当然，公诉方移交的侦查案卷笔录一律不具有证据能力，这也不是一成不变的，而应有必要的例外情形。首先，这些庭外证言和书面陈述可以发挥一种"弹劾证据"的作用。也就是说，在证人、被害人出庭作证的情况下，假如证人、被害人当庭提供的证言与原来所作的庭外证言和陈述不一致，或者当庭改变原来的证言和陈述的，控辩双方可以申请法庭宣读该证人、被害人原来所作的庭外证言，以有效地质疑证人、被害人当庭所作证言的真实性。在此情况下，法院可以允许控辩双方宣读证人、被害人的庭外证言和陈述。不过，这种庭外证言和陈述的作用只能被用来对当庭证言和陈述进行质证，而不能被法庭采纳为定罪的根据。其次，假如证人、被害人在出庭作证时出现记忆丧失或者记忆模糊的情况，则法庭可以允许宣读其审判前所作的证言笔录，以便唤起证人、被害人的记忆。但是，这种对证言笔录的宣读也只能起到“唤起证人记忆”的功能，而不能作为法庭作出有罪认定的根据。

我国原来对侦查案卷笔录的移送和采纳并没有作出任何法律限制。但是自2010年以来，随着刑事证据规则的出台和《刑事诉讼法》的修改，证人、鉴定人出庭作证制度逐步建立了起来。法律确立了证人、鉴定人、侦查人员出庭作证的法定情形，规定了证人、鉴定人不出庭作证的法律后果，甚至还建立了证人出庭作证的程序保障机制。多数学者据此认为，我国《刑事证据法》已经确立了直接和言词原则。

但是，证人、鉴定人出庭作证制度的建立，仅仅贯彻了言词审理原则的要求，却没有真正贯彻直接审理原则。无论证人、鉴定人是否出庭作证，公诉方提交的证人证言笔录、鉴定意见的证据能力都始终没有受到否定，承载这些“传闻证据”的案卷笔录一直成为法院认定案件事实的基础。与此同时，我国法律没有确立审判集中原则，对于休庭时间和次数没有作出限制，对于所谓的“定期宣判”更是采取放任自流的方式。这是我国贯彻直接和言词原则的最大制度障碍，也是我国实现以审判为中心的诉讼制度改革的基本困难。对此，我们可以从以下几个方面作出简要分析。

首先，案卷移送制度的恢复，使直接和言词原则的贯彻面临严重困难。2012年《刑事诉讼法》恢复了案卷移送制度，使法官在开庭前就可以全面接触公诉方移交的案卷笔录。这会带来两方面的消极后果：一是法官只要事先全面接触了公诉方的案卷材料，就可能不再传召证人、被害人、鉴定人出庭作证，而会直接采纳书面证言和陈述，根据这些书面证言和陈述认定案件事实。那些庭前查阅过案卷笔录的法官，甚至可能在开庭前先行进行实质性的证据调查，而将法庭审理过程彻底地变成一种法律仪式。这对于直接和言词原则的贯彻构成实质性的挑战。二是我国《刑事诉讼法》继续奉行一种以案卷笔录为中心的庭审方式。这种庭审方式对于直接和言词原则的贯彻也构成消极的影响。在这种庭审方式下，法庭既无法亲自听取证人、鉴定人、被害人就案件事实的当庭陈述，也无法通过询问侦查人员来获取案件侦查过程的事实信息。法庭没有责令公诉方通过举证来重现案件事实的全部过程，而是简单地接受公诉方业已形成的事实认定结论。

其次，即便在证人、被害人出庭作证的情况下，法庭竟仍然允许公诉方宣读侦查人员庭前制作的证言笔录、被害人陈述笔录和情况说明材料，甚至直接以这些笔录证据来否定证人当庭证言、被害人当庭陈述的证明力。可想而知，在这些“传闻证据”畅通无阻地进入法庭审理程序的情况下，证人、鉴定人、被害人出庭作证将变得毫无意义。

最后，法律对法庭审理开始后休庭的时间和次数没有作出限制，导致直接和言词的法庭审理变得毫无意义。这是因为，任意的休庭会造成法官难以连续不断地完成对案件事实的认识过程，影响法官内心确信的完整性；同时，任意休庭还会带来“定期宣判”的滥用，使法官在形成裁判结论过程中受到外部因素干预和影响的可能性大大增加。

要真正贯彻直接和言词原则，切实有效地推进以审判为中心的诉讼制度改革，一方面，必须将公诉方的案卷笔录阻挡在法院的大门之外，并且否定公诉方所作的证言笔录、被害人陈述笔录、侦查人员情况说明等书面材料的证据能力。否则，仅仅依靠言词审理原则的表面贯彻，是根本无法实现直接审理原则的。另一方面，还需要对法庭审理过程中的休庭时间和次数作明确限制，确定最高休庭期限，并设定超出法定最高休庭期限的无效后果；在增加当庭宣判适用范围的同时，还要设定“定期宣判”的期限限制，确立法庭审理结束与宣判之间的最高期限，否则也要确立审判无效的法律后果。

第五节　一事不再理原则

一、一事不再理原则的含义

一事不再理原则是一项为现代各国所普遍确立的刑事审判基本原则。这一原则要求，法院对于任何已经生效裁判加以处理的案件，不得再行审判；对于所有已被生效法律裁判确定为有罪或无罪的被告人，法院不得再予审判或科刑。

一事不再理原则是一项十分古老的诉讼原则，它起源于古罗马法。这一原则的最初含义是，法院对一个案件（一事）不作两次以上的审判。在罗马共和国时期，法院实行一审终审制，法院依照固有的“程式”和步骤对案件作出判决之后，该判决即产生法律效力，法院除法律另有规定以外，不得再行审判。这就是最初意义上的“一事不再理”（拉丁：*non bis idem*）原则。这一原则在刑事审判和民事审判中均可适用。按照罗马法学家的理论，法院的判决一旦生效，即产生“既判力”（拉丁：*res judicata est*），“既判的事实，应视为真实”，不论其正确与否，任何法院或法官都不能将其推翻。一事不再理原则在罗马法中的出现，与那种强调严格法律形式主义的程式诉讼制度的盛行不无关系。

大陆法系国家的法律继承了罗马法中的“一事不再理”原则，但给这一原则赋予了一些新的含义。按照德国学者的解释，法院在刑事审判过程中一般可作出两种裁判：一是“实体裁判”，即根据刑事实体法的规定确定被告人有无刑事责任以及应否对其科处刑罚的裁判，包括无罪裁判和有罪（科刑或免刑）裁判两种；二是“程序裁判”，即法院就审判程序方面的事项所作的裁判，如免诉、不受理、管辖错误之裁判等，这种裁判又称为“形式裁判”。

上述两种裁判一旦经过法律规定的程序和审级成为确定的终局裁判，即可产生一种特殊的法律效力，即“裁判确定力”。这种“裁判确定力”按其效果不同又可分为形式确定力和实质确定力两种。“程序裁判”一般只能产生形式确定力，即产生终结审判程序的效果，并使裁判具有可执行性。但“实体裁判”一旦生效，不仅会产生形式确定力，而且还会产生实质确定力，即经裁判确定的同一诉讼案件（同一被告之同一起诉事实）不得再度成为另一审判程序之客体，任何法院均不得通过重新开启另一刑事审判程序对该案件作出新的裁判。因此，一事不再理原则仅适用于法院所作的实体裁判，而不适用于程序裁判。实行这一原则，可保证法院裁判具有相对确定性和稳定性，使法律的安定性得到保障，法院的尊严和威信得到维护。

英美法系中有一项与“一事不再理”原则含义相近的法律原则，即“不受双重危险”的原则（protection against double jeopardy）。根据这一原则，被告人不得因同一罪行而受到两次起诉、审判和科刑。如《美国联邦宪法》第五修正案规定：“任何人均不得因同一罪行而两次受到生命或身体上的危险。”尽管美国法律对于“不受双重危险”原则的具体含义和要求并没有作出明确的规定，但我们可以从美国联邦最高法院的判例中发现有关这一原则的权威性解释。

美国联邦最高法院在1969年所作的一项判例中明确指出：不受双重危险原则同时可包含三项宪法保障：（1）“它保证对同一罪行宣告无罪后不得再次起诉”；（2）“保证对同一罪行在判罪以后不得再次起诉”；（3）“保证对同一罪行不得两次处罚”。[1]

根据传统的英国普通法上的解释，不受双重危险的原则只适用于那些以宣告无罪释放或宣告判罪而告终的完整的审判程序之中。美国联邦最高法院曾作出过一系列判例，对不受双重危险原则的适用范围作出了规定：第一，如果被告人被法庭判决无罪，检察官无权对被告人提起上诉，即使法庭在审判中犯有某种对检察官不利的法律错误或者起诉状存有某种缺陷。第二，如果被法庭判决有罪的被告人提出了上诉，上级法院可对其进行第二次审判。但是如果被告人的有罪裁判在新的审判中得到维护，法官一般不得对被告人判处更重的刑罚。第三，如果一项起诉因证据不足而被法庭在作出最终裁决之前予以驳回（相当于宣告无罪），被

〔1〕 Christopher Osakwe, “The Bill of Rights for the Criminal Defendent in American Law”, in *Human Rights in Criminal Procedure*, Martinus Nijhoff Publishers, 1982, p.260.

告人一般不能受到第二次审判。第四,如果一项针对某一罪行而作出的判决已得到执行,法庭不能对该项罪行实施两次刑事处罚。但在该判决执行以前,法官仍可在判刑程序中纠正该判决中的错误,等等。

英美法系中的"不受双重危险"原则在适用范围方面显然要比一事不再理原则宽泛。一事不再理原则强调的是法院所作的刑事裁判经过法定的程序和审级最终产生法律效力之后,一般不得加以推翻;而且被告人经法院生效的判决确定有罪或无罪之后,一般不再受到新的审判或判刑。因此,只有当法院的刑事裁判已产生法律效力时,一事不再理原则才能发挥其作用。"不受双重危险"原则所要求的则是不得对任何被告人的同一行为进行两次审判和判刑,禁止使被告人的实体权益因其同一行为受到两次危险;法庭(尤其是陪审团)的刑事裁判一旦作出,无论是否已产生法律效力,控辩双方在上诉或申请再审方面均要受到这一原则的限制。因此,不受双重危险原则不仅适用于刑事审判程序终结阶段——即法院已作出了生效刑事裁判之时,而且适用于刑事审判过程之中,如控辩双方对未生效裁判提起上诉的程序等。在英美法系中,控诉方无权就陪审团所作的无罪裁断提出上诉,被告人对法庭的有罪裁决提出上诉后,上一级法院不得加重对被告人的刑罚处罚,等等。这些规则都是从"不受双重危险"原则中派生出来的。而在大陆法系中,控辩双方对未生效裁判均有权提出上诉,有些国家也确立了上诉不加刑或禁止在上诉审中对被告人作不利变更(拉丁:*verbot der reformatio in pejus*)的原则,但这些原则与一事不再理原则并没有多少内在的联系。

由于一事不再理原则与不受双重危险原则均强调就某一刑事

案件而开启的审判程序一旦终结（以法院作出生效裁判为标志），法院一般不得对该案件再次开启刑事审判程序，因此两者有其共同的要求和适用范围。一些国际人权保障公约也吸收了一些体现这两项原则共同要求的规则。如联合国1966年通过的《公民权利和政治权利国际公约》第14条第7项规定："任何人依一国法律及刑事程序经终局判决判定有罪或无罪开释者，不得就同一罪名再予审判或科刑。"这一权利保障条款所针对的即为法院的终局或生效判决，因而只适用于刑事审判程序的终结阶段。

与其他法律原则一样，一事不再理原则也不是绝对的，而有其固有的适用范围。再审程序的设立即为这一原则的重要例外。目前，大陆法系国家一般均设有较为完整的刑事再审制度。英、美等国也允许一些较高等级的法院对已生效案件予以重新审判，但对这种再审申请作出了极为严格的限制。从理论上看，设立再审程序旨在纠正国家实施法律过程中的非正义和不合理现象，防止无罪的公民受到错误的定罪和判刑，维护法院和审判制度在社会公众中的威信和尊严。但是，作为一事不再理原则的例外，再审程序的申请和举行要受到法律的严格限制。例如，进行再审的目的一般只限于保障被判决人的利益；再审必须在当事人或检察部门提出请求的情况下才能进行，法院不得自行决定再审；开始和进行再审必须具有法律明文规定的理由；申请再审有时间和次数上的限制；等等。

二、一事不再理原则的意义

一事不再理原则与其他各项审判原则一样，旨在以其特有的方式实现法律的价值。首先，这一原则在刑事审判过程中的意义在于，通过防止任何一项已被生效裁判确定和解决的刑事案件重新成为法院审判的对象，确保刑事案件得到最终的处理和解决，从而实现法律实施的确定性、安定性和和平性。

实现实体正义的要求固然是刑事审判活动的目的之一，但是在任何社会中追求刑事实体正义都不是也不可能是一种不受任何限制的绝对价值目标。人们不能为实现实体正义而无休止地就一项刑事争端开启和进行审判程序，也不能为实现真实而不择手段，否则就会导致其他重要的价值受到不应有的牺牲。确保刑事审判程序的及时终结即是一项与实现实体正义同样重要的独立价值目标。无论法院的裁判事实上是否符合刑事实体正义的要求，也无论它在事实认定和法律适用方面正确与否，只要它能够使刑事审判程序得到及时终结，就具有一种积极的意义。这是因为，从一般的意义上看，国家设置审判程序和审判制度的目的在于确保个人之间以及个人与国家之间的利益冲突以和平和权威的方式得到解决。作为一种确定被告人刑事责任的过程，刑事审判程序一旦在控告方的请求下得到开启，就会经过法定的程式和步骤，最终产生一项具有法律效力的权威性裁决。这项裁决是刑事审判程序运作过程的一个最终结果，也是法院代表国家对某一特定刑事案件所作的解决方案。它一经生效，就具有可执行性，对控辩双方具有"定分止争"的法律确定力和约束力。有了这一裁决结果，国家的刑事实体法就会在具体的事实情境中得到现实的实现，诉讼各方因刑事审判程序的开启而发生的诉讼法律关系即可得到终止。但是，如果法院通过刑事审判作出一项生效裁决之后，可以就同一刑事案件再次开启审判程序，或者诉讼各方对此裁决的上诉、申诉可以无休止地进行下去，或者同一事项在另一审判过程中又被提出来并处于诉讼客体的地位，那么这一案件事实上就等于没有得到解决。法院的刑事审判活动一旦不能产生终局性的裁决结果，就会导致一系列消极的后果。如被害人因为无法通过国家力量实现自己的利益和要求，可能求诸私力救济和武力解决手段；法院因为不能及时地实现刑事实体法的要求，而无法使诉讼各方的权利、义务和责任在法律上得到调整和确定；法院经过多次开庭审判，就同一刑事案件所作的裁判相互矛盾，对其裁判理由和根据的解释前后不相一致，以至于使社会公众失去了对法院裁判权威性和公正性的尊重和信服；等等。所有这些，都使法院以和平、权威的方式确定被告人刑事责任的初衷无法得到实现，法律实施的确定性、安定性和和平性等这些法治原则的要求和目标难以得到维护。

一事不再理原则在刑事审判过程中的另一项意义在于通过防止被告人受到任意的重复追诉和审判，确保刑事审判程序的合理性和公正性。这一意义主要表现在以下两个方面。首先，一事不再理原则旨在抑止审判权的任意行使。现代刑事审判严格按照程序自治的要求而进行。诉讼各方在事先对案件结局一无所知和无所预测的前提下按照适当的角色分工在法庭上集中地进行理性的交涉、论证、辩驳和推理活动，控辩双方基于各自的追求利益动机为求得最有利于自己一方的裁判结局而积极、主动地展开论辩和说服活动，法庭的裁判尽管由法官单独或集体作出，但它要在法庭审判过程中产生，并且受到控辩双方观点、证据的影响和牵制。因此，法庭的裁判结果与审判程序之间具有一种内在的逻辑关系，两者很难完全加以分离。法院一旦对一件已由生效裁判加以确定和解决的刑事案件重新开始审判过程，就等于将原已生效的裁判连同产生这一裁判的刑事审判过程一起，均加以否定。因此对一件已由生效裁判处理的案件再次开启审判程序极需慎重进行，否则就会违背程序理性原则。但是，一事不再理原则并不绝对禁止法院对已生效裁判予以再审，而是要求法院在重新审判时须有充分的理由：不如此便极可能导致另一种更为严重的不公正，如误判无辜、放纵极为严重的犯罪等，并且将再审的可能性降到最低的限度。

其次，一事不再理原则旨在确保刑事审判程序的及时终结。这一方面可防止审判活动的拖延和刑事司法资源的浪费，另一方面也可避免使被告人和被害人受到不公正的对待。因为法院针对同一刑事案件多次重复开启刑事审判程序，其结果往往使案件处于"久拖不决"的状态，被告人无休止地受到追诉和审判，其法律地位难以得到确定，其名誉、隐私、自由乃至前途均会因缠诉过久而受到极大损害。不仅如此，那些意在实现个人权利和愿望的被害人也会因此而受到伤害，因为被害人一旦反复地参与审判活动，不仅无力保护自己的隐私和人格，甚至会因涉讼太久而受到"第二次伤害"。他对于重复进行的审判会失去希望，对于维护个人权益会产生无助和不受重视的感觉。法院只有按照一事不再理原则的要求，严格限制对已生效裁判的重新审判，被告人和被害人所可能受到的不公正对待才能降到最低的程度。

三、一事不再理原则在我国的适用

传统的诉讼理论认为，我国奉行实事求是、有错必纠的原则，法院在刑事审判活动中既要维护判决的稳定性、统一性和权威性，也要注意纠正一切错误的裁判；一事不再理原则要求法院保持其判决的稳定性和统一性，防止朝令夕改，这固然是可取的，但这一原则与有错必纠的诉讼原则存在矛盾，它不利于不枉不纵这一刑事诉讼目的的实现。与这一观点相适应，自1979年以来，我国《刑事诉讼法》尽管历经数次大规模修订，却始终没有确立一事不再理原则。这一点可以从该法就"审判监督程序"所作的规定中看出来。

首先，各级法院院长对本院已经发生法律效力的判决和裁定，如果发现确有错误，认为有必要再审，可提交审判委员会讨论同意后开始再审。上级法院和最高人民法院对下级法院的判决和裁定发现有错误时，有权提审或指令下级法院再审。这表明，法院有权就生效裁判自行和主动地决定并开始再审程序，只要它认为该裁判在事实和法律上"确有错误"。而法院一旦成为刑事再审程序的启动者，就难以保持其中立的地位，它所从事的再审活动也将不可避免地带有任意性和随机性。

其次，检察机关对于在认定事实或者适用法律方面"确有错误"的生效裁判，有权随时提出抗诉，或者提出再审建议。此类抗诉是启动刑事再审程序的法定条件，此类再审建议也通常会引发法院的再审程序。检察机关在启动再审程序方面所享有的"刚性监督权"，导致法院在启动再审程序方面不得不迁就于检察机关的意志。

再次，我国法律不区分"有利于被告人的再审"和"不利于被告人的再审"，导致法院既可以为"平反冤假错案"而启动再审程序，又可以为"将被判决无罪的人改判有罪"或者"为加重被告人的量刑而启动再审"。而后一情况一旦发生，就意味着一个被告人因为同一行为而受到检察机关的双重追诉，并进而受到法院的重复审判和重复定罪量刑。这显然会导致国家刑罚权的滥用，使被告人遭受两次法律危险。

最后，在法院和检察机关启动再审程序不受有效限制的情况下，当事人及其近亲属滥用申诉权的现象也是层出不穷。既然法院和检察机关都不对生效裁判的权威性给予基本的尊重，那么，那些被定罪判刑的人及其近亲属，当然也就心存侥幸心理，通过积年累月的不断申诉，来试图说服法院启动再审程序，或者促使检察机关提出抗诉或者提出再审建议。为达到这一目的，一些被判刑人及其近亲属不惜动用一切政治或社会资源，对法院或检察机关施加程度不同的影响和压力。结果，法院或检察机关有时在无法承受压力的情况下，就被迫启动刑事再审程序，甚至直接对生效裁判作出改判。这显然表明，没有一事不再理原则的约束，法院、检察机关在启动再审方面的独立性是难以得到保障的。

我国《刑事诉讼法》有关再审的规定及其在司法实务中的实施效果表明，“我国的判决仍然缺乏既判力和自缚性，审判权之间的相克关系仍然很薄弱”。[1]由于法院在开启和进行再审程序方面难以受到有效的法律约束，任何一个刑事案件在法院作出生效裁判后都可能重新成为审判的对象，这使两审终审制事实上名存实亡。法院作为解决争端的司法机构，却无法对争端提出一项最终的解决方案，也无法使已经启动的争端解决程序得到及时的终结。法律的实施也由于法院反复地再审而失去最基本的确定性和权威性。

〔1〕 季卫东：《程序比较论》，载《比较法研究》1993年第1号。

第四章　刑事审判中的职能区分

↓

湿壁画：正义女神，意大利画家 Paolo Veronese（1528–1588）和 Giovanni Battista Zelotti(1526–1578) 绘画在威尼托自由堡（Castelfranco Veneto）的穹顶上，自由堡建造于文艺复兴时期，是当时的杰作之一。威尼托大区位于意大利东北部，首府是威尼斯。

第一节 诉讼职能区分的一般理论

一、诉讼职能及其分化

诉讼职能区分(division of procedural functions;德:Funktionsteilung)是现代刑事审判程序和审判制度中的一项重要原理。欧德教授认为:"诉讼职能区分似乎是纠问式程序与控诉式程序(accusatorial procedure)之间的基本差异之一。"[1]在纠问式制度中,控诉、辩护和裁判这三项诉讼职能没有得到区分。控诉与裁判由同一司法机构承担,被告人只拥有极少的自我防御机会,辩护职能事实上并不存在。而"在控诉式程序中,这些职能却有必要进行分离。控诉职能由检察官承担,辩护职能属于被告人和他的辩护律师,而裁判则是独立于前两者中任何一个的法庭的职能"。[2]我国台湾地区学者林山田教授也认为:"今日大陆法系国家刑事诉讼程序有所谓功能区分(德:Funktionsteilung)之构

〔1〕 Arpad Erdei, "Introduction: Comparative Comments from the Hungrian Perspective", in *Comparative Law Yearbook*, Vol.9, Martinus Nijhoff Publishers, 1985.

〔2〕 Ibid.

架，亦即分由刑事法院、检察机关、辩护人三个有机体，在功能上相互配合，并进而进行刑事审判程序。”[1]

所谓诉讼职能区分，是指参与刑事审判活动的诉讼主体在诉讼角色、功能和作用方面的分工。具体而言，参与审判活动的诉讼主体为了实现自己一方的诉讼目标，而在整个刑事审判过程中固定地承担着各不相同的功能和作用，担当着不同的诉讼角色，并以此角色为界限实施具体的诉讼行为，发生复杂的诉讼法律关系。由于各方在审判中所承担的诉讼职能不同，他们所实施的诉讼行为在性质、方向和目标等方面就具有了质的区别：检察官作为国家刑事追诉机关的代表，在审判过程中承担控诉职能，并为此而从事提起公诉、支持公诉、证明指控等各项具体的诉讼活动；法官作为国家审判机构的代表，承担裁判职能，并为此而进行审理、调查、裁判等诉讼活动；被告人（自行或在辩护人协助下）承担辩护职能，并为此而从事申请、举证、质证、辩论等诉讼活动。整个刑事审判活动就是在控诉、裁判和辩护这三项诉讼职能的区分及其相互制衡中进行的。

在现代汉语中，“职能”是指人、事物、机构应有的作用和功能。人们通常所说的“职能部门”，即指承担着特定功能的部门和机构。在政治学中，“职能”一词与国家权力划分有着密切的联系，它常被用来指某一机构在整个国家权力机制中所具有的任务和职责。如国家在立法、行政和司法三方面的分权又可称为三项国家职能的分立。但是，刑事审判是一种由多方主体共同参与的活动，这些主体既包括作为国家专门机构代表的法官、检察官，也

〔1〕 林山田：《刑事诉讼法》，汉荣书局有限公司1981年版，第102页。

包括作为普通公民的被告人，他们在审判过程中没有身份地位上的高低贵贱之分，而只有诉讼角色上的差异。国家专门机构的代表尽管事实上拥有审判权或追诉权，但他们行使这种权力的方式不是强制或命令作为公民的被告人去实施某一行为，而是与他展开理性的说服、争辩、论证、交涉和对话。刑事审判活动的这一理性特征决定了三方主体诉讼职能的独立性和自治性。

在笔者看来，刑事诉讼职能与诉讼主体是一对有着密切联系的概念。所谓诉讼主体，是指承担控诉、辩护和审判三项诉讼职能的诉讼参加者。没有诉讼主体的具体诉讼行为，任何一项诉讼职能均难以得到承担；没有诉讼主体的诉讼职能区分，他们的诉讼行为就会出现混乱和无序，审判程序将难以具备基本的公正性和合理性。在现代刑事审判程序中，承担控诉、辩护和审判三项职能的检察官、被告人和法官都是诉讼主体，他们通过实施具体的诉讼行为发生基本的法律关系——“基于当事人请求及接受审判与法院为审判而生之权力义务关系”。[1]为了对诉讼职能这一概念的内涵作出更加深入的揭示，笔者在此有必要对诉讼职能与诉讼主体的关系从理论上加以分析。

首先，诉讼职能的背后存在诉讼主体的利益机制。诉讼职能的区分不是临时的权宜之计，而是与诉讼主体拥有各自独立的实体权益和诉讼目标有着密切联系的。在刑事审判过程中，法官、检察官和被告人之所以分别承担裁判、控诉和辩护职能，是因为他们各有其独立的利益和目标，他们参与审判活动的直接目的就在于实现这些目标。具体而言，代表国家进行刑事追诉活动的检

〔1〕　参见林山田：《刑事诉讼法》，汉荣书局有限公司1981年版，第102页。

察官，在诉讼中所要维护的是国家和社会的利益，即维护社会治安和秩序，恢复被犯罪行为所破坏的法律秩序和社会关系，使国家政权和社会安宁不受破坏。为维护这一利益，检察官在审判过程中会追求这样一种诉讼目标：证实被告人的罪行，促使法庭对他定罪和判刑。与此相反，被告人作为检察官刑事追诉的对象，与诉讼结局有着直接的利害关系：他的生命、财产、自由等实体权益处于待判定的状态。为防止自己的生命、财产或自由等权益不遭到国家有组织的剥夺，被告人在审判中会竭力证明检察官的指控不能成立，促使法庭作出无罪或罪轻裁判，并将此作为自己的诉讼目标。正是由于检察官与被告人的利益和目标存在如此严重的冲突和直接的对立，他们才会分别承担两种相互对立的诉讼职能——控诉与辩护，他们为此所进行的一切诉讼活动也主要围绕其利益和目标而进行。与检察官和被告人不同，负责进行审理和裁判的法官及其他裁判者既不承担惩治犯罪和维护公共秩序的责任，也不与裁判结局有直接的利害关系。他们在审判中代表和维护的是一种更高层次的国家利益：公正无偏地实施法律，确保正义和法治的实现。法官的诉讼目标不是追求对被告人的定罪或使其免受刑事追究的结果，而是在确保各方参与者受到公正对待的前提下查明事实真相，审查控诉方的指控能否成立，并对那些已被确认有罪的被告人确定刑事处罚的种类和限度。法官的裁判职能是由他所维护的这种利益和目标所决定的。

其次，诉讼职能决定着诉讼主体的法律地位。法官、检察官和被告人在刑事审判中分别承担独立的审判、控诉和辩护职能，这决定了他们都处于诉讼主体的地位，并与一般的诉讼行为主体在地位上区别开来。辩护人、代理人、证人、鉴定人等尽管也都是具体诉讼行为的主体，他们在审判过程中均享有一定的权利，承担一定的义务，通过具体诉讼行为来实现这些诉讼权利和义务的要求。但他们与案件的结局本身没有直接的利害关系，他们既不是“当事人”，也不是争端的裁决者。这些诉讼参与人参加刑事审判活动，并不是为了实现和追求其独立的利益和目标，而是出于某种法律义务（如证人、鉴定人等），或者出于履行某种法律职责（如辩护人、代理人、翻译等）；他们也不独立承担某一项诉讼职能，而仅仅对上述三项诉讼职能的实现进行协助或促进。与控、辩、审三方诉讼主体相比，这些诉讼参与人对审判活动的参与并不具有必然性，他们即使参与了刑事审判活动，也难以对刑事审判程序的开启、运作和终结产生决定性影响。

最后，诉讼职能制约着诉讼主体行为的性质和方向。诉讼行为是主体承担诉讼职能、实现本方诉讼利益和目标，进而推动刑事审判进程的手段和中介环节。没有具体诉讼行为的引导，任何诉讼主体都难以行使诉讼权利和承担诉讼义务，也难以对审判的进程和裁判的制作发挥实质性影响。但是，诉讼主体的诉讼行为并不是无序或任意进行的，它们一般会受到该主体所承担的诉讼职能的制约，并最终体现诉讼职能的要求。例如，检察官和法官在刑事审判过程中所实施的所有诉讼行为都必须符合他们所承担的诉讼职能，这些诉讼行为尽管有时在形式上具有相似性，但它们的性质和目标各不相同。法官在审判过程中有时也会亲赴犯罪现场调查案情、收集证据，但这种调查行为属于裁判活动的组成部分，其目的在于通过亲自审核证据来查明真相，从而作出公正客观的裁判。这种调查行为与检察官所从事的带有追诉性质和目的的调查行为是有实质性区别的。而且，现代各国法律一般对法官的司法调查行为作出了严格的限制，以防止这种行为因其不当实施而可能对法官中立地位的破坏，这种地位是法官在承担裁判职能过程中所必备的。

正是由于诉讼职能与诉讼主体有上述三方面的关系，我们才把现代刑事审判程序视为一种诉讼职能或诉讼角色的分派体系。这种审判程序一旦开启，就会依照其原已确定的步骤和程式进行运作，诉讼主体各方的行为、身份和角色以及各方相互间的诉讼关系均与外界保持相对的隔绝和封闭，而遵从程序自治的要求。法官、检察官、被告人等在审判过程中均程度不同地失去其社会生活中原有的身份和角色，而各自拥有一种与其诉讼职能相关的固定角色，这种角色的分担一直要持续到刑事审判程序终结之时。诉讼职能的区分和诉讼角色的定位有利于创造出一个相对独立的裁判的"隔音空间"，这里"只讨论纷争中的判断问题"，"只考虑与本案有关的事实和法律"，而不管其他任何无关的论题。只有这样，才能创造出一个"平等对话、自主判断的场所"。[1]同时，有了这种职能区分和角色定位，诉讼各方的诉讼目标和地位才能走向独立，他们的诉讼行为才能最大限度地符合理性的要求。在这种职能区分机制中，法官、检察官尽管同为国家工作人员，但他们可以相互制约、互不依附，各自独立地参与裁判过程；被告人尽管是普通公民，但他们在审判过程中与法官、检察官都拥有平等的独立人格和诉讼主体地位，相互间可平等地进行申请、论证、说服和交涉等理性活动。可以说，诉讼职能的区分机制与刑事审判活

〔1〕 参见季卫东：《程序比较论》，载《比较法研究》1993年第1号。

动的多方参与性和理性交涉特征具有十分密切的关系。

那么，作为一项重要的刑事审判原理，诉讼职能区分究竟有哪几项具体的要求呢？从字面意义上看，职能区分的反面是职能的集中和职能的混淆。所谓职能的集中，是指同一诉讼主体在审判过程中同时承担两项以上的诉讼职能；所谓职能的混淆，是指诉讼主体承担本应由其他诉讼主体承担的诉讼职能，或者实施与自己本应承担的诉讼职能不相一致甚至相悖的诉讼行为。诉讼职能的集中和混淆无论由哪种因素直接引起，都会导致诉讼职能的区分遭到削弱甚至名存实亡。为避免诉讼职能集中和混淆这两种情况的发生，现代刑事审判中的职能区分一般包括以下四个方面的内容或要求：

第一，控诉、辩护和裁判三项诉讼职能必须由三方独立的诉讼主体分别承担，而不能由两方或一方诉讼主体予以承担。诉讼职能的区分首先意味着三项诉讼职能的分离以及三方诉讼主体在承担职能的能力方面的独立。因此，诉讼职能的存在与诉讼主体的存在必须是一一对应的关系。

第二，任何一方诉讼主体均不得通过实施诉讼行为，承担或协助承担其他诉讼主体的诉讼职能。这是防止因诉讼主体同时承担两项诉讼职能而导致职能集中的重要措施。例如，检察官与法官尽管有职能上的分工，但法官经常协助检察官从事追诉活动，如直接收集对被告人不利的证据，任意扩大刑事追诉的范围，等等。这事实上等于法官集裁判和控诉职能于一身，控审职能分离已名存实亡。

第三，诉讼主体不得被迫实施与自己本应承担的诉讼职能完全相冲突的诉讼行为。诉讼职能决定着主体诉讼行为的性质和方向，职能的区分也导致主体诉讼行为在目的、性质等方面具有实质的差异。如果一个诉讼主体被迫实施有违自己诉讼职能的诉讼行为，那么他行为的自主性和自愿性就受到了侵犯，该诉讼主体的地位也难以具备独立性，诉讼职能的区分事实上就不存在了。被告人如果被迫承担自证其罪或如实揭发个人罪行的法律义务，那么他就无法独立自主地承担辩护职能，甚至完全成为检察官用以追诉犯罪的工具，从而失去诉讼主体的资格。

第四，诉讼主体一般不得实施其他不利于其诉讼利益和目标实现的诉讼行为。诉讼主体的行为即使没有违背职能分离的原则，但如果它不能促进而是妨碍诉讼主体的诉讼目标的实现，也是不适当的。同时，法律也不能向任何诉讼主体提出与其诉讼职能或活动目标不相符的要求，否则诉讼职能的区分也会遭到违反。例如，法官尽管不去实施带有追诉性质的行为，却对被告人充满恶意和偏见，他不仅不去全面听取辩护方的意见和辩解，而且还把裁判结论直接建立在控诉方卷宗意见的基础上。法官的这种行为会阻止他在承担裁判职能方面保持必备的中立性和公正性。

二、诉讼职能区分的理论基础

诉讼职能的区分作为刑事审判制度中的一项重要原理，目前得到了英美法和大陆法的普遍确立。各国还建立了各种程序机制，防止控诉、裁判和辩护职能被混淆或被集中到某一诉讼主体手中。这种诉讼职能区分的合理性是十分明显的，因为一般而言，由一个中立而无偏袒的法庭在两个对立当事人之间解决争端并制作权威的裁判，这总是公正程序的标志。为了对这种合理性作出更加深刻的理解和阐释，笔者有必要对诉讼职能区分机制赖以形成和维系的理论基础作一分析。

（一）权力分立理论

在纠问式程序赖以存在的专制主义政治体制中，国家权力高度集中于皇帝、国王或其他最高权威手中。不同国家机构之间的所谓“分工”一般只具有十分有限的意义，因为它们都为某一中心权力实体负责，立法、司法和行政权事实上并没有得到区分。同时，国家制定法律的目的首先在于维护公共安宁，即“无论如何、不惜任何代价也要维持治安”，[1]法律机构、法律官员与军队一样，都是维护统治秩序和公共安宁的工具或武器，法院和法官在行使裁判权方面要依附或服从于最高政治权威。在这种制度中，法院或其他司法机构只有将对犯罪者的调查、追诉和处置权集中于一身，才能有效地完成惩治犯罪、维护统治秩序和安宁等政治任务。

根据现有的资料，纠问式制度主要盛行于西欧中世纪的中后期。中国古代诉讼制度大致也可归入纠问式程序的类型。从西欧中世纪的情况来看，纠问式程序的产生和盛行与下面三方面的因素有关：一是经过宗教改革而建立的教会法首先确立了纠问式程序，这对世俗法院的诉讼程序产生了极大影响；二是专制和极权式的政治体制要求建立一种可用以有效镇压犯罪、维护统治秩序的程序和司法制度；三是人们对犯罪本身的性质有了不同的认识，许多在过去被视为对私人利益的侵犯的行为现在则被认为是对社会公共利益和国家利益的危害行为。于是，在发生犯罪的情

〔1〕［美］诺内特：《转变中的法律与社会》，张志铭译，中国政法大学出版社1994年版，第43~44页。

况下，国家不能再淡然处之，而必须承担起积极主动地镇压犯罪、追诉嫌疑犯的责任。那些受犯罪直接侵害的公民则不得不退出刑事追诉者的诉讼角色，因为他们过于关注私人利益的满足而无力顾及公共利益。国家追诉原则从而成为纠问式制度的基础。

但是，纠问式制度在确立国家追诉原则的同时，也确立了一种控审职能集中的诉讼结构，现代的职能区分机制在这一结构中并不存在。我们以1532年颁布的《卡罗琳那法典》(*Constitutio Criminals Carolinae*)所建立的纠问制度为例对此作一说明。

根据该法典的规定，对犯罪行为的调查和追诉由设于法院内部的"调查审判官"(又译为"纠问官")负责进行。这种调查审判官既可根据控告人的告诉也可自行决定开始刑事追诉活动，他有权对被告人和证人实施秘密的讯问，也有权收集他认为有用的其他证据。调查审判官的调查权和追诉权是不受约束和限制的，因为他有权在诉讼程序中随时引进新的指控，并拥有极大的自由裁量权。调查审判官经过调查，一旦认定某一被告人有罪，就会将讯问该被告人和证人的书面笔录及其他证据笔录统一制成卷宗，移送给法院。法院制作刑事裁判的唯一根据是调查审判官的书面卷宗。这样，法院就主要根据"调查审判官从被告人和证人那里获得的个人印象"来作出判决，调查审判官"不仅是检察官和辩护人，而且实质上还是决定案件(最终结局)的负责人"。换言之，调查审判官事实上同时承担着控诉和裁判两项诉讼职能。

随着纠问制度所赖以存在的专制主义政治制度的废除，近代西方各国均建立了一种以权力分立理论为基础的宪政制度。所谓"权力分立"(separation of powers)，是指国家法律对不同的机构或部门进行适当的权力分配，使立法权、司法权和行政权分别由国会、法院和行政部门负责行使，每一部门只能行使其中一项权力，而不得行使其他部门的权力。这种“权力分立”的首要目的在于防止国家权力集中于任何个人或集团手中，以保证法律的普遍性和可预见性。为确保权力分立的实现，国家必须建立一种防止任何一项国家权力流入其他部门的保障机制——权力的“制约与平衡”(check and balance)机制，使上述三个部门中的任何一个都负有重大政治责任，并在其责任领域内拥有最高的权威，它可以限制、约束其他部门的权力，防止其滥用。[1]

在这种权力分立理论的影响以及权力分立的政治体制的保障下，法院所拥有的司法权从行政权和立法权中分离了出来，并逐渐成为一种独立和自治的“第三种国家权力”。法院作为国家司法机构，负有公正、独立实施法律的使命。它通过进行司法审判，解决各种利益争端，具体且现实地实施法律、解释宪法甚至创设新的法律规则。法院不再是国家社会秩序和公共安宁的守护者，而成为法治和正义的维护者。这样，在刑事诉讼活动中，法院再行使追诉权和侦查权就与它所担当的新政治角色不相一致了，它的职责在于对受到国家追诉机构指控的公民是否承担刑事责任问题作出客观、公正的权威裁判。而刑事追诉的任务只能由在法院之外设立的专门机构——检察机构——来承担。目前在许多西方国家，检察机关从总体上是国家行政机构的组成部分，它们的职责在于通过对犯罪者进行刑事追诉，促使有罪者受到定罪或判刑，从而维护国家和社会的利益——如社会秩序、公共安宁、社会公共福利等——不受犯罪的侵害；它们还隶属于政府司法行政部

〔1〕［美］卡尔威因等:《美国宪法释义》，徐卫东、吴新平译，华夏出版社1989年版，第30页。

门，并按照行政机构的组织原则——如检察一体原则等——进行建制。可以说，法院和检察机关在刑事诉讼中的职能区分——控诉和裁判职能的区分——在一定程度上可被视为国家司法部门和行政部门权力分立的具体表现之一，控审分离的实现也因此受到了权力分立理论的影响和推动。在西方各国，如果没有这种国家立法、司法和行政权力的分离和制衡，刑事审判中的诉讼职能区分机制就不可能得以产生和存在。

从历史上看，权力分立对诉讼职能区分机制的形成产生了巨大的影响。在大陆法系各国，控审职能分离使法院不再担当公共秩序维护者的角色，而成为对国家与被告人个人之间利益冲突作出公正解决的司法机构，对被告人有罪的判定必须由法院经独立的审判加以确定后才能具有法律效力，检察机关对被告人有罪的认定不仅对法院没有预定效力，而且还要受法院的严密审查。同时，大陆法系国家的刑事程序明显地划分为两个独立的诉讼阶段：第一阶段为侦查程序，这一程序过去由预审法官或侦查法官主导进行。现在，随着各国的刑事司法改革进程逐步深入，由预审法官或侦查法官主导侦查和追诉的程序已被大大削弱，甚至被废除，检察官正逐渐取代前者而成为审判前程序的主导者。第二阶段是审判阶段，按照合法方式组成的法庭要在控辩双方参与下主持审判，并根据其在当庭审判过程中对案件事实所形成的主观认识和印象作出最终裁判。审判程序在刑事诉讼程序中所处的核心和独立地位，为控诉、辩护和裁判三职能区分机制的形成提供了现实的基础和前提条件。

（二）刑事被告人的主体性理论

西方学者在论及刑事被告人诉讼地位的变化时，大多认为其在昔日的纠问式程序中只是诉讼程序的“客体”(object,德:Objektrolle);而在19世纪控诉式程序被欧洲大陆国家普遍采行之后,被告人在程序法中才开始拥有独立的法律地位,成为一种“诉讼主体”(suject)。

德国学者Otto Triffterer即认为:

> 在历史上,被告人的诉讼角色经历了从仅仅一种诉讼客体到一种能够积极参与和影响程序进程的刑事诉讼主体的变化。由于拥有了逐渐增多的权利保障,而其中每一项权利的范围又不断扩大,被告人作为诉讼主体的诉讼角色也同时得到了巩固。[1]

事实上,刑事被告人之所以能够拥有程序法上的主体地位,是因为他作为人的主体性得到了法律的确认和尊重。在被告人独立成为法律主体、承担辩护职能这一事实的背后,存在被告人的主体性理论这一坚实基础。

在伦理学中,主体性是与客体性相对应的一个概念。所谓主体性,是指某一个体作为一种道德主体所具有的区别于客体性的本质属性。在社会道德生活中,人的主体性主要体现在,他自身即为一种独立、自治的目的,而不是被他人乃至社会用来实现某种外在目标的手段;他具有人的人格尊严,并在与他人交往中具有人格上的平等性和独立性。换言之,承认一个人的主体性,就等于承认他的目的性和人格的尊严,这是主体性原则的核心。围绕这一核心,还存在一系列具体的主体性规则,其中较为重要的

〔1〕 参见Otto Triffterer教授1980年在美国圣保罗大学法学院(芝加哥)就德国刑事司法制度所做的演讲稿,现存中国政法大学图书馆。

有以下几项：

（1）人应当拥有通过自己的努力而自由地决定、选择、支配其命运的能力，能够自主地处分、维护其各项基本权利和利益，而不被动地承受别人为此所作的安排。

（2）人应当自主和自愿地进行各种活动、实施各种行为，使每一项活动和行为体现自己自主的意志，而不是在受外部压力、强制的情况下被迫实施有违个人真实意志的行为。

（3）人应当受到人道的对待，而不能在受到野蛮、非人道待遇的情况下生活，等等。

所谓刑事被告人的主体性，是指他在因涉嫌犯罪而受到追诉和指控并与国家追诉官员和裁判者发生诉讼法律关系的情况下所拥有的一种道德上的主体性。这种主体性主要体现在：被告人在诉讼过程中与检察官和法官拥有同等的人格尊严，而没有身份、地位上的高低贵贱之分；法官、检察官应将被告人视为平等的诉讼参与者、协商者、对话者，同他一起进行平等的理性交涉活动，而不能采取强制压服等非理性手段，迫使其接受某一行为、决定或裁判；被告人在诉讼中应拥有自己独立的实体权益和诉讼目标，并拥有为实现这一目标而进行积极、有效防御的能力和机会，甚至在必要时可以独立地选择、决定和处分自己的权益；被告人在诉讼中应拥有行为上的自主性和自愿性，受到人道主义对待。这样，被告人就不再是一种消极被动地等待和承受官方对自己命运和权益作出处置的"诉讼客体"，而成为通过自己的自主行为影响和决定诉讼结局、掌握个人命运的"诉讼主体"。

刑事被告人的主体性理论在历史上曾与传统的自然法理论结合起来，推动刑事诉讼中人权保障的进程，影响刑事司法改革的深入进行。自然法理论的核心内容是,按照最高的伦理原则,每个人都拥有不可变更、不受侵犯的自然权利,其中最重要的是人的生命、自由和财产权。政府的职责在于保护人们通过社会契约委托政府加以保护的这些权利。个人的这些权利如此神圣,以至于国家即使为了实现社会整体利益也不能予以剥夺,除非有正当和必要的理由,并经过正当的法律程序。当政府以国家名义对某个人的生命、自由、财产予以剥夺或限制时,该人与国家在利益上处于对立和冲突的地位,他没有义务帮助政府对自己进行定罪和判刑,也没有义务以牺牲个人自然权利为代价来协助政府维护社会秩序。相反,在一个对公民基本权利至少与国家利益同等重视的社会里,公民有权利为维护个人利益而与国家进行积极的对抗,并拥有为进行这种对抗所必须的法律保障。这样,被告人的主体性就与他的自然权利一起,具有了道德上的正当性和合理性。

但是,进入20世纪特别是第二次世界大战结束以来,"西方人权学说的思想基础,除继承和改造战前自然法学和功利主义思想之外,还增加了从自然法思想演变而来的抽象的正义论和人本主义"。〔1〕与此同时,被告人的主体性思想也逐渐脱离自然法理论,与正义理论(尤其是程序正义理论)和其他法律价值理论结合在一起。西方学者一般认为,尊重人的人格尊严和道德主体地位,是正义的基本要求;尊重刑事被告人的主体地位,就等于尊重他参与诉讼进程、影响诉讼结局、自主选择个人命运的能力,这是程序正义的核心内容。被告人主体性理论不仅影响了19世

〔1〕 黄枬森、沈宗灵主编:《西方人权学说》(下),四川人民出版社1994年版,序言。

纪欧洲大陆刑事诉讼制度的改革，进而导致被告人诉讼主体地位的确立，而且还正在并将继续影响各国刑事司法改革的进程，使刑事程序朝更加尊重人权、更加公正的方向发展。一部刑事诉讼法的沿革史，实际上就是一部被告人主体性不断得到承认、尊重和扩大的历史。尊重和维护被告人的主体性，既是尊重和保障其人权的基础和核心，也是被告人独立承担辩护职能的内在根据。

（三）心理学基础

马克思曾精辟地指出："在刑事诉讼中，法官、原告和辩护人都集中到一个人身上，这种集中是和心理学的全部规律相矛盾的。"[1]现代刑事审判中的诉讼职能区分机制要求，对任何诉讼主体均不得提出与其诉讼活动目标不相符的要求，诉讼主体也不得实施任何与其诉讼职能和诉讼角色不相符的诉讼行为。在这种诉讼职能区分要求的背后，有着深刻的心理学理论基础。

现代心理学认为，人的行为包含着两方面的基本构成要素：一是由刺激和反应组合而成的客观要素，二是由人的欲望和知觉组成的主观要素。从客观方面来看，人在接受外界刺激后会产生一定的反应，从而对外界环境发生作用。但是，与那些被动地对外界刺激产生反应的动物等不同，人的行为还包含有欲望和知觉等主观方面的要素。这种行为一般是在其欲望和需要驱使下实施的。换言之，人在实施行为之前一般会在观念上对行为所要达到的预期结果和目标作出设计，人的行为都是有目的的行为。正因如此，任何一个具有理性能力的正常人都不可能实施与其欲望

〔1〕《马克思恩格斯全集》(第1卷)，人民出版社1956年版，第30页。

或需要的满足及目的的实现不相符甚至相违背的行为，除非他迫于外在的强制或压力，或者他的身体不受其个人主观意志的支配。这一原理不仅在人的单独行为中适用，而且在多个人之间的“交互行为”中也是有效的。因为在由多个人共同进行的社会活动中，人们的活动目的不尽相同，他们的行为在性质和方向上会产生相应的分化，由此导致社会组织或社会活动中人的角色的区分。所谓“角色”是指人在社会有机体中的机能。人们由于分别担当不同的角色，也就不得不实施某种与其角色相符的行为。违背了这种角色区分原理，人们就可能实施与自己的利益、需要、目标不符甚至完全相悖的行为，但这种与角色不符的行为要么会缺乏必要和足够的动力，要么会带来人心理上的反常。

刑事审判程序中的职能区分机制体现了上述心理学的规律。在这一机制中，诉讼职能承担者所实施的每一诉讼行为都有其固有的诉讼目标，因而都是有目的的行为。这些诉讼目标有的不是由角色担当者个人意志所决定的，而是取决于法律所设定的职责和义务；有的则与诉讼主体个人利益的实现和维护有关。控诉、辩护和审判等三项诉讼职能的区分与三方诉讼主体各自诉讼目标的独立和自治密切相关，这三项职能只有分别由三个诉讼主体承担，才能确保三方的诉讼行为具有足够的内在动力，角色担当者个人的心理才不至于负担过重和出现异常。同时，任何一个心理正常的人都不可能同时承担两项在性质、目标方面不同甚至完全相反的诉讼职能。诉讼职能的集中或角色的混淆会给人的心理带来一系列消极的影响。这主要表现在以下两个方面：

（1）裁判者由于职能集中或混淆会在心理上产生先入为主的预断，或者形成根深蒂固的偏见。司法实务方面的材料显示，一个自然人或国家机关一旦主动收集到足以证明嫌疑人有罪的证据，一般会对该嫌疑人有罪产生确信或形成主观判断，这时再让他（或它）对其自行调查所得的证据、事实及所得出的结论作出客观的评价和审查，这是不可能的。如果刑事追诉者和裁判者由同一自然人或同一国家机构担当，那么该人或该机构所进行的每一次“成功的”调查都会自动导致被调查者受到有罪处理。而这又是十分危险的，因为被告人的命运将完全取决于调查官员充满预断和偏见的调查，调查官员的心理负担过于沉重：客观、公正的裁判者角色与积极、主动的追诉者角色会不可避免地发生冲突，调查官员会因此而产生一定程度上的心理异常，如人格裂变、反复无常，等等。

（2）被告人由于职能的集中或混淆会在心理上处于受强制、受压抑的反常状态。为自己的权益而对抗不利于自己的指控，这是每一个心理正常的人面对国家追诉所产生的本能反应。辩护活动无时不在，不论被告人的辩护权是否被法律所认可。现代各国法律确认被告人拥有不受强迫自证其罪的特权，在一定意义上即有着防止他被迫充当国家用以对他定罪的工具这一意味。这是对辩护职能独立性和自治性的有效保障。相反，法律如果授予追诉者拥有强制被告人自证其罪的权力，那么被告人事实上就成为追诉活动的协助者，承担起与辩护完全相悖的控诉职能。这种控诉与辩护职能的集中或混淆使被告人被迫放弃自己的实体利益和诉讼目标，辩护职能所赖以存在的基础将不复存在；被告人参与审判活动的内在心理动因大大减弱，他的行为将失去自主和自愿的性质，而成为在外力强制和驱动下的徒具形式的“反应”。

(四)认识论基础

刑事审判是一种认识活动。因为只有通过在法庭上对案件客观事实的全部揭示和恢复,裁判者才能在适用实体法方面有着具体的事实情境,被告人的刑事责任问题也才能得到最终的确定。诉讼职能的区分机制的存在,在很大程度上符合认识活动的规律,有助于裁判者的主观认识符合客观的案件事实真相。但是,刑事审判不仅仅是一种认识活动,也是一种受到法律程序严格限制的法律实施活动,并包含着法律价值的实现和选择过程。因此,刑事审判作为一种认识活动,具有一系列的特殊性。

这种认识过程的特殊性主要表现在:(1)认识活动是在多方参与下进行的。刑事审判既包含着法官的认定事实、适用法律这样一种裁判活动,也包含着作为直接参与者的检察官与被告方的横向对抗和辩论过程。对案件事实的最终认定固然直接取决于法官个人的主观判断,但也受制于控辩双方的举证、质证和辩论。法官的认识结论要平等地体现控辩双方的观点和论据,并建立在这种观点和论据的基础上。这样,刑事审判就与那种由侦查人员单独进行的认识活动——司法调查活动——区别开来。(2)认识活动是由控、辩、裁三方通过理性的论证、争辩、说服和交涉而进行的。刑事审判是一种理性的活动,裁判者所作的一切裁定以及终局裁判都要有充分合理的证据予以证明,并且向对立两造直接进行合理性论证。这就与侦查人员通过自行收集证据和事实而进行认识活动的做法区别开来。(3)认识活动主要集中在法庭这一固定场所进行,并采取开庭审判的方式。刑事审判一般采取直接、言词、辩论、公开和集中的方式进行。各方同时到场,审判依照一定程式和顺序而进行。庭外调查作为一种开庭审判的例外,也一般要采用开庭审判的形式。(4)认识活动受到诸多方面的限制。裁判者一般不能主动开启审判程序，也不能任意扩大审判的范围，而只能就控诉方指控的人和事进行审判；裁判者不能无限期地就某一刑事案件展开调查，也不能无限制地就同一案件反复开启审判程序。在法定时间内，法官如果不能对被告人的罪行作出准确的认定，就必须作出被告人无罪的判决。换言之，刑事审判与一般认识活动不同的是，裁判者即使没有完成揭示案件事实真相这一任务，也必须制作裁判，这一裁判的结果并不以认识活动具有结果为前提条件。

正是由于法庭审判是一种特殊的认识活动，法官一般不可能像刑事追诉官员那样可以亲赴现场，收集各方面的证据，他也不能将探求案件事实真相奉为其审判活动的唯一和绝对的目标。法官无论是否对已成为历史的事实真相作出了揭示，都必须通过制作裁判实现刑事实体正义这一法律价值。在这种情况下，诉讼职能区分机制就从一个特定的角度并以一种特有的形式体现了认识论的规律。这主要表现在以下三个方面：

首先，诉讼职能区分的机制为控辩双方从不同甚至完全相反的角度提出证据、事实并进行相应的论证提供了可能性。如前所述，诉讼职能的背后有着各诉讼主体的利益机制。控辩双方参与刑事审判活动均旨在实现自己一方的活动目标和实体利益，追求对自己一方有利的诉讼结局。正因如此，检察官和被告人都有获得“胜诉”的愿望，并向法庭提出自己一方的“一面之词”，包括自己的证据及其对案件事实真相的描述和论证。这两种基于追求“胜诉”而提出的“一面之词”通常是不一致甚至完全对立的，它们可以涵盖对被告人有利和不利两方面的证据和事实，并确保法官同时听取对被告人有罪这一论点正反两方面的论证，从而客观、全面地查明事实真相。

其次，诉讼职能区分机制可确保法官同时接触对案件事实的两种不同甚至完全相互对立的描述和论证，从而避免偏见、预断及片面性等主观方面的缺陷。司法实务方面的资料显示，法官在被告方提不出强有力的辩护理由的情况下通常会在审判的早期即产生倾向于追诉而对被告人不利的预断。诉讼职能区分机制使被告方与检察官在平等武装的前提下展开对抗，法官可同时听到两种有关被告人有罪问题的判断和论证，他的偏见、预断甚至片面性等不良心理倾向可得到适当的抑止。实践证明，当法官能够以开放和容纳的态度听取来自对立双方的陈述和论证时，他对案件事实的判定将更加客观、全面和准确，误判的现象也能够得以减少或避免。

最后，诉讼职能区分机制使诉讼各方通过合理有序的行为在庭审过程中认识案件事实真相成为可能。诉讼各方由于受其诉讼职能和诉讼角色的限制，可以沿着各自独立的方向和目标实施诉讼行为，而始终不背离其这一方向和目标。这样，由多方共同参与的法庭审判就不会因其过于集中而出现混乱和无序，案件事实真相将由裁判者通过法庭上的听审和调查而得以揭示，并可由经各方辩论过的事实和证据加以合理的证明。同时，由于刑事审判中职能区分机制的存在，法庭审判事实上就包含了一种诉讼证明的过程，这一过程贯穿于认识活动的始终。裁判者通过判断控诉方能否将被告人有罪这一论点证明至法定的最高程度和标准，可以对案件的事实作出合理的揭示。可以说，诉讼证明过程是确保刑事审判这一特殊认识活动取得成功的关键。

三、诉讼职能区分的保障机制

在前面的论述中，笔者就诉讼职能区分机制所赖以存在的四项理论基础逐一进行了分析。由此我们可以看到，刑事审判中的职能区分并不是一种可有可无的权宜之计，其背后有着深刻的思想根据。在刑事审判程序中确立这一机制，可确保程序达到最低限度的公正标准，并具备较强的产生公正裁判结果的能力。与各项刑事审判基本原则一样，诉讼职能区分机制具有协调、体现和承载各项程序价值的功能，并可以通过一系列程序规范发挥其司法行为准则和立法准则的作用。但是，作为一项刑事审判原理，诉讼职能区分必须有一系列程序规范的具体保障，否则诉讼职能集中或混淆的现象就会以各种形式出现，刑事审判程序也将难以具备最基本的公正性和合理性。如何建立这样一种保障机制，是一个需从理论上加以解决的重要问题。

诉讼职能区分的保障机制与各种法律制度所建立的刑事审判程序模式有着十分密切的关系。建立这样一种保障机制，必须考虑到各种不同审判模式的特殊性和可容纳性。一般而言，在不同的诉讼制度中，控诉、辩护和裁判三方分别承担不同诉讼职能的原理尽管得到了确立，但三方在审判过程中的法律地位和相互关系却有着不同程度的差异。尤其在传统的对抗式和审问式审判模式中，诉讼三方的地位和法律关系更是呈现极为明显的差异，诉讼职能区分的保障机制的建立势必各有其特殊性，体现这种职能区分的程序规范也各不相同。笔者仅以控诉与裁判职能的区分为例对此作一分析。

在英美对抗式审判程序中，法官的中立性得到了较为彻底的实现。法官一般不承担任何实质上的司法调查职能，而仅充当一种超然的仲裁人和消极的听审者。同时，在正式的陪审团审判程序中，法官的地位更加趋于中立和消极，因为有权对被告人有罪与否作出裁断的是陪审团，法官在事实裁断过程中的主要职责是依据程序规则和证据规则判定控辩双方所提证据、申请的合法性和适当性。英美学者认为，法官只有保持这种消极仲裁者的地位，控审职能的区分才能彻底实现，法官趋于追诉的现象也才能从根本上禁绝。这种模式事实上存在法官与陪审团在共同承担裁判职能方面的内部分工和制约的问题。而将对被告人刑事责任问题的最终裁断权赋予专职听审的陪审团，则是确保法官保持消极、超然和中立地位的关键因素。

而在大陆法系各国，法律虽然明确禁止法官从事带有追诉性质的活动，却同时赋予其从事司法调查和进行裁判这两项时常发生冲突的职责。在庭审过程中，法官为查明真相，可以主动调查一切有利和不利于被告人的证据。法官由于在整个审判活动中既要对被告人的刑事责任作出裁判，又要对有罪者确定刑罚，因此法官的这种调查经常演变为对被告人十分不利的活动，甚至成为变相的补充追诉。一些德国学者已认识到，在法官同时承担积极的司法调查和权威的裁判的情况下，控审职能的彻底分离势必有一定的限度，这两种职能的混淆有时不可避免。[1]很显然，由于法官的诉讼地位在两大模式中存在较大的差异，控诉与审判职能的区分程度和区分方式也就呈现出不同的特点。有的学者就此指出，诉讼职能的区分在

〔1〕［德］赫尔曼：《中国刑事审判改革的模式》，1994年北京国际刑事诉讼法学研讨会论文。

英美比在大陆法系各国得到了更加彻底的贯彻和实现。

当然，诉讼职能区分受具体刑事审判模式影响的例证并不仅限于上面的分析。被告人在审判中的地位及其参与程度、控辩双方在庭审中的地位及其参与能力的平衡程度等，都是制约这种职能区分得以具体实现的重要因素。这足以说明，诉讼职能的区分原理并不是不切实际的理念，而是与各种具体的制度设计和程序规范结合在一起，存在于各种不同的现代审判程序之中。与刑事诉讼中的人权保障问题一样，诉讼职能的区分在各种不同审判模式中也有其普遍性和特殊性要求之分。人们不能无视这些特殊性，而片面地强调在所有的制度和模式中设立一个统一适用的要求和标准，但也不能过分怀疑那些共同要求和标准的普遍意义。考虑到诉讼职能区分原理具体地存在于各种审判模式之中，而各种审判模式又有着不同程度的差异，笔者在此提出一种可称为“诉讼职能区分的最低保障机制”的观点。

这一观点并不否认诉讼职能区分在不同的刑事审判程序中有着一些特殊的表现和要求，但强调现代刑事审判程序在设计和修改时均应体现一些最低限度的普遍要求和保障条件。这些要求和条件之所以是“最低限度”的，是因为它们仅为诉讼职能区分得以维系的必要条件而非充分条件；满足和实现这些要求、条件并不会必然消除和避免诉讼职能集中或混淆的现象，但不满足这些要求和条件则必然导致诉讼职能的集中或混淆以各种形式出现，使诉讼职能的区分遭到破坏。之所以将这些要求和条件视为“普遍”的，是因为它们可超越国家、法系乃至社会意识形态等诸多方面的界限，而在各种不同审判模式中具有普遍的积极意义。

在笔者看来，最低限度的职能区分保障机制可包括一项核心要求和三项基本原则。这一机制的核心要求是，刑事审判中的控诉、辩护和裁判职能应分别由三方各自独立而互不依附的诉讼主体承担，三方的诉讼行为一般不得与其诉讼职能相违背，也必须与他们进行或参与审判活动的具体目标相一致，诉讼主体不得以任何一种方式被迫承担或协助承担本由其他主体承担的诉讼职能。这一核心要求实际已在本节的第一部分得到了阐释和分析，它具体体现在以下三项基本原则之中：

（1）控审职能之分离。控诉和审判职能应分别由两个专门国家机构的代表独立承担，而不能集中于同一机构或个人手中；裁判者应尽力避免实施任何带有追诉性质和后果的诉讼行为，也不得产生不利于被告方的追诉心理和趋向，从而保持基本的中立性；控诉一方不得越权实施带有裁判性质的诉讼行为，从而维护其追诉的效力和责任。

（2）控辩职能之平衡。控诉与辩护职能应保持大体上相当的强弱程度，为此检察官应负有一定的维护实体正义和程序正义的职责，被告人则应拥有必要的诉讼特权或特殊保障，以使双方本不相等的诉讼地位和参与能力得到平衡。

（3）辩护律师之独立。辩护律师作为辩护职能的协助承担者，尽管不具有诉讼主体的地位，却与辩护职能的承担有着十分密切的关系，他甚至决定着被告人诉讼目标的实现以及辩护职能的独立和自治。为确保被告人参与能力的提高和诉讼主体地位的维持，辩护律师应拥有独立的诉讼地位：他不负担任何与裁判或追诉有关的“官方义务”，而是在不违背法律和正义的前提下维护被告人的正当权益。

在下面的论述中，笔者拟对上述三项旨在确保诉讼职能区分的准则作一具体的分析。

第二节　控审职能分离

一、控告原则与控审分离

刑事审判的一项实质性特征在于，裁判者和控诉方都是国家专门机关的代表，也都拥有国家的司法权。控审职能能否实现合理、适当的分离，关系着法院能否作为独立的司法审判机构，在国家利益和公民个人利益之间保持适当的平衡，也关系着法庭审判能否达到最低的公正标准，从而得到被告人及其他社会公众的满意和尊重。但是，作为保障诉讼职能区分的重要机制，控审职能分离并不仅仅等于控诉与审判两种职能的简单分开，而且还包含着对控诉与审判、检察官与法官之间关系的合理调整问题。笔者在本节中拟从三个方面分析控审分离问题：一是阐述“控告原则”的意义和要求及其对控审分离的保障作用；二是论述控审分离对检察官诉讼地位的影响和制约；三是揭示控审分离对法官诉讼地位的限制。

“控告原则”主要是大陆法系各国普遍采用的一项基本原则，它在德语中的表述是Akkusationsprinzip 或 Anklagegrundsatz。人们通常所说的“不告不理原则”，即包括在这一原则的内容和要求之中。“控告原则”与近代大陆法系各国普遍采纳的“控诉式程序”（德：Anklageprozess）是密切相关的一对概念。德国学者通常把大陆法系诸国19世纪经刑事司法改革而确立的刑事诉讼制度称为“混合式制度”（mixed system），因为它是在对纠问式和控诉式的审判程序进行混合的基础上形成的。在“控诉式程序”中，控诉与审判作为两种诉讼职能，分别由两个不同的司法机关承担，被告人不再只是法官的纠问对象和诉讼客体，而具有独立的法律地位，并成为与控诉机关平等对抗的诉讼主体。这种“控诉式程序”区别于纠问式程序的主要标志之一，即在于它确立了作为现代刑事审判基本原则的“控告原则”。[1]

“控告原则”的意义在于对法院的权力实施有效的限制，防止它以各种方式集追诉与裁判职能于一身。这一原则对诉讼职能区分的保障主要体现在：它对检察官和法官的关系进行了合理、适当的协调，促使法官在启动审判程序方面保持其被动性和中立性，同时维护检察官在行使追诉权和启动审判程序方面的主动性。没有控告原则，控诉与审判职能的分离将无法真正实现。具体而言，这一原则可包含以下四个方面的含义：

（1）刑事追诉权和裁判权分别由两个国家专门机构各自独立地行使。为此法院不得再实施侦查、起诉等追诉活动，而由在法院之外设立的检察机构作为专门控诉机构，对符合法定条件的案件向法院提起公诉。检察机关由此专门承担刑事追诉职能，担当刑法维护者和社会秩序维持者的角色。而法院则专门承担审理和裁判的职责，担负起维护法律和正义的责任。可以说，审检机构的分立是控告原则的第一个要求。

（2）法院的审判必须在检察机关提出合法的正式起诉的前提下才能开始和进行。在开启审判程序方面，法院是完全被动的：没有正式的控诉请求，法院不得主动地对任何刑事案件进行

〔1〕 Mireille Delmas-Marty, *The Criminal Process and Human Right*, Martinus Nijhoff Publishers, 1995, p.24.

审判。换言之，无控诉则无审判，即使是在法庭上发生的犯罪行为，如伤害、杀人、伪证、诬告等，虽为法官所目睹，但也必须经由检察官提出公诉，法院才能进行审理并作出裁判。控告原则的这一要求又可被称为不告不理原则或"起诉形式原则"（德：klageformprinzip）。

（3）法院审理和裁判的对象和范围必须仅限于检察官的起诉书所明确记载的对象和范围。检察官的起诉书作为法院开始审判的根据，它所记载的被告人及其罪状是法院审判的对象。法院通过审判所要判定的是检察机关指控的被告人罪行能否成立，它不得超越起诉书的范围主动对未被检察官指控的人进行审判，也不得对起诉书未载明的案件事实进行调查。法院审判一旦超越了起诉的范围，就会形成一种事实上的越权。因此，在审判过程中，法庭即使发现了检察官未曾起诉的新的犯罪事实或新的犯罪嫌疑人，也不应自行决定扩大审判范围，除非检察官以追加起诉等合法方式扩大了控诉的对象和范围。

（4）由国家追诉机构所认定的案件事实一旦被载入起诉书之中，即应接受另一个独立的国家裁判机构的评价和审查。换言之，检察机关的意见和结论对法院的裁判不具有预先的约束力，法院的裁判结论须建立在其独立进行的法庭审判基础之上；对被告人的有罪判定，也只有在上述两个国家机构依法定程序得出共同一致的结论时，才能最终得以成立和确定。

大陆法系国家对"控告原则"的采纳，有其独特的历史背景。这一原则旨在纠正纠问式程序中那种法官集侦查、追诉和裁判等多种职能于一身的现象，确保法官的中立性和公正性，防止法官武断专横、先入为主和枉法裁断。因为"法院要保持公正，就只有法庭受到严格的制约，像一个中立和无所偏袒的仲裁人一样，来接受和判断别人为此目的而提交的材料”。这一原则的确立使控诉与审判职能的分离在审判程序的启动这一环节得到了保障。

但是，与大陆法系各国不同的是，英美等国在历史上基本没有采纳过纠问式诉讼制度，法官或其他裁判者集控诉与裁判职能于一身的现象基本上没有发生过。长期以来，英国刑事诉讼一直保持着原始的私人追诉程序的特征：法院只有在受害人提起指控的情况下才开始进行刑事审判活动，法庭的职责在于对对立的私人双方之间的争端作出消极的仲裁。尽管英国国王们也建立了一种独特的皇家法院体系，但他们从未让它们集中起调查权、控诉权和裁判权，而是把刑事司法权的相当一大部分都赋予了非职业治安法官、大陪审团和审判陪审团，使法官始终脱离刑事追诉职责，而保持其中立、消极的仲裁者地位。同时，从理论上看，被害人或其他普通公民均可以原告人的身份向法院提起诉讼，这种刑事起诉方式与民事诉讼并无实质性的差异。而且，由小陪审团专门负责对案件事实作出裁断的制度得以保留下来，这也使法官集权的现象没有机会和可能在审判程序中产生。因此，在英国1986年通过司法改革建立起专门职司控诉职能的检察机关时，控诉与审判职能的分离早已成为刑事审判程序中的一项不可动摇的基石。可以说，在英美刑事审判程序中，“控告原则”的四项基本内容和要求事实上都得到了确立，并对控审职能的分离发挥着重要的保障作用。

自1979年以来，我国《刑事诉讼法》基本上吸收了控告原则的一些要求。例如，检察机关和法院专门分别行使控诉权和审判权，法院的审判须在检察机关提起公诉后才能开始进行，法院的审判范围局限在检察机关指控的范围之中，等等，都得到该法的确认。但是，由于刑事司法体制改革一直处于相对滞后的局面，公检法三机关的法律关系没有发生实质性的变化，控告原则并没有得到全面的贯彻实施。一方面，检察机关不甘心仅充当指控方，而通过行使法律监督权，充当“法官之上的法官”，以致破坏了控辩双方平等对抗的诉讼构造，也损害了法院在刑事审判中的权威性。另一方面，法官倾向于刑事追诉活动，成为检察机关追诉犯罪活动的“接力比赛者”，导致法官的中立地位无法得到保障。对于这些问题，笔者将逐一作出分析和评价。

二、控审分离与检察官的诉讼地位

根据诉讼职能区分的一般理论，诉讼主体不得承担本应由其他主体承担的诉讼职能，也不得实施任何与其诉讼职能不符或有碍其诉讼目标实现的诉讼行为。这对于检察官在刑事审判中的活动也同样适用。从历史上看，控审职能的分离与审检机构的分立是密不可分的，所谓“控诉式程序”实际上就是把国家追究犯罪、实施实体法的活动纳入诉讼的轨道，使这种追究过程采取诉讼的形式：检察官作为控告一方，与被告人展开平等的对抗，法院则居中进行裁判。从理论上看，典型的诉讼形式存在于民事审判之中，因为处于对立两造地位的原告与被告一般均为普通的民事主体，处于平等的诉讼地位，法官对他们之间业已发生的利益争端作出裁判；诉讼过程和结局中一般不直接牵涉国家和社会整体的利益。但是，检察官在刑事审判中代表的却是国家和社会整体的利益，这种利益甚至包含了被告人个人的利益；检察官与被告人之间的对抗不像民事诉讼中的原告与被告之间的对抗那样严格遵循公平竞争原则，而有其一定的限度。即使是在英美，检察官也不能像民事原告一样对被告人实施追诉，而要适当考虑和顾及被告人的利益。可以说，检察机关从其诞生之日起，就与民事诉讼中的原告有着不同的诉讼地位，刑事审判的“民事诉讼化”程度也因此受到内在的限制。这样，检察官的诉讼地位在受诉讼职能区分的制约的同时，也具有了特殊性。

要对这一问题作出全面的认识，我们首先应分析一下检察机关的性质。现代各国的检察制度尽管各不相同，但检察机构的双重性质却得到各国的普遍承认：它既是行政机关，又具有司法机关的性质。检察机关的组织体系一般是按照行政机关的模式建立起来的，它按照“检察一体”原则进行活动，每个检察官在执行其职责方面均不具备类似于法官那样的独立自主性，而必须尊重和服从其主管首长和上级机关的指导和命令，全国检察机关作为一个整体，则必须服从最高检察部门甚至检察总长的命令和指挥。这是与检察机关所承担的保障社会秩序和公共安宁、维护社会共同福利等责任密切相关的。但是，从检察机关所实施的具体活动来看，它又具有司法机关的性质。因为它肩负着调查犯罪事实、对涉嫌犯罪的人提出指控以及确保刑事实体法的公正实施等司法任务，担负着维护法律和正义的使命，它又是国家法律的坚定维护者。与检察机关的上述双重性质有关，检察官在刑事审判中的诉讼地位也具有一种双重性：他既是控告一方，又是司法官员。

检察官所处的控告者地位是由以下几个因素所决定的：第一，检察官代表国家担当刑事起诉者的诉讼角色。刑事审判开始的前提在于国家追诉机关确认被告人有罪，并将他起诉至法院。

作为一种特殊的法律主体，国家虽有独立自主的意志，却无法像自然人那样亲自实施诉讼行为，也无法直接参与裁判过程，而必须委派一专门诉讼代表人——检察官，代为诉讼行为。检察官本人虽与案件结局不存在直接利害关系，却代表国家发动控诉和支持起诉，担当控告者的诉讼角色。第二，检察官与被告人及其辩护人处于直接对抗的地位。检察官在审判过程中所实施的申请、举证、质证、辩论等诉讼行为，其目标在于向法庭证实自己提出的指控事实，说服法庭接受自己的论据和结论。检察官的这些行为是对被告人不利的，法官一旦确认检察官的指控成立，被告人就将因此被定罪、判刑，其生命、自由或财产等将遭到剥夺。可以说，检察官与被告人在诉讼目标及具体行为方向上都存在一些冲突。第三，检察官具有追求有利于国家的裁判结局的心理基础和利害动机。检察官一旦向法院提起公诉，一般会在心理上确信被告人有罪，并会主动追求使被告人受到法庭定罪这一结果。很难设想一个检察官会在起诉后请求法庭对被告人作出无罪裁判。不仅如此，检察官与追诉活动的成功一般有着直接利害关系：追求“胜诉”结果对于他个人职业的成功是一种有力的推动。法庭一旦对检察官起诉的案件最终判决无罪，就等于驳回或否定了后者的控诉请求，这种“败诉”结果对他个人而言，构成了一种挫折。而一个屡屡在法庭上“败诉”的检察官显然无法承担起惩治犯罪、维护公共安宁的责任。因此，检察官为说服法庭作出有罪判决，不仅要对被告人实施攻击，以求证实后者的犯罪事实的可成立性，而且在法庭作出无罪或罪轻裁判时，也会主动提出上诉或抗诉，以引起上级法院的复审，从而就同一案件再次开启审判程序。

检察官的司法官地位则主要表现在，他代表的是国家和社会整体的利益而不是个人的利益，负有维护司法正义、保障公民人权的使命，并且追求刑事实体法的公正实施这一结局。为此，检察官应当尊重事实真相，不得向法庭提出虚假的证据和事实，更不得靠伪造或变造证据等不正当的手段使被告人受到刑事追究；检察官在追诉过程中应尊重包括被告人在内的所有诉讼参与人的人格尊严和诉讼权利，对于司法警察通过采用刑讯或其他不人道的手段取得的证据，应拒绝加以采用，并防止此类证据被法庭用作定案的根据。检察官的这一司法官地位在两大法系国家均得到普遍承认。

在日本，检察官是“诉讼当事人”，但这种当事人地位与民事诉讼中的原告有着明显的不同：“民事诉讼中的原告，仅提出自己的主张就可以了，而作为刑事诉讼中原告官员的检察官，却负有经常考虑被告人正当利益并对之加以保护的义务。这是因为，民事诉讼中的当事人只构成个体与个体之间的对立（即使国家作为当事人时也是如此），可是在刑事诉讼中却是整体与个体间的对立，在这种情况下的整体还必须是包容着个体的整体。”在美国，“检察官的兴趣不应当仅仅为获得胜诉（to win the case），而且更要实现正义”，[1]检察官不应采用不适当的方法来促成对被告人的错误定罪，而应采用合法的手段追求一种公正的裁判结果。在英国，检察官的地位完全不同于民事原告及其律师，因为后者的兴趣在于为获得胜诉而战斗，而检察官的义务则“不是不择手段地进行定罪，而是把构成该案的全部事实情形提交给陪审团，并使这些事实完全清楚，务必引导陪审团注意法律并将法律适用于事实”。换

〔1〕 Christopher Osakwe, “The Bill of Rights for the Criminal Defendent in American Law”, in *Human Rights in Criminal Procedure*, Martinus Nihoff Publishers, 1982.

言之，检察官应确保“罪当其罚，弄清真相，以及实现正义”。[1]

但是，检察官所处的这种司法官地位是有其内在局限性的。检察官与法官不同，他无权对案件作出最终裁决，不能直接作出对被告人定罪的决定；检察官地位的基点仍是控告者，他所担负的实现正义、实施法律以及保障人权的使命应在其承担控诉职能的过程中得以实现，而不能抛开“控告者”这一角色，去充当“第二司法审判官”的角色；与法官倾向于追诉所带来的职能集中和混淆一样，检察官一旦放弃追诉这一职责而担当起居于法庭之上的裁判者或监督者，也会使控审职能的分离遭到破坏。

在我国，检察机关依法行使“法律监督权”，与法院都具有司法机关的地位。检察官在刑事审判中的诉讼地位是一个重大的理论问题。通说认为，控诉与审判监督是检察机关在刑事审判中的双重职权。检察官在审判中不仅作为国家公诉人，承担着控诉犯罪的职能，而且作为法律监督者，对法庭审判活动实施监督。检察官的这种双重角色决定了他不是诉讼当事人，他的诉讼地位也高于被告人。这一权威观点的主要根据有以下三个方面：(1)法律依据。我国《宪法》规定，检察机关是国家专门的法律监督机关，它的职责是行使国家的检察权，维护国家法律的统一和尊严。人民检察院提起公诉的案件，由检察长或检察员以国家公诉人的身份出席法庭，支持公诉，并且监督审判活动是否合法。(2)检察官的法律监督者地位贯穿于刑事诉讼的全过程，实施审判监督与提起公诉都是检察官行使法律监督权的独立形式。(3)检察官承担审判监督职能有其独立的方式和手段。例如，检察官监督审理

---

〔1〕［英］特纳：《肯尼刑法原理》，王国庆等译，华夏出版社1989年版，第637页。

活动合法与否，对审判活动中的违法情况，提出纠正意见。又如，检察官可以监督法院作出的裁判是否合法或有无根据，对确有错误的裁判提出抗诉。

这一权威观点注意到了检察官在刑事审判过程中诉讼地位的双重性，这无疑是正确的。但它把检察官的司法官地位强调得过于极端，以至于认为检察官同时承担公诉和诉讼监督这两项诉讼职能，检察官拥有高于被告人及其他当事人的诉讼地位，这与诉讼职能区分与制衡的原理就产生了矛盾。近年来，一些司法官员和学者正是以此论点为根据，反对将检察官降为当事人的诉讼地位，反对控辩双方地位的平等化，并对我国的刑事审判方式改革提出反对意见。实际上，要正确认识我国检察官在法庭审判中的诉讼地位，就必须根据诉讼职能区分与制衡的一般规律，对检察机关的宪法职能与其诉讼职能加以合理的区分。

根据我国《宪法》和有关法律的规定，检察机关是国家的专门法律监督机关，负有监督国家的宪法和各项法律统一和正确实施的职能。因此，它在国家权力结构中处于法律监督者的宪法地位。检察机关所担负的这种职责是其控诉职能得以产生的主要根据。因为检察机关实施刑事追诉活动，旨在通过使犯罪者受到惩处，维护刑事实体法的尊严和权威。尽管检察机关居于法律监督者的宪法地位，但它在刑事审判过程中所担当的诉讼角色却只能有一个——公诉人——并以此为基点对法庭审判进行监督和制约。换言之，检察机关的宪法职能与其诉讼职能应当加以严格的区分，我们不能以检察机关实施法律监督为由，即认为它在刑事审判中承担一种独立于控诉职能之外的法律监督职能。这主要有三个原因：

首先，作为代表国家提起公诉的控诉一方，检察官缺乏作为一般法律监督者所必须具有的那种超然性、中立性和独立性。检察官如果同时承担法律监督和控诉两项诉讼职能，而且这种监督职能是一种超越于法官和当事人之上的客观监督，那么他实际上就将两项相互矛盾的诉讼职能集中于一身。因为法律监督的职责要求检察官公正客观地判明法官的审判是否违法和不当，而控诉职能又要求检察官积极主动地证明被告人的罪行，说服法官判定其有罪。这样，检察官实际上就成为自己作为当事人的案件中的法律裁判——这显然是不合理的。其次，检察官如果拥有法律监督者的诉讼地位，那么他自己所进行的侦查、起诉和支持公诉活动，由谁进行法律监督呢？显然不能由其他检察官进行法律监督，因为检察机关的组织体系按行政机关的模式而建立，所有检察官均要服从检察机关首长的命令，几个检察官所承担的相互矛盾的诉讼职能最终还要集中到检察长一人身上。这样，检察官事实上就集中了控诉与法律监督职能。最后，检察官并不具备担当独立的法律监督者所必需的裁断手段。法律监督的效果是及时发现违法现象，然后加以纠正。检察官目前尽管可以就法庭审判中的违法情况提出所谓的“纠正意见”，但这种意见对于法庭没有任何实质上的法律约束力。检察官尽管可就违反法律规定的法院裁判提出二审抗诉，但这种抗诉仅仅是一种引起上级法院复审的手段，它与被告人的上诉行为几乎拥有同样的效力。不仅如此，检察机关目前还行使一种提出“检察建议”的权力。但这种权力也不具有刚性的效力，而与法院的“司法建议”相似，对被建议者没有法律约束力，对不执行这种建议的单位和个人也没有任何制裁性后果。

论述至此，我们可以对检察官的控诉职能与其诉讼地位的关系加以总结：第一，检察官提起公诉并出庭支持公诉，是代表国家和社会追诉犯罪的行为；他同时也要担负起维护司法正义和保障被告人等诉讼参与人合法权益的职责。第二，检察官以公诉人的身份参与刑事审判活动，他与被告人及其他诉讼参与人拥有平等的诉讼地位，并与他们一起进行提出主张、申请、举证和论证活动。检察官在被告人面前并不享有任何优越的诉讼地位，他与被告人及其他当事人唯一不同的是：后者参与法庭审判仅仅为了实现其自身的利益，而检察官则为实现国家和社会利益而参与法庭审判，并负有一定的维护正义和法律尊严的义务。第三，检察官作为公诉人，有权对法庭审判活动实施法律监督，但这种监督实际上是他基于公正地追诉犯罪这一角度对法官所进行的制约和平衡，而没有任何特殊性和独立性。事实上，被告人及其辩护人也同样有权对法官进行相似的监督和制约。与被告方一样，检察官的这种诉讼监督和制约并不能使它处于"法庭之上"的地位。检察官既不能操纵法庭审判活动或向法庭发布任何决定或指示，也不能命令法官完成某一诉讼行为，更不能直接撤销法院的裁判。因此，检察官在刑事审判过程中处于国家公诉人的诉讼地位，并以这种地位和身份对法庭审判实施监督和制约。检察官在刑事审判中所处的这种公诉人地位事实上已经包含着控告者和司法官的双重身份，这正是检察机关在国家权力结构中所承担的法律监督这一宪法职能的具体表现形式。

三、控审分离与法官的中立地位

审判程序的公正性，建立在法官保持中立地位的前提之下。为确保法官保持公正无偏的地位，现代各国法律一般均建立了维护法官独立审判的机制，使法官在审判时不受外界的不当干预、控制和影响。法官的这种独立地位一旦得到切实的维护，就具有十分积极的意义，因为在裁判者和控诉方均为国家法律机构的代表的情况下，法官的独立审判可确保社会公众对审判的公正性和无偏袒性形成普遍的认同，并对裁判的合法性和正当性产生信任和尊重。但是，要做到完全的公正无偏，法官仅享有独立自主的裁判权还是不够的。因为审判独立仅为法官创造了一个能够依法审理、合理裁判的外部制度环境，还不能充分保障法官在控辩双方之间保持中立的地位和态度，避免法官偏向一方或反对另一方。而法官的中立地位源于这样一个事实：他与审判结局没有任何利害关系，他没有自己独立的诉讼请求，也无须对诉讼的结局承担任何直接的后果。只有保持这种地位，法官才能避免承担那些与其公正裁判职责相背离的诉讼义务，避免控审职能的集中或混淆，使被告人受到公正的对待。

从刑事审判的实践经验来看，法官的中立地位受到的最大威胁是控审职能的集中或混淆。所谓控审职能的集中，是指作为案件权威裁判者的法官从事起旨在使某一公民受到刑事追究的追诉活动，从而集中起控诉与审判两种对立的职能。所谓控审职能的混淆，是指法官尽管不直接担当追诉者的诉讼角色，却实施带有追诉性质的活动，以至于在庭审中产生较强的追诉倾向。相比之下，控审职能的集中在现代各国法律实务中较少发生，而这两种职能的混淆却经常以各种方式出现。这种职能混淆常常导致法官站在追诉的立场上实施对被告人不利的行为，或者对被告人的参与或防御实施不适当的限制。一般而言，控审职能的这种混淆通常发生以下三种情况下：(1)法官从事带有追诉性质的调查活动，以至于自己审查和判定通过这种调查所得证据的可靠性和可采性；（2）法官在法庭审判开始前与追诉方进行单方面接触，如与追诉人员就案件事实的认定交换意见，单独阅览控诉方的卷宗材料，等等；（3）法官超越检察机关起诉的范围，擅自变更起诉书认定的罪名，以至于成为事实上的“第二公诉人”。在下面的论述中，笔者拟针对上述三种情况，对控审职能混淆问题的发生、后果及其立法防治作一分析。

（一）法官庭外调查的限制

从理论上看，法官从事任何带有追诉性质的调查都会与他所承担的裁判职能发生冲突。因为法官一旦亲自调查案件事实、收集有关的证据，就会陷入自行调查、自行裁断的境地，而这种自查自裁的情况显然会使法官处于十分矛盾的状态：他无法既做到积极主动地全面收集证据，又能够冷静、客观地评价这些证据的证明力和可采性。同时，在进行这种司法调查活动时，法官往往会对被告人有罪或者无罪形成预先的判断，以至于影响他在庭审中作出公正的裁断。英国的丹宁勋爵（Lord Denning）曾对法官热心于参与司法调查的情况提出过批评：“法官在争议当事人之间保持公正，自己并不参与争议，这样才能实现公平。”英国上诉法院也曾对一些“积极参与询问证人”的法官评论道：“亲自进行询问（证人）的法官……可以这么说，是屈尊降至竞技场中，容易被冲突所引起的灰尘遮住视线，不知不觉地丧失了自己冷静和不带偏见地进行观察的优势。”〔1〕

在英美对抗式审判制度中，法官居于消极的仲裁者地位，他

〔1〕［美］彼得·斯坦等：《西方社会的法律价值》，王献平等译，中国人民公安大学出版社1990年版，第99页。

们不负有任何司法调查职责，仅进行听审，确保控辩双方在对抗中严守法律规则。但是在大陆法系各国，19世纪进行的刑事司法改革并不彻底，因为法官的司法调查职能被保留了下来。法官为查明案件事实真相，可以调查对被告人有利和不利两方面的证据和事实，并可以为此采取各种调查手段。一些学者就法官的这种司法调查职能曾提出过批评：这种调查在司法实务中已蜕变为一种带有追诉性质的活动，以至于对法官的中立地位产生了消极的影响。〔1〕但从法律规定的程序来看，这种司法调查也要受到一系列的限制。大体而言，法官的司法调查可分为法庭上的调查和庭外调查两大类。法官在法庭上的调查不仅与控审职能的分离有关，而且涉及刑事审判程序的模式问题，因此笔者在此不对其作详细分析，而仅就法官的庭外调查问题作一分析。

所谓庭外调查，是指法官在开庭审判之前或开庭过程中就与案件有关的事实在法庭以外的其他地点所作的调查活动。通过这种调查，法官可以收集到一些为控辩双方所忽略或无法在法庭上提出的新证据，或者对一些在法庭上无法核实的证据进行详细审查，或者对一些在庭审开始即可能会流失的证据予以保全。相对那种以审查核实控辩双方的证据为目的的法庭调查而言，庭外调查的举行是法官行使司法调查权的主要标志。

大陆法系各国的刑事诉讼法一般只确立了四种庭外调查方式，并分别采取了不同的限制性措施。第一种庭外调查方式是法官亲赴法庭之外询问证人、鉴定人。《日本刑事诉讼法》规定，法院在考虑到证人的重要性、年龄、职业、健康状况及其他情况和案

〔1〕［德］赫尔曼：《中国刑事审判改革的模式》，1994年北京国际刑事诉讼法学研讨会论文。

件轻重之后，可以将证人传唤到法院之外，或在证人所在场所进行询问。在法院之外询问证人，应由合议庭组成人员进行。《意大利刑事诉讼法》也规定，如果证人、鉴定人或技术顾问由于正当阻碍原因根本不可能出庭，法官可以决定在其所处的地点进行询问。但是，这种询问首先必须听取检察官、被告人或辩护人的意见，或者须由当事人提出申请。同时，法官在进行这种询问时应预先给予检察官、被告人及辩护人了解询问事项的机会，并将询问的时间和地点预先通知控辩双方。

第二种庭外调查方式是法院委托外地法官所进行的调查。《德国刑事诉讼法》规定，证人或鉴定人由于患病、衰弱、路途遥远或者其他不能排除的障碍，以至于在一个较长或不定的时间内不能在法庭审判时出庭的，法院可以命令受命审判官或受托审判官进行询问。法院在必要时还可命令受命审判官或受托审判官实施检验。《日本刑事诉讼法》也规定，在法庭外询问证人的场合下，法院也可委托证人所在地的地方法院、家庭法院或简易法院的审判官进行。

第三种庭外调查方式是法官在庭审过程中主持进行勘验、检查等调查活动。《法国刑事诉讼法》规定，法庭可依职权或依检察官、民事当事人或被告人的要求，进行对查明案件事实真相有利的勘验活动。有些国家还允许审判官对一些无法运送到法庭的物证亲赴物证所在地进行检验。但法官在进行这种庭外检验时，应允许检察官、被告人、辩护人直接参加，并就有关事项向证人提出问题。

最后一种庭外调查方式是由合议庭成员以外的其他法官进行的审判前调查。《意大利刑事诉讼法》规定，公诉人应将预审法官所制作的“附属采证”（意：incidente probatorio）活动笔录连同起诉书和其他文书一起移送给主审法官，主审法官可据此进行审判前的准备活动。进行这种“附属采证”活动的目的在于，确保那些可能在法庭审判开始时无法再获得或可能变得不可靠的证据预先固定和保全下来，以防止证据的灭失或失实。实施这一活动的主要情况是公诉人或被调查人有合理根据认为某一证人在法庭审判开始之前可能身患重病、死亡或由于其他重大阻碍原因而无法在庭审时出庭接受询问，或者证人可能由于受贿、受到胁迫等原因改变证言的内容，等等。在这种调查活动过程中，检察官、被调查人及其辩护人、被害人等均须直接参加，并有权对证人、鉴定人等进行询问和质证，各方还有权就证人证言、鉴定结论等的证明力进行辩论。预审法官在附属采证过程中所制作的书面笔录可直接成为法庭审判过程中调查的对象。这样，预审法官事实上就代替主审法官进行必要的庭外调查。

在上述国家的刑事诉讼法中，法官在进行上述庭外调查活动时一般须受到十分严格的程序限制。首先，这些庭外调查活动除以秘密方式进行且社会公众无法直接参与之外，一般均采取开庭集中审判的形式：控辩双方直接在场，并可对证人、鉴定人进行询问和质证。其次，对法官在庭外调查中制作的书面笔录，诉讼各方均有权阅览，并在庭审中就此证据进行辩论。最后，进行庭外调查的目的不是收集对被告人不利的新证据，而是为了保全或审核证据，确保法庭审判活动的正常和顺利进行。

在我国，刑事法官除了在法庭审理中听取控辩双方的举证、质证和辩论以外，还一直享有十分广泛的庭外调查权。自1979年以来，我国《刑事诉讼法》都对法官的庭外调查活动作出了授权和规范。原则上，法官或合议庭对证据有疑问的，可以宣布休庭，对证据进行调查核实。在这种庭外“调查核实”证据的过程中，法官可以从事勘验、检查、查封、扣押、鉴定、查询、冻结等各种调查活动，可以获取新的证据。

我国学者和司法部门对法官的庭外调查一般均持肯定的态度。有的学者将“开庭调查与庭外查证相结合”作为我国刑事审判程序的一项基本特点加以肯定：“法院将大量工作放在庭外，而不是统统留在庭上解决；在进行充分庭外调查的基础上，法庭对事实和证据有了全面了解，因而开庭时能够抓住重点，迅速及时地查明案情”，“庭外查证……可为法庭调查奠定坚实的基础，使调查顺利有效的进行”。〔1〕我国最高人民法院也将法官的庭外调查作为刑事审判制度的一项优点加以总结和推广：“人民法院审理案件时，不仅在法院内开庭审理，而且要进行必要的调查研究，收集证据。”〔2〕应当说，从保证法庭审判及时、顺利和有序地进行这一角度来讲，庭外调查是值得肯定的。但是，庭外调查程序实际上存在许多不公正、不合理之处，这足以损害法官所应具有的中立裁判者地位。这主要表现在以下几个方面：

（1）庭外调查通常由法官单方面实施，控辩双方无法直接发动和参与。中国的庭外调查一般没有保持开庭审判的形式，因为控辩双方不能参与这种调查，法官事实上单独、秘密地进行收集证据活动；法官不是在控辩双方的请求下实施调查，而是积极主动地开始这种活动。无论在形式上还是在法律后果上，法官的这

〔1〕张仲麟：《刑事诉讼法新论》，中国人民大学出版社1993年版，第256页。

〔2〕任建新：《中华人民共和国的调解、仲裁和诉讼》，载《最高人民法院公报》1987年第2号。

种庭外调查与追诉机关的侦查都没有实质的区别。

(2)法官的庭外调查具有追诉的性质和效果。庭外调查实施的前提条件一般是法官认为仅凭当庭法庭调查证据难以查明事实,对被告人定罪也难以具有充分的证据。从理论上讲,法官既要收集有利于被告人的证据,也要收集不利于被告人的证据。但在司法实务中,法官的庭外调查往往具有补充侦查的性质,因为法官一旦认为根据现有控诉证据足以对被告人定罪,即不再进行庭外调查。

(3)法官通过庭外调查所获取的新证据,很难在法庭上接受控辩双方的有效质证。作为司法裁判者,法官在从事司法裁判活动的同时,竟然提出自己亲自调查所得的证据,这本身就会造成"担任自己案件的法官"的印象,使控辩双方的质证流于形式。更为严重的是,司法实践中经常发生法官规避法庭调查的情况,法官将其自行收集的证据直接作为定罪的证据,就连经过法庭调查这一形式都加以规避了。

长期以来,有关改革法官庭外调查程序的问题已被学者和司法官员大大忽略了,立法部门也几乎没有采取任何旨在对庭外调查作出有效制约的改革措施。人们通常存有这样一种误解:法官积极、主动地实施包括法庭调查和庭外调查在内的司法调查活动,是使案件事实真相及时得以揭示的保障,而且大陆法系各国的法官也是这样做的。事实上,根据笔者前述所作的分析,大陆法系各国的法官尽管仍然保留了一定的司法调查权,但他们在法庭之外所实施的调查却是严格地受到法律限制的。法官的这些调查活动从形式上已与中世纪欧洲各国的"纠问官"的调查活动具有很大的差异。但中国的法官在实施庭外调查方面却几乎拥有与“纠问官”相似或相同的权力：秘密实施，其他各方均不得提起或参与，调查所得的证据和事实无法受到各方的有效审查，等等。这种调查与刑事追诉官员的侦查事实上无法区分，它们从形式、过程和后果方面都没有大的差异，唯一的区别似乎是法官不拥有先进的调查设备和手段。在这种情况下，法官的中立地位必然难以得到保障，而且刑事审判程序的自治性也会由于法官产生过强的预断而得不到维护，法庭审判必然流于形式。因此，如果不对法官庭外调查程序作出较大的改革，不对法官在法庭之外的活动实施有效的限制，那么法官的中立地位不仅得不到维持，而且会蜕变为一种“第三追诉者”的可怕地位。这样，控审职能分离乃至刑事审判中的诉讼职能区分机制均无法得到维持。

那么究竟应对法官的庭外调查程序如何加以改革呢？从维护法官中立和控审职能区分的角度来看，法官的庭外调查活动似应受到以下几个方面的限制：

首先，法官应将庭外调查的目的限制在保全证据、审核证据证明力从而确保法庭审判顺利进行上面，而不得以追诉或协助追诉为目标实施庭外调查。换言之，法官实施庭外调查应与主持法庭审判一样，以公正无私地实施法律为宗旨，而不得违背程序正义和实体正义的目标。

其次，法官的庭外调查应保持开庭审判的性质和方式：由控辩双方发动并直接参与，双方有权在调查中请求对有关证人实施询问和质证，有权发表评论和辩论，法官不得自行决定发动庭外调查。这是为防止庭外调查蜕变为“庭外侦查”所采取的十分必要的措施。只有在各方共同参与下，法官的专断性和任意性才能得到有效的克服和抑制，庭外调查才不至于成为法官单独、秘密采取的补充追诉活动，由这种调查所获取的证据和事实才会得到控辩双方的审查和核实。

再次，法官与各方通过庭外调查所得的证据只有经过严格的法庭调查才能成为法官据以定案的根据，法官绝对不能将此证据直接视为或用作对被告人定罪的根据。这是确保法庭审判程序的自治性、防止庭审流于形式的必要措施。

最后，法官应将其审判活动的重心放在法庭审判上面，将庭外调查仅仅视为一种例外。法律应明确限制适用庭外调查的场合，使庭外调查的举行符合理性的要求。

（二）法官对控方案卷材料的庭前接触

在英美法系各国，法律和判例一般严格禁止法官和陪审员在开庭前解除公诉方的任何案卷材料，以防止他们因受到控诉方材料和意见的不当影响而形成倾向于控诉的预断，避免控诉与裁判职能的混淆和集中。在英美，法官和陪审团成员在开庭前不得阅览控诉方的卷宗材料或了解控诉方的证据，也不得与检察官进行私下的会晤，更不得参加检察官举行的带有追诉性质的调查活动。在庭审前，为了进行必要的审判准备活动，法官有时不得不举行预备会议，届时检察官和辩护律师同时出席并提出有关的诉讼请求，如调查和保全本方证据、传唤本方证人等，法官因此不可避免地与控方证据有所接触。但为防止法官的中立地位遭到破坏，英美等国一般严禁该负责庭前准备的法官在庭审过程中再主持法庭审判。

《日本刑事诉讼法》也严格禁止法官在庭审前单方面地接触检察官。为防止法官因接触控方证据或意见而形成倾向于追诉的预断，《日本刑事诉讼法》规定，关于在起诉后到第一次开庭日之间拘提被告的处理，原则上应由该裁判所中负责审理本案的裁判官以外的裁判官进行。同时,在第一次开庭日之前,侦查机关所作的证人询问申请与被告人所作的证据保全申请也均不得向负责庭审的裁判官而应向其他裁判官提出。尤其重要的是,《日本刑事诉讼法》为防止裁判官在庭审前单方面接触控诉方的证据,确立了所谓的“起诉状一本主义”的起诉方式。根据这种起诉方式,检察官在提起公诉时仅向裁判所递交一纸诉状,而不得添附或引用任何有可能使裁判官对案件形成预断的资料。日本学者认为,“由一方提供的证据而形成的预断应当排除”,这是作为现行法理念的基本观点。换言之,“案件的真相应从当事者双方的攻击防御中自然而然地显现出来,而不能在公开的法庭之外根据一方当事者(尤其是实施追诉的一方)所提供的证据预先形成预断”。相反,如果允许法官事先单方面接触控诉方的证据,他必然倾向于控诉。因为“仅仅根据追诉一方收集的证据所形成的心证,如果没有特别的情况,总是倾向于认为被告人有罪的心证。而且……一旦抱有先入之见,形成预断,即使接触到了相反的证据,也难以克服原有心证”。[1]

在法国、德国等大陆法系国家,检察官的起诉采取“卷宗移送主义”的方式,主持庭审的法官在开庭前有机会阅览、了解和研究检察官的卷宗材料。这种起诉方式存在一种潜在的危险:那些事先已接触过检察官证据的法官事实上已产生有关被告人有罪或无罪问题的预断,而且他在大多数情况下总是产生被告人有罪的判断。但是,各国一般也都采取了一些旨在消除或减少这种危险的立法措施,如在审理除轻微案件以外的普通刑事案件时,只允许

〔1〕[日]铃木茂嗣:《刑事证据的若干问题》,载苏惠渔、[日]西原春夫等:《中日刑事法若干问题》,上海人民出版社1992年版,第96~115页。

审判庭的一名成员获得阅卷的机会，其他成员（尤其是非职业审判官）一般不得接触或阅览卷宗。同时，法官庭审前与检察官的其他单方面接触也受到法律的严格禁止。

我国1979年《刑事诉讼法》曾确立了案卷移送主义的起诉方式，允许检察机关在起诉时将全部案卷移送法院。这是一种与大陆法国家案卷移送制度极为相似的起诉制度。但与此同时，法院在阅卷的基础上对案件进行必要的庭前调查核实证据工作。经过阅卷和庭外调查，法院认为“事实清楚，证据充分”的，才可以正式启动法庭审理程序。在这部法律实施长达15年的时间里，这种案卷移送制度与法官庭前对案件事实的实质审查制度一起，逐渐暴露出诸多方面的弊端。法学界也出现了引进英美起诉书一本主义起诉方式的改革呼声。为解决法官先定后审、法庭审判流于形式的问题，同时也为了引入对抗式诉讼的合理因素，立法机关启动了“刑事审判方式改革”，废止了全案移送案卷笔录的制度。根据1996年《刑事诉讼法》，检察机关起诉时只能向法院移送“证人名单”、“证据目录”和“主要证据的复印件、照片”，而对于其他证据材料，则只能由检察官当庭予以出示和宣读，并接受辩护方的质证和法庭的当庭调查。至此，我国《刑事诉讼法》尽管没有引进起诉书一本主义的起诉方式，却对检察机关移送法庭的案卷范围作出了较为严格的限制。一般认为，这种起诉方式作为中国“抗辩式审判方式”的组成部分，更接近于意大利于1988年所确立的制度安排。〔1〕

我国1996年《刑事诉讼法》所确立的起诉方式，并没有得到

〔1〕 有关1996年刑事审判方式改革的背景与效果，可参见陈瑞华：《刑事诉讼的中国模式》（第2版），法律出版社2010年版，第162页以下。

切实有效的贯彻实施。1998年，在全国人大常委会法制工作委员会的主持协调下，“六部委”通过了带有立法解释性质的规范文件，允许检察机关在法院开庭审理结束后三日内移送全部案卷材料。随后，这一新的起诉方式被吸收进最高人民法院和最高人民检察院颁行的司法解释之中。由此，检察机关“庭后移送案卷”的制度在我国刑事诉讼中得到确立。由于法官在开庭前只能接触“主要证据的复印件”，而不了解全案证据情况，这确实解决了法官庭前对案件事实形成预断的问题，可以促使法官关注法庭上的证据调查和辩论情况。但是，庭后移送案卷制度的实施，也使法官可以在开庭结束后有机会查阅公诉方的全部案卷材料。由于法庭对案件事实的审理极为粗糙，出庭支持公诉的检察官控制了证据调查的范围、顺序和方式，法官要指望通过短暂快速的法庭审理过程来形成对案件事实的认定，这几乎是不切实际的。而对庭审后全面查阅公诉方案卷的强烈期待，又导致法官不去真正关注法庭审理过程，而将实质的“事实认定”放置在法庭审理后进行，这反过来又架空了法庭审理过程，使那种带有“抗辩式”色彩的审判程序流于形式。不仅如此，由于这种起诉方式不允许检察机关庭前向法院移送全部案卷材料，使辩护律师在开庭前查阅、摘抄、复制案卷材料的权利受到了剥夺，进而带来了律师“阅卷难”的问题，因此，律师界对这种起诉方式以及与此相关的审判方式改革，一开始就持抵触的态度。甚至有律师呼吁恢复1979年的案卷移送制度。在此背景下，越来越多的法院与同级检察机关形成了默契，恢复了原有的庭前案卷移送制度。这种明显违反1996年《刑事诉讼法》的做法，由于有利于法院进行庭前审判准备工作，也给予了辩护律师庭前全面阅卷的机会，加之对检察机关的起诉也未造成明显妨碍，因此并没有受到任何有力的抵制。无论是被告人还是辩护律师，一般都不会对检察机关这种“违反法律程序”的起诉方式提出异议。

2012年，中国立法机关对《刑事诉讼法》作出了规模较大的修改。其中，尤为引人瞩目的是，这部法律恢复了1979年《刑事诉讼法》曾经确立的案卷移送制度，允许检察机关在起诉时将全部案卷材料移送法院。这就使1996年所规定的检察机关庭前移送“主要证据复印件”的制度受到废止，同时也撤销了检察机关在庭审后移送全部案卷的制度。当然，2012年《刑事诉讼法》并没有恢复庭前实质审查程序。根据这部法律，法官在开庭前不得就公诉方的证据进行庭外调查核实工作，也不得在开庭前对案件是否达到法定证明标准进行审查。法官在全面阅卷的基础上，“对于起诉书有明确的指控犯罪事实的”，就可以决定开庭审判。这样，1996年《刑事诉讼法》所确立的法院庭前“形式审查”制度就得到了保留。

从1979年的案卷移送制度，到1996年的限制检察机关移送案卷范围的改革，再到1998年庭后移送案卷制度的实行，直至2012年对案卷移送制度的恢复，中国刑事诉讼法在检察机关移送案卷的程序设计方面出现了持续不断的变化，甚至在制度安排上还发生了改革与废止改革的制度反复。

我国案卷移送制度的历史演变，特别是2012年《刑事诉讼法》对庭前案卷移送制度的简单恢复，对于法官进行庭前审判准备、确保辩护律师阅卷以及废止庭后移送案卷制度的确是有一些积极意义的。但是，这种改革却使刑事法官在开庭前重新获得了全面阅卷的机会。这就使中国的刑事审判制度回到1979年的“原点”，也标志着从1996年以来开始的制度改革探索宣告失败。于是，通过阅卷来形成对案件事实的认定，仍然是中国刑事法官的基本工作方式。而那些事先已经全面阅卷的法官很可能会形成对“被告人构成犯罪”的预断，并对辩护方当庭所作的无罪辩护产生反感甚至持抵触态度。结果，法官仍然无法保持基本的中立性，那种通过当庭审理来形成裁判结论的现代司法程序照样无法建立起来，被告方照样无法作出有效的辩护。

在笔者看来，要真正实现控审分离原则，维护法官的中立性，彻底解决法庭审判流于形式的问题，就必须废止案卷移送制度，避免法官在开庭前接触、查阅任何案卷笔录和证据材料，从而彻底割断侦查与法庭审判程序之间的联系。因此，检察机关不仅不能在开庭前向法院移送任何案卷材料，而且即便在开庭审理结束后，也不应再行移送任何案卷材料。法庭对案件的裁判只能以控辩双方当庭提交并经过质证的证据为唯一的依据。对于侦查机关所制作的案卷笔录材料，检察机关只能将其作为提起公诉的根据和寻找证据材料的线索，而不能再成为法院审判的基础。另外，侦查案卷笔录在检察机关提起公诉之后，应立即失去法律效力，它们不仅不应被移送一审法院，而且也不能被移送第二审法院和死刑复核法院。第二审法院审判需要查阅、研读的应当是第一审法院的审判记录，它们认定案件事实的唯一依据应当是控辩双方提交并经过当庭质证的证据；死刑复核法院也应当尽量以开庭方式审查死刑裁判的适当性，或者即使不举行开庭审理，也主要应当以下级法院的审判记录作为审查的根据。

（三）法院对起诉罪名的变更问题

在英美法中，判决中对起诉罪名的变更原则上是不允许的。

这是因为，这一制度中存在较为严格的罪状（counts）制度，起诉书必须将指控的罪名与所使用的法律条文加以紧密地联系，而不得记载那种不受法律条文限制和界定的“犯罪事实”；在法庭审理过程中，控方的责任就在于提出证据，对起诉书记载的各项罪状进行证明；经过审判，控方能够证明某一罪状可以成立的，法庭即宣告被告人有罪——也就是指控的罪行成立，否则即裁断指控的罪名不成立，被告人因此无罪。因此，负责对事实问题进行裁断的无论是陪审团还是法官，都只能针对起诉书指控的罪状是否成立进行裁判活动，而一般无权变更或者追加未经起诉的新的罪名。

但是，这种禁止变更起诉罪名的做法也存在一些例外。例如，如果依据法律规定，某一新的罪名包含在起诉书指控的罪名之中，控方的证据能够证明这一新的控罪成立，而原来指控的罪名并不成立的话，那么，陪审团就可以裁断被告人犯有这一新的罪名。在英美法中，这种罪名之间相互包容的情况大量存在。比较典型的例证是，谋杀罪（murder）包含着过失杀人罪（manslaughter），夜盗罪（burglary）包含着盗窃罪（theft），故意伤害罪（wounding with intent）包含着非法伤害罪（unlawful wounding），等等。因此，如果起诉书指控被告人犯有谋杀罪，而陪审团认定控方的证据不足以证明被告人的行为构成这些罪名，那么，法官可以指示他们对被告人定以过失杀人罪。当然，这样做的前提必须是过失杀人罪能够得到证实。〔1〕

与英美法不同，大陆法中有一个基本的理念：法院在判决中

〔1〕 对于英国刑法中的罪名包容制度，读者可参见［英］特纳：《肯尼刑法原理》，王国庆等译，华夏出版社1987年版，第622页以下。

有权对被告人的行为作出独立的法律评价，而不受有关开始审判程序的裁定所引刑法条文的限制。换言之，对于起诉书指控的罪名，法院经过开庭审理，认为在刑法上不能成立的，可以判定被告人构成新的罪名。但是，对于指控中载明的事实要素，法院只能就开始审判程序的裁定中界定的犯罪行为作出裁判，而无权对那些未经起诉的被告人或犯罪行为进行审判。对于任何在法庭审理过程中新发现的未经起诉的犯罪行为，只能由检察机关重新提起公诉。不过，根据诉讼客体不可分割的原理，对于同一诉讼客体，也就是同一被告人之同一犯罪行为，起诉书即使仅指控其中的一部分，其法律效力也及于该同一诉讼客体的全部。也就是说，只要起诉与裁判所针对的诉讼客体是一致的，那么，检察机关即使在起诉书中没有载明该诉讼客体的全部内容，法院仍可以对全部诉讼客体作出裁判，而无须经过检察机关的变更起诉程序。可以说，诉讼客体的一致性和诉讼客体的不可分割性，构成了德国变更起诉制度的理论基础。〔1〕

但在诉讼程序中，大陆法国家对于法院变更罪名也作出了一些限制。例如，德国法建立了“追加起诉”制度。根据这一制度，检察机关对于法院在审判中新发现的独立的犯罪行为，应当重新提起公诉。但为防止被告人因受到重新起诉而招致过长的诉讼拖累，这种追加起诉通常采取较为简易的方式进行。也就是由检察官在审判过程中以口头方式对被告人的其他犯罪行为补充起诉，

〔1〕　在德国刑事诉讼理论中，诉讼客体的确定具有三个方面的意义：一是限定法律程序的标的，二是确定法院审理和判决的界限，三是规定判决在法律效力上的范围。德国的诉讼客体理论对日本和我国台湾地区的刑事诉讼理论产生了深刻的影响。参见［日］田口守一：《刑事诉讼法》，刘迪等译，法律出版社2000年版，第134~140页以及165~190页。

但前提是被告人必须表示同意接受，并且取得法院的书面许可。同时，被告人有权要求中断审判程序，以便有较为充分的时间实施防御的准备工作。另外，德国法尽管允许法院自由地对被告人的行为作出法律评价，从而变更起诉书记载的法律条文，但是，法院应当就法律判断和处罚条文的变更问题，及时向被告人及其辩护人告知，并且给予辩护方以足够的防御机会。

在我国刑事审判实践中，法院擅自突破起诉书的范围，将那些未经起诉的"犯罪人"或者"犯罪事实"直接纳入审判对象，并作出定罪量刑的情况，这是极为罕见的。但是，对于检察机关在起诉书中认定的罪名，法院在认定其不成立的情况下，直接对被告人判处另一个罪名，这却是非常普遍的一种现象。对于这种法院变更起诉罪名的做法，尽管在法学界和司法界存在较大的分歧和争论，最高人民法院却在司法解释中承认了合法性和正当性。而这又引发了更大范围的争议。

自1998年以来，最高人民法院通过对《刑事诉讼法》的适用作出司法解释，确立了一项基本原则："起诉指控的事实清楚，证据确实、充分，指控的罪名与人民法院审理认定的罪名不一致的，应当作出有罪判决。"据此，法院有权将检察机关指控的罪名加以变更。在对检察机关指控的"犯罪事实"加以确认的前提下，法院既可以将起诉的甲罪变更为乙罪，也可以在检察机关起诉的罪名的基础上，增加新的罪名，还可以将检察机关起诉的若干个罪名加以合并，判处被告人构成新的罪名。

对于这种法院变更起诉罪名的做法，法学界和司法界一直存在不同的看法。一些学者和律师认为，法院直接变更罪名违背了

"人民法院行使审判权必须遵循的不告不理原则"；[1]"剥夺了被告人的辩护权"。[2]一些人士指责法院"违背了人民检察院独立行使检察权的原则"，"侵犯了检察权"；否定了"公诉效力"，[3]违背刑事诉讼法的有关规定。还有学者认为，法院直接改变控方罪名存在诸多弊端，它破坏了现代刑事诉讼中控辩审三方合理的角色、功能定位，与现代民主政治条件下司法决策的民主性和科学性的基本要求相悖，也不利于维护被告人的合法权益。[4]

与此相对的是，一些法官和学者为法院直接变更罪名问题作出了辩解。法官们的一般观点是，作为最终负责定罪的审判机关，法院只要认定被告人的行为构成犯罪，就可以根据刑法分则的规定，判定其犯有适当的罪名，而这一罪名完全可以与检察机关指控的罪名不相一致。还有的法官认为，对被告人究竟判处什么罪名，也就是通常所说的"定性"问题，属于人民法院审判权的有机组成部分，法院经过法庭审理，当然有权对被告人的行为作出与检察机关不同的法律评价。[5]另外，也有学者认为，作为刑事诉讼的最终定案机关，法院有权对指控罪名不正确的，作出合乎法律规定的变更；法院处在"控、辩、审"结构中的主导地位，控辩双方提出的罪名经常具有片面性，检察机关起诉的罪名只对法院

〔1〕 沈向阳：《未经起诉的犯罪不宜直接定罪量刑》，载《律师》（陕西）1999年第2期。

〔2〕 刘英权：《判决可以改变起诉罪名吗？》，载《检察日报》1999年8月11日，第3版。

〔3〕 江晓阳：《评人民法院变更指控罪名权》，载《人民检察》1999年第6期。

〔4〕 左卫民等：《指控罪名不能更改之法理分析》，载《四川大学学报》（哲学社会科学版）2000年第2期。

〔5〕 对于法官们的观点，读者可参见《人民司法》1999年第9期。该刊在这一期对法院变更罪名问题作出了集中讨论。

起到参考作用，作为主导地位的法院才是确定罪名的权威机构；法院对检察机关指控不成立的，可以直接否定，也当然可以变更罪名。[1]

应当承认，法院在判决中对起诉罪名直接作出各种形式的变更，对于实现刑法上的罪刑法定原则、罪刑相适应原则，以及严格按照刑法分则所确立的具体犯罪构成要件进行定罪，确实有一定的积极作用。毕竟，法官经过法庭审理过程，发现检察机关起诉书指控的罪名"确实不能成立的"，依照刑法重新对被告人确定新的罪名，这确实更加符合刑法的规定，甚至也对检察机关起诉书中的指控作出了"正确"的纠正。这似乎很能体现所谓的"不枉不纵""有错必纠"的认识论精神。

但是，这里始终潜伏着一种危险：如何对法院这种变更罪名的合法性进行审查呢？法院这种变更起诉罪名的实践却违背了程序正义的基本要求。一般说来，这种变更起诉的情况通常发生在法庭审理结束之后。也就是说，法院对起诉罪名的变更既没有征得公诉人的同意（甚至经常遭到公诉机关的反对），也没有及时告知被告人和辩护人，更没有将这种变更问题列为法庭调查和法庭辩论的对象，而是在控辩双方皆不知晓的情况下，以单方面和秘密的方式加以进行和完成的。可以说，法院对被告人行为所作的新的法律评价以及所认定的新的罪名，都没有建立在控辩双方当庭调查和辩论的基础上，都没有体现控辩双方的参与过程，也都没有形成于法庭审理过程之中，而是产生于法庭审理程序之外。这种做法违背程序的"自治性"原理，使与案件结局有着直

〔1〕 周国均：《关于法院能否变更罪名的探讨》，载《诉讼法学新探》，中国法制出版社2000年版，第435页以下。

接利害关系的控辩双方的参与丧失了实际的意义，因而完全流于形式。

法院主动变更起诉罪名的做法还严重剥夺了被告人的辩护机会。这是因为，在检察机关提起公诉之后，法院通常会将起诉书副本送达给被告人及其辩护人。被告人及其辩护人在阅读起诉书内容、了解控诉方主张的基础上，进行充分的防御准备。一般说来，辩护方防御准备活动始终是围绕起诉书指控的罪名来进行的；而法庭审理中的防御活动，则更是以推翻或者削弱起诉书指控的罪名为目标而进行的。考虑到任何一项指控的罪名都有其独立的、固有的犯罪构成要件，因此，辩护方要推翻或者削弱起诉书指控的罪名，就必然会围绕该罪名的主体、主观方面、行为、行为与结果之间的因果关系等构成要件，来进行反驳和辩护。但是，法院在评议阶段一旦将起诉书指控的罪名弃置不顾，而自行判决被告人的行为构成其他新的罪名，这就意味着被告人及其辩护人原来就起诉书指控的罪名所作的防御活动全都失去了实际的意义，并无法对裁判者产生任何有效的、积极的影响。而更加不幸的是，法院在自行变更或追加新的罪名时，并没有给予被告人及其辩护人以任何准备防御的时间，也没有听取辩护方就此罪名的构成要件所作的任何反驳和辩解。这样，法院在没有给予辩护方对新的指控罪名以任何防御机会的情况下，就强加给被告人一项新的未经起诉，也未经辩护的罪名。这种对起诉罪名的单方面变更，事实上剥夺了被告人的辩护权，并使原来针对起诉书指控的罪名所作的辩护活动全部丧失了存在的意义。

法院对起诉罪名的单方面变更，还破坏了裁判者本应具备的中立性和超然性。无论这种变更所导致的新罪名的认定本身“正确与否”，由于变更既没有取得检察机关的同意，更不是在检察机关主动提出相关要求的情况下进行变更的，因此，这种新罪名都属于未经检察机关起诉而认定的罪名。既然检察机关原来指控的罪名并不成立，检察机关也并不同意对被告人判处新的罪名，那么，新罪名的判定岂不就成为法院自行强加给被告人的罪名了吗？而法院未经起诉而自行对被告人科处新的罪名，这不也就意味着自我控诉和自我裁判了吗？显然，在法院主动变更起诉罪名的背后，存在法院超越司法裁判权、代行刑事追诉之权的事实。无论如何，这种做法都违背了控审分离、不告不理等基本的诉讼原则，使法院在裁判活动中的中立性、超然性不复存在，法院在其裁判中不可避免地添加了自己独立的主张和请求。

德国学者拉德布鲁赫曾对控诉与裁判的关系提出过一个著名的命题：如果法官本身就是控告者，那么，只有上帝才能充当辩护人。在法院主动变更起诉这一做法的背后，必然存在法院诉讼角色的异化，也就是从消极的裁判者演变为积极的调查官和充满先入之见的追诉者。而法官一旦在诉讼中趋于追诉化，那么，被告人及其辩护人的防御权就必然会受到大幅度地削弱甚至丧失。因为，没有作为中立第三方的裁判者，任何审判活动的“诉讼”特征都将不复存在，其行政治罪甚至军事镇压倾向就会随之而抬头，而在这时法律意义上的辩护活动将失去存在的空间。

法院对起诉罪名的变更，归根结底属于起诉书在多大程度上对法院的裁判具有约束力的问题。作为检察机关提起公诉依据的起诉书，不仅仅是法院开始法庭审判活动的基础，而且还应是明确界定法院审判范围和被告人防御范围的法律文书。对于法院而言，起诉书为法院的审判确定了对象，在“人”和“事”两个方面划定了范围。原则上，法院通过法庭审判，只能回答起诉书的指控是否成立，也就是指控的被告人是否实施它所说的犯罪事实，并且是否构成了它所说的罪名。答案如果是肯定的，那么，法院就应判决被告人构成起诉书载明的罪名；否则，法院即应判决被告人无罪。而对于被告人而言，起诉书所记载的事实和法律评价为被告人的防御活动设定了对象，被告人及其辩护人只须针对起诉书指明的事实和罪名实施防御准备和进行法庭上的抗辩，而无须顾及起诉书没有提及的其他事实和法律评价。当然，起诉书还为法院判定自己对案件有无管辖权、案件是否具备开始法庭审判的条件等，提供了可资判断的依据。

但是，要使起诉书充分发挥上述诉讼功能，就必须对其内容进行慎重的设定。英美的起诉书载明了罪状，日本的起诉书则记载有诉因，德国的起诉书则明确了公诉事实。相比之下，中国的起诉书则将指控的“犯罪事实”与法律评价完全割离，使“犯罪事实”的描述过于详细和具体，以至于在相当程度上脱离了法定犯罪构成要件的限制，体现不出指控罪名与指控事实之间的密切联系。因此，有必要以英美起诉书为模式，对中国的起诉书进行必要的改革。从理论上看，改革的基本要点应当是：起诉书不应模仿法院判决书的体例，而应对指控的“犯罪事实”作大规模的简化，已足以体现指控罪名的犯罪构成要件为基本标准。同时，应将起诉书的主文分为两大部分：一是罪名陈述，二是事实摘要，首先明确被告人行为所触犯的刑法分则的条文和罪名，然后简要描述被告人触犯该项罪名的事实依据。通过这样的改革，起诉书所载明的事实和法律评价要素就对法院的审判同时发生制约作用，以防止法院任意地将起诉书指控的事实与法律评价加以割离。

一般情况下，法院经过法庭审判，不得对起诉书指控的罪名自行加以变更、追加。如果发现起诉书指控的罪名不成立，而被告人的行为可能构成其他一项或多项新的罪名，法院必须要求检察机关重新提起公诉。但是，英美法在法定例外情况下允许被告人按照不同于起诉书记载的罪名进行答辩，也允许陪审团判定被告人构成不同于起诉罪名的新罪名，但前提是新罪名与起诉罪名之间具有包容关系，或者新罪行的实施属于起诉罪行实施的必要步骤，而且这种变更必须是有利于被告人的变更。这种立法例是具有相当大的启发作用的。

在笔者看来，法院在法定例外情况下，自行对被告人作出较起诉书的指控更加轻缓的新罪名，是具有一定正当性的。这是因为，如果检察机关不能提出证据证明其指控的罪名，但其掌握的证据足以证明被告人构成某一包容在起诉罪行之内的罪行，如不能证明抢劫罪，却足以证明抢夺罪；不能证明贪污罪或受贿罪，却足以证明巨额财产来源不明罪；不能证明犯罪既遂，却足以证明犯罪未遂，等等，那么，法院可以自行判决被告人构成新的罪名。毕竟，这种包容于起诉罪名之中的新罪名事实上已经随起诉罪名一起受到指控，并给予被告人以防御的准备和机会，法庭在审理起诉罪名的同时，也就等于对新的罪名进行审理。既然如此，那么诸如法官的中立性、被告人的防御权等都没有因为法院的变更罪名而受到损害。当然，罪名与罪名之间究竟是否具备包容关系，或者新罪行是否构成起诉罪行的必要步骤，这些都不能完全由法官自由判断，而必须由刑法作出明确规定，或者由最高人民法院作出明确的司法解释。

法院对起诉书记载的事实要素和法律评价要素的变更，除了要在范围、时间上受到严格的法律限制以外，还必须受到诉讼程序上的约束，以确保被告人的防御权不因法院对起诉的变更而受到损害。具体而言，法院无论是变更起诉的罪名，还是在"公诉事实同一性"的限度内变更起诉的事实，都必须事先向被告人及其辩护人明确加以告知，并给予被告方充分的防御准备时间。尤其是在被告人明确提出请求的情况下，法院应当暂时中断法庭审判，以便被告人进行必要的防御准备工作。

另外，凡属于上述准许变更起诉之外的罪名变更问题，或者新发现的"犯罪事实"与起诉书载明的公诉事实不一致的，应一律适用重新起诉制度。这种重新起诉可以由检察机关主动申请提出，也可以由法院明确建议检察机关提出。但归根结底，最终只能由检察机关向法院重新提起公诉。如果检察机关拒不提起新的起诉，法院在提出建议和要求无效之后，绝不能自行提起公诉，或者直接对新的罪名和事实加以审判，更不能在未经起诉和未经法庭审理的情况下，自行裁判被告人构成新的罪名或者实施了新的犯罪行为。另外，重新起诉可采取简易的方式，也就是由检察机关以口头方式，当庭追加起诉的罪名和事实，然后听取控辩双方的意见和辩论。原来业已举行完毕的证据调查活动，如果与新罪名或新事实的认定有直接关联的，法院可以将其继续适用。

第三节　控诉与辩护职能之平衡

一、控辩双方诉讼地位之平衡

在刑事审判过程中，诉讼职能区分的机制要得以维持，除了控审职能分离以外，控诉与辩护职能还必须保持相对的平衡。控诉与辩护作为一对相互矛盾和冲突的诉讼职能，它们的平衡在很大程度上取决于控辩双方诉讼地位的平等和诉讼权利的对等。这是因为，在控、辩、审三职能相互区分和相互制约的机制中，任何一项职能的过分弱小或者过分强大，都可能打破三职能之间的相对平衡，造成辩护职能的弱化或萎缩，并使控审职能出现集中或混淆，这对于程序的公正性和合理性会带来消极的影响。

控辩双方诉讼地位的平等性固然是确保诉讼职能区分机制得以维系的前提条件，但它要在刑事审判过程中得到现实的实现，还必须有一系列复杂的程序保障。事实上，从整个刑事诉讼过程的情况来看，检察官与被告人在参与诉讼的能力方面存在较为严重的不平等现象，这导致控辩双方诉讼地位的不平衡。这主要表现在：（1）检察官作为国家利益的代表，以国家的名义行使刑事追诉权，他对刑事诉讼的参与旨在履行法律所赋予的职责和权力。被告人的参与固然也受到法律的保护，但他是以个人名义并旨在为维护个人利益而进行防御活动的，他不拥有国家权力的保障。（2）检察官进行刑事追诉活动，可获得并利用国家提供的司法资源。在侦查活动中，检察官还可获得侦查机关的协助和支持，后者拥有为有效收集证据所必需的设备、人力和权力。被告人尽管也拥有收集证据的权利，而且可获得辩护律师的协助，但由于被告人一般不精通法律，又往往被限制了人身自由，他本人无法充分地从事收集和调查证据的活动，而辩护律师在收集证据时既不拥有国家司法资源的支持，也不具备国家权力的保障。可以说检察官在收集证据方面所具有的这种能力，甚至连最富有的被告人也无法达到。（3）检察官可将被告人的陈述作为支持其指控的一项重要证据。在西方各国，被告人尽管享有不受强迫自证其罪的权利，但检察官在审判前阶段仍有权对被告人或嫌疑人进行讯问，这种讯问是获取被告人供述的有效途径。被告人一旦自愿供认有罪，这种供述便可以被检察官用来作为支持其指控的重要证据。上述三方面的因素使检察官在参与诉讼的能力方面处于绝对的优势，检察官与被告人事实上有着极不平等的诉讼地位。

为了对检察官与被告人在诉讼地位上所处的不平等状态予以平衡，各国几乎普遍采取了以下两方面的立法措施：一是赋予刑事追诉官员尤其是检察官以客观、公正地从事刑事追诉活动的义务。检察官在刑事审判过程中的职责不是不择手段地追求对被告人定罪、判刑的结果，而是要确保被告人受到公正、合理、适当的定罪和判刑，对确属无辜者还应确保其免受定罪和判刑。这在一定程度上可防止检察官利用国家所赋予的一切权力和资源，专门从事反对被告人的活动，并防止他通过追求对被告人实施不公正、不合理的定罪和判刑来实现其控制犯罪、维护社会治安的目的。二是赋予被告人一系列特殊的程序保障或特权，以使他在参与能力和诉讼地位方面逐步接近或赶上他的检察官“对手”，使控辩双方本不平等的诉讼地位得到适当的平衡。

在大陆法系各国，控辩双方诉讼地位的平衡是随着刑事司法改革的深入进行而逐步得以实现的。19世纪的刑事司法改革废止了纠问式诉讼程序，使被告人成为诉讼的主体，并享有一系列基本的程序保障。“二战”结束以后，各国相继开始了新的司法改革运动，这些改革深受国际性人权保障潮流的影响，并使被告人拥有了更高的诉讼地位。可以说，大陆法系国家控辩双方诉讼地位的平衡是与被告人诉讼地位的逐步提高密切相关的。

英美等国对控辩双方地位的平衡经历了从“形式平等”到

“实质平等”这一观念的转变。英美早期的刑事诉讼制度曾实行彻底的对抗式程序，这种程序采取了与民事诉讼程序极为相似的原则、规则和理念，“公平竞争”原则即为其中的一项重要原理。“公平竞争”原则（principle of fair play, or sporting theory of justice）要求，为确保诉讼当事人充分地展开攻击和防御活动，任何一方当事人均不得为其对立一方提供对抗武器。法官也不得要求当事人承担类似的诉讼义务，否则即违背了公平竞争或公平对抗的原理。“公平竞争”原则对英美对抗式刑事审判程序的影响主要表现在：控辩双方保持形式上的平等对抗地位，双方为获得胜诉结局，可采取一切战术手段向法官证明自己的“一面之词”，甚至可以出其不意地提出自己的主张和证据。由于双方均不负有为对方提供对抗武器的义务，当事人往往拥有一种所谓的“诉讼埋伏权”（powers of ambushing），诉讼结局一般带有出人意料的可能性（trial by surprise）。〔1〕

随着时代的发展，英美等国逐渐确立了国家追诉主义的诉讼原则，国家追诉官员开始以刑事原告人的身份代表国家进行控诉，控辩双方在攻击和防御能力乃至诉讼地位上的不平等性越来越严重。这样在英美，一种新的程序正义理论逐渐出现。这种理论认为，如果法律一味地鼓励双方对抗，那么参与能力较弱的一方事实上就等于在不能充分有效地参与的情况下进行诉讼，他们不仅永远处于劣势，而且也必将败诉。在此情况下，诉讼就会成为弱肉强食的竞争，而没有任何公正可言。因此，为了克服由那种表面上或形式上的平等对抗所带来的实质上的不平等，法律应

---

〔1〕 Christopher Osakwe, “The Bill of Rights for the Criminal Defendent in American Law”, in *Human Rights in Criminal Procedure*, Martinus Nihoff Publishers, 1982.

当要求控辩双方在必要时进行适度的“合作”，同时对较弱的被告一方给予一定的特殊保护。在这种新的程序正义理论的影响下，英美等国的刑事诉讼程序逐渐朝着减少控辩双方不必要的对抗、保证实质平等的方向发展。辩护方“先悉权”的确立即为一个明显的例子。

英美诉讼理论的这种发展趋势表明，实质平等的观念逐渐被用来克服控辩双方诉讼地位的不平衡状态。目前，两大法系国家的法律理论已普遍承认控辩双方诉讼地位的平等是审判公正的一项内在要素，主张通过赋予被告人一系列的诉讼特权来纠正双方地位的实质不平等。

1972年举行的第12届国际刑法协会大会以“平等武装”（equality of arms）为题对在刑事诉讼中控辩双方诉讼地位的平衡问题进行了探讨。“平等武装”这一表述最早被欧洲人权委员会所使用。该委员会在对Ofner and Hopfinger v.Austria一案的裁决中认为：“委员会认为，检察官与被告人（在刑事诉讼中）的程序平等（procedural equality）一般可称为平等武装，这是公正审判的一项内在要素。”在这次国际刑法协会大会上，大多数代表均认为，平等武装应为刑事审判程序的一项必要特征，但在审判前程序中它却不能得到完全适用。

有的学者认为：

至于审判前阶段，平等武装只能从一个较广泛的意义上来理解……或许我们可以设想一下两位斗士之间的决斗，其中一个头戴盔甲，手握利剑，而另一个则只持渔网和鱼叉。刑事审判前阶段也可以被比喻为打猎过程。而在猎手与猎物之间是谈不上平等武装的。[1]

但是，如果不从刑事诉讼程序的整体过程方面来保障控辩双方的平等地位，那么平等武装在法庭审判阶段将难以真正得到实现。换言之，控辩双方在法庭审判过程中地位的平衡要通过审判前和审判过程中对被告人的特殊保护来保障。

加强对被告人的特殊保护，使其拥有一些特权，表面上似乎会造成一种不平等：法官将天平一端倾向被告人，并使其处于受保护的优越地位，但这是为克服控辩双方实质上的地位不平等而采取的措施，即以形式上的不平等来换取实质的平等。尤其是当我们注意到检察官地位的公正性、客观性和中立性会有一种不可避免的限度时，加强对被告人的特殊保护就更应被视为一种对控辩双方地位的主要平衡手段。尽管检察官地位的中立化和公正化是西方各国刑事诉讼程序的一项共同发展趋势，但在司法实务中，各国检察官几乎都倾向于通过追求对被告人定罪这一结果，证明自己控诉的成功，并以此为自己的事业和前途开辟道路，要求检察官公正、客观地从事追诉往往流于一句空话。同时，我们只能要求检察官在追诉犯罪过程中尊重事实真相并维护被告人的人格尊严，使被告人受到公正的定罪，但不能要他放弃追诉这一职责，或削弱其追诉效果。这样，检察官的公正地位就必然存在一种内在的局限性，他所处的与被告人对立的地位是一种更为基本的现实。

---

〔1〕 Arpad Erdei, "Introduction: Comparative Comments from the Hungrian Perspective", in *Comparative Law Yearbook*, Vol.9, Martinus Nijhoff Publishers, 1985, pp.11–12.

从理论上看，加强对被告人权利的特殊保护意味着赋予被告人一系列的“特权”（privileges）或保障，同时相应地给予检察官一系列的特殊义务或负担，使被告人具备在法庭上与检察官相抗衡的能力，并与检察官平等地参与法庭审判活动。根据各国刑事诉讼立法的普遍发展趋势，这种旨在平衡控辩双方诉讼地位的特殊保护措施主要包括以下几个方面：（1）被告人享有不受强迫自证其罪的特权；（2）证明被告人有罪的责任应由检察官负担；（3）检察官一旦向法院提起控诉，被告人有权及时获知被控罪名和案由；（4）被告人有权获得充分的时间和便利进行辩护准备活动；（5）被告人有权获得辩护律师的有效协助；（6）被告人及辩护人有权对出庭作证的证人、鉴定人进行反对询问，有权就后者所作陈述的可信性和证明力作出评论；（7）被告人有权要求法院以强制手段传唤自己所提出的证人。

在刑事审判中，实现程序正义的前提之一是维护控辩双方在诉讼参与方面的实质对等性，实现控辩双方的“平等武装”。而在控辩双方无法保持“势均力敌”的情况下，要实现双方的实质对等，法律就必须对双方的对抗加以干预，使强势的一方承担特殊的义务，同时使弱势的一方享有一些特殊的程序保障或诉讼特权。刑事诉讼是强大的国家对弱势的个人发动的追诉活动。要维持审判过程中的“诉讼职能之平衡”，也要为检察官赋予一系列诉讼义务，并为被告人确立一些基本的诉讼特权。

二、检察官特殊义务之承担

无论是英美法还是大陆法，都在诉讼理论中将检察官塑造成“指控一方”或者“当事人”，不仅没有赋予其高于被告人的诉讼权利，反而为检察官设置了一系列特殊义务，使其在行使国家公诉权方面受到一系列法律限制。例如，英美法在确保检察官与辩护方进行平等对抗的前提下，还根据无罪推定原则的要求，促使检察官对本方指控的犯罪事实承担“说服责任”，并需要达到“排除合理怀疑”的最高程度。而被告人则受到无罪推定的程序保护，对于自己的无罪事实不承担证明责任，并在检察官的证明无法达到法定标准的情况下，享有“疑罪从无”的诉讼利益。不仅如此，英美法还对检察官获得程序救济的方式设置了限制性措施，对于一审法院所作的无罪判决，检察官原则上被禁止提出上诉；对于法院所作的生效判决，检察官更是被禁止任意申请启动再审程序。而对于检察官滥用公诉权力的行为，如超期羁押、拖延诉讼、任由警察滥用诱惑侦查等不当行为，法院还可以作出撤销起诉（dismiss of charge）或者中止诉讼（judicial stay）的决定，以此来对检察官实施程序性制裁。

又如，根据大陆法国家的诉讼理论，检察官要承担“客观义务”，其行使公诉权的目的不仅仅是对被告人加以治罪，而更主要的是发现实体真实，确保司法正义的实现。因此，检察官不仅要关注不利于被告人的证据、事实和法律适用问题，也要重视有利于被告人的证据、事实和法律适用问题。针对下级法院的未生效判决，检察官可以提起有利于被告人的上诉。而对于已经发生法律效力的裁判，检察官被禁止随意提出有利于被告人的再审申请。甚至在法国，法院只能启动有利于被告人的再审，而不利于被告人的再审则一律被禁止提出。

在我国刑事诉讼中，检察机关负有法律监督的职责。这种法律监督权在刑事诉讼中的主要表现方式，就是对法院的刑事审判活动实施诉讼监督。这种针对法院审判活动的诉讼监督，主要表现在：对于法院一审未生效判决，检察机关认为“确有错误”的，可以提起抗诉，引起第二审程序；对于已经发生法律效力的裁判，检察机关认为“确有错误”的，可以提起抗诉，引起刑事再审程序；对于法院的审判存在违法情形的，检察机关可以提出纠正违法通知书，或者提出检察建议；法院审判委员会讨论决定重大、复杂、疑难案件的，检察长可以列席审判委员会会议，并发表有关事实认定和法律适用的意见。不仅如此，对于法官存在徇私舞弊、徇私枉法、枉法裁判等职务犯罪行为的，检察机关还可以行使立案侦查权，直接对法官提起刑事诉讼。这种针对法官的职务犯罪侦查权，被视为检察机关实施检察监督的重要方式，并对其他监督活动起到了强化作用。

在检察机关行使上述诉讼监督权的情况下，检察官事实上成为“法院之上的法官”，具有高于法院的司法权威。所谓的“控辩双方平等对抗”或者“平等武装”，是根本谈不上的。在我国的诉讼理论中，检察官不具有“当事人”的地位，而属于行使法律监督权的国家公诉人。出庭支持公诉的检察官一方面代表国家行使公诉权，另一方面还代表国家行使法律监督权。检察官这种一身兼二任的做法，无疑使其具有极为特殊的诉讼地位，而根本不可能与辩护方展开平等的对抗。结果，在刑事审判的各个环节，检察官都不仅不承担那些为西方国家同行所承担的诉讼义务，反而拥有了一系列超级特权，成为高高在上的“超级原告”。

例如，对于法院一审未生效判决，检察机关一旦提起抗诉，二审法院一律无条件地举行开庭审理。但被告人一旦提出上诉，二审法院则要对案件是否具备“开庭条件”进行审查。有时候，被告方即便对一审法院认定的事实和证据提出异议，并认为这种异议对定罪量刑具有重大影响，二审法院也会以“没有必要”为由，拒绝开庭审理，而通过所谓的“调查讯问”进行所谓的“法庭审理”。

又如，对于法院已经发生法律效力的裁判，检察机关提出的抗诉，会成为法院启动再审程序的法定事由。有时候，检察机关认为生效裁判“确有错误”的，还可以提出刑事再审建议书，而法院都会启动再审。但与检察机关的抗诉权或检察建议权形成鲜明对比的是，已被定罪的被告方即便认为已生效裁判确有错误，并提出申诉，法院也极少会启动再审。法律为这种申诉设置了重重法律障碍，包括禁止越级申诉，申诉首先要取得原生效判决法院的拒绝，上级法院对申诉案件要经过申诉复查和再审审查这两道程序，等等。在司法实践中，没有外部的强大压力或推动力量，被告方要促使法院启动刑事再审程序，通常是极为困难的。

再如，在法院召开审判委员会会议时，检察长可以列席审判委员会会议，并就案件的定罪量刑问题发表意见。由于审判委员会可以直接改变合议庭的结论和裁判意见，因此，检察长在场发表意见会对案件的裁判结局产生较大的影响。与此相比，无论是被告人还是辩护人，都无权参加审判委员会会议，更无法对审判委员会对案件的决定施加积极有效的影响。

不仅如此，在法院审判过程中，遇有案件事实不清、证据不足，或者因其他原因无法满足定罪条件的，检察机关会推动案件进行“程序倒流”，致使案件退回审查起诉或侦查程序，甚至重新提起公诉。检察机关推定程序倒流的情形主要有两种：一是通过申请法庭延期审理，将案件退回侦查机关补充侦查；二是通过申请撤回起诉，促使法院裁定准许撤回起诉，使案件退回审查起诉阶段。有时候，检察机关被准许撤回起诉后，案件还有可能被检察机关继续退回补充侦查，使案件从审判阶段直接被退回侦查机关。而在侦查机关补充侦查完毕，或者检察机关重新准备公诉之后，案件竟然可以再次被移交法院。这种推定案件诉讼程序逆向运转的特权，使检察机关为避免被法院作出无罪裁判的结局，而可以滥用国家公诉资源，对被告人发动多次重复性的刑事追诉。而反观刑事被告人，不仅没有这种推动程序倒流的诉讼特权，还会因为检察机关推动的程序倒流，而受到长时间的超级羁押，其辩护难以发挥积极作用，其因为同一行为而受到无休止的反复侦查和公诉，前途和命运长时间地处于不确定的状态。这显然有违控辩双方平等对抗的基本理念。

三、被告人诉讼特权之保障(1)——获得律师协助的权利

目前，几乎所有国家的宪法和刑事诉讼法均把被告人获得辩护的权利视为其最基本的诉讼权利。在笔者看来，获得辩护的权利实际上意味着被告人获得充分而富有意义地参与裁判制作过程的机会，被告人据此可与作为刑事追诉一方的检察官展开平等的抗衡，并对法庭的裁判结论施加积极而有效的影响。从理论上讲，获得辩护权或参与权即意味着被告人可以独立地承担辩护职能，成为自主的道德主体。但是，从司法实务活动的情况来看，一方面，任何人一旦处于犯罪嫌疑人或者刑事被告人的地位，即会产生强大的精神压力，有着深深的恐慌感和孤独感，他们仅靠个人的力量是无力行使法律所赋予的各项诉讼权利和程序保障的。另一方面，犯罪嫌疑人和被告人一般不精通法律，对

刑事诉讼程序也不甚了解，没有法律专家的适当建议和协助，他们无法进行充分的自我保护和自我防御。在一定程度上，犯罪嫌疑人、被告人在法律上实际处于“无行为能力人”的状态。只有在获得律师有效法律协助的情况下，犯罪嫌疑人和被告人才能克服或减缓恐慌、孤独的感觉，摆脱孤立无援的境地，从心理上增强自我保护意识，同时针对国家追诉机关的指控进行有效的防御活动。辩护律师尽管不是独立承担诉讼职能的诉讼主体，但他对审判活动的参与及其对被告人提供的法律帮助，构成了被告人充分而富有意义地参与裁判制作过程的前提条件。可以说，没有辩护律师的协助，辩护职能就将大大地弱化，它既无力抗衡控诉职能也无法对裁判职能产生制约，甚至会失去其应有的独立性和自治性。

因此，对于被告人而言，获得律师有效法律协助的主要意义在于获得公正的法庭审判并避免受到不公正的定罪和判刑。因为在辩护律师的协助下，被告人可增强其防御能力，扩大防御机会，增强防御效果，控辩双方所存在的固有不平等地位也可得到适当的平衡。同时，辩护律师的积极参与旨在协助被告人实现其独立的诉讼目标——免受国家的不公正定罪和处罚，这会对检察官的刑事追诉活动形成一定的阻碍，使国家对被告人的定罪遇到一些困难——法院必须有充分、合理的根据确信被告人有罪并向被告人作出了合理性证明，才能对后者从法律上予以定罪，由此可以最大限度地防止被告人受到不合理、不公正的定罪和处罚，从而维护被告人的生命、自由、财产等实体权益不受任意的侵害。这样，在控诉、辩护和裁判三职能区分和制衡的机制中，辩护律师的积极参与及其为被告人提供的有效法律协助对于控诉与辩护两职能的平衡就具有了至关重要的意义。正因如此,各国均把确保被告人获得律师的有效协助视为审判程序公正、合理的重要标志,并采取各种立法措施使被告人的这一权利得到现实的实现。从各国的普遍情况来看,这些立法措施主要包括以下两个方面:一是确保被告人在刑事诉讼的各个阶段均能获得辩护律师的协助,尤其是在刑事审判前的各个诉讼阶段中,被告人更要及时而有效地获得选任律师辩护的机会和便利;二是确保那些因贫穷或其他原因无力聘请律师的被告人、犯罪嫌疑人获得公设律师或由国家指定的律师的有效协助。

从平衡控辩双方诉讼地位的角度来看,犯罪嫌疑人、被告人唯有获得律师的帮助,才能有效地行使辩护权。犯罪嫌疑人、被告人获得律师帮助越是及时,律师参与的范围越是广泛,他们就越能摆脱被动挨打、消极应对的状态,并在对抗能力上与检察官形成"势均力敌"的状态。辩护律师在刑事诉讼中的有效参与,可以使被告人进行较为充分的防御准备,调查和收集到充足的辩护证据,从而在法庭审判中提出有力的辩护主张,对法官制作的裁判形成有效的影响。

在刑事审判中,如果被告人可以通过委托的方式获得辩护人的帮助,这对于控辩职能的平衡固然是有利的。一般而言,被告人获得律师协助的方式是直接委托他所信任的律师,并与他发生一种民法上的代理关系。但是,并非所有被告人都拥有这种经济能力,也并不是所有被告人都能及时地获得委托辩护人的帮助。为解决那些因贫穷或其他原因无力委托辩护人的被告人的辩护权问题,当今世界各国都普遍建立了法律援助制度,通过指定辩护人来确保被告人行使辩护权。

在英美等国，被告人获得公设律师的协助被视为公正审判的保障。美国联邦最高法院大法官布莱克（Black）就此指出：

> ……在我们的对抗式刑事审判制度中，任何一名被指控到法院而又因为太穷而无力聘请一名律师的人，只有取得国家提供的律师协助，才能获得公正的审判。这对于我们来说，是一个不证自明的真理。[1]

在英美国家，法院为被告人提供公设律师的责任在刑事侦查阶段即已存在。但公设律师参与诉讼必须事先取得被告人的同意或授权，法院不得强行为那些自愿放弃律师协助的被告人指定一名律师，即使这名律师十分称职或者被告人可能被判处最严重的罪名和刑罚。被告人所拥有的这种自由选择权和自由处分权被视为盎格鲁—美国对抗式诉讼制度所赖以建立的自由主义政治哲学的体现，是高度尊重被告人主体性的标志之一。但在大陆法系各国，法院只能在法定条件下负有指定公设律师的义务，而且可以不顾被告人的意愿而强行为其指定一名律师。这种强制辩护制度建立在一种独特的理论基础上，即律师参与诉讼不仅仅旨在维护被告人的基本诉讼权利，而且更有助于刑事实体正义的实现。而为了刑事实体正义的实现，法院必须查明案件事实真相，被告人的自由选择权也就必须受到一定的限制甚至牺牲。

自1979年以来，我国《刑事诉讼法》就建立了指定辩护制度。

---

〔1〕 Christopher Osakwe, "The Bill of Rights for the Criminal Defendent in American Law", in *Human Rights in Criminal Procedure*, Martinus Nihoff Publishers, 1982, p.280.

随着刑事司法改革的逐步推进，这种指定辩护制度的适用范围还得到了一定程度的扩大。大体说来，这种指定辩护制度可分为两个部分：一是任意性的指定辩护制度，二是强制性的指定辩护制度。前者适用于“公诉人出庭而被告人没有委托辩护人”的情况，法院在是否指定辩护人方面享有自由裁量权，法律援助机构也要根据被告人的经济状况来决定是否指派律师为其提供免费的辩护服务。而所谓强制性的指定辩护，则是指在法律明确规定的情况下，法院负有为被告人指定辩护人的义务，若不能承担这一义务，致使被告人无法获得辩护人的帮助，那么，所进行的审判程序一律应被归于无效。

对于被告人获得律师帮助来说，真正有意义的制度还是强制性指定辩护制度。自1979年以来，这一制度的适用范围得到了逐步的扩大，所适用的诉讼阶段也从最初的审判阶段提前到侦查阶段。根据2018年《刑事诉讼法》，强制性指定辩护主要适用于以下刑事案件：一是被告人为盲、聋、哑人或者是尚未完全丧失行为能力的精神病人的；二是被告人可能被判处无期徒刑以上刑罚的；三是被告人为未成年人的；四是法院对于被告人身处境外的案件，适用缺席审判程序进行审判的。与此同时，对于上述前三类案件，强制性指定辩护还可以在侦查、审查批捕、审查起诉和审判阶段都加以适用。

2014年以来，随着我国司法体制改革的全面展开，建立法律援助值班律师制度以及确保“刑事辩护全覆盖”的改革试验，得到全面的试行。经过数年的试验，法律援助值班律师制度在2018年《刑事诉讼法》中得到正式确立。根据这一制度，法律援助机构在法院、检察机关和看守所派驻值班律师，对于那些犯罪嫌疑人、被告人没有委托辩护人，法律援助机构也没有指派律师为其提供辩护的，由值班律师为犯罪嫌疑人、被告人提供一些紧急性的法律帮助。目前，值班律师制度主要在那些适用“认罪认罚从宽程序”的案件中得到实行。在这些案件中，值班律师可以为犯罪嫌疑人、被告人提供法律咨询、程序选择建议、申请变更强制措施、对案件提出处理意见等法律帮助，对于检察机关提出的“认罪认罚具结书”，值班律师还可以在场见证并通过签字、盖章加以确认。

而所谓的“刑事辩护全覆盖”，则是指在所有刑事案件的刑事审判过程中，推行所有被告人都获得律师辩护的制度。对于那些被告人没有委托辩护人的案件，法院有义务为其指定律师提供辩护，法律援助机构也要无条件地为被告人提供辩护服务。这项雄心勃勃的改革计划，由最高人民法院和司法部联合推动实施，被认为有望全面改变我国刑事辩护制度的面貌，使所有刑事被告人都有机会获得律师的辩护服务。

四、被告人诉讼特权之保障(2)——不受强迫自证其罪的特权

不受强迫自证其罪的特权(privilege against compulsory self-incrimination)是被告人在刑事诉讼各阶段所应享有的一项基本权利。联合国通过的许多国际法律文件均将此权利确立为刑事被告人在受到指控时所应享有的“最低限度之保障”。所谓“不受强迫自证其罪”，实际包含以下三层含义：一是被告人没有义务向追诉一方或法庭提供任何可能使自己陷入不利境地的陈述和其他证据，追诉一方不得采取任何非人道或有损被告人人格尊严的方法

强迫其就某一案件事实作出供述或提供证据。二是被告人有权拒绝回答追诉官员或法官的讯问，有权在讯问中始终保持沉默。侦查人员、检察官或法官应及时告知被告人享有这一权利，法官不得因被告人沉默而使其处于不利的境地或作出对其不利的裁判。三是被告人有权就案件事实作出有利或不利于自己的陈述，但这种陈述必须出于其真实的意愿，并在意识到其行为后果的情况下作出，法庭不得把被告人非出于自愿而是迫于外部强制或压力所作出的陈述作为定案的根据。〔1〕

美国学者认为，不受强迫自证其罪的特权实际包括两方面的要素：一是不受强迫性，即沉默或陈述均须出于自愿；二是有权拒绝提供任何证言或其他证据。这一权利作为正当法律程序保障的重要组成部分，旨在对检察官与被告人的诉讼地位加以平衡。〔2〕

被告人既可以在审判前程序中，也可以在法庭审判过程中行使这一权利。根据德国法律，被告人有“权”说谎，而《德国刑事诉讼法》并没有规定对提供谎言的被告人采取任何形式的制裁。“被告人不仅可以保持沉默，而且可以说谎或通过否认、歪曲事实真相以试图避免自证其罪或逃避受到定罪后果，并且在这样做时，被告人不会被指控犯有伪证罪而受到刑罚处罚。”〔3〕被告人所拥有的这一特权是与他所处的诉讼主体地位一致的。

无论在美国还是在德国，被告人所享有的“不受强迫自证其

---

〔1〕 Christopher Osakwe, “The Bill of Rights for the Criminal Defendent in American Law”, in *Human Rights in Criminal Procedure*, Martinus Nihoff Publishers, 1982, pp.274–275.

〔2〕 Ibid.

〔3〕 [德]赫尔曼:《中国刑事审判改革的模式》，1994年北京国际刑事诉讼法学研讨会论文。

罪”特权的意义都是具有普遍性的:它旨在承认、尊重和保障被告人的人格尊严的诉讼主体地位,防止被告人在受到不人道或有损其人格尊严的情况下被迫成为协助检察官追诉犯罪的工具,确保控辩双方拥有平等的参与资格,从而为平衡控辩双方天然不平等的诉讼地位提供保障。尽管“不受强迫自证其罪”的特权是被告人在刑事诉讼全过程中都享有的一项程序性保障,但它对法庭审判活动的公正性、人道性却具有最终的保障意义:被告人只有在拥有人格尊严和意志自由的前提下,才能积极地参与到裁判制作过程之中而不是被动地接受追诉官员的任意摆布,从而成为拥有独立实体利益目标的诉讼主体,独立地承担辩护这一诉讼职能。

1979年以来,我国《刑事诉讼法》一直确立了一项重要的条文:“审判人员、检察人员、侦查人员必须依照法定程序,收集……各种证据。严禁刑讯逼供和以威胁、引诱、欺骗以及其他非法的方法收集证据。”自2010年以来,我国法律还确立了非法证据排除规则,明确将侦查人员通过刑讯逼供、威胁、非法拘禁等非法手段所获取的被告人供述,以及在刑讯逼供行为威慑或影响下的重复性供述,都作为非法证据排除规则的适用对象。不仅如此,2012年《刑事诉讼法》还明确确立了“禁止强迫自证其罪”的原则,对侦查人员的讯问行为设置了诸多方面的法律障碍。这些立法进展都显示出,我国法律越来越强调被告人在刑事诉讼中享有一项诉讼特权,那就是不受强迫自证其罪的特权,并使其得到越来越充分的制度保障。

然而,在被告人享有的诉讼特权方面,我国《刑事诉讼法》一直有一条存在争议的法律条款,那就是犯罪嫌疑人、被告人“承担如实回答义务”的条款。根据这一条款,被告人对侦查人员的提问,“应当如实回答”。只有那些“与本案无关的问题”,才享有拒绝回答的权利。根据这一规定,被告人负有对侦查人员的讯问如实陈述的义务,而没有保持沉默、拒绝陈述或作虚假陈述的权利。假如被告人保持沉默、拒绝陈述或者作出“虚假陈述”,侦查人员可以将其作为被告人没有“认罪悔罪”的表现,检察机关可以据此提出较重的量刑建议,法院也可以据此作出酌定从重量刑的处罚。

在我国刑事司法实务中,被告人所负的“如实陈述”义务使其处于极为不利的境地:(1)被告人事实上承担着证明自己有罪的责任,并负担着为刑事追诉官员提供指控证据的义务。(2)被告人供述的作用得到了不合理的夸大,被告人陈述的自愿性难以得到保障。为迫使被告人“如实陈述”,侦查人员往往会采取各种各样的手段,这些手段不同程度地包含了对被告人的身体或精神产生压力或强制的因素,它们与法律所禁止的非法取证行为之间几乎没有任何界限,而法院一般也不会排除这种供述的法律效力。(3)被告人在法庭审判过程中的参与能力和参与效果受到了极大削弱。被告人一旦作出了有罪供述,即等于认同检察官的控诉主张,并为检察官进行追诉提供了有力的武器。这样,辩护人所进行的防御活动就具有了一种内在的局限性。

多年来,我国学者已认识到被告人所负“如实陈述”义务的不合理性,并呼吁在刑事诉讼中确立犯罪嫌疑人、被告人的沉默权。但是,无论是从事侦查、公诉、审判的实务界人士,还是具有立法决策权的法律人士,对于沉默权的理解都存在一定的偏差,对我国法律确立沉默权所可能带来的消极后果都给出了过分的估计,结果导致这一制度迟迟无法被确立在法律之中。一般说来,沉默权制度在我国法律中的确立，至少还面临两个方面的障碍。

一是过于落后的侦查能力。目前，我国各地侦查机关所拥有的侦查技术设备存在普遍落后的情况，尤其是在基层公安机关，这种落后情况更加严重。侦查能力的落后迫使侦查人员将调查活动的中心放在获取被告人有罪供述上面，并通过这种供述获取其他证据。这在客观上造成了侦查机关对被告人供述严重依赖的局面。

二是绝对工具主义的程序价值观念。这一观念将所有的程序规范以及被告人的权利保障均视为用以确保有罪被告人受到惩罚的工具，任何一项程序规则都只在具备这种工具性价值时才有其存在的意义。被告人的沉默权一旦在法律上得到确立，就必将导致许多有罪的被告人拒绝提供有罪证据，从而逃避法律的惩罚。

笔者认为，沉默权保障的是刑事程序的人道性和公正性价值，它已被许多国家的宪法和联合国的有关文件确立为被告人在获得公正审判方面所应享有的最低限度保障。我国已通过参加或缔结有关国际公约，间接地承认了这一权利的合理性。从长远来看，为了使我国的刑事审判程序达到国际最基本的文明和人道标准，我国法律应当逐步确立被告人不受强迫自证其罪的权利。一方面，沉默权的确立固然会给刑事侦查工作带来一定难度，但它可以激发侦查人员调查证据的积极性和主动性，迫使其放弃严重依赖口供的传统做法，并且促使侦查部门全面改善侦查条件，更新侦查设备，使侦查能力与新时期犯罪的复杂程度相适应。另一方面，沉默权的确立可能会导致一些有罪的人逃避惩罚，但这是一种“必要的丧失”，因为这一权利最主要的功能在于防止无罪的人受到定罪和判刑，保障被告人的人格尊严和主体地位。而且随着诉讼文明程度的提高和侦查能力的增强，这种有罪者逃避惩罚的现象也将会逐渐减少，确立沉默权规则所可能带来的副作用也会降低到最小程度。

第四节　辩护律师的独立地位

一、辩护律师地位独立之含义

在刑事审判程序中，辩护律师的积极参与及其为被告人提供的有效法律协助对于被告人独立地承担辩护职能具有极大的保障作用。辩护律师尽管在审判中不拥有个人的独立诉讼目标，也不独立地承担任何一种诉讼职能；但他一旦通过某种方式参与到刑事审判过程中来，就会与法官、检察官及作为其委托人的被告人发生一系列法律关系，因此发挥一定的作用，担当一定的角色。为与诉讼主体所承担的诉讼职能相区别，笔者将辩护律师在刑事审判中所起的作用称为“程序性功能”。辩护律师的这种程序性功能对于诉讼职能区分机制的维系和运转具有极为重要的意义。因为它使被告人的参与和防御更加富有意义，辩护职能可免于萎缩、弱化甚至消亡，而成为足以与控诉职能抗衡并制约裁判职能的“独立一极”。

但是，辩护律师这种“程序性功能”的发挥并不是自动实现的，它有赖于一系列外部条件的保障。其中最重要的保障莫过于确保辩护律师诉讼地位之独立性。这种保障可使辩护律师从容不迫地协助被告人承担辩护职能，避免担当与其维护被告人合法利益这一职责不相符的诉讼角色。

从理论上讲，辩护律师在刑事审判中的独立性主要是针对公诉和裁判职能而确立的。为有效地从事刑事辩护活动，律师不得实施任何带有追诉性质的活动，因而独立于作为国家刑事追诉官员的检察官。与此同时，辩护律师也不得将个人对被告人刑事责任问题的判断作为进行辩护活动的准则，因而独立于裁判者。但无论如何，辩护律师对于作为其委托人的被告人，不能将保持独立作为处理两者关系的基本前提，而应恪守法律代理人的职业伦理，秉承忠诚义务和有效辩护义务，在不损害委托人利益的前提下，尽职尽责地维护委托人的合法权益。当然，律师的辩护活动也受法律的限制，不得为追求对被告人有利的诉讼结局而不择手段，以至于违背了法律和正义。正因如此，辩护律师相对于作为其委托人的被告人而言，也要保持最低限度的独立性。辩护律师在刑事审判中的独立地位也主要由与上述三方面有关的规则来加以保障。

首先，辩护律师不得实施任何带有追诉性质的活动。根据诉讼职能区分的基本原理，任何诉讼主体均不得实施与其诉讼职能不符甚至完全对立的诉讼行为，也不得承担任何有违其诉讼目标的义务，否则诉讼职能的集中或混淆就会以各种方式出现。辩护律师尽管不具有诉讼主体的资格，但他作为辩护职能的协助承担者，担负着维护被告人正当权益的责任。追诉与辩护是一对相互对立的职能，追诉的目的在于使被告人受到国家的定罪和判刑，承受不利的诉讼结果；辩护的目的则在于使被告人免受不公正的定罪和判刑，追求对被告人有利的诉讼结局。辩护律师一旦实施了任何带有追诉性质的活动，就会大大削弱辩护的效果，降低辩护职能的分量和力度，使被告人的利益不仅得不到维护，而且会面临新的危险。不仅如此，辩护律师从事有利于追诉的活动还会在客观上担当起刑事追诉者或协助追诉者的角色，而这种角色是与律师本应担当的协助辩护者角色相冲突的。这会导致被告人利益得不到保障，辩护职能出现萎缩，对诉讼职能区分机制带来一系列连带的不利后果。正因如此，各国均对律师从事带有追诉性质的活动作出了明确的禁止。这些禁止性法律规范主要包括：(1)辩护律师在未取得被告人许可的情况下不得就其在履行职务期间获知的被告人秘密向法院作证；(2)辩护律师在法庭审判中不得提出对被告人不利的证据、申请或主张，不得进行旨在使被告人遭受不利后果的论证和辩论；(3)辩护律师不得从事任何旨在协助刑事追诉一方的活动，即使这种协助并不会使被告人遭受不利的诉讼结局。

辩护律师在独立于检察官方面所面临的一个重大问题是，他可能预先获知他的委托人确系有罪。这种获知可能来自多种途径，如被告人私下向他陈述了自己实施犯罪行为的经过或向他提供、介绍了足以证明自己有罪的证据，辩护律师从控诉方已掌握的证据中推断出被告人确系事实上有罪的人，等等。但即使在这种情况下，辩护律师也不得揭发、检举被告人的犯罪事实，不得将自己所掌握的有关证据及主观判断向法庭提出。因为辩护律师的职责是协助被告人行使法律赋予他的诉讼权利，使其获得有利的诉讼结局，而不是实施可能直接使被告人陷入不利境地的控诉。辩护律师如果真的实施了对其委托人不利的追诉行为，这固然会使事实上有罪的被告人受到应得的追究，从而维护刑事实体正义的实现，但这与律师真诚维护委托人利益的职责直接相违背。尤其严重的是，这种行为会导致被告人完全丧失对其辩护律师的信任。而没有这种信任，辩护律师对刑事审判的参与将不具有任何意义和效果，辩护制度甚至会名存实亡。

其次，相对于司法裁判者而言，辩护律师也要保持职业上的独立性。从表面来看，辩护与裁判不像它与控诉那样"水火不相容"，一个中立、正直的法官会尽力维持控辩双方的平衡并接受合理的辩护主张和理由；在被告人明显处于劣势时，法官有时也会在一定程度上从事协助被告人防御的活动。与此同时，被告方的有效防御又会促使法官真诚关注被告人的利益和诉讼主张，作出公正的实体裁判。但是，辩护律师与法官的诉讼立场是截然不同的。这种不同尽管没有达到相互对立的程度，却决定着两者诉讼角色的差异。

辩护律师所负担的所谓"维护法律和正义"的职责与法官作为"法律和正义的化身"所承担的职责是不同的。辩护律师必须通过协助被告人充分行使诉讼权利、实施有效的防御来维护法律的尊严。他站在被告人一方的立场上，追求使被告人在程序上受到公正的对待，在实体上免受不公正的定罪和判刑等目标。但辩护律师防御活动的有效进行，在不少情况下又会使真正有罪的被告人因其罪行得不到充足的证实而逃脱法网，以至于无法确保公正裁判结果的产生。可以说，辩护律师只能维护"部分的正义"，即对被告人有利的程序正义和实体正义。但是，正如一些西方学者早已指出的那样，正义是冷漠的，法律是无情的，完整的正义目标是寻求使每个人所应得的利益得到维护的理想状态。在刑事审判中，被告人无论被判决有罪还是无罪，只要这种判决符合实体正义的标准，就是公正的。换言之，正义有时会要求对一个公民的实体权益予以剥夺，尽管这违背他的意志和愿望。法官就是这种完整意义上的正义目标的维护者。与辩护律师不同，法官不能只站在被告人利益的立场上，而要站在控辩双方之中间，在国家利益与被告人个人利益之间保持平衡。法官不像律师那样，将为被告人争取程序权利和维护实体权益作为唯一目标，他在必要时会对被告人的参与给予适当的限制，尽管这有违被告人的诉讼权益，却可能符合程序正义的要求；法官也会依法作出对被告人不利的判决，这尽管会使被告人的生命、自由等权益遭到剥夺，却未必不符合刑事实体正义的要求。

正因如此，辩护律师在刑事审判中必须独立于作为公正裁判者的法官，他不得将其对被告人有罪与否的判断带入其辩护活动之中，以至于影响了对被告人诉讼权利的保障和对其实体权益的维护。辩护律师须时时注意，他的身份是协助被告人从事防御活动的辩护者，而不是对被告人刑事责任问题作出裁断的法官，他不得把自己对被告人有罪或无罪的判断作为辩护的直接理由。例如，辩护律师即使根据被告人的陈述及其他证据，确信被告人无罪，也不能在法庭上轻率地就此下结论，因为他的职责“是向法庭强调他的辩护理由和事实，而不是打算达到的辩护结果——他个人对案件审判的结论”。[1]因此，辩护律师一般不能向法庭说他“知道”或“感觉到”被告人是无罪的。但是，辩护律师可以说控诉方在法庭上提出的证据“尚不足以证实被告人的罪行”，因此他在法律上是无罪的。又如，辩护律师根据被告人就其罪行所作的陈述，确信其行为已构成了犯罪。但他不能因此放弃为被告人提供法律帮助的职责。他在法庭上既不能对被告人有罪的事实加以揭发或泄露，也不能拒绝为被告人提供法律帮助。因为辩护律师既不能担当控诉者角色，也不能担当裁判者角色，他的职责是抓

〔1〕［英］理查德·杜·坎恩：《律师的辩护艺术》，陈泉生等编译，群众出版社1989年版，第34页。

住任何可用来确保防御成功的机会，促使法官作出对被告人有利的判决。在这种情况下，律师仍然有从事防御的余地：他可以向法庭申明和论证检察官在法庭上提出的证据“仍不足以证实被告人有罪”。这种辩护并不存什么不妥当之处，因为辩护律师不是裁判者，他只是向法庭提出自己的辩护主张和理由，而有权对所有在法庭上提出过的证据进行审查、采纳并对被告人刑事责任问题作出最终判定的，是法官而不是辩护律师。

最后，辩护律师相对于作为委托人的被告人而言，承担着忠诚义务和有效辩护义务，但也要保持最低限度的独立性。原则上，作为被告人的委托人或法律帮助者，辩护人要遵守法律代理人的职业伦理，在忠诚于委托人利益的前提下，为委托人提供有效的辩护。但这种辩护始终要有一条职业底线，那就是不得以违法或不当手段维护委托人的利益，不得以积极行为妨碍司法机关查明事实真相，不得从事损害司法人员廉洁性的行为，不得从事扰乱法庭秩序或者损害法庭尊严的行为。

关于辩护律师与委托人的关系问题，我国法学界和实务界过去一度有过一些传统的认识，主流的观点赞同所谓“独立辩护人”的理论，也就是律师独立从事辩护活动，不受委托人意志的左右。但随着律师制度的改革和辩护制度的发展，这种“独立辩护人”理论受到了多方面的挑战，已经与法律制度的发展状况和社会法律意识的变化不相适应，出现了“理论落后于实践”的问题。于是，一种建立在辩护律师与委托人“诉讼代理关系”基础上的独立辩护人理论脱颖而出，成为得到法律界普遍接受的新理论。

根据这种理论，律师与委托人一旦签署委托协议，成为辩护人，或者被指定担任辩护人，就需要严格遵守辩护人的职业伦理。

在遵守授权协议书所确立的义务的前提下，律师还要接受更高层级的职业伦理规范的约束。律师的辩护要在法律所设定的范围内展开；律师在辩护中也不能故意歪曲事实，提供不真实的陈述和证据。这都是毫无争议的。在处理与委托人关系的问题上，律师应保持专业判断上的独立性，不完全顺从委托人的意志，这对于有效维护委托人的利益而言，也是不可或缺的。但是，律师在辩护活动中应当严守一条职业底线，那就是永远不得实施有损于委托人利益的行为。这种忠诚义务应当成为律师辩护的基本准则。而在这种忠诚义务之下，律师需要遵循一些特殊的职业伦理规范。这种职业伦理源于律师作为法律代理人的地位，将有效地说服法官接受本方辩护观点作为一切辩护活动的目标和归宿。为达成这一目标，律师在通过会见、阅卷、调查以及其他庭前防御准备活动形成辩护思路的同时，应当尽到向委托人进行告知、协商、讨论和说服的义务，并与委托人建立最基本的相互信任关系。而在与委托人的信任关系不复存在时，律师也应善意地告知委托人另行委托辩护人，并向法庭提出退出辩护的申请，一直服务到委托人获得另一辩护人帮助之时为止。

这样，律师的辩护就要受到一系列律师职业伦理的限制。这些律师职业伦理的核心就是忠诚于委托人的利益，尊重委托人的自愿选择，在委托人授权范围内展开辩护活动，并与委托人保持基本的相互信任关系。之所以要建立这些职业伦理规范，主要是因为律师的辩护不能是天马行空、随心所欲的观点表达，也不能是不顾及委托人感受的法律观点之宣讲，更不能将法庭当作发表自己政治理想的舞台，而应当将说服法官作为辩护的目标和归宿。律师的辩护应当是有效的、为法官所能接受的，而不应将旁听公众当作演讲的对象；律师的辩护应当是理性的，而不应变成一种情绪的发泄；律师应将委托人作为辩护的助手，而不应无视委托人的存在，或者仅仅将委托人视为“治疗的对象”。

可以说，这是一种建立在委托人授权和信任基础上的独立辩护理论。根据这一理论，律师从事刑事辩护的基础是犯罪嫌疑人、被告人的委托和授权；律师从事各项刑事辩护活动，都需要取得委托人的授权或者同意；律师不能将自己的理论和观点强加给委托人，而应根据案件的具体情况以及委托人的意愿来形成辩护思路；律师要随时保持与委托人的沟通、协商和联络，尽量形成协调一致的辩护思路；律师在与委托人发生辩护观点的分歧时，尽管不应轻言放弃辩护，但要征求委托人的意见，在委托人不反对的情况下继续展开自己的独立辩护。对于律师来说，独立辩护不是追求的终极目标，而只是一种手段——既是一种最大限度地维护委托人利益的手段，也是一种在尊重委托人意愿的前提下所使用的手段。

总体而言，辩护律师作为辩护职能的协助承担者，承担着维护被告人诉讼权利和实体权益的责任，他作为被告人最可信赖的法律帮助者，应当独立于检察官和法官，不实施那些可能使被告人承受任何不利后果的任何行为。同时，作为一种法律代理人，律师在遵守委托代理协议的前提下，还要遵守基本的职业伦理规范，在不损害委托人利益的前提下，为委托人提供尽职尽责的辩护。当然，律师在为委托人利益所从事的辩护活动中，始终要受到法律的严格限制，那就是不得从事违反法律的行为，既不能通过违法手段为委托人谋取利益，也不能为达到某种辩护效果而从事诸如伪造、变造证据，唆使证人作伪证，贿赂司法人员，或者攻击司法人员等不当行为。律师在承担忠诚义务的同时，还是法律和正义的维护者，他应以合法和适当的方式维护被告人的正当利益，并在审判过程中拥有自己相对独立的意志和行为方式。

辩护律师对审判活动的参与带有一定民间性或社会性的特征。正是这一点决定了其诉讼地位的特殊性及其诉讼角色的重要性。辩护律师的参与为传统上由国家官员和个人组合而成的审判格局带来了一股新的力量——独立的社会力量。这种力量在国家和个人之间裁判与被裁判、追诉与被追诉的关系中注入了一种缓冲力。它一方面有助于增强社会公众和被告人对刑事司法公正性的信任感，另一方面又可确保法院、法庭及法官等真正地关注公民的利益和人权，在客观上承担起维护正义的责任。辩护律师的独立地位对于诉讼职能区分机制的维护既是间接的，也是直接的。因为这种独立性可促进辩护律师程序性功能的良好发挥，而后者又是职能区分机制赖以维系的必要条件。与此同时，独立的辩护律师可确保诉讼角色的适当区分，避免律师直接或间接地成为检察官、控方证人、法官或被告人，从而真诚地协助被告人承担辩护职能，而不是协助控诉或实施不当行为。

辩护律师诉讼地位的独立性是确保其“程序性功能”走向自治的前提条件。但这种独立是无法自动实现的，它需要有一系列法律规则——尤其是律师职业道德规范——的保障。在笔者看来，从维持诉讼职能区分与制衡这一点来看，律师独立于法官和检察官要比他相对于被告人的独立性而言具有更大的重要性，而且这一点在司法实务中也更容易遭到违反，因而具有更大的紧迫性。要维系辩护律师相对法官、检察官的独立地位，就需要确立一系列制度保障。其中，确保辩护律师对于委托人的忠诚义务，建立最低限度的有效辩护机制，就属于这些保障机制最重要的组成部分。在以下的分析中，笔者将对辩护律师的忠诚义务和有效辩护问题作出简要的讨论，并对两项极为重要的职业伦理规范作出评论。

二、辩护律师的忠诚义务

在一定意义上，刑事诉讼制度的发展史可被视为刑事辩护制度从无到有、从弱到强的演进历史。而刑事辩护制度的演进又大体经历了三个阶段：一是承认被告人有“获得辩护的权利”；二是确立被告人有“获得律师帮助的权利”；三是保障被告人有“获得律师有效辩护的权利”。〔1〕在中国，伴随着刑事诉讼制度的数次重大改革，刑事辩护制度也得到不断的发展和完善。从1979年到1996年，再到2012年，律师辩护活动逐步从审判阶段扩展到审判前阶段，辩护律师的“会见难”“阅卷难”等问题得到初步的解决，指定辩护的适用范围和阶段得到显著的扩大，辩护律师在无罪辩护、程序性辩护、量刑辩护中发挥作用的空间也得到扩展。〔2〕与此同时，2012年《刑事诉讼法》对辩护律师“核实证据权利”的确立，还标志着被告人“有效辩护权”开始受到立法者的关注。〔3〕

---

〔1〕 参见陈瑞华：《刑事辩护的几个理论问题》，载《当代法学》2012年第1期。

〔2〕 参见郎胜主编：《〈中华人民共和国刑事诉讼法〉修改与适用》，新华出版社2012年版，第324页以下。

〔3〕 根据2012年《刑事诉讼法》，辩护律师自审查起诉之日起，在会见在押犯罪嫌疑人、被告人时，可以向他们“核实有关证据”。这一法律条款的确立，意味着辩护律师可以与犯罪嫌疑人、被告人就案件证据情况进行核实、讨论和协商，以便对公诉方的证据进行更为有效的质证。这在一定程度上激活了被告人的辩护权，使律师的辩护既可以得到被告人的支持和配合，也可能受到被告人的适度制衡。这显然属于加强被告人有效辩护权的标志。参见陈瑞华：《论被告人的阅卷权》，载《当代法学》2013年第3期。

为保障律师提供有效的法律服务，我国《律师法》确立了一些重要的职业伦理规范。例如，《律师法》将律师定位为“接受委托或者指定，为当事人提供法律服务的执业人员”；律师对于委托人“不愿泄露的有关情况和信息”，负有保密义务；律师在辩护活动中遇有法定利益冲突的情形，应当退出辩护活动；等等。但迄今为止，《律师法》仍然保留了一些与现有律师职业定位并不相符的伦理规范，使律师经常面临一些执业困境。例如，律师在维护委托人合法权益的同时，还要“维护法律的正确实施，维护社会公平正义”；律师要“以事实为根据，以法律为准绳”；律师接受委托后，一般不得拒绝辩护，但在委托人“故意隐瞒与案件有关的重要事实”时，则有权拒绝辩护。不仅如此，无论是在一些律师执业规范之中，还是在律师界的主流舆论中，那种“独立辩护，不受当事人意志左右”的理念，仍然盛行不衰，对律师的辩护活动产生着较大的影响。

可以看出，作为律师职业伦理规范的重要组成部分，那些调整律师与委托人关系的规范，不仅在规范内部结构上出现了矛盾，而且在价值取向上存在冲突和混乱。过去，法学界曾经对“独立辩护人理论”作出过初步的理论反思，[1]并对中国引入有效辩护制度的可能性进行过讨论。这种讨论已经产生了一些积极效果，不少研究者开始从有效辩护的角度，考虑律师职业伦理规范的重构问题。有些讨论甚至触及了辩护律师与委托人关系的核心问题，那就是律师在与委托人辩护观点不一致的情况下，究竟如

〔1〕 参见韩旭：《被告人与律师之间的辩护冲突及其解决机制》，载《法学研究》2010年第6期。另参见陈瑞华：《独立辩护人理论的反思与重构》，载《政法论坛》2013年第6期。

何履行忠诚义务的问题。

在笔者看来，作为律师首要的职业伦理规范，忠诚义务的核心要求是律师应当忠实于委托人的利益，对其意志也要给予适度的尊重。在刑事诉讼中，忠诚义务是一种调整辩护律师与委托人关系的基本职业伦理，是对刑事辩护制度的发展具有重大战略指导意义的法律理念。

（一）忠诚义务的多重含义

按照公认的观点，律师无论是接受委托来充当辩护人，还是接受指派充当法律援助律师，都负有忠诚于当事人利益的职业伦理。这种“忠诚义务”应被视为辩护律师的“第一职业伦理”。[1]我国《律师法》和《刑事诉讼法》也要求辩护律师根据事实和法律，提出有利于犯罪嫌疑人、被告人的“材料和意见”，维护其诉讼权利和合法利益。这种对辩护律师“责任”的法律表述，意味着我国法律有条件地确立了辩护律师的忠诚义务。

所谓忠诚义务，是指辩护律师应将维护犯罪嫌疑人、被告人的利益作为辩护的目标，尽一切可能选择有利于实现这一目标的辩护手段和辩护方法。在刑事辩护实践中，辩护律师无论是作出无罪辩护、罪轻辩护、量刑辩护，还是作出程序性辩护，都是出于维护犯罪嫌疑人、被告人利益的考虑，追求对其有利的诉讼结局。不仅如此，律师在审判前阶段无论是向侦查人员、审查批捕检察官、审查起诉检察官发表辩护意见，还是进行诸如会见、阅卷、调

〔1〕 有关律师忠诚义务问题的讨论，代表性文献可参见欧卫安：《辩护律师的伦理：以忠诚义务为视点》，载《西南师范大学学报》（人文社会科学版）2005年第6期。另参见宋远升：《刑辩律师职业伦理冲突及其解决机制》，载《山东社会科学》2015年第4期。

查、庭前会议等各种庭前准备活动，也都是为了实现犯罪嫌疑人、被告人利益的最大化所进行的辩护活动。

从调整律师与委托人关系的角度来看，忠诚义务既涉及如何对待委托人利益的问题，也要解决律师与委托人辩护观点和辩护思路的协调问题。[1]在如何对待委托人利益方面，忠诚义务可以有两个层面的含义：一是积极的维护权益义务，意味着律师要提供尽职尽责的法律帮助，做到有效的辩护；二是消极的维护权益义务，意味着律师要恪守辩护行为的底线，不从事任何损害委托人利益的活动。但是，即便是出于维护委托人权益的考虑，辩护律师仍然会作出不利于委托人的举动。这突出地体现在如何协调辩护律师与委托人意志的问题上。而在这一问题上，忠诚义务则可以表现为适度尊重委托人意志的义务。具体而言，这一义务也有两个层面的含义：一是积极的尊重意志义务，也就是进行保障委托人的知情权，就辩护观点进行协商和讨论，对于委托人不妥当的观点则要进行提醒和说服；二是消极的尊重意志义务，也就是不与委托人故意发生观点和主张的分歧和对立，不造成辩护观点的冲突和抵销。下面依次对忠诚义务的这些含义作出简要分析。

（二）积极的忠诚义务

我们先来分析积极的忠诚义务。在这一意义上，忠诚义务要求辩护律师提供尽职尽责的法律服务。什么是尽职尽责的法律服务呢？这既要求辩护律师具备必要的法律知识和专业技能，又要进行必要的辩护准备，确立适当的辩护手段。律师要通过勤勉、高效的工作，穷尽一切可能完整地展示有利于被告人的事实和法

〔1〕 有关辩护律师忠诚义务的含义，可参见［日］佐藤博史：《刑事辩护的技术与伦理》，于秀峰、张凌译，法律出版社2012年版，第22页以下。

律意见，最大限度地说服裁判者接受本方的辩护观点。

无论采取怎样的辩护策略，也无论具有着怎样的辩护风格，辩护律师都要将说服裁判者接受其辩护观点作为辩护的归宿。这是有效辩护的基本要求。当然，这里所说的“裁判者”既包括拥有裁判权的法官、陪审员，也包括拥有决定权的侦查人员、审查批捕检察官以及审查起诉检察官。无论律师确立怎样的辩护思路，其最终目的并不只是反驳对其委托人发动追诉的一方，而是要说服拥有裁判权的第三方。例如，在审查批捕环节，律师要提供有效辩护，就必须在驳斥侦查人员提请逮捕意见的基础上，论证嫌疑人“不符合逮捕条件”，或者“没有逮捕必要”，如此才能说服检察官作出“不批捕”的决定。又如，在法庭审判阶段，律师除了要反驳公诉方的起诉意见以外，还应尽力提出被告人无罪、罪轻或者案件存在程序性违法情况的意见，以说服法庭作出无罪判决、罪轻判决或者作出有利于被告人的程序性裁决。

当然，律师最终没有说服裁判者接受其辩护主张，或者没有获得较为理想的辩护效果，这并不必然违背忠诚义务。不过，律师假如在辩护中不仅没有尽职尽责，而且还造成了对被告人不利的法律后果，这就构成了通常所说的“无效辩护”。可以说，无效辩护是对忠诚义务的严重背离，是辩护律师违反职业伦理的典型表现。例如，律师在作无罪辩护时没有进行任何会见工作，结果造成法院作出有罪判决；律师在作罪轻辩护时没有进行阅卷，对公诉方案卷材料不熟悉，造成辩护的重大失误，法院没有采纳其辩护意见；律师在进行量刑辩护时没有进行任何调查取证工作，导致某一重要从轻量刑情节没有得到法院的认定，造成辩护的失利；律师没有在开庭前及时提出排除非法证据的申请，更没有申请法院召开庭前会议，而在开庭后提出的类似申请遭到法院的驳回……

作为被告人的法律帮助者，辩护律师除了要维护被告人的合法权益以外，还需要对被告人的辩护观点和诉讼主张给予必要的尊重。经验表明，一些律师经常出于“维护委托人利益”的考虑，不顾委托人的感受和意志，提出了与委托人观点相悖的辩护意见。这显然是与忠诚义务不相符的辩护行为。当然，律师完全放弃自己独立的专业立场，对被告人言听计从，这也未必能够实现维护委托人利益的效果，也不是忠诚义务的必然要求。如此看来，律师所要做的其实是对委托人意志的适度尊重。那么，这种适度尊重表现在哪些方面呢？

要尊重委托人的意志，辩护律师就需要与委托人进行必要的沟通和协调，保持辩护信息的随时共享，以便协调双方的辩护立场，经过理性的选择和博弈，最终形成最有利于维护委托人利益的辩护观点和操作方式。[1]具体而言，积极的忠诚义务可以包括以下几个要素：一是告知义务，也就是保证被告人获得基本知情权的义务。具体说来，辩护律师应当将案件的证据情况、法律适用问题以及案件存在的争议点及时告知被告人，使其了解辩护的难点，以便作出理性的决定。二是提醒义务，也就是在被告人作出某一诉讼选择时提醒其注意法律风险和不利后果的义务。尤其是在被告人作出有罪供述、放弃某一诉讼权利或者作出不利诉讼选择的情况下，辩护律师应督促被告人谨慎地行使诉讼选择权，避免在受到蒙骗、诱导、强迫的情况下作出非自愿或不明智的诉讼

〔1〕　对这一问题的讨论最有价值的文献，可参见《美国律师协会执业行为示范规则（2004）》，王进喜译，中国人民公安大学出版社2005年版，第16页以下。

选择。三是协商和说服义务，也即是将自己的辩护思路告知被告人并说服其接受这一思路的义务。这与医生说服患者接受自己的诊疗方案具有异曲同工之处。一个尽职尽责的辩护律师除了要形成较为理想的辩护思路以外，还应尽力说明作出这种选择的理由，从专业的角度说服被告人接受这一辩护思路。四是尊重被告人最终选择的义务，也就是在各种告知、提醒和协商、说服手段全都用尽之后，对于被告人的最终诉讼选择，辩护律师要承担尊重的义务。

（三）消极的忠诚义务

那么，对于消极的忠诚义务，应当如何理解呢？具体而言，这是一种最低限度的忠诚义务，也就是要求律师不出卖、不损害、不危及委托人的利益，不去从事不利于委托人的任何行为。应当说，律师作为犯罪嫌疑人、被告人的诉讼代理人，如果不能从事有效的辩护工作，便已经足以造成对后者利益的损害了。但假如辩护律师继续通过积极作为的方式去从事损害委托人利益的行为，那就会使委托人“雪上加霜”，在面临国家追诉机关的严重威胁之余，又要承受来自辩护律师的背叛和侵害。这种“双重危险”足以令犯罪嫌疑人、被告人“腹背受敌”，其权益更难以得到有效的维护。正是为了避免犯罪嫌疑人、被告人陷入如此危险的境地，我们才要求律师承担这种消极意义上的忠诚义务。

我国律师法已经将这种意义上的忠诚义务部分确立在律师职业伦理规范之中。例如，《律师法》禁止律师泄露委托人“不愿泄露的有关情况和信息”，要求律师“不得在同一案件中为双方当事人担任代理人”，或者从事存在利益冲突的法律事务……这都带有避免律师损害委托人利益的立法考虑。

但是，这种消极意义上的忠诚义务并没有引起律师界的普遍关注，也没有得到《律师法》的完整确立。结果，一些与这一职业伦理背道而驰的制度和实践还较为广泛地存在。例如，辩护律师以“独立辩护人”自居，未经与被告人进行协商，就提出了与被告人不一致的辩护意见，甚至在被告人不同意的情况下，提出了令被告人无法接受的有罪辩护意见。这造成辩护律师与委托人的“同室操戈”，甚至变成“第二公诉人”，使被告人陷入极为被动的境地。又如，律师在辩护过程中为逼迫法官接受本方的观点，不惜挑战法官的权威，侮辱法官的人格尊严，采取故意激怒法官的辩护策略。这不仅浪费了一次正常辩护的机会，而且还导致法官采取一些应激反应，使一些本来应当采纳的辩护观点得不到法官的采纳，使被告人陷入极为不利的境地，

为体现对被告人意志的必要尊重，辩护律师固然要承担告知、提醒、协商、说服等沟通的义务，但是，这种沟通义务并没有一个整齐划一的标准，辩护律师在承担这些义务方面也具有一定的自由裁量余地。不过，无论如何，辩护律师都不能在没有征得委托人同意的情况下，发表与委托人相互矛盾的辩护观点，提出委托人不能接受的证据材料或诉讼主张，以至于造成与委托人辩护效果的相互抵销。这种与委托人“同室操戈”的辩护行为，是不符合忠诚义务的。[1]

作为熟悉法律知识和执业技能的人士，律师相对于委托人而言具有强大的专业优势。这种专业优势使律师在尊重委托人意志方面具有天然的障碍。为体现对委托人意志的适度尊重，辩护律

〔1〕 参见田文昌、陈瑞华：《刑事辩护的中国经验》，北京大学出版社2012年版，序言。

师未经委托人授权或者许可，不得提出委托人不愿提交的证据材料，不得发表与委托人观点不一致的辩护观点，也不得坚持与委托人观点相悖的辩护立场。这应当成为辩护律师执业的一条底线。例如，未与委托人协商，律师就对公诉方指控的某一罪名作出有罪答辩；未经被告人同意，律师就提出排除非法证据的申请；未事先向被告人发出提示，在被告人当庭认罪的情况下，律师就当庭发表无罪辩护意见……这些都属于明显不尊重委托人意志的表现，也都不符合忠诚义务的要求。

三、律师的有效辩护

在一定程度上，律师的消极忠诚义务意味着不损害委托人的利益，不与委托人发生辩护观点和立场的冲突，而积极的忠诚义务则是指律师通过积极主动的辩护工作，尽职尽责地维护委托人的合法权益。对于这种积极的忠诚义务，我们又可以将其称为有效辩护的义务。

（一）有效辩护的概念

从语义学上看，“有效辩护”是一个从美国法学中引入的概念，其英文原意是“effective representation”或者“effective assistance of counsel”。美国联邦最高法院在一系列判例中确立了一项原则，那就是被告人享有“获得有效辩护的宪法权利”。[1]但是，对于何为“有效辩护”，该法院并没有给出明确的解释。

而在汉语中，“有效辩护”是一个容易引起歧义的概念。这里

〔1〕 参见［美］斯泰克：《刑事程序故事》，吴宏耀译，中国人民大学出版社2012年版，第115页以下。

涉及刑事辩护“有效性”的定义问题。说一项活动是“有效”的，通常是指该项活动产生了“好的”或者“积极的”效果。于是，有律师指出“有效辩护”就是达到“积极效果的辩护”，这里所说的“积极效果”可以是指说服法官接受了律师的辩护意见，即要么作出了无罪判决，要么在量刑上作出了宽大的处理，要么将某一非法证据排除于法庭之外。当然，也有律师认为，“积极辩护效果”还可以是指刑事辩护达到了“令委托人满意”的效果。不论法院是否接受了律师的辩护意见，只要委托人对律师的表现给予积极正面的评价，那么，这种辩护就是“有效的”，也就是“具有积极效果”的。

这种从辩护效果角度所作的界定显然存在严重的问题。司法实践中经常发生的情况是，一个律师即便完全尽职尽责，进行了充分的辩护准备，形成了非常恰当的辩护思路，并运用适当的辩护策略和技巧，提出了十分中肯的辩护意见，但是，由于法官不享有独立审判权，有权决定案件裁判结局的是法院内部的审判委员会，因此法院的判决最终没有采纳律师的辩护意见。对于这种辩护，假如将其界定为“无效辩护”并对律师加以谴责甚至惩戒，显然是不公平的。不仅如此，一名律师假如完全忠实地履行职责，最终也说服法官接受了部分辩护意见，使被告人受到了较为宽大的量刑处罚，但是，一心追求无罪判决结果的被告人，就是对律师的辩护不满意，认为律师根本没有达到其所预期的辩护效果。那么，究竟要不要根据被告人的评价来确定辩护的有效性呢？

人们通常将律师辩护与医生治病救人相提并论。但假如将两者作一对比的话，那么，几乎没有人将达到某种治疗效果作为

就属于律师所要遵守的首要执业行为准则。既然要遵守忠诚义务，维护委托人的合法权益，律师在接受委托或者指定后，就应尽职尽责，履行委托协议书所确定的各项义务。从一定程度上讲，所有“有效辩护”，其实就是辩护律师履行合约义务的基本体现。

通常说来，有效辩护的理念可以在以下四个方面得到贯彻和体现：一是合格称职的辩护律师；二是为辩护所必需的防御准备；三是与委托人进行的有效沟通和交流；四是有理、有据、精准、及时的辩护活动。

所谓“合格称职的辩护律师”，是有效辩护的前提条件。这主要是指接受委托或指定从事辩护活动的辩护人，不仅必须是一名律师，而且还要是一名熟悉刑事辩护业务的律师。截至2012年，《刑事诉讼法》尽管允许那些不具有律师身份的特定人士可以接受委托担任辩护人，但从确保辩护质量的角度来说，非律师担任辩护人显然是不符合有效辩护理念的。迟早有一天，法律会将担任辩护人的条件限定为具有律师资格的执业人员。不仅如此，一名从来没有从事过刑事辩护业务的律师，被委托来担任辩护人，其辩护活动很难称得上“有效的辩护”。

所谓“为辩护所必需的防御准备”，是指辩护人需要在开庭审理之前进行会见、阅卷、形成辩护思路、协商辩护意见、申请召开庭前会议、申请二审法院开庭审理等，以便为法庭上的辩护进行基本的防御准备。遇有发现新的事实和证据的案件，律师还应进行必要的调查取证工作。假如辩护人不从事这些为辩护所需要的防御准备工作，那么，其辩护就很难说得上是有效的辩护。

所谓“与委托人进行的有效沟通和交流”，是指辩护人通过充分的会见、通信等方式，与犯罪嫌疑人、被告人充分交流案情，将有关证据材料向其核实，将辩护思路向其告知，向其征求意见，以取得其对辩护思路和辩护意见的认可和配合，从而在法庭上的辩护过程中形成辩护合力。那种将委托人弃置不顾，不与委托人进行沟通、协商，不了解委托人的诉讼立场，甚至与委托人发生辩护观点之冲突的辩护，显然不符合有效辩护的基本要求。

所谓“有理、有据、精准、及时的辩护活动”，是指辩护人的辩护观点必须在法理上能够成立，必须有足够的证据加以支持，必须契合本案的具体情况，还不得存在明显的迟延。而假如辩护人强词夺理，立论既没有证据支持，也没有法律依据，辩护观点脱离本案的实际情况，或者所作的辩护努力过于拖延，错过了最佳时机，那么，这些辩护活动就不符合有效辩护的基本准则。

（二）无效辩护与有效辩护的关系

在有效辩护的实现过程中，还有一个无效辩护的概念。那么，无效辩护是不是有效辩护的反面呢？什么是无效辩护呢？

从表面上看，只要律师辩护没有达到有效辩护的标准，就构成了无效辩护。这其实是一种不正确的认识。由于有效辩护主要是一种法律理念，其本身就不存在完全明确的标准，因此，对于“违反有效辩护标准”的行为就无法进行准确的界定。可以说，无效辩护并不是违反有效辩护标准的必然结果，没有达到有效辩护的标准，并不必然导致无效辩护。

一般而言，完整意义上的“无效辩护”同时由三个要素构成：一是律师没有进行尽职尽责的辩护，或者在辩护过程中存在重大的过错或者瑕疵；二是司法机关没有采纳律师的辩护意见，或者对委托人作出了不利的裁决；三是律师辩护的过错或瑕疵与委托人受到的不利裁判之间存在因果关系。[1]

一般而言，无效辩护是由被告方提出的抗辩事由，也理应由被告方对无效辩护的成立承担证明责任。[2]但是，在我国的刑事诉讼制度中，被告人能够获得律师辩护的案件尚且只占较小的比例，再为被告人施加证明案件系属无效辩护的责任，就显然会使其承担更为沉重的负担。因此，被告方即便要承担证明案件系属无效辩护的责任，也不需要达到最高的证明标准，而只要达到优势证据的程度就足够了。具体说来，被告方需要提供证据证明的是无效辩护成立的三项条件：一是律师辩护存在缺陷或者瑕疵；二是案件招致对委托人不利的诉讼后果；三是律师怠于履行职责与委托人受到不利裁决结果之间存在因果关系。其中，对第二个条件的证明相对比较容易，被告方需要着力证明的是第一个和第三个成立条件。

为减轻被告方的证明责任，也为了对律师的辩护活动作出实质性的严格规范，有必要对律师辩护存在特别严重缺陷的情形作出概括性列举。只要律师辩护出现了这些具体情形之一，而下级法院又作出了不利于委托人的裁决，那么，法院和司法行政机关就应自动认定为律师辩护存在缺陷或者过错，也可以直接认定该项过错与不利裁决结果之间存在因果关系，从而免除被告方对第一和第三项条件的证明责任。

通常说来，律师辩护存在以下缺陷或者过错之一的，就可以

---

〔1〕 参见［美］德雷斯勒等：《美国刑事诉讼法精解》（第1卷），吴宏耀译，北京大学出版社2009年版，第627页。

〔2〕 参见［美］戴尔卡门：《美国刑事诉讼——法律与实践》，张鸿巍译，武汉大学出版社2006年版，第516页以下。

直接认定为无效辩护，而可以免除被告方对这些过错与不利于裁决结果存在因果关系的证明责任：一是接受委托或者指定担任辩护人的律师，以前从来没有从事过刑事辩护业务的；二是律师在开庭审理之前没有会见过在押犯罪嫌疑人、被告人的；三是律师在开庭前没有进行过查阅、摘抄、复制案卷材料的；四是案件出现了法定的无罪辩护事由，律师没有进行过调查取证的；五是律师没有与委托人进行沟通和协商，当庭与委托人发生辩护观点冲突的；六是两名律师同时担任同一委托人的辩护人，没有与委托人进行协商和沟通，当庭提出不一致的辩护意见的；七是接受委托或者指定担任辩护人的律师，没有亲自出庭辩护，未经委托人同意或者法律援助部门许可，委派另一名律师出庭辩护的；八是律师没有完整参加法庭审理过程，中途退出法庭的；等等。

在笔者看来，上级法院将律师无效辩护列为一审法院违反法定诉讼程序的行为，这其实是为一审法院确立了一种无过错责任或者严格责任。换言之，传统的程序性制裁理论着眼于一审法院的过错责任，对一审法院违反法定诉讼程序的行为采取宣告无效的制裁方式。而无效辩护理论则着眼于一审法院的无过错责任，也就是只要在一审程序中，律师没有恪尽职守，导致委托人遭受到不利的诉讼结果，从而构成无效辩护的话，那么，上级法院就可以推定一审法院违反了法定的诉讼程序，并对其实施宣告无效的制裁后果。

之所以要为无效辩护确立一审法院的无过错责任，可以从以下几个角度作出正当性解释：一是在刑事诉讼中，被告人相对强大的公诉机关而言，明显属于弱势一方，只有为其确立一定的“诉讼特权”，才能维护控辩双方的平等对抗。律师无效辩护被推定为法院违反法定程序，就属于赋予被告人诉讼特权的一种形式。二是无论是一审法院作出怎样的解释，面对律师不履行辩护职责的行为，法官竟然不闻不问，不作任何形式的纠正和督促行为，这本身就可能构成一种失职。对于这种失职，完全可以从律师无效辩护本身作出推定，而不需要被告方承担证明责任。三是无论是一审法院通过作为或者不作为剥夺了被告人的辩护权，还是律师因为不履行辩护职责而导致无效辩护，这都意味着一审法院在没有保证被告人有效行使辩护权的情况下，对其作出了定罪量刑。上级法院要切实保证被告人的辩护权，纠正那些侵犯被告人辩护权的行为，唯有将原审判决予以撤销，为被告人提供重新审判的机会，也就是一种程序补救的机会，才能确保被告人在有效行使辩护权的情况下，接受法庭审理，并接受有罪裁决。这是程序正义的最低要求。

（三）有效辩护的实现

无论是从律师履行忠诚义务的角度来说，还是从维护程序正义的视角来看，有效辩护都是刑事辩护的一项基本准则。相比之下，无效辩护只是一项用来确保有效辩护实现的诉讼制度。通过确立无效辩护的法律后果，我们可以对那些未达到有效辩护最低标准的律师追究违约责任和纪律责任，也可以对那些构成无法保证有效辩护原则实现的审判活动，作出宣告无效之制裁。对于律师的无效辩护，我国法院已经开始意识到对其加以治理的必要性，并将其纳入程序性违法行为的范围，督促司法行政机关启动对涉案律师的纪律惩戒程序。我们有理由对这种司法实践给予进一步的期待：一方面期待着越来越多的法院加大对无效辩护的治理力度，另一方面也期待着这种对无效辩护的治理被上升到法律规范的层面。

但是，在有效辩护的实现方面，无效辩护制度只是一种最后的制度安排。要在刑事辩护制度的设计中贯彻有效辩护的理念，我们不能仅仅关注针对无效辩护的惩罚和救济，还应建立一种旨在督促律师积极履行辩护职责的机制。应当说，随着我国律师制度和刑事辩护制度的逐步发展，律师辩护的水平和质量不断处于提高的发展趋势之中。这是一个不争的事实。但是，相对于犯罪嫌疑人、被告人对律师辩护质量的“市场需求”而言，我国律师所能提供的刑事法律服务还是十分有限的，也暴露出一系列缺憾和局限。要确保律师提供高水平的法律服务，就需要从有效辩护的角度，全面反思我国刑事辩护制度的各个方面，并进行相应的制度变革。

1.辩护律师的从业资格

截至2017年，在我国律师已经有接近30万之众的情况下，律师法竟仍然允许当事人委托那些不具有律师资格的人士担任辩护人。经验表明，不具有律师资格的人士通常没有受过系统的法律专业训练，不熟悉法律知识，更不精通辩护技能，他们充当辩护人，既无法与“武装到牙齿”的公诉人进行抗衡，也难以在证据采纳、事实认定和法律适用等方面对裁判者施加积极有效的影响。换言之，非律师人士很难从事有效的辩护。不仅如此，由于对辩护律师的专业化没有提出特别的要求，很多案件的当事人所委托的辩护人，竟然是不熟悉、不擅长甚至从来没有从事过刑事辩护业务的律师。要实现有效的辩护，律师制度改革决策者需要转变观念，将刑事辩护确立为一项高精尖的专业律师业务，应像“证券法律业务”那样，为刑事辩护业务设立特殊的资格要求。从事刑事辩护的人士除了要具有律师资格以外，还应具有专门的“刑事辩护律师"的从业资格。没有这种从业资格，那么，律师无论在法律服务领域具有怎样的资历，都不能担任辩护人。

2.辩护律师与委托人的代理协议

迄今为止，辩护律师与委托人所签订的授权委托协议书，都是一种极为粗糙的格式合同文本。从中既无法看到律师应当为委托人提供的具体法律服务的细目，也无从发现律师从事法律服务的具体手段、方式、路径和工作内容。有必要根据一些有志之士所作的探索和开拓，确立一种精细化的辩护律师服务内容。例如，可以将律师所能提供的辩护服务进行单元化、板块化的分类，列出细目，为委托人提供可以供选择的"服务菜单"。辩护律师所提供的服务可以根据诉讼阶段，分为"立案前的辩护""侦查阶段的辩护""审查批捕环节的辩护""审查起诉阶段的辩护""庭前会议阶段的辩护""一审程序的辩护""二审程序的辩护""死刑复核程序的辩护"；等等。律师辩护也可以根据服务内容，分为"会见""阅卷""调查取证""刑事和解协议的促成""非法证据排除的辩护""无罪辩护""罪轻辩护""量刑辩护""违法所得追缴方面的辩护""社会调查报告的完成"；等等。

3.辩护律师的收费制度

目前，辩护律师所采取的"一揽子收费"制度已经暴露出很多弊端。由于在签订委托协议之初，律师通常要收取全部的辩护费用，这一方面使律师在辩护过程中占据了绝对主动的地位，委托人对律师的制约力度大大减弱；另一方面也使律师缺乏履行辩护职责的外在压力和激励机制。在一定程度上，这种极不合理的收费方式既造成了律师不尽职、不尽责的现象，也严重制约了辩护律师收费水平的提高。

有必要吸收部分辩护律师正在探索的收费经验，实行“基础性收费”与“拓展性收费”相结合的收费方式，必要时可像民事诉讼代理收费那样，适当地引入“胜诉酬金制度”。所谓“基础性收费”，又可以称为“合同收费”，是一名辩护律师在与委托人签订授权委托协议书之后，所收取的为刑事辩护所必需的最低服务费用。这些费用所支付的是律师为履行刑事辩护职责所进行的必要辩护工作，如会见、阅卷、调查、沟通、发表辩护意见等。所谓“拓展性费用”，又可称为“菜单式收费”，也就是律师向委托人收取的专项法律服务费用，用于支付律师所作的附加性辩护工作，如多次会见、多次调查、促成刑事和解、申请非法证据排除、组织专家提供专业性咨询、遴选专家辅助人出具意见或出庭作证；等等。对于这些额外的辩护服务，律师可以根据服务内容和标准来增加收取适当的费用。而所谓的“胜诉酬金制度”，又可以称为“风险代理制度”，就是根据律师与委托人的约定，在某一预期诉讼结果达到时，委托人需要依照约定支付给辩护律师的奖励费用。

通过改革辩护律师收费制度，可以促使刑事辩护收费制度与民商事诉讼代理收费以及非诉业务收费保持大体的一致性，体现“按劳取酬”的基本原则，对那些尽职尽责的律师构成一种有效的激励，而对那些怠于履行职责的律师则构成一种惩罚。这可以从根本上改变目前这种“辩多辩少一个样”“辩好辩坏一个样”的局面，形成一种“奖勤罚懒”的激励机制，从总体上推动刑事辩护业务走向专业化和高端化。

4.律师辩护的最低质量标准

目前，各级律师协会在律师维权和纪律惩戒方面发挥了积极的作用。但是，仅仅着眼于维权和纪律惩戒还是远远不够的。律师协会应当发挥其“行业自治组织”的作用，督促律师会员提高法律服务质量，推动法律服务行业的健康发展。为此，律师协会有必要为律师会员制定各类刑事辩护的最低服务质量标准，以督促律师在刑事辩护中提供规范化、专业化和精准化的法律服务。全国律师协会颁布实施的《律师办理刑事案件规范》，为全国律师办理刑事案件提供了一份纲领性的指导性规范。但是，就律师从事刑事辩护工作而言，仅有这样一部办案规范还远远不足以确立最低服务质量标准。各地律师协会有必要为本地律师分别制定诸如“无罪辩护规范”“量刑辩护规范”“程序性辩护规范”之类的专门性办案规范，以便为律师的各类刑事辩护活动提供具有指导性的操作规范。

5.法律援助的监管方式

长期以来，法律援助律师不仅素质普遍不高，而且无法提供尽职尽责的辩护服务。接受指派的法律援助律师，经常既不会见在押被告人，也不认真阅卷，更是极少进行调查取证工作，在法庭质证中无所作为，当庭发表的辩护意见也很简短，且通常都是简单的量刑辩护意见。这种辩护对于法官的裁判极少能发挥积极的影响。在一定程度上，法律援助律师的辩护已经成为“无效辩护”的代名词。

那么，究竟如何加强对法律援助制度的监督管理呢？首先，需要尽力提高法律援助律师的基本素质。假如将那些较为成功的辩护律师吸收到法律援助律师之中，那么，法律援助律师才有可能提供高质量的辩护服务。例如，各级律师协会刑事业务委员会的委员有义务承担一定数量的法律援助服务，以改变长期存在的法律援助律师素质低端化的局面。其次，应当将一些地方较为成功的法律援助律师指派制度加以推广，如允许那些接受法律援助的犯罪嫌疑人、被告人从法律援助律师名录中进行挑选，允许他们中途更换不称职的法律援助律师。再次，适度增加法律援助律师的报酬标准，使法律援助服务具有更大的吸引力，并真正体现对法律援助律师工作的尊重。最后，法律援助机构也应当指定一些法律援助律师从事辩护活动的指导性规范，为这些被指定从事辩护活动的律师提供基本的工作指引。

6.辩护律师的职业伦理规范

我国《律师法》已经初步确立了辩护律师的职业伦理规范。但是，这些旨在约束律师执业行为的规范还很不完善，存在一系列有待改进的空间。例如，2017年由全国律师协会修订后实施的《律师办理刑事案件规范》，对律师独立辩护条款作出了全面调整，强调律师担任辩护人，"应当在法律和事实的基础上尊重当事人意见，按照有利于当事人的原则开展工作"，律师"不得违背当事人的意愿提出不利于当事人的辩护意见"。[1]这种对律师忠诚义务的强调，无疑有利于贯彻有效辩护的理念。但是，该规范对于辩护律师如何协调与委托人的辩护观点分歧问题，仍然没有确立明确的行为准则。这就有可能导致辩护律师与被告人继续发生辩护观点冲突的情况，致使律师无法实现有效的辩护。

又如，法律法规尽管确立了辩护律师保守职业秘密的规则，但是，这种职业秘密是否包括那些涉及委托人违法犯罪的事实信息，法律却语焉不详。同时，对于那种即将发生的涉及国家安全或其他重大利益受到损害的犯罪行为，律师不再承担保守职业秘

〔1〕 参见田文昌：《关于〈律师办理刑事案件规范〉修改的几个问题》，载中国律师网，2017年8月30日发布。

密的义务。但是，对于这种即将发生的重大犯罪行为，《律师法》也没有作出明确的界定，致使律师对职业秘密的作证豁免权有受到任意剥夺的危险。

再如，《律师法》尽管对律师拒绝刑事辩护工作作出了一些法律限制。但是，遇有委托人隐瞒重要事实时，律师仍然可以拒绝为其提供辩护服务。这无疑赋予律师任意拒绝辩护的权利，使被告人的辩护权受到消极的影响。特别是在刑事辩护过程中，律师假如要退出辩护活动，或者与委托人解除授权委托协议的，究竟要不要事先告知司法机关，并给予委托人另行委托律师辩护的机会。对于这一点，《律师法》也没有给出明确答案。这显然会导致委托人因为律师退出辩护活动而无法获得及时有效的法律帮助。

四、辩护律师保守职业秘密问题

在西方各国的律师法和刑事诉讼法中，辩护律师保守职业秘密规则几乎得到了普遍确立。但各国法律对这一规则的表述却是不完全一致的。如《意大利刑事诉讼法》规定，律师“没有义务”就自己因职务或职业原因而了解到的情况作证。《德国刑事诉讼法》则规定，被指控人的辩护人对其在行使职务时被信赖告知或所知悉的事项“有权”拒绝作证。《日本律师法》规定，律师或曾为律师者，对其在职务上所得知的秘密，有“保持的权利及承担的义务”。《日本刑事诉讼法》则规定，辩护人被法院作为证人传询时，除特别情况外，有拒绝提供证言的“权利”；辩护人在业务上因受委托而为他人所保管或所持的物品，关系到他人的秘密时得拒绝扣押。与此同时，学者们在相关著述中对律师保守职业秘密规则也认识不一，有的称为律师的“权利”，如拒绝作证的权利；有的则称为“义务”，如保守职业秘密的义务。

一方面，实际上，保守职业秘密对于辩护律师而言主要是一种法律义务。这是因为，辩护律师在保守职业秘密方面不具有选择或放弃的权利，而负有严守这一规则的义务。他一旦违背了保守职业秘密规则，如就其所了解的被告人的犯罪事实向司法部门作证等，即可能承担法律责任。在西方各国，律师违背了保守职业秘密规则，轻则构成对职业伦理的违反，成为受到纪律惩戒或处分的直接依据，重则构成一种犯罪，从而承担刑事责任。在这种情况下，将保守职业秘密视为律师的权利在法理上是讲不通的。[1]

另一方面，律师保守职业秘密的规则来源于其委托人的一种法律特权。这种特权实质上是一种要求律师真诚维护其权益、不做对其利益有威胁的事情的权利。在刑事审判过程中，被告人有权要求律师不去实施对自己不利的一切行为，律师因此负有保守其所获知的有关被告人事项——尤其是不利于被告人的事项——的秘密的义务。因此一般而言，保守职业秘密的特权实际由律师的委托人所享有，而保守这一秘密的义务则由律师所承担。

律师承担保守职业秘密的义务，不仅有利于维护其委托人的权益，防止其委托人处于不利的境地，而且更重要的是，它也是维护律师与其委托人之间所必须具有的诚信关系的需要。这在律师的刑事辩护业务中体现得尤为明显。因为律师从事刑事辩护活动的一项必备条件是，他与作为其委托人的被告人之间能够自由地

〔1〕日本司法研修所编：《刑事辩护实务》，王铁城等译，中国政法大学出版社1989年版，第12~15页。

交谈和通信，相互间保持一种合作、信任的关系和气氛。而没有这种关系和气氛，律师的辩护活动不仅得不到被告人的认可，而且会大大失去其效果。律师作为被告人的法律协助者，一般在其职务存续期间会获知被告人的大量个人隐私或其他秘密，而且被告人在其最信任的辩护人面前一般也可能主动吐露这些秘密，以求得到辩护人的有效帮助。律师一旦将这些秘密透露出来，公之于众或向司法机关告发，就可能严重侵犯被告人的隐私权，破坏或滥用被告人对他的信任。尤其是那些涉及被告人犯罪事实的秘密，一旦被辩护律师揭发或泄露出来，被告人就会处于极为不利的境地：他最信任的辩护人事实上充当了控诉方的证人，他不仅得不到这一辩护人的有效帮助，甚至会因为后者的行为而遭受十分不利的诉讼后果。在这种情况下，被告人很可能会对该辩护律师彻底失去信任和尊重，并因此对律师这一职业的独立性和自治性丧失信心，其他社会公众也会因此产生相同或相似的看法。而这对于律师维护法律和正义、促进人权保障这一法律职责的履行无疑是致命的障碍。因此，从法律上确立律师的保守职业秘密义务，可确保每一个急需获得律师法律协助的被告人切实得到这种帮助，同时维护律师职业的普遍信誉。不仅如此，确立律师保守职业秘密的义务，对于律师诉讼地位之独立及其程序性功能之自治也具有极为重要的保障作用。

由此引出这样一个问题：辩护律师保守职业秘密极可能会导致一些事实上有罪的被告人逃避法律的制裁，这对于正义的实现是否构成了一种妨碍？尤其在那些案情复杂、控诉方尚未掌握充足的控诉证据的情况下，辩护律师不能将其所了解的有关被告人犯罪事实的内容和材料提交给司法机关，这会使控诉方追诉犯罪的任务无法完成，法庭难以从法律上对被告人定罪。在此情况下，保守职业秘密规则事实上就成为一种对法院发现真实的妨碍，这是否是正当的？

在笔者看来，辩护律师保守职业秘密规则的正当性与刑事辩护制度的正当性是密切相关的。在刑事审判过程中，辩护职能的存在、独立和自治本身就可能构成一种对发现真实的妨碍，以至于导致一些有罪者受到放纵。但是刑事审判是一项理性的事业，被告人要从无罪的公民成为法律上有罪的人，就必须被充分、合理地证明有罪，并拥有为对抗指控所必备的防御手段和防御机会，而不论他事实上是否有罪。辩护职能和辩护制度的存在，旨在切实确保被告人充分而富有意义地参与法庭裁判的制作过程，成为拥有道德主体地位的独立参与者，从而实现一种更高层次上的程序正义。辩护制度的存在还可以从整体上和在普遍情况下确保刑事实体正义的实现，即罪当其罚，不枉不纵，使事实上有罪的人最大限度地受到定罪和判刑。相对于不放纵事实上的有罪者而言，不冤枉事实上的无罪者具有更为重要的保障价值，而辩护制度对无罪者不受追究的维护要比对不放纵犯罪的保障显得更加明显和有效。有不少情况下，辩护职能和辩护制度的存在的确会导致事实上有罪的人被放纵，因为它们为国家追诉机关在将一个事实上有罪的人转化成为法律上有罪的人的过程中设置了一些障碍，使这种转化有时得不到完成，但它们维护了程序正义，也避免了无罪者受到惩处这一结局的出现，因而是具有充分正当性的。

辩护律师保守职业秘密的规则是对其地位独立性和功能自治性的有力维护，也是对辩护职能独立性和自治性的保障。这一规则可使辩护制度作用的发挥有一个良好的社会环境，也使辩护律师能以人们看得见的方式成为被告人合法权益的维护者。这一规则固然会使一些案件的真相得不到查明，真正有罪的被告人因此逃脱法网，但这是一种“必要的丧失”，其积极的效果是维护了程序正义，避免了被告人对律师辩护乃至律师职业的不信任，使辩护制度的功能得到更好的发挥。

当然，保守职业秘密的义务对于律师而言并不是绝对的，它有其适用的范围和例外。许多国家的法律都禁止律师借此协助其委托人实施违法犯罪行为，否则即可能构成一种犯罪。此外，在其委托人错误地控告律师，而后者又只能根据与职业秘密有关的材料反驳这种控告的情况下，律师不负有保守这一秘密的义务。尤为重要的是，律师保守职业秘密不得对国家根本利益造成损害，否则法律对这种秘密不予保护。

长期以来，我国《律师法》和《刑事诉讼法》一直没有“保守职业秘密”的规则，而只是要求律师承担保守国家秘密、委托人商业秘密的义务。2007年以来，《律师法》开始引入保守职业秘密的内容，但只是作出了一些较为模糊的规定：律师对于“在执业活动中知悉的委托人不愿泄露的有关情况和信息，应当予以保密”。不仅如此，该法还确立了一项有争议的例外条款，也就是对于“委托人准备或者正在实施危害国家安全、公共安全以及严重危害他人人身安全的犯罪事实和信息”，律师不承担保密的义务。

何为“委托人不愿泄露的有关情况和信息”？这是否包括那些“涉及委托人其他犯罪事实的情况和信息”呢？对此类事实和信息，律师是否承担保守职业秘密的义务呢？对这一问题，《律师法》并没有作出明确的解释。

更麻烦的问题还在后面——保守职业秘密的例外规则。一般认为，这种例外条款区分了“已然之罪”与“未然之罪”。对于前者，律师负有保守职业秘密的义务，不得检举揭发，也不得将所了解的情况和信息予以透露。但对于后者，也就是委托人准备或者正在实施“危害国家安全、公共安全以及严重危害人身安全的犯罪事实和信息”，律师则不负有保守秘密的义务。

应当说，《律师法》对律师提出了保守职业秘密的法律义务，这也符合忠诚义务的要求。而且，对于委托人准备或者在实施的上述三类严重犯罪行为，律师不再承担保密义务，也是具有合理性的。但是，该法所设定的例外规则并没有将其他方面的利益作为保护对象，似有重国家利益、轻个人利益之嫌。例如，当委托人准备或者正在实施严重危害他人经济利益或财产性利益的犯罪行为，或者委托人利用律师的法律服务来实施犯罪行为，或者委托人对律师实施某种违法或者犯罪行为的，律师都不应再承担保守职业秘密的义务。不仅如此，保守职业秘密是律师对委托人承担的法律义务，但在委托人明确同意或者授权律师泄露职业秘密的情况下，律师就不应再承担这一法律义务。

五、律师拒绝辩护之禁止问题

在刑事审判过程中，辩护律师可否中途因故拒绝为被告人提供法律协助？西方国家法律对此均设有严格的禁止性规则。因为律师在接受被告人的委托之后，即应忠诚于被告人的合法利益，诚挚地为委托人提供有效的法律服务。律师没有正当、合理的理由，一般不得在接受委托后中途拒绝为被告人辩护或无故放弃对裁判制作过程的参与。如果律师拒绝为被告人提供法律帮助，他必须有这样做的正当理由，并且不得以突然“袭击”或其他可能导致被告人利益受损的方式进行放弃，否则就违反了律师职业伦理规则。这一点在西方各国律师法中一般均有规定。

例如在英国，专门律师“只要对案件审判期日的出庭及报酬额达成协议后，原则上就不得再拒绝办理所受委托的诉讼案件。”这一般被称为“出租车辆待雇顺序原则”(cab rank principle)。[1]《意大利刑事诉讼法》对“弃置或拒绝辩护”作出了专门规定：“1.对于官方的指派律师弃置或拒绝辩护的情况，律师行业委员会拥有专属的纪律制裁权。……4.如果辩护人弃置辩护、拒绝辩护或者在诉讼中违反诚实和正直的义务，司法机关应当报告律师行业委员会。……”但在“以侵犯辩护权为由弃置或拒绝辩护的情况下，如果律师行业委员会认为律师的做法是正当的，不适用制裁……”

辩护律师中途放弃或拒绝为被告人提供法律帮助的行为为什么会受到许多国家法律的禁止呢？一些西方学者从民事违约的角度对此作出了解释。在他们看来，律师一旦接受被告人的委托担任辩护人，即与作为其委托人的被告人产生一种法律上的代理关系。在双方已达成委托协议的情况下，辩护律师唯有真诚地协助被告人实现其诉讼目标，方能真正履行其代理义务。中途放弃或拒绝为被告人提供法律帮助，事实上违反了双方早已达成的委托和代理协议，构成了一种严重的民事违约，因而理应受到法律的追究。但是，如果仅仅将律师中途拒绝辩护视为一种民事违法问题，那为什么《律师法》和《刑事诉讼法》均要对此作出规定呢？

〔1〕 日本东京第二律师协会编：《各国律师制度》，朱玉璜等译，法律出版社1989年版，第51页。

看来，对这一问题尚需从另外的角度加以解释。

事实上，禁止律师中途拒绝为被告人辩护的更为重要目的在于防止被告人因此处于不利的境地。在刑事审判过程中，被告人对辩护律师真诚维护其合法利益这一点一般抱有极大的期望。律师在审判过程中突然拒绝辩护，这极易使被告人重新回到孤立无援的境地，而且会使他刚刚燃起的希望之火熄灭。尤其是在律师已作好充分准备而又放弃辩护的情况下，被告人所受的损失更大：他无法再进行这样的充分准备，而且即使重新委托辩护律师也无法在短时间内完成这种准备。这样，被告人的辩护效果将因其参与能力的降低而大大减弱。因此，被告人的辩护权和获得律师有效协助的权利要想得到真正的维护，就必须建立禁止律师拒绝辩护的规则，使律师受到法律的有效约束，从而防止被告人的这些权利因律师的违约而名存实亡。

不仅如此，禁止律师中途拒绝辩护的目的还在于切实维护律师与被告人的诚信关系，使律师职业受到社会公众——尤其是那些急需法律帮助的人的信任和尊重。因为这一规则与保守职业秘密规则一样，都旨在维护律师诉讼地位的独立性及其程序性功能的自治性，也都是通过赋予律师一定的法律义务，对他的行为进行有效的约束，防止他因不履行这一义务而使被告人陷入不利的境地。

随着律师制度的改革和辩护制度的发展，我国《律师法》逐渐确立了禁止律师拒绝辩护的职业伦理规范。根据《律师法》，委托人可以拒绝已委托的律师继续辩护，但律师接受委托后，无正当理由的，不得拒绝辩护。不过，在“委托事项违法”、“委托人利用律师提供的服务从事违法活动”或者“委托人故意隐瞒与案件有关的重要事实”的，律师有权拒绝辩护。

应当说，这一制度安排体现了“天平导向弱者”的理念，体现了对委托人的特殊保护，也对律师提出了一些特殊要求。对律师一般不得拒绝辩护的原则性要求，也体现了忠诚义务的精神。然而，《律师法》所设定的三项例外，却存在很大的模糊性和不可操作性，给律师滥用这一条款埋下隐患。这主要表现在三个方面：一是对于诸如“委托事项违法”“从事违法活动”“与案件有关的重要事实”之类的表述，律师与委托人一旦发生不一致的认识，就可能造成律师任意拒绝辩护或者擅自退出辩护的问题。二是即便委托人确实隐瞒了一些重要案件事实，这对律师的辩护也不一定会造成多么严重的影响，律师根本不需要以拒绝辩护来惩罚委托人。三是律师即便有拒绝辩护的正当理由，也需要给予委托人必要的准备时间，以便另行委托律师接替其辩护工作。律师不能突然中止辩护工作，更不能在不加以提醒的情况下中途拒绝继续辩护。否则，委托人将陷入非常危险和不利的境地。

在笔者看来，律师以被告人“没有如实陈述案情”为由拒绝辩护，无疑是把自己的诉讼角色界定为法官或检察官了，这无法确保律师保持独立的诉讼地位。因为被告人究竟是否“如实陈述”了案情，这要由检察官和法官从不同的角度加以判定。检察官认为被告人没有如实陈述，主要是基于后者没能提供可为他用来支持控诉的证据或陈述。法官作出被告人没有如实陈述的判定，则主要基于他对被告人陈述与其他证据材料相对比和分析所作的主观判断。辩护律师一旦因为被告人未如实陈述而放弃辩护，事实上就等于对被告人实施了惩罚，并使自己站在了检察官或法官的立场上。但是，律师既不是检察官，也不是法官，他的职责既不是促使被告人作出自证其罪的陈述，也不是对被告人行为的性质及其供述的可采性作出权威的判断，而是维护被告人的合法利益。律师即使确信被告人没有如实陈述案情，如隐瞒了有关其真实犯罪行为的事实，也不能轻易拒绝为其辩护，而应依法提出适当的辩护意见，否则就难以独立自主地履行其法律职责。

当然，如果被告人一味地向律师隐瞒一切实情，以至于严重破坏了他与律师之间的相互信任关系，或者律师认为被告人要求他一起实施某种犯罪行为或其他严重违法行为，律师就可以向法庭提出放弃为被告人提供法律帮助的请求。但即使在这种情况下，律师也不得突然退出诉讼活动，而应在被告人重新委托律师辩护或已作好防御准备后方能停止辩护活动。律师不得因为退出诉讼活动而给被告人带来明显的不利后果。

第五章　刑事审判程序之模式（Ⅰ）
——普通程序模式

这张正义女神图于 1555 年创作在一支意大利 Amati 小提琴背板上，画家不详。这支 4 弦提琴由小提琴的发明者安德烈亚·阿马蒂（Andrea Amati，1505－1577）制作，大约是世界上现存最古老的小提琴。Andrea Amati 是意大利当时著名的拨弦乐器制作师，是他率先将拱形结构引入拨弦乐器制作中，明显提升拨弦乐器的音色，于是小提琴诞生了。

↑

第一节　刑事审判模式概述

一、刑事审判模式的划分标准

所谓模式，又可称为“模型”或者“样式”，是指某一系统结构状态或过程状态经过简化、抽象所形成的形态。模式所反映的不是系统或过程原型的全部特征，但能够描述出原型的本质特征。一般而言，模式的抽象程度越高，离系统或过程原型就越远，所需考虑的因素就越少，但越具特殊性。模式尽管可以用来研究和分析某一系统的结构，但它并不是结构本身，而是对结构特征的高度概括，是对系统内部诸要素和相互作用的特殊方式的抽象。我们在说某一系统的结构形成某种“模式”时，一般是相对于另一同类系统的结构而言的。这两种系统结构因具有各不相同甚至完全对立的本质特征而形成两种典型的模式。因此，模式分析方法的最大特点是具有高度的抽象性和概括性，它可以用来对各种同类的系统和过程进行深入的比较研究和分析。

在我国诉讼法学界，一些学者运用结构分析方法研究刑事诉讼程序，取得了一些进展。[1]他们据此提出了刑事诉讼构造或刑事诉讼结构的基本概念。有人认为，诉讼构造是指控诉、辩护和裁判三方诉讼主体的法律地位及相互间的法律关系。也有人认为，诉讼结构是指控诉、辩护和裁判三职能之间的法律关系及由此形成的诉讼格局。有的学者还采取了折中的方法，将刑事诉讼结构直接定义为法官、检察官和被告人之间所形成的基本法律关系，以区别于其他诉讼参与者与上述三方之间所发生的法律关系。这样，诉讼结构事实上就等于部分诉讼参与者之间的法律关系。诉讼结构或诉讼构造这一概念的提出，对于人们深入地揭示刑事诉讼原理起到了一定的推动作用。但是，这种所谓的“结构分析方法”对于刑事诉讼原理的研究又是具有很大局限性的。因为无论人们对诉讼结构的定义以什么样的方式表达，这一概念充其量不过是诉讼主体或职能间法律关系的代名词。但诉讼法律关系所包含的内容是极为广泛的，它可以涵盖诉讼程序规范的几乎全部内容，甚至涉及控诉、辩护和裁判三方在诉讼全过程中的权利和义务关系。从诉讼法律关系——即便单单是控、辩、裁三方之间的“基本法律关系”——的角度分析包括审判程序在内的诉讼程序，往往难以对一种程序的本质特征加以全面、合理的抽象和把握，也无法深入揭示不同诉讼程序的个性特征和本质差异，因而难免流于对诉讼程序规范的一般性描述和分析，更难以对不同诉讼程序展开深入的比较研究。因此，结构分析者不仅不能为我们提供划分不同审判程序模式的具体标准，而且忽略了除三方法律关系之外的其他制约审判程序的因素，如一国刑事审判程序所赖以存

[1] 参见李心鉴：《刑事诉讼构造论》，中国政法大学出版社1993年版。

在的法律传统、基础性价值观念等。

看来，我们不能满足于因抽象出刑事诉讼构造或刑事诉讼结构这一概念而在研究方面取得的进展。要对刑事审判程序作出深入的剖析，就必须设立若干项可用以揭示不同审判程序间本质差异的模式划分标准，以避免那种以三方法律关系这一笼统的单一标准分析审判程序所具有的局限性。通过设立这样几项标准，我们可以对不同刑事审判程序之间的那些“重要的”或“本质的”差异作深刻的揭示，也可以对一种刑事审判程序所具有的本质特征加以抽象和概括，而对那些不能代表该程序本质特征以及不同程序间不具有本质性的细微差异则略而不计。但是，究竟有哪些因素在它们的共同作用中决定着各种刑事审判程序的基本模式呢？对于这一问题，学者们早已存在诸多争论。

西方学者将现代两大法系的刑事审判程序一般分别称为“对抗式”程序和“审问式”程序。前一种程序可追溯至古希腊和罗马共和国时期，成为当今英美等国采取的刑事审判模式。后一种程序则可追溯至罗马帝国统治的最后一个世纪，形成于中世纪的欧洲大陆各国，并成为当今大陆法系刑事审判程序的模式。这两种程序的划分标准有两个：一是对它们的形成具有极大影响的法律传统，这种传统与两大法系在其历史形成和演变过程中所具有的独特法律文化密切相关。二是两种程序分别设定了不同的发现真实的方式和途径：审问式程序依赖于法院主导进行的官方司法调查，对抗式程序则凭借那种由当事人主导进行的法庭对抗。〔1〕

〔1〕 Jeffrey J.Miller, “Plea Bargaining and Its Analogues under thd New Italian Criminal Procedure Code and in the United States”, 22 *N.Y.U.J.Int'L L.&Pol.* 215(1990).

这种影响极大的刑事程序模式划分标准引起了一些学者的批评。有人认为这种划分只具有有限的可取性，因为它不能涵盖上述两种程序实际具有的一些核心特征，如对抗式程序中的陪审团参与审判等问题；它也不能对两个大法系刑事程序之间所存在的其他一些差异作出圆满的揭示。“它只是一种纯理论上的模式划分方法”，无法用来对两种程序的实际运作方式作出全面的比较分析。

美国的达马斯卡（Damaska）教授提出了一种可用以替代上述划分方法的新标准。这种划分旨在通过考察和比较两大法系国家公共官员的态度、官员间的关系以及官员们用来制作判决的方式等因素，来对刑事程序作出解释。根据这些标准，大陆法系国家刑事程序采取的是一种“等级式结构”（hierarchical structure），英美法系国家则采取了一种可称为“对等式结构”（horizontal structure）的程序。达马斯卡认为，这种模式划分方法可以解释两种诉讼制度的更多特征，如为什么一种制度极为重视司法人员的职业化和官方的书面文件，而另一种制度却强调非职业陪审员和口头证言，等等。等级式模式以权力的集中化为特征，这种集中的权威可产生一种“制度性思想”（institutional thinking）。在欧洲大陆各国，法官和检察官一般沿着相同的途径升迁，并承担着非常专业化的任务。这种制度严格划分法官的等级并要求判决尽可能由更高一级法院进行审查。为便于审查，各级法院还保持了书面卷宗移送的制度。不仅如此，等级式程序还设有旨在确保司法判决专业化和统一化的程序规则，使法官的自由裁量权受到严格的限制。与此相反，对等式模式则缺少前一模式那种严格等级化的特征，而保留了权力机构的更大自治性。法官、检察官和陪审团所作的决定或裁判往往代表其个人的观点。法官和陪审员的裁断依当庭提出的口头证言作出，因而被认为更接近于案件的真实情况。上诉审查和再审只是极为有限的例外。另外，对等式程序也没有过于技术化和专业化的程序规则。[1]

达马斯卡的理论在比较两大法系的刑事程序方面似乎偏离了主题，因为它太注重司法机关内部的组织特征了。这些组织特征对程序的运作确实会产生一些影响，但并不能代表一种程序的核心特征。看来，达马斯卡并没有为审判程序模式的划分设定科学的标准。

美国的米勒教授（J. Miller）提出了一种新的程序模式划分理论。他通过分析一些传统的大陆法系国家在移植了对抗式程序后所出现的一些涉及法律传统冲突的问题，对两大程序模式——审问式和对抗式——所赖以建立和存在的基础进行了分析和比较。他认为，"文化"是指一个国家的宪法和政治文化，它在一国刑事程序的发展演变过程中产生着巨大的影响。"传统"则是指一国家的法律传统，它能够解释刑事程序中的主要诉讼角色（如法官、检察官等）经长期司法实践而在行为方式上所具有的特殊性。法律文化传统不仅对两大法系程序模式的形成产生了极大作用，而且还制约着程序的发展。当不同法系国家相互移植对方的程序时，法律文化传统就会发生作用和影响，以至于对司法改革产生阻碍作用。[2]

---

〔1〕 Jeffrey J.Miller, "Plea Bargaining and Its Analogues under thd New Italian Criminal Procedure Code and in the United States", 22 *N.Y.U.J.Int'L L.&Pol.* 215 (1990).

〔2〕 Ibid.

从总体上看，上述程序模式划分理论并没有真正解决刑事审判模式划分标准的设定问题。它们实际上分别强调了某一方面的标准：第一种理论过于强调程序运作过程的特征，而对这种运作过程又没有提出具体的区分标准和尺度；第二种理论则过分注重司法机关的内部组织形式及相互间的关系，对程序参与者之间的关系模式却未作任何揭示；第三种理论强调了法律传统因素对程序的形成和发展所具有的重大影响，提示人们在研究程序模式时不可忽略法律传统这一因素的影响力和作用，但这一理论并没有将法律文化传统明确设定为划分刑事程序模式的标准。

在笔者看来，刑事审判模式的构成要素主要有三个：一是刑事审判程序在历史上的来源与发展；二是体现刑事审判程序核心特征的诉讼控制分配情况；三是在刑事审判程序背后起着支配和制约作用的基础性价值观念和思想。这些要素事实上可成为刑事审判模式的划分标准。

首先，作为一个国家法律制度的组成部分，刑事审判程序在各国都有其不同的起源、演变和发展情况，它在很大程度上要受制于一国法律制度所属的法律体系的特征。一般而言，属于同一模式的刑事审判程序往往在其形成的初期即有着相同或相似的历史渊源，或者相互间发生过明显的相互移植和吸收，而且这些程序所分别隶属的法律制度在本质上又属于同一法律体系。例如，美国和英国的法律制度由于历史的原因，同属于英美法系，它们的刑事审判程序在发端之际即有着共同的历史渊源，并受相同法律传统的影响，因此属于同一种程序模式。与此同时，属于不同模式的刑事审判程序也往往在其形成的初期即有着截然不同的历史渊源，它们在长期的演变中形成了各具特色的程序样式。例如，人们在分析英国和法国法律制度的差异时，很容易将此归结为两者在历史渊源上的不同：后者受罗马法的影响较大，前者则几乎没有受到这种影响，而保持了一种相对独立的发展形式。英法两国的刑事审判程序也受这一因素的影响，从而形成了两种不同的模式。

其次，法官、检察官和被告方在诉讼控制权方面的分配问题是对刑事审判程序本质特征进行概括和抽象时所要考虑的最重要因素，也是对刑事审判程序模式进行划分所要依据的主要制度因素。实际上，诉讼控制一般可划分为两个方面：一为裁判控制（control over the decision），二为程序控制（control over the process）。“裁判控制”可以通过确定法官、检察官和被告人三方中的任何一方对裁判结果的最终决定和影响程度加以测定。例如，法官在不与控辩双方协商的情况下单独发布一项旨在确定被告人刑事责任的命令或裁判，这可以视作法官拥有完全的裁判控制权。又如，检察官与被告人或辩护律师私下经过协商、妥协，达成有关被告人刑事责任问题的协议，双方一致同意不再举行法庭审判，法官直接以双方协议的内容作出裁判的内容。在这种情况下，控辩双方实际上拥有完全的裁判控制权。所谓“程序控制”，是指法官、检察官、被告人三方对作为法庭裁判基础的证据在提出和调查方面的控制程度。如果在某一审判程序中，控辩双方有权决定证据调查的范围、方法和顺序，直接向法庭提出各项证据，并主导着对各项证据的评价和采纳。那么，控辩双方实际上拥有着相当大的程序控制权。相反，如果法官自行决定调查证据的范围，有权自行收集证据、传唤证人，并在法庭亲自询问证人，出示书证和物证，控辩双方必须取得法官的同意方能提出证据或向某证人询问，那么，法官实际拥有很大程度的程序控制权。“裁判控制”和“程序控制”是诉讼控制的两项基本要素，它们有着内在的关联性。法官或者控辩双方一旦同时对证据调查和裁判制作拥有完全的决定权，即拥有完全的诉讼控制权。

通过分析法官、检察官和被告人在裁判控制和程序控制方面的分配情况，我们可以抽象出某一刑事审判程序在运作方面的本质特征。同时，我们在比较两种刑事审判程序时，也可以对诉讼各方所发生法律关系的共性特征略而不问，而专门分析和比较法官和控辩双方在程序控制和裁判控制方面所发挥的实际作用。某两种刑事审判程序即使在其他方面有一定的差异，但如果在诉讼主体对裁判和程序过程的控制上表现出相同的特征，我们即可以将它们归入同一种审判模式。因此，刑事审判程序模式的这一种划分标准实际又可分为两个相互联系的方面：(1)法官、检察官和被告方对法庭裁判结果的控制和影响程度；(2)法官、检察官和被告方对法庭证据调查和采纳过程的控制和影响程度。当然，这里所说的“法官”是广义上的裁判者，即有权对程序事项和实体结局作出裁断的诉讼主体，而不只是那种代表国家行使审判权的职业司法官员。

最后，作为刑事审判模式的最后一项构成要素，基础性价值理念是十分重要，也是极易受到忽视的。一种刑事审判程序经过司法改革可以在运作方式上有所变化，作为其表现形式的原则和规则也可能有所增、删、改，但是这些基础理念潜藏在程序的背后，构成了这一程序赖以存在并对该程序发生着决定性影响的持久性、稳定性因素。某两种刑事审判程序之所以具有不同的本质特征并被分别归入不同的模式之中，是因为它们背后都有着某些独特的价值观念和诉讼理念。在这些“形而上”的理念的作用下，某一刑事审判程序的基本特征可以得到长期的保持，并与其他属于同一模式的审判程序具备相同的运作方式。

将现代西方各国的刑事审判程序划分为对抗式和审问式这两大基本模式，是中外学者早已熟悉并为人们广泛接受的程序模式划分方法。在以下的论述中，笔者拟根据上述三项划分标准，对两个基本模式的本质特征、历史渊源及其基础理念作一深入的揭示和比较。

二、刑事审判程序的基本模式（1）——对抗式审判

传统上，英美法系国家的刑事审判被称为对抗式审判（adversarial trial）。对抗式审判实际上是一种由控辩双方主导进行，法官作为仲裁者确保双方遵守规则的竞赛（contest）。美国的达马斯卡教授曾对对抗式审判下过一个著名的定义：“理论上处于平等地位的对立双方在有权决定争端裁决结果的法庭面前所进行的争斗。”〔1〕基顿（Keeton）教授也认为，对抗式“审判是不相一致的事实陈述和法律理论之间的竞争。”〔2〕在以下的论述中，笔者拟按照划分刑事审判模式的三项标准，对对抗式审判程序作一系统的分析。

（一）对抗式审判的形成

作为盎格鲁—美国法律制度的重要组成部分，对抗式审判最

〔1〕 Jenny Mcewan, *Evidence and the Adversarial Process*, Blackwell Publishers, 1992, p.4.

〔2〕［美］乔恩·R.华尔兹：《刑事证据大全》，何家弘等译，中国人民公安大学出版社1993年版，第7页。

早出现于英格兰和威尔士。其历史可追溯至诺曼底公爵对英国的征服时期。在11世纪以前的英国，几乎所有法律争端都以两种方式解决：一是宣誓断讼（a wager of law），二是神明裁判（trial by ordeal）。在前一种解决方式中，被指控犯有罪行或负有债务的人必须提出旨在使自己免负法律责任的宣誓。并为此提出一定数量的“宣誓协助者”（compurgators，oath-helpers），而且由后者作出支持被告人的宣誓。如果被告人提出了法律所要求的12名“宣誓协助者”，他就会被免除法律责任。这种争端解决方式建立在这样一种假定基础之上，即对上帝的恐惧将阻止任何人作出错误和虚假的宣誓。而在后一种争端解决方式中，被告人是否有罪须通过考察他能否受到身体的伤害而得到验证。被告人一般被要求手持滚烫的铁具行走一段距离，或者从滚沸的水中抓取一些石块，或者赤脚从燃烧的木炭上行走。如果他被烫伤或烧伤，裁判官即可据此认定他有罪。因为人们确信，上帝能够帮助无辜者免受上述伤害。

现代对抗式审判的种子是在11世纪初由诺曼底人通过征服带到英国去的。他们引进了两种制度：一是由争端双方通过自行攻击的方式解决争端的制度，二是由若干名公正无私的公民发现事实真相的制度。这两种制度成了现代对抗式审判得以确立和发展的基础。

对抗式审判的最早形式是决斗裁判（trial by battle）。这种裁判方式尽管仍建立在所谓“上帝能够帮助诚实的一方取得决斗的胜利”这样一种非理性的假定基础上，但它第一次要求争端双方以面对面对抗的方式共同参与争端的解决。司法决斗一般被用于解决有关土地所有权归属的争端。双方可以选择自行实施决斗，也可以各自指定一名斗士代其实施。尽管决斗裁判制度后来逐渐遭到废除，但是这种争端各方均应拥有一个平等的机会为其本人的利益而斗争的思想却在英国刑事审判制度中保留了下来。

诺曼底人所作的更为重要的改革是确立了由被告人熟识的人（recognitors）制作法律裁判的制度。在这一制度中，政府事先召集12名被告人的邻人或其他熟识的普通公民对被告人应否承担法律责任以及是否犯有被控罪行等同题进行裁断。这12名公民通过听取各方的口头陈述和证据制作裁判。这样，过去那种所谓“上帝能阻止错误宣誓”的信念被以下的理念所代替，即公正无私的听审更能够确保真相的揭示和正确裁判的作出。这一制度赋予了各方对怀有偏私的裁判者申请回避的权利，并要求裁断的成立建立在12名裁判者一致同意的基础上，从而使裁判的公正性和客观性得到有效的保障。最初，这12名裁判者同时担当着证人、陪审员和法官的角色。他们负责提供证言，并听取各方就争议事实所作的陈述，然后就争议作出权威的裁断。到了13世纪，职业律师开始在英国出现，他们可以代当事人进行诉讼行为，向陪审员解释其当事人的诉讼请求。在14世纪，由陪审员以外的人提供证言的做法已十分普遍，陪审员的数量已固定为12名，而且裁判一般须由全体陪审员一致同意方能制作和生效。到15世纪，大多数证据一般均须在公开的法庭审判中提出，证人可由法官和陪审员自由地询问。律师有权在法庭上作有关案件事实的开头陈述。在16世纪，陪审员除在公开法庭上作出宣誓以外，已很少再充当证人的角色。同时，一些旨在规范证人证言效力的证据规则开始建立。尽管陪审员们仍来自被告人的邻居，但他们并不一定了解案件事实。不仅如此，法官向陪审员们就法律问题作出专门指示的实践也开始得到发展。

经过几个世纪的演变，英国的陪审团审判制度已开始呈现一些新的特征：律师代表当事人进行诉讼；宣誓证人根据证据法规则提供证言；法官就法律问题向陪审团作出指示和提供指导；从被告人所在地区选择出来的12名陪审员决定案件的事实真相和适用法律，并作出全体一致同意的裁断。但这时的审判程序也有一些与现代审判制度不同的特征，如刑事案件中的证人只能由法庭传唤，传闻证据可被采纳为定案的根据，等等。

随着英国向海外的扩张，陪审团审判制度也在各个殖民地得以确立起来。尤其在美国独立以后，这种审判制度得到了前所未有的发展。在18世纪，陪审团审判制度日趋完善，已开始具备以下三个方面的新特征：(1)控辩双方对证人实施交叉询问的程序开始确立，有关主询问和反对询问的规则开始出现；(2)刑事被告人有权向法庭传唤证人、提出证据；(3)被告人在审判过程中有权获得律师的协助。到了19世纪，英美刑事审判程序已基本具备了现代对抗式审判模式的特征：控辩双方有权选择陪审团组成人员，向法庭提出证据，在公开法庭上作出陈述，对证人实施交叉询问，并且在审理结束时对本方的观点和证据作出总结性陈述。不仅如此，律师在刑事审判中的作用越来越重要，检察官和辩护律师事实上成为对抗式审判的主导者和控制者，法官和陪审员在调查证据方面的积极作用也逐渐消失了。

(二)对抗式审判制度的主要特征

对抗式审判与陪审制度是一对“孪生儿”，它的许多特征都与陪审团的参与密不可分。在英美对抗式审判中，案件的事实和法律问题是明确地分开的。刑事审判程序也因此相应地分为两个阶段，即事实裁断阶段和法律适用阶段。对抗式刑事审判所要解决的核心问题是被告人是否有罪这一事实问题。对这一问题，陪审团拥有最终的裁断权。法官有权在陪审团作出有罪裁断后就有关法律问题——如量刑等——作出判决。对抗式审判模式一般仅适用于事实裁断阶段。在这一阶段，对抗式审判开始进行的前提是被告人自愿选择了无罪答辩（plead innocent）。由于受到无罪推定原则的保护，被告人不负证明自己无罪的责任，检察官则负有不可转移的证明被告人有罪的责任，并须将这一点证明到“排除合理怀疑”的程度，从而推翻无罪推定，说服陪审团作出有罪裁断。因此，对抗式审判的核心问题实际是检察官能否向陪审团证明被告人有罪。这样，对抗式审判具有以下几方面的特征：

1.法官保持消极仲裁者的地位

法官一般不参与收集和调查证据，也不单独提出证据，他甚至极少对证人进行询问。法官对控辩双方所提出的证据的可采性拥有“否决权”。他在法庭审判过程中的主要作用在于确保当事人双方在提出证据、询问证人和进行质证、辩论时严格遵守包括证据法规则在内的程序法规则。例如，控辩双方提出的某项证据如果属于传闻证据或者法律禁止采纳的其他证据，法官须将这种证据排除于法庭调查范围之外，以防止它对陪审团成员造成误导。又如，控辩双方如果在对证人进行主询问时提出了可诱使他作出某一特定回答的问题，法官也有权对这种问题进行制止或干预。

由于法官在庭审过程中处于消极仲裁者的地位，他在庭审前一般很少受到任何一方证据、观点的不当影响。法官几乎从不对证据作任何庭前调查，他甚至并不接触控诉方的案卷。在英国陪审团审判程序中，法官一般会收到控诉方准备在庭审中出示的记载证据目录和简要情况的书面材料。在美国，法官不接受控诉方移送来的案卷，但他也可能在庭审前的听证会上预先获悉双方将在审判中提出的证据的情况。但是，法官因此而受到不当影响的可能性很小，因为有权对双方证据作出评价以及对案件作出权威性裁断的是陪审团，而不是法官。

2.控辩双方控制着证据调查程序

被告人尽管是极为重要的当事人，但实际与检察官展开积极对抗并控制庭审程序的是他的辩护律师。对抗式审判之所以被视为控辩双方之间的竞赛，是因为双方都提出了各自有关案件事实情况的“一面之词”（ones-own-case）。在庭审过程中，检察官和辩护律师所要做的就是向陪审团充分阐释自己对案件事实和法律结论的观点，并通过提出自己一方的证据来证明上述观点的可成立性和合理性，同时对对方的“一面之词”进行反驳和证伪。双方为了说服陪审团接受自己的“一面之词”，会积极主动地以证人证言、专家鉴定以及实物等形式收集对自己有利的证据，并在庭审过程中依次以最有利于展示自己“一面之词”的方式向法庭提出这些证据。对于任何一方提出的证人，双方均可以对其实施交叉询问。

交叉询问程序是对抗式审判的核心，也是检察官和辩护律师控制法庭审判程序的关键环节。在交叉询问过程中，控辩双方的活动只要没有违反证据法规或其他程序规则，法官即不得对其进行干预和控制。

所谓“交叉询问”，是指对抗式审判中控辩双方主导调查证人证言的一种方式。交叉询问一般按照主询问（direct examination）、反对询问（cross-examination）、再主询问

（redirect-examination）和再反询问（recross-examination）的顺序进行。主询问一般由提出证人的一方对证人进行询问，这种询问以问答的方式进行，目的在于使证人所了解的一切有利于自己一方的事实充分地展示在法庭上，并避免使证人作出任何不利于自己一方的证言。反询问则由对方向对其不利的证人进行反驳性询问。反对一方通常对证人在主询问中已作的陈述再次进行询问，以发现证人证言的矛盾之处以及证人隐而未提的事实。反询问的最大功能在于从不利于自己一方的证人口中找出对自己有利的事实，揭露对方证人的虚假证词，使陪审团对该证人的可信性及其证言的证明力产生怀疑。再主询问则是由提出证人的一方针对反询问中暴露出的问题作补充性询问，目的在于维护本方证人的可信性及其证言的证明力。这种交叉询问依情况需要可进行若干次，直到双方不再提出新的问题。通过交叉询问，检察官和辩护律师基本上控制了证据的提出和调查过程。

3.被告人在庭审中的角色

在对抗式审判中，被告人可以通过两种方式参与和控制法庭审判程序：一是行使不受强迫自证其罪的特权，始终保持沉默。在这种情况下，任何一方均不得对被告人进行询问，法官也不得从这种沉默中向陪审团作出任何不利于被告人的评论。二是自愿放弃沉默权，充当自己一方的证人。在这种情况下，被告人必须接受检察官和辩护律师的交叉询问，但他首先应由辩护律师实施主询问。被告人在询问中可以在律师帮助或提示下提供旨在支持自己一方“一面之词”的陈述，并在不受法官调查性询问干预的情况下强调有利于辩护的方面。检察官只有在主询问完毕后，才能开始进行反对询问。在英美对抗式审判中，被告人必须在检察官结束自己一方的举证之后，才能提供证言。但他可以根据辩护律师的意见选择作证的时机，以便对控诉方的证据和指控进行及时有效的反驳。

总体而言，在英美对抗式审判过程中，陪审团尽管控制着对事实问题的裁断权，但它对法庭审理程序没有任何控制权。检察官和辩护律师在提出证据、询问证人和进行证据评论方面起着主导作用，因而对作为裁判根据的事实形成过程拥有极大的控制权。他们尽管无权对案件事实作出裁断，却能说服陪审团接受自己的主张和论据，因而对陪审团的事实裁断发挥着较大的影响力。法官对案件事实的裁断不拥有控制权，但他拥有对法律适用问题的决定权。在对抗式的事实裁断程序中，法官只拥有一部分程序控制权。他有责任确保控辩双方在举证、调查、询问和辩论中遵守法律规则，并就有关法律问题向陪审团作出法律指示。被告人作为案件的当事人，主要由辩护律师代表他完成对审判程序和陪审团裁断结果的控制。因此没有辩护律师的参与，被告人将无法实施这种控制，对抗式审判程序将无法正常地运转。

（三）对抗式审判模式的基础理念

对抗式审判程序赖以建立的第一个理念是“公平竞争理论”（sporting theory of justice）。根据这一理论，国家与被告人个人之间发生的刑事争端应由检察官与被告方通过直接的对抗或竞争而解决。作为对抗式审判最初形式的决斗裁断程序，事实上已经包含了当事人双方直接主导解决争端过程的因素，因而体现了公平竞争或争斗的观念。陪审团审判制度的产生，使双方的竞争从形式上发生变化：双方从原来的武力争斗变为理性的对抗，即双方当事人在作为裁断者的陪审团面前展开理性的交涉和说服活动，他们的争斗武器已不再是刀剑和盾牌，而是有利于自己一方的各种证据。也正是在“公平竞争原则”的影响下，控辩双方各有自己的有关案件事实和法律结论的“一面之词”。

随着人类程序正义观念的发展，“公平竞争原则”的具体含义也逐渐发生了相应的变化。例如，根据这一理念所产生的所谓“控辩双方不得为对方提供攻击和防御的武器”的观念，已不再被英美等国所遵守。被告人先悉权的产生和发展即为具体的例证。“公平竞争原则”事实上已开始由一种新的程序正义观念所补充。英美对抗式审判中控辩双方对抗性的减弱以及法官对程序控制程度增强的发展趋势，即说明了这种理念上的变化。但是从目前的情况来看，“公平竞争原则”仍不失为对抗式审判模式的一项基础理念。

对抗式审判模式赖以存在的第二个理念是一种建立在高度尊重个人主体性基础上的程序正义观念。这种观念有两项基本要素：一是作为司法裁判者的法官须尽量减少对裁判制作过程的控制和介入，保持消极的中立；二是个人有权通过积极、主动和广泛的程序参与来维护自己的权益，有权自行选择和处分自己的前途和命运。这两项要素的产生归根结底来源于古典自由主义政治哲学的影响。一些美国学者认为，对抗式审判程序深深地扎根于这种自由主义政治理论的基础上。这种采取由控辩双方在裁判者面前展开积极对抗的制度，要比那种由法院对裁判制作过程实施广泛官方控制的制度具有更大的公正性。

从历史上看，英美法官所拥有的极为有限的程序控制权源于英美人对“公共官员的不信任”以及对司法司员“滥用权力、压迫个人的恐惧”。尤其在美国，人们不愿赋予政府官员对个人事务和自己生活实施广泛控制和干预的权力。美国人的诉讼观念是宁肯自己主动选择不利的裁判结果，也不被动地承受公共官员强加给自己的有利结局。如果法官过分热心于追求事实真相，或者过多地介入到证据的提出和调查中，他们就会对个人在控制程序、选择诉讼结局方面的自主性造成限制，并且失去其中立、冷静、客观的裁判者形象，以至于产生对个人不利的偏见、预断。因此，法官的中立不仅意味着从态度上保持对控辩双方一视同仁，而且更意味着不介入双方的争辩和对抗过程，甘当一种维持秩序和判断孰胜孰负的仲裁人。只有这样，刑事被告人才能通过与检察官展开充分对抗而自行争取一种有利的结局。英国的培根（Francis Bacon）勋爵即指出："听审的忍耐和庄重是公正的必要因素，法官言多必失。"

此外，根据一些西方学者的解释，对抗式审判制度还建立在一种独特的裁判哲学基础之上。美国学者L.富勒将这种哲学称为"相对哲学"。根据这一哲学观念，刑事案件的事实真相不应由一名裁判官员单独、积极地去探究，而应由那些与案件结局有着直接利害关系的诉讼各方从有利于自己的角度通过对抗而得以揭示。在一个典型的对抗式审判程序中，控辩双方所进行的活动旨在说服裁判者接受其"一面之词"，以求获得有利于自己一方的诉讼结局，而不是以一种超然的方式报告案情。他们"不是像一个珠宝商，慢慢地在光线下转动钻石，使它的每一片小平面都全部显露"，而是"好比把钻石稳定于一个角度，使它单独的一面特别惹人注目。"[1]换言之，控辩双方的职责在于帮助法官和陪审团成员分别从不同甚至完全相反的两个角度看待和处理案件。这样，

---

〔1〕［美］哈罗德·伯曼编：《美国法律讲话》，陈若恒译，生活·读书·新知三联书店1988年版，第24~34页。

对抗式审判就没有被设计成一种由法官积极调查事实真相的司法调查程序，而是尊重双方在追求有利的实体利益目标方面的积极性和主动性，使事实真相在双方的对抗中得以显露。

正如德维林（P.Devlin）教授所描述的那样：

> 获得案件事实真相的最佳方法是让每一方参与者都能主动寻找事实：在这两方面的事实对抗中，双方会将真相真正揭示于天下……两个与案件结局都有着利益牵连的探索者分别从正反两个方向开始搜寻事实真相，这要比那种仅由一名公正的探索者从田地的中间开始查明真相更不可能丢失任何方面。〔1〕

不仅如此，相对哲学还认为，控辩双方的对抗事实上还可以抑止裁判官员的不当预断和偏见，迫使其从两个不同的角度审查证据和认定事实。一些来自实务方面的材料显示，在那些不采取对抗式审判的情形下，裁判官员大都有在调查早期即对被告人有罪与否形成判断的心理倾向，并在以后遇有与其冲突的情况下仍维持其原有结论。由控辩双方主导的对抗式审判“似乎是唯一有效的对策，借以抵御人们借熟识事物对并未完全清楚的事物作过分轻率结论的人性之自然倾向。”而且双方的辩论“等于使案件置于正反两方面意见之间悬而未决”，直到裁判者可以“探索它的一切特性和微妙差别”为止。〔2〕

---

〔1〕 Jenny Mcewan, Evidence and the Adversarial Process, Blackwell Publishers, 1992, p. 4.

〔2〕［美］哈罗德·伯曼编：《美国法律讲话》，陈若恒译，生活·读书·新知三联书店1988年版，第24~34页。

三、刑事审判程序的基本模式（2）——审问式审判

审问式审判模式是现代大陆法系各国所采取的刑事审判模式。在西方学者的著述中，“审问式”审判有时与“纠问式”程序发生混淆（两者在英语中均表述为inquisitorial system），但两者实际存在本质上的差异。德国学者赫尔曼就此写道：

> 对于那些不十分熟悉德国刑事程序的外国人来说，“inquisitorial”一词可能会（事实上已经）造成一些误解。它可能在暗示人们德国似乎还在实行那种秘密进行的法庭程序：法官拥有不受限制的调查权，被告人没有律师的协助，也不受无罪推定原则等的保护。实际上，在以前的时代，这种类型的程序确在德国和其他欧洲大陆国家存在过。但是，在19世纪上半叶，原有的古老纠问式程序已被一种革新的纠问式程序（reformed inquisitoral systern）所代替，后一种程序建立在自由主义、人权以及启蒙哲学基础之上。[1]

因此，“inquisitorial这一术语已不能再适用于这种革新的程序上了。原来那种广泛的司法权已经受到严格的限制，被告人的权利受到保护”。[2]这种所谓“革新的纠问式程序”就是指“审问式”程序，又称为“职权主义”。

---

〔1〕 转引自赫尔曼在美国芝加哥De Paul大学所作的学术演讲稿，中国政法大学图书馆收藏。

〔2〕 同上。

（一）审问式审判的形成

毫无疑问，现代审问式审判程序是经过对古老的纠问式程序的改革而发展起来的。这种审判模式最早出现于法国1808年颁布的《法国刑事诉讼法》（法：code d' instruction criminelle），并在19世纪中后叶逐渐为欧洲大陆各国所广为接受和采纳。〔1〕在各国相继颁行的刑事诉讼法典中，一种被后世学者称作“混合程序”（mixed system）的刑事诉讼程序得到了确立。在这种程序中，诉讼的第一阶段预审（insruction）保留了纠问式程序的许多特征，而审判阶段则采纳了控诉式程序（accusatory procedure）。〔2〕审判程序根据控诉原则建立了诉讼职能区分与制衡的机制，并采取了公开、直接、言词和辩论的审判方式。

但是，在大陆法系各国浓烈的法律传统作用下，这种新的刑事审判程序虽从对抗式审判模式中移植而来，却并没有走向对抗式审判模式。因为作为裁判者的法官仍保留了较多的司法调查职责。这一审判程序仍建立在“职权调查原则”（principle of ex officio inquiries）和“实体真实原则”（principle of material truth）的基础上。根据前一原则，法院在检察官提起公诉后，可依职权继续从事收集证据和调查事实的工作。法院为对案件作出最终的裁判，须亲自收集和发现能够使案件事实真相得以揭示的证据和事实，而不受控辩双方所提供的证据的限制。根据后一原则，法院在审判中有权独立地探究事实真相，而不受检察官一方就案件

〔1〕 Esmein, *A History of Continental Criminal Procedure*, Little Brown&Company, 1913, pp.393–478.

〔2〕 Mireille Delmas-Marty, *The Criminal Process and Human Rights: Towards a Euopean Consciousness*, Martinus Nijhoff Publishers, 1995, pp.5–9.

的事实认定和法律适用所作结论的束缚，因此对有利和不利于被告人的事实予以全面的同等重视。这样，这种新的审判程序实际就具有了法官在控辩双方协助下独立进行司法调查的模式。

从审问式审判模式形成至今，尽管大陆法系各国的刑事司法制度经历了无数次的改革和变化，但这一模式的基本特征仍得到一定程度的保留。“二战”结束以后，随着各国加强刑事诉讼中人权保障运动的深入开展及其影响的逐步扩大，一些大陆法系国家开始了移植对抗式审判程序的新尝试。但这些国家的刑事审判程序仍保留了许多审问式审判程序的传统特征。迄今为止，尚没有哪一个大陆法系国家彻底抛弃审问式程序，而完全采行那种建立在陪审团审判基础上的彻底的对抗式审判模式。同时，在一些典型的大陆法系国家（如德国和法国），审问式审判模式仍然在实行并得到不少学者的肯定。

（二）审问式审判模式的传统特征

与对抗式审判模式不同，审问式审判被视为一种“对客观事实的司法性调查”活动。审问式审判的核心问题是由法官依职权查明案件的事实真相。与英美陪审团审判不同，大陆法系国家的审判并没有所谓事实裁断与法律适用的两个阶段区分，法官将对事实的认定和法律适用问题通过一次连续的法庭审判一并予以裁决。非职业法官尽管可以与职业法官一起组成所谓“陪审法庭”，但他们并没有职能上的区分，而拥有同样的裁判权：既要对被告人是否有罪问题作出裁断，也要对有罪被告人的量刑问题作出裁决。据资料介绍，非职业法官由于不熟悉法律，他们不得不听从职业法官向他们就法律适用和程序运作等问题所作的指示。结果，非职业法官对法庭有关定罪量刑的裁决只能发挥极小的影响力：如在德国，他们对定罪问题的影响程度仅为14%，对量刑问题的影响则为6.2%。[1]这样，职业法官（尤其是主审法官或首席法官）实际上主导着法庭的审判。受上述因素的影响，审问式审判模式具有以下几个方面的典型特征：

1.法官主导和控制着证据调查程序

在审问式审判中，法官的职责是采取一切必要手段来确定被告人是否犯有被指控的罪行。《德国刑事诉讼法》规定："为了调查事实真相，法院应当依职权调查一切对裁判有意义的事实和证据。"《法国刑事诉讼法》则要求法官"本着荣誉和良心"，采取自己认为有利于查明事实真相的一切措施。法官有权决定证据调查的范围和顺序。法官在庭审前一般详细阅览了检察官的案卷材料，了解了检察官用以支持其指控的证据，然后确定对案卷中所记载的证据的调查方法。被告人调查证据的请求一般可在庭审前提出，但这种请求须经过法官的审查。只有法官确认被告人要求调查的证据符合法定条件时才能将其纳入调查的范围。在庭审开始之前，法官一般还要对那些已列入调查范围的证人进行传唤，对书证和物证也要进行必要的保全、搜查、扣押等措施。对那些因法定理由不能出庭作证的证人，法官还要进行必要的庭外调查。不仅如此，检察官和被告方在审判过程中提出新的证人或要求调查新的证据，一般也须由法官审查决定。

法官负责提出和调查各项证据。在庭审过程中，法官按照庭审前确定的调查顺序，依次在法庭上提出各项证据：讯问被告人，出示物证，宣读书证，亲自询问证人、鉴定人。检察官、辩护人必

〔1〕［德］赫尔曼：《中国刑事审判改革的模式》，1994年北京刑事诉讼法学国际研讨会论文。

须取得法官的许可，然后才能向被告人、证人、鉴定人发问。在法国重罪法庭的审判中，检察官和辩护人甚至不能直接向证人提问，而必须请求职业法官代其进行询问。这样做的目的在于防止控辩双方的询问干扰法官为发现事实所采取的策略和计划，以免对非职业法官造成判断上的误导。在德国，主审法官一般允许法庭其他成员、检察官和辩护人向证人、鉴定人和被告人提出问题，也给予被告人同样的权利，但这种提问不得导致这样一种后果：使审判长对被告人、证人和鉴定人的整个询问受到削弱。

法官如果认为某一证据对于调查事实真相确有必要，而它又没有被控辩双方提出，他有权自行提出和调查。换言之，法官在调查证据方面不受控辩双方所提证据范围的限制。《德国刑事诉讼法》规定："法庭主审法官可以依职权调取其他作为证据的物品"。《法国刑事诉讼法》规定："在审理过程中，庭长可以传讯任何人，必要时用拘票拘传到案，或者根据庭审情况使人提交自己认为有利于查明事实真相的一切新证据。"

2.控辩双方在证据调查程序中居于次要和辅助地位

与对抗式审判不同，检察官与被告方在审问式审判中并没有自己独立的"一面之词"。由于法官负有依职权查明真相的责任，控辩双方只能充当消极和辅助的角色。在一些德国学者的著述中，庭审中的检察官和辩护方甚至被称为一般的诉讼参与人（德：Verfahrensbeteiligt），而不是当事人（德：Parteien）。[1]

检察官与辩护人向法庭提出的证据调查请求必须取得法官的同意，他们一般无权直接向法庭提出实物证据，也不得直接传唤

---

〔1〕［德］赫尔曼：《中国刑事审判改革的模式》，1994年北京刑事诉讼法学国际研讨会论文。

证人并实施询问。在庭审过程中，几乎所有书证和物证都由法官主动出示，所有证人、鉴定人、被告人均由法官首先实施询问，检察官和辩护人只能作一些补充性提问，因而无法对证人实施充分的反对询问。对于法官依职权主动传唤的证人，检察官和辩护人甚至没有机会实施交叉询问，这种证人所提供的证言往往在得不到双方充分审查的情况下即成为法官裁判的根据。在审问式审判中，由控辩双方主导的交叉询问一般是被法律所禁止的。《德国刑事诉讼法》尽管作出了有关由检察官和辩护人联合向法官申请实施交叉询问的规定，但这种申请在德国刑事审判实务中几乎从没有提出过，这一规定事实上从未得到实施。在任何情况下，控辩双方对被告人本人或法庭自行发现并传唤到庭的证人，均不得实施交叉询问。

在审问式审判中，检察官被视为与法官具有同等地位的司法官员，他负有查明事实真相和维护司法正义的责任。检察官在庭审中与其说处于公诉人的地位，倒不如说是法官查明事实真相的协助者。他并不把追求本方的“胜诉”——使被告人受到定罪判刑——作为活动的唯一目标，而可以提出有利于被告人的主张、证据或申请。在一些特定情况下（如德国的强制起诉），检察官甚至并不与被告人处于相互对立的地位，控辩双方也不进行直接的对抗活动。在实施追诉方面，检察官一般处于十分消极的地位，他的公诉活动往往受到较大的限制，因为法官掌握着他的卷宗，他一般也不拥有案卷副本，案卷中载明的证据由法官提出、传唤、出示和调查。另外，对于作为积极调查者和裁判者的法官，检察官无法通过举证、论证、辩论等方式说服他接受控诉主张。对于被告人是否有罪的问题，法官会通过自行调查形成清晰的主观认识，而没有必要听从检察官的过多论证和说服。

3.被告人的作用

审问式审判通常以法官讯问被告人作为法庭调查开始后的第一项活动。从理论上讲，在法庭调查其他证据之前获得向法官作出陈述和申辩的机会应视为被告人的一项特权。但这项特权往往会赋予被告人一种责任：他不得不对一项尚未得到证实的指控进行抗辩。与此同时，法官不仅利用这种讯问给予被告人进行辩解和申明观点的机会，而且还能将它作为从被告人口中获取尽可能多的陈述的手段。这样，被告人事实上在庭审的开始即面临一种心理压力：他不得不针对指控证明自己无罪。

在德国和法国，法官对被告人实施讯问之前，一般会告知他有权拒绝回答任何问题。但由于上述心理上的原因，被告人只在很少的情况下才行使沉默权。被告人往往担心，如果拒绝回答法官的讯问，他将冒犯法官并招致法官对其判处较重的刑罚或判定他的行为构成了较严重的罪行。

当然，被告人在审问式审判中仍始终拥有不受强迫自证其罪的特权，他没有义务向法官作出对自己不利的陈述，他的有罪供述只有在他自愿作出的情况下才能作为证据。这些都有助于维护其诉讼主体地位。被告人可以选择保持沉默，从而由其辩护律师代其实施对法庭调查程序的参与和有限控制；他也可以选择积极的防御者角色，与其辩护人一起参与庭审，影响法官的裁决结果。但被告人始终不具有证人的身份，控辩双方也不得对其实施交叉询问。在德国和法国，被告人即使没有律师的协助，审问式审判也照样能够顺利进行，因为法官作为积极的调查者，在一定程度上能够对被告人利益予以适当的保护。

综合上述三方面的特征来看，大陆法系国家的审问式审判实际上是一种由法官主导进行的司法调查程序。法官或陪审法庭通过一次连续的审判对被告人是否有罪以及对有罪的被告人应处以何种刑罚等事实和法律方面的问题一并予以判决。法官对整个法庭调查程序拥有着较大的控制权。检察官和辩护律师尽管可以参与到法庭调查中来，但他们的参与只是对法官提证和调查的补充或辅助。

（三）审问式审判模式的基础理念

国内一些学者在分析和揭示大陆法系各国刑事司法制度的理论基础时，曾套用美国学者赫伯特·帕克（Herbert L.Packer）有关"正当法律程序模式"和"控制犯罪模式"的划分标准，断定审问式程序所赖以存在的基础价值模式就是"控制犯罪模式"（mode of crime control）。其实，帕克有关两个对立模式的理论是以美国刑事司法制度的实际运作情况为背景提出的，这两个价值模式代表了司法实务界的两种极端倾向。帕克自己都承认，经过抽象而归纳出来的两个纯粹的观念模式在任何一种现实的司法制度中都不可能单独存在。将大陆法系国家的审判程序理念归入纯粹的"控制犯罪模式"，这恐怕是大陆法系国家的学者们所不能接受的。赫尔曼即认为："像美国对抗式诉讼制度一样，现代德国审问式程序也以帕克所称的所谓'正当程序模式'为基础而构建起来的，尽管这两个制度在确保事实真相的查明、保护被告人的权利以及对这两个目标进行平衡方面采纳了不同的程序模式。"[1]看来，对于审问式审判模式的理论基础，尚需从更深层次上作出准

〔1〕［德］赫尔曼：《中国刑事审判改革的模式》，1994年北京刑事诉讼法学国际研讨会论文。

确、客观的评价。

在包括法国、德国在内的各大陆法系国家中，人们普遍对法院在控制审判程序、维护正义方面的作用表示信任、理解和尊重。但这里暗含着这样一种价值观念：审判程序主要是法院用以查明真实、实现公正裁判结果的一种工具或手段。换言之，作为审问式审判程序构成要素的每一项原则和规则，其主要意义都在于确保法官实现案件的实体真实目标。法官为查明真相，有权主动采取法律所允许的一切必要的手段和方法。

这种工具主义程序价值观念的产生可以追溯至纠问式程序盛行的封建专制时期。如前所述，纠问式程序最早出现于教会法之中，盛行于教会所设立的宗教裁判法庭。有的学者认为，在宗教裁判法庭上，罪行的“真实性”要比任何所谓“人权”更为重要，诉讼程序的各个要素都必须服从于确定犯罪行为的真实性。[1]在教会法中，犯罪无论会带来分裂教会、亵渎宗教教义的后果，还是会导致上帝的威严受到冒犯，都不再是一种针对某一个人的侵害行为，而是严重威胁教会统治秩序的公共危险行为。对于这种行为，裁判官员必须采取一切手段和方法查明事实真相，才能对其性质、危害后果等作出判断，施以一种足够对后来者形成威慑的惩罚。同样，在世俗法院所采取的纠问式程序中，查明那些“严重危害社会和君主统治秩序”行为的事实真相，也是裁判官员的主要职责，因为唯此方能及时有效地发现犯罪、惩治罪犯，恐吓那些潜在的犯罪人，从而维护公共秩序。纠问式程序赋予调查官员巨大的调查权，他们几乎不受任何限制，并可以“为查明事实真相而

〔1〕 参见［斯洛文尼亚］祖潘斯奇：《建立新的刑事诉讼模式中的基本法律选择和困难》，1994年北京刑事诉讼法学国际研讨会论文。

采取一切手段并不惜任何代价”。

今天,这种绝对工具主义的程序价值观念已经在大陆法系国家失去了影响力。但是,法院仍保留了传统上十分强大的司法调查权,因为人们对法院作为公正实施法律、维护人权的司法机构保持了很大的信任。

赫尔曼教授曾就此评论道:

> 愿意接受国家(司法官员)广泛控制的观念可追溯到现代国家出现的时期。它在绝对君主专制时期达到了顶点。19世纪,绝对的君主权受到了限制,立法机关承担起保障公民生命、自由和财产的任务。由于成文法律被认为是使公民免受政府不当行为侵害的保障,因此几乎没有人反对法院保持其对刑事程序的司法控制。人们愿意对法院产生信任,因为它们不再是君主的统治工具。即使在20世纪德国法院已成为确保公民免受政府压迫的屏障的情况下,这种愿意接受法院司法控制的观念仍没有发生变化。[1]

法院对审判程序的广泛控制固然导致控辩双方的参与受到了严格限制,但这有助于事实真相的查明,并促进刑事实体正义目标的实现。在大陆法系各国,这种对公正裁判结果的高度重视在一定程度上限制了程序正义观念的发展,造成了一种较为浓厚的工具主义程序价值理念的盛行。例如,在德国和法国的诉讼理论中,“职权调查原则”和“实体真实原则”至今仍被视为刑事审判程序的基础。而程序公正的观念则是在英美学者的影响下传播过来的。

〔1〕[德]赫尔曼:《中国刑事审判改革的模式》,1994年北京刑事诉讼法学国际研讨会论文。

第二节　刑事审判模式的重新探索

一、刑事审判模式的实践探索

如果我们回顾一下大陆法系国家过去200多年的刑事诉讼制度发展史，就会发现这些国家的立法者们一直在从英美对抗式程序中寻找改革的灵感和动力。与审问式程序相关的许多制度都是先从英美移植而来后又经过与法律传统的妥协而形成的。甚至连审问式审判程序本身也是在对传统的纠问式程序与英美对抗式审判程序进行“混合”的基础上形成的。同样，我们如果再对英美对抗式诉讼制度的发展历史作一分析，也不难发现这一制度也在缓慢地吸收、采纳大陆法系国家的一些制度或程序。例如，检察官作为国家的刑事追诉官员，以国家的名义承担起控诉职能，这一制度就是通过吸收大陆法系国家的检察制度而发展起来的。通过吸收大陆法系的制度，英美刑事诉讼程序逐渐呈现出一些不同于那种在民事诉讼中实行的纯粹对抗式程序的特征。西方两大法系国家的刑事审判模式就是在相互融合、相互吸收的基础上形成和发展起来的。但是，自20世纪40年代以来，随着“二战”的结束，两大法系国家的刑事诉讼制度又出现了较为强劲的融合趋势，这种趋势的主流则是大陆法系国家纷纷移植英美对抗式审判程序，或者采纳对抗式审判程序的若干内容。

1948年颁布的《瑞典诉讼法》没有规定某种单一的刑事审判模式，而是确立了两套分别按对抗式模式和审问式模式设计的审判程序，法庭在对某一案件开庭审判之前允许检察官和被告方对所适用的审判程序在上述两者之间进行选择，并按照双方共同选定的审判模式进行随后的法庭审判。在其后的30多年里，瑞典人逐渐习惯了对抗式审判程序，并使这一程序在绝大多数案件的审判中均得到适用。在这种情况下，瑞典1988年颁布了新的诉讼法典，要求法院在大多数刑事案件中必须适用单一的对抗式审判程序。[1]

1948年，日本在联合国占领军的压力下，被迫对其刑事司法制度进行了改革：采纳了美国的对抗式审判制度，据此建立了一种以对抗式审判程序为基础、以审问式审判程序为补充的新的混合式审判模式。

1987年，葡萄牙颁布了新的刑事诉讼法典，吸收了对抗式审判程序的大量内容。葡萄牙学者认为，"当代刑事司法制度基本上采取了对抗式程序结构，并加进了国家主导调查的原则。如果说原来的模式属于混合的或革新的纠问式程序的话，那么我们现在采取的则是一种容纳了官方调查和实体真实原则的对抗式程序。"[2]

1988年，意大利经过战后30多年的酝酿、尝试和争论，终于颁布了新的刑事诉讼法典，作出了在一个传统大陆法系国家中全面移植对抗式审判程序的最新尝试。目前，意大利的改革正在对欧洲大陆法系国家产生着巨大的影响。

除了上述已作出系统改革的国家以外，还有一些大陆法系国

〔1〕 Mireille Delmas-Marty, *The Criminal Process and Human Rights: Towards a Euopean Consciousness*, Martinus Nijhoff Publishers, 1995, pp.5-45.

〔2〕 Ibid.

家正在酝酿采纳对抗式审判模式。例如，德国在20世纪70年代进行了一系列的重大改革，其中包括废除预审程序，增强检察官在审判前程序中的主导作用；改革辩护制度，使被告人在刑事诉讼程序各阶段均可获得律师的有效协助；等等。进入20世纪80年代以来，德国又出现了有关采纳对抗式审判模式问题的争论。一些知名学者呼吁在德国确立对抗式审判程序以取代那种已在实际运作中出现种种弊端的审问式审判程序。[1]

法国的诉讼制度"正处于改革的前夜"，1988年成立的刑事司法与人权委员会开始研究并提出了法国刑事司法改革的方案，其中包括吸收对抗式审判程序的设想。[2]

1988年，西班牙颁布了新的刑事诉讼法典，在传统审问式程序中引进了若干对抗式程序的因素，这与1978年的宪法改革一起，"标志着政治民主的回归"。[3]

不仅如此，伴随着东欧国家的政治巨变，一股以对抗式程序取代审问式程序的刑事司法改革潮流在东欧勃然兴起，一些国家开始酝酿以对抗式程序为模式修改刑事诉讼法典。[4]

如果把欧洲大陆国家200年前开始进行的刑事司法改革运动视为对抗式程序在大陆法系国家的第一次勃兴的话，那么在20世纪末，对对抗式诉讼程序的采纳则成为大陆法系国家刑事司法改革的主要目标。在第一次改革运动中，大陆法系国家通过吸收对抗式程序抛弃了纠问式程序，建立了一种新的程序模式。在目前

---

〔1〕 Mireille Delmas-Marty, *The Criminal Process and Human Rights*: *Towards a Euopean Consciousness*, Martinus Nijhoff Publishers, 1995, pp.5-45.

〔2〕 Ibid, pp.11-59.

〔3〕 Ibid.

〔4〕 Ibid.

兴起的第二次刑事司法改革浪潮中，一种新的刑事审判模式也必将取代“审问式”审判模式。但是，发生如此巨大变化的原因究竟是什么呢？

赫尔曼认为，在传统大陆法系国家中引进对抗式审判程序，主要基于宪法、心理学以及结构等三方面的原因。首先，审问式审判程序已与法院在现代国家中扮演的角色不相适应了。法官在审判中充当主要的调查机构，这应当被视为19世纪的残留物。然而，法院目前在西欧国家已成为真正的第三种国家权力，它的职能在于解决其他政府部门与个人之间的争端，并保护个人免受其他部门的不当侵害。法官在刑事审判中所承担的主要调查者的角色，显然与这一新的宪法解释不相适应。相反，对抗式审判中法官所处的消极仲裁人地位则是与现代宪法观念相一致的。

其次，以对抗式审判取代审问式审判有其心理上的原因。法官在审问式审判中实际同时承担着多项任务：他既要审查证据，对证人等进行询问，又要对他们的陈述作出评定，最后还要对案件作出裁决。但这样做的危险在于：同时承担上述不同任务的法官很可能心理负担过重。不仅如此，主持庭审的法官（主要是职业法官）还可能受到侦查卷宗的不当影响，以至于难以在审判中公正、客观地调查证据，也难以接受辩护方面的新观点。

最后，从结构上看，审问式审判使被告人承受一些不适当的负担，法官往往偏向于检察官一方，被告人及其辩护律师难以进行充分有效的辩护。而在对抗制中，被告人可以不受干涉地进行辩护，拥有获得公正审判的机会，他们更有可能主动接受定罪的结果。[1]

赫尔曼教授的分析似乎在作出这样一种暗示：英美对抗式审判模式要比大陆审问式审判模式更为公正合理。但实际上，作出这样一个结论尚为时过早。对抗式审判与审问式审判究竟孰优孰劣，关键要看根据什么样的标准进行评价、衡量。欧洲大陆法系国家纷纷采纳和移植对抗式审判程序，固然可能基于立法者对审问式审判程序所存在的弊端的认识，但其更为直接的原因则是接受了一系列国际通行的人权保障标准，并受到了有关最低限度程序公正观念的深刻影响。

比利时学者Tulkens认为："所有这些改革的基础是《（欧洲）保障人权和基本自由公约》（以下简称《欧洲人权公约》——引者注）所确立的原则，它们对所谓法官根据国家主权拥有绝对权利的观念提出了挑战，并且对刑事程序的所有方面均提供了一种超国家的控制。"在欧洲，随着政治经济一体化进程的发展，各国逐渐接受了一系列共同的程序正义观念和人权保障标准。欧洲人权委员会和欧洲人权法院在维护刑事诉讼中人权保障方面开展了卓有成效的工作，它们"使《欧洲人权公约》成为一种充满活力而且首先是一种促进人权的工具。"在这两个组织的推动下，《欧洲人权公约》为刑事被告人确立的"最低限度程序保障"已为大陆法系各国的宪法所承认，并逐渐引导欧洲各国刑事诉讼制度朝统一的方向发展。"近年来，欧洲人权机构加强对刑事被告人权利保障的努力越来越显示出其重要性。《欧洲人权公约》正在为欧洲各国创立一

[1] [德]赫尔曼：《中国刑事审判改革的模式》，1994年北京刑事诉讼法学国际研讨会论文。

系列统一适用的最低限度刑事程序要求。”[1]但是，大陆法系国家对对抗式审判程序的采纳或移植，并没有导致审问式审判程序的特征被彻底抛弃。日本战后通过刑事司法改革所确立的审判程序以及1988年《意大利刑事诉讼法》所建立的审判程序都没有走向彻底的对抗式模式。在以下的论述中，笔者拟着重对意大利和日本确立的混合式程序模式作一评析。

二、意大利和日本的混合式审判模式

意大利和日本战后的刑事司法改革尽管前后相距40多年，但两者都移植了对抗式程序的一些要素。但是，日本和意大利的刑事审判程序并没有走向彻底的对抗式模式，而仍保留了一些传统审问式程序的特征。首先，两国并没有将英美的陪审团审判制度移植过来，这就使对抗式程序在两国的完全确立受到了内在的限制。其次，纯粹的对抗式程序建立在英美法系法律传统的基础上，它有其固有的基础理念。而在日本和意大利，大陆法系的法律传统仍在发挥强大的作用，它们对于一切“异己”的程序模式、制度设计等均会产生相当强的排斥力。

日本和意大利均对其原有的卷宗移送主义的起诉方式进行了改革。《日本刑事诉讼法》规定，检察官在起诉时只应将起诉书移送给法官，而不得把任何可能使审判官产生预断的文书、物件或其他证据移送给审判官，也不得在起诉书中引用上述文书等的内容。法庭所要调查的证据一般由检察官和被告方当庭提出和调

〔1〕 Mireille Delmas-Marty, *The Criminal Process and Human Rights: Towards a Euopean Consciousness*, Martinus Nijhoff Publishers, 1995, pp.11–59.

查，证人一般由双方当庭传唤和询问。意大利新法典尽管没有采纳这种彻底的“起诉状一本主义”，但也对检察官向法院移送的材料进行了较大限制。除了预审法官在“附属采证程序”中收集和固定下来的证据，侦查人员、检察官和预审法官在那些“不可重复进行的行为”中获得的证据，以及少量的书面文件之外，其他大量的证据均由各方当事人在法庭审判过程中自行提出和调查。这一改革既减少了主审法官在庭审前产生预断的可能，也会导致控辩双方对抗性的增强和法官主导作用的削弱。法官的作用在很大程度上局限于对各方当事人提出的证据进行评估，这为庭审过程中对抗式审判模式的建立创造了前提条件。

在意大利和日本，当事人控制着法庭调查证据的范围。《意大利刑事诉讼法》规定，当事人如果打算在庭审中询问证人、鉴定人或技术顾问，应当在开庭前向法院提出名单并说明需要了解的情况，当事人也可以依法自行在法庭审判过程中提出询问某一证人、鉴定人的请求。在庭审开始后，被告人有权要求法官采纳对其有利的证据，公诉人有权要求采纳对被告人不利的证据，双方还有权审查所有被要求采纳的文件。法官在听取当事人意见的基础上依照法律规定作出采纳证据的裁定。一般而言，除了那些法律明确禁止的证据和明显多余或意义不大的证据以外，法官对当事人请求采纳的证据均应予以采纳。根据《日本刑事诉讼法》，“法院可以听取检察官和被告人或辩护人的意见，决定调查证据的范围、顺序和方法”，也“可以听取检察官和被告人或辩护人的意见，变更……调查证据的范围、顺序和方法。”检察官首先必须请求调查对审判案件有必要的证据，而且必须包括所有将在法庭上提出的证据。之后，由被告人或辩护人提出请求调查的证据。

同时，检察官、被告人或辩护人请求询问证人、鉴定人时，应当预先给予对方知悉他们姓名及住所的机会。在请求调查证据文书或证据物时，应当预先给予对方阅览该项证物的机会。

可见，在日本和意大利的法庭审判过程中，对证据的调查范围基本上由当事人自行请求确定，法官所要采纳并作为定案根据的证据一般由控辩双方当事人直接向法庭提出，法官一般不再仅根据检察官卷宗的内容自行出示证据。

意大利和日本采纳了作为英美对抗式审判核心的交叉询问程序，使控辩双方在事实调查过程中起着主导作用。《意大利刑事诉讼法》规定，法庭调查从调取公诉人要求的证据开始，随后依次调取其他当事人所要求的证据；公诉人或者提出询问证人要求的辩护人直接向证人提出问题（相当于对抗式审判中的主询问），随后，未提出询问证人要求的当事人依次向证人提出其他问题（相当于对抗式审判中的反对询问）。要求询问证人的当事人还可以提出新的问题（相当于对抗式审判中的“再主询问”）。法典要求当事人在进行交叉询问时遵守下列法律规则：询问证人应通过就具体的事实发问进行，禁止提出有损回答真诚性、有损证人人格尊严或有明显诱导或揭示倾向的问题，主审法官在交叉询问过程中负有确保询问问题的关联性、回答的真实性、询问的公平性和反驳的正当性的义务。由此可见，在意大利式的交叉询问程序中，控辩双方实际上控制了询问和质诘证人、鉴定人的程序，双方可以借此在法庭上证明自己的“一面之词”，并说服法庭接受自己一方的主张。

与《意大利刑事诉讼法》不同的是，《日本刑事诉讼法》规定了两种调查证据的方式：一是由审判长或陪席审判官首先询问证人、鉴定人等，检察官、被告人或辩护人在前项询问已经完毕并告知审判长后，依次询问证人、鉴定人。在此情形下，对该证人、鉴定人的调查，如果是出于检察官、被告人或辩护人的请求时，应当由已提出请求的一方首先进行询问。这种方式又可称为“由法官控制的交叉询问”。第二种调查方式是由检察官、被告人或辩护人主导进行的交叉询问程序。法院在认为适当时，可以听取检察官和被告人或辩护人的意见，变更前两项的询问顺序。日本刑事诉讼规则对后一种交叉询问方式作出了明确具体的规定，确立了主询问、反询问、再主询问、再反询问等询问方式和顺序，并规定了询问和回答的方式。由于日本实行了起诉状一本主义的起诉方式，法官在庭审前不了解当事人双方证据的内容，他无法对当事人提出的证人、鉴定人首先进行询问，因而在司法实务中，由当事人主导进行的交叉询问程序基本上被固定下来，并实际成为日本法庭调查过程中真正得到采纳的程序。《日本刑事诉讼法》所规定的第二种调查证人方式实际上完全取代了第一种所谓的“由法官控制的交叉询问程序。”

为与这种由当事人主导控制的交叉询问程序相适应，意大利和日本还确立了一些证据法规则，如两国均确立了排除传闻证据的规则。传闻证据规则本为英美证据法上的重要规则，其目的在于保障证人证言的可信性和当事人对对方证人的反对询问权，从而使交叉询问公正地进行。根据《日本宪法》的规定，刑事被告人拥有对不利于己的证据进行反对询问的权利，这一权利对于确保被告人充分而富有意义地参与法庭审判过程具有十分重要的意义。《日本刑事讼诉法》据此规定：除法律明文规定的情况之外，“在公审期日代替供述的书面材料，或在公审期日外以他人的供述为内容所作的供述，都不得作为证据”。新《意大利刑事诉讼法》也规定：“对证人的询问应围绕确定的事实，不得就公众中的传闻作证”；“当证人告知对事实的了解来源于其他人时，法官根据当事人要求决定是否传唤这些证人作证”；“证人就来源于其他人的事实所作的陈述是不可使用的，除非因上述人员死亡、患病或查无下落而不能对其进行询问”；“如果证人拒绝或不能够指出他获知有关事实的来源，不得对该证人证言加以使用”。因此，在采纳英美证据法中的传闻规则方面，意大利和日本明显走在其他大陆法系国家的前面。

另外，根据1988年《意大利刑事诉讼法》，被告人在法庭审判过程中如果自愿放弃沉默权，他可以作为证人接受检察官、辩护律师和民事当事人三方的交叉询问。在此情况下，询问被告人与询问证人适用相同的规则。如果被告人在审判中保持沉默，那么他在审判前程序中向检察官或预审法官所作的自愿供述可以被法庭采纳为证据。但在任何情况下，被告人向侦查人员所作的供述笔录均不得直接作为据以对被告人定罪的证据，而只能在被告人接受交叉询问时被检察官用作证明被告人在法庭上所作陈述不可信的证据使用。由此可见，交叉询问程序在意大利比在日本得到了更为彻底的实行。

在日本和意大利的混合式审判模式中，法官的积极主导作用受到了很大的削弱，他事实上不能再像过去那样“为查明事实真相而采取一切证明手段和措施”。现行《日本刑事诉讼法》规定，法院遇有法律明文规定的情形，在听取检察官及被告人或辩护人的意见的基础上，可以在公审期日内询问证人。法院在认为必要时，可以依职权调查证据。审判长或陪席审判官有权询问证人、鉴定人、通译人或翻译人。调查证据文书时，审判长应当使请求调查的人朗读该项文书。但审判长或陪席审判官也可以自行朗读。在法院依职权调查证据文书时，审判长应当自行朗读该项文书或使陪席审判官或法院书记朗读。调查证物时，审判长可以使提出请求的人出示证物，也可以自行或使陪席审判官或法院书记官出示。在法院依职权调查证物时，审判长应当自行向诉讼关系人出示该项证物或使陪席审判官、法院书记官出示。可见，法官为查明事实真相，仍可依职权自行扩大证据调查的范围，自行提出证人、书证或物证，也可以对证人、鉴定人进行主动询问，他事实上在证据调查中仍可发挥一定的主导作用。

与日本一样，意大利也没有采纳完全的对抗式审判程序，而保留了部分审问式审判的本质要素。这主要表现在，主持法庭审判的法官在提出证据和调查事实方面仍处于积极主动的地位。在庭审过程中，法官有权对当事人提出的调查证据的请求进行审查，如果认为某一证据为法律所禁止或者属于明显多余或意义不大，就可直接作出不予采纳的裁决。在由当事人主导进行的交叉询问程序中，主审法官根据法庭其他成员的请求，或基于在法庭调查中获取的证据等，可以向当事人提出有助于全面调查情况的新的或更为广泛的问题。同时，主审法官根据法庭其他成员的要求，也可以向已接受过询问的证人、鉴定人、技术顾问或有关当事人提出问题。不仅如此，法官还可根据当事人的要求或自行决定对案件中的某一专门问题进行鉴定，并立即自行传唤鉴定人出庭并当庭发表鉴定意见，或者暂时中断法庭审理，在若干期限内再传唤鉴定人出庭作证。尤其值得注意的是，意大利法官在调查结束后，如果认为确有必要，仍可以主动决定调取新的证据材料。

这样，法官在庭审中就不可能像在英美对抗式审判中那样仅充当消极的仲裁者，而事实上仍对事实真相的查明负有责任。这似可认为是对传统审问式审判模式的部分保留，但其主要意义在于：使法官有机会介入法庭调查程序，对当事人主导的证据出示和事实调查进行必要的补充，从而纠正和克服那种完全由当事人主导法庭调查的做法所带来的弊端。

总体而言，在意大利和日本的混合式模式中，对抗式程序的因素占据了较大比例，审问式程序的因素仅起着辅助或补充的作用。法官在控制证据的提出和事实调查方面的作用受到很大削弱，控辩双方事实上对证据调查拥有了较大的控制权，并能够对法庭的裁判结果发挥更大的影响力。被告人在庭审程序中也可以更加充分有效地进行防御。

三、评价

从迄今为止有关刑事审判模式问题的探索来看，纯粹的对抗式审判和审问式审判都已不再受到各国立法者和法学家们的推崇。人们似乎更愿意通过某种方式对这两大基本审判模式或其内在的要素加以结合，从而在它们之外创造出一种新的程序模式。这固然与法律文化传统这一因素的影响有关，但更是源于人们对两大基本审判模式自身局限性的认识，以及对两者优劣得失的权衡和比较。然而，对审问式程序和对抗式程序的评价不能随意地进行，否则就可能失去合理性。在本节的最后，笔者拟对两大传统审判模式的正当性作出全面的评价，并在此基础上对有关的探索作一反思。

首先，从程序内在价值标准来看，对抗式审判程序的最大优势表现在:（1）控辩双方主导和控制证据提出和事实调查过程，他们可以充分而富有意义地参与到裁判制作过程中来，最大限度地影响裁判的结局。（2）法官在庭审前一般不了解控辩双方的证据内容，在庭审中也很少介入证据提出和事实调查活动之中，他可以保持冷静、客观、容纳的心态；同时，他通过促使控辩双方在对抗中遵守法律规则，使双方平等地参与、公平地竞争。（3）对抗式审判仅解决被告人有罪与否这一事实问题，作为事实裁判者的陪审团或法官在开庭前不了解检察官的卷宗材料，他们可以完全摆脱检察官侦查结论及其证据的影响和牵制；同时，一切作为裁判根据的证据均由当事人在庭审中当庭提出；并要接受对方当事人的质证和审查，陪审团、法官作出有罪裁断的唯一根据是看检察官能否当庭证明被告人有罪。这样，程序的自治性可得到充分保障。

但是，对抗式审判的正常运行建立在控辩双方参与能力大体对等的前提下。一方面，这种程序模式尤其严重依赖于辩护律师的参与。被告人一旦不能够获得律师的协助，或者辩护律师在出庭经验、抗辩技巧等方面明显不如检察官，那么控辩双方的诉讼地位将无法保持对等和平衡，被告人将会处于极为不利的地位。对抗式审判程序尽管为被告人提供了充分的参与机会和特殊保障，但他必须为此付出昂贵的代价，并可能遭遇巨大的风险。那些因贫穷而无力聘请辩护律师的被告人尽管可以获得法院指定的律师的协助，但这种指定律师或公设律师一般难以为被告人提供最佳的法律服务，被告人事实上难以与检察官相抗衡。另一方面，由12位看法各异的成员组成的陪审团无法提出附有理由的裁决，他们只须就被告人有罪与否的问题作出简单的裁断，却没有义务以口头或书面方式充分阐释判决的理由。这就有可能产生一种危险：陪审团成员在决定被告人是否有罪问题上可能会带有很大的随机性和任意性，而被告人则时常会在不了解理由的情况下被判决有罪。

由此可见，对抗式程序在维护程序公正方面并不是完美无瑕的，它有其内在的优势，也有其固有的缺陷。同样，审问式程序在确保程序内在价值目标的实现方面也并不是一无是处，它有两方面的优势：(1)在审问式审判中，检察官与被告人基本上处于平等对抗的地位，被告人能够获得一些特殊的保护。例如，辩护律师在庭审前一般有充分的时间和便利进行防御准备，他可以对检察官的卷宗进行充分的阅览和研究，从而了解其据以支持起诉的证据，并从中获得对被告人有利的证据和材料。被告人或其辩护律师在了解控诉方证据和主张方面，一般不会受到像在对抗式程序中那样的限制。(2)审问式审判程序并不只是产生有关被告人有罪或无罪的简单裁判，法庭一般会准备一份书面的判决书，将法庭已采纳为定案根据的证据、从这些证据中推导出来的结论以及审判中出现的任何法律问题等加以明确的列举和分析。被告人能够充分了解法庭作出有罪裁断及适用刑罚的理由和根据，从而理解裁判的合理性和正当性。

但是，一方面，由于审问式审判是按照由法官主导进行的官方调查程序而设计的，控辩双方只能协助法官从事查明事实真相的活动，他们无法积极、主动、充分地进行证据提出和事实调查活动，也无法对法官的裁判结局发挥较大的影响。这样，检察官和被告人在审判中的参与机会和参与效果就大大地受到了限制。另一方面，作为裁判者的法官在审问式程序中一般很难保持中立的地位。法官在庭审前往往已对被告有罪或无罪问题产生了不同程度的预断，这种预断往往对被告人不利。不仅如此，法官在庭审过程中既是积极的调查者，又是权威的裁判官，这两种角色有时极易发生冲突。这样，审问式审判程序在维护程序公正方面就具有一种内在的缺陷：它无法给予当事人充分而富有意义地参与裁判制作过程的机会，裁判者由于过分积极主动地介入调查而经常产生倾向于追诉的心理，他有时很难避免与被告人处于相互对立的地位。

其次，从程序外在价值标准来看，两大基本模式也是各有优劣之处。对抗式审判可以形象地比喻为对立当事人所进行的竞争和比赛。从理论上看，对抗式审判按照市场运行机制进行运转；如果每一方当事人都能提出有利于自己一方的“一面之词”，那么事实真相就可以在双方激烈的对抗中得以形成。在对抗式程序中，当事人双方为追求有利的诉讼结局，能够发挥其在证据调查方面的积极性和主动性。其一，有利于和不利于被告人的证据能得到全面的发现、收集。当事人基于各自的利害动机，一般会尽力收集对自己方有利的证据，这使正反两方面的证据可由对立双方分别提出，他们的证据价值会得到充分的展示。其二，由当事人控制的交叉询问程序有助于揭露伪证和强化有效证据的证明力。交叉询问之所以被人们视为“发现真实的利器”，是因为每一方当事人提出的证据都必须当庭接受对方当事人的攻击、反驳和质诘，然后才能成为法庭作出裁判的根据。而且，每一方当事人均可以最有利于自己的方式提出证据和询问证人，使所有对自己有利的证据、事实得到充分的展示。另外，对抗式审判大大减少了法官产生偏见或预断的可能，作为事实裁判者的陪审团或法官完全根据控辩双方当庭提出和调查的证据制作裁判，这可以防止法官偏听偏信，确保法官的裁判建立在经过充分审查和验证的证据基础上，从而使案件事实真相不仅在控辩双方的对抗中显露出来，而且及时为裁判者所感知和认识。

然而，对抗式程序在实务中的具体运行效果与其理想状态仍存在很大的距离。检察官和辩护律师所拥有的获得本方胜诉的愿望固然给予他们从不同的角度寻找和探求证据的刺激，但获得胜诉的愿望既可促使当事人提出对自己有利的证据和事实，也会鼓励双方竭力掩盖自己所发现的不利的证据和事实，从而故意制造不公正的裁判结局而不是去消除它。当事人双方往往不是在为实现真实而是为了获得本方的胜诉而抗辩。如果对真相的揭示会妨碍自己一方利益的实现，那么当事人可以掩盖真相，或者阻止裁判者发现真相。一种证据即使对查明事实真相非常有意义，但一旦双方认为它对自己获得有利的结局毫无意义，它就可能无法出现在裁判者面前。例如，一名对事实真相的揭示极为关键的证人很可能被排除在法庭调查的对象之外，因为双方当事人均担心他作出对自己不利的证词，因而均不传唤他出庭作证。对抗制不仅会导致关键证人被排斥于法庭之外，而且还可能鼓励证人说谎。因为检察官和辩护人提出的证人总以一种最有利于自己的方式作证，而且证人一般总是提供传唤他的当事人所希望的有利证言，这往往会导致证人证言远离事实真相。实际上，在对抗式诉讼中，“希望证人不去说谎，就等于希望战士根据武士精神去战斗”。[1]另外，由于当事人控制着证据调查程序，他们很可能采取

〔1〕 Jenny Mcewan, *Evidence and the Adversarial Process*, Blackwell Publishers, 1992, p. 6.

故意拖延的对抗策略，致使对方证人丧失记忆或无法提出准确的证言，以便在法庭上制造证人证言自相矛盾、证人不可信的假象。

对抗式审判在实现真实方面所存在的第二个缺陷是，法官在庭审中始终保持消极仲裁者的地位，他无法对已被当事人引入歧途或弄得混乱的法庭调查及时地介入并给予适当的纠正。法官一味地保持消极的态度，不仅会导致一些有价值的关键证据因当事人未能提出而无法出现在裁判者面前，而且会使裁判者在对案件事实尚存疑问时率然下判，而不再对事实真相作出进一步的探究。

因此，在遵循公平竞争原则的对抗式审判中，拥有较高辩论技巧、善于对证人进行质证、具备丰富出庭经验的当事人一方最有可能赢得竞争的胜利。法庭的裁判不是建立在经全面彻底地调查而查明的事实真相基础上，而是以强者具有说服力的"一面之词"作为直接根据。

审问式审判程序在确保刑事实体正义的实现方面所具有的优势是：法官控制着提出证据的程序，他可以收集和调查对查明事实真相富有意义的一切证据和事实；法官控制着证据的调查程序，可以对证人、鉴定人、被告人进行询问，对一些尚存疑问的问题还可以自行主持鉴定、勘验和检查，从而防止出现对抗式审判中那种当事人主导交叉询问、故意抑止事实真相的显现等弊端。同时，法官对当事人的参与活动并不完全放任自流，而是以有助于查明事实真相为限度进行适当的限制，使双方的举证、询问和辩论不偏离正常的轨道。可以说，法官对证据提出和事实调查过程的适当参与和介入，是审问式审判在发现真实方面所具有的最大优势。

然而，法官在审判中承担太多的调查职能，势必会压抑控辩双方当事人在发现事实真相方面的积极性和主动性。由于法官在庭审前一般阅览了检察官的卷宗材料，他很可能会受到控方证据、结论的制约；加之法官同时自行调查、自行审查和自行裁判，他的预断或偏见有时会妨碍他接受、采纳与其主观判断不一致的事实和证据，以至于使他陷入主观擅断和自以为是的境地。在很多情况下，法官都以“妨碍事实真相的查明”为由排除了当事人提出的对查明事实具有意义的证据、事实或请求。

最后，从程序经济价值标准来看，审问式程序比对抗式具有较大优势。对抗式审判给予被告人许多特殊的程序保障，这些保障尽管可以使他获得公正审判的机会，却导致对抗式程序极具烦琐性和复杂性，审判的进行既旷日费时，又耗费大量人力和财力。尤其在正式的陪审团审判中，这种拖延诉讼的现象更为严重。可以说，对抗式审判为被告人所提供的较高程度的保障维护了程序公正，却带来了诉讼的无序和拖延这种消极后果。与对抗式审判相比，审问式审判由于将法庭调查程序的主导权和控制权交由法官行使。这样做可以防止发生那种当事人故意拖延诉讼的现象，使法庭审判快捷、顺利、有序地进行。

可以看出，对抗式审判与审问式审判各有其优势，也有其内在的缺陷。无论从程序的内在价值标准还是从外在价值标准来看，这两种模式都不是最完美的，也都有需要改革的地方。意大利和日本的混合式审判模式对这两种审判模式的一些要素进行了综合，以期使它们的一些缺陷得到避免，同时实现其优势互补。例如，在这种程序中，控辩双方在调查证据方面居于主导地位，他们能够较为充分地参与到裁判制作过程中来，对法庭裁判实施积极的影响；法官也不是居于消极仲裁者的地位，而是拥有一些调查证据方面的主动性，他可以对控辩双方的交叉询问实施干预，及时就一些被当事人所忽略或故意避开的事项询问证人，要求就有关专门问题重新实施鉴定，甚至依职权主动将某一证据纳入证据调查的范围。这既可以确保被告人受到公正的对待，法官保持客观中立的地位，又可以发挥法官和当事人在调查证据、发现真实方面的积极性和主动性。在这种混合式程序中，法官对程序的控制与当事人对程序的控制被有机地结合了起来，法官和当事人双方都不再像对抗式和审问式审判中那样拥有绝对的程序控制权。

从这种混合式审判模式中，我们可以发现刑事审判程序理想模式的轮廓：法官与控辩双方的主体性都能得到充分的发挥，而不再受到人为的限制或压抑。当然，这样做的前提是法官与当事人均能在其诉讼职能范围进行活动。这种混合式审判模式的出现，给我们带来了这样一种启示：刑事审判程序应当同时保证程序公正和实体真实这两大目标的实现，为此就须分别吸收对抗式和审问式程序的优势，避开其劣势，使这两种程序中的要素都能发挥应有的积极作用。假如我们把两大传统审判模式视为两台由各种零件组装而成的机器，那么这两台机器的组合方式均已不再是最佳的了，因为它们都不能使机器发挥最完善的功能。为了改善机器性能，我们有必要将两台机器全部拆散，然后根据实现功能的需要将其零部件重新进行组装。但重新组装的前提条件是充分发挥每一部件在实现机器性能方面的积极作用，在每一部件均能发挥最佳功能的前提下实现机器的最佳机能。很显然，这应当是未来刑事审判制度的改革方向。

第三节 中国的刑事审判模式

与数千年来实行的专制主义政治制度相适应，我国古代的刑事诉讼制度具有纠问式诉讼的基本特征。经过清末改制，我国引入了西方国家的司法制度和诉讼程序，尤其受到大陆法系诉讼制度的深刻影响。20世纪50年代以来，随着政治体制的巨大变革，我国又大规模移植了苏联的司法制度和诉讼程序。但直到20世纪70年代，我国一直没有颁布专门的刑事诉讼法典。在“文革”结束后不久，随着政治上“拨乱反正”运动的推进，加之经济上实行改革开放政策，加强民主与法制建设成为当时的主要政治课题。1979年，我国颁布了《刑事诉讼法》，确立了中国刑事审判制度的基本框架。其后，这部《刑事诉讼法》相继经过1996年、2012年和2018年数次大规模的修订，对刑事审判制度作出了不断的改革。其中，1996年完成的“刑事审判方式改革”对于我国审判模式的塑造产生了较大的影响。在以下的讨论中，我们将以1979年《刑事诉讼法》确立的审判模式为蓝本，通过回顾刑事审判的制度变迁，揭示这一审判模式产生、发展和变化的规律，并对这一模式的优劣得失作出评价。

一、1979年《刑事诉讼法》确立的审判模式

（一）超职权主义的审判模式

1979年《刑事诉讼法》在全面总结中国1949年以来刑事司法经验的基础上，形成了一种带有“超职权主义”特征的审判模式。

一方面，这一制度将法官塑造成为积极的司法调查官，使其对证据调查拥有绝对的控制力，没有赋予控辩双方主导证据调查的权威，因此带有审问式诉讼或职权主义的特征。另一方面，由于法官不仅在法庭上主导着整个法庭调查和法庭辩论程序，而且在开庭前还进行全面阅卷，进行庭前调查核实证据工作，对被告人是否构成犯罪拥有庭前实质审查权，因此，法官在开庭前经常对案件的裁判结局产生预断。这种审判制度又带有“超级职权主义”的特征。

1.法官主导和控制着法庭审判程序

在开庭前，法官通过阅卷和庭前调查核实证据等活动，对案件进行实质性的审查。法官在开庭前有权对提起公诉的案件进行审查，并主动进行阅卷、提讯被告人、勘验、检查、搜查、扣押、鉴定等项活动。只有在犯罪事实清楚、证据充分的情况下，法官才决定正式开庭审判。法官在庭外阅卷和调查的基础上，自行确定法庭调查的范围。对于公诉人、被告人、辩护人在庭审中提出的调查证据的要求，法官有权进行审查并作出是否采纳的决定。未经法官许可，控辩双方均不得自行向法庭提出证据或传唤证人。法官在开庭前一般根据检察官卷宗的内容确定法庭调查的顺序和方法并制作庭审提纲，就庭审过程的每一环节和步骤均做好安排和部署。

在法庭审理过程中，法官主导着整个证据调查活动。在庭审开始时，法官有权主动就起诉书指控的罪行审问被告人，询问被害人、证人和鉴定人；法官有权全面出示公诉人、辩护人、被告人提供的对被告人有利和不利的书证、物证，要求有关人员对物品或文书进行辨认。公诉人对被告人的讯问，对被害人、证人、鉴定人的询问应当取得审判长的同意，当事人、辩护人要求询问被告人、被害人、证人、鉴定人的，应经过审判长的许可。审判长对无关的发问内容有权予以制止。可见，法官对证据调查的范围、顺序和方法拥有决定权，并且可以直接从事法庭调查活动。不仅如此，在整个法庭审判过程中，合议庭如果认为案件证据不充分，或者发现新的事实需要侦查的，可以退回人民检察院补充侦查；对于不需要退回补充侦查的，人民法院可以自行调查，并在自行调查后重新开庭审判。这样，法官事实上就有权自行决定法庭调查能否终结或恢复，亦有权自行扩大法庭调查的范围，主动提出新的证据。

2.公诉人和辩护人在庭审调查中居于辅助或次要的地位

法官在确定法庭调查的范围、顺序和方式时，一般不听取公诉人和辩护人意见，而是根据检察官卷宗内容和辩护人提出的调查证据要求，自行作出决定。在法庭调查过程中，公诉人、辩护人对被告人、被害人、证人和鉴定人的询问，一般须在法官审问或询问并经法官批准后才能进行，而不能自行提问。控辩双方提出的全部物证和书证，一般首先由法官当庭出示或宣读，然后听取公诉人、辩护人的意见。当事人和辩护人申请通知新的证人到庭，调取新的物证，申请重新鉴定或者勘验的，法官应当查明证人的姓名、物证的存放地点及所要证明的案件事实，要求重新鉴定或勘验的理由，并作出是否同意的决定。

与此同时，法官根据案件审理情况，可以自行决定进行庭外调查核实证据的活动，包括询问证人，进行补充勘验、检查，组织重新鉴定等。这种庭外调查既不与控辩双方进行协商，也不允许控辩双方参与。

不仅如此，检察官在支持公诉方面基本上处于消极的地位，这是因为法官掌握着他的卷宗材料，并将他所提出的据以支持公诉的证据自行提出，举证权实际掌握在法官手中。法官对检察官一方的证据一般均通过询问、出示、宣读等方式首先进行调查，使其所要证明的内容依次展示在法庭上。检察官所要做的只是对被告人、证人等作补充性的讯问或询问，对法官出示的书证和物证发表意见，他无法直接与辩护人就某一证据的证明力和可采性进行对抗。

3.被告人对法庭审判程序的参与

法官对被告人的审问是法庭调查开始的第一项活动。我国法律不承认被告人的沉默权，他一般会向法官作出全面的认罪供述。被告人的这种认罪供述客观上等于为检察官的指控提供了证据和武器，因而会对其防御效果造成很大的削弱。在法庭调查和辩论中，被告人拥有当事人所享有的一切参与手段和便利，但他的这些参与活动也同样受到法官的严密控制。另外，被告人在法庭辩论终结后还有权进行最后陈述，从而拥有总结自己辩护意见和影响法官判断的最后机会。但在被告人已作出有罪供述的情况下，被告人的上述参与机会和范围事实上会自动缩小和减少。

总体而言，在我国刑事审判过程中，法官对证据提出和事实调查程序拥有着较大的控制权，公诉人、辩护人在法庭审判中仅拥有相对小的程序控制权，他们尽管可以在法庭辩论中较为充分地进行总结性陈述和辩论，但在对法官裁断的形成具有至关重要作用的法庭调查中却只能在法官控制下进行攻击和防御活动。被告人在理论上是诉讼主体，但事实上在绝大多数案件中充当了自证其罪的“控方证人”，以至于无法积极而有效地参与法庭审判活动。

(二)中国刑事审判模式的形成机制

与其他任何一种审判模式一样，中国刑事审判模式也是在其法律文化传统影响下形成的，这种模式的许多特征都可以从历史上找到源头。笔者在此拟不对这一审判模式的历史沿革作详细的介绍，而是对影响这种模式得以形成的几个因素予以分析和揭示。

1.中国古代纠问式程序模式的影响

中国古代实行纠问式的刑事诉讼制度，其特点是控审职能不分，国家不设立专门的刑事起诉机关；审判机关同时承担侦查、起诉和裁判等诉讼职能，它有权主动追究犯罪，发现、查获犯罪人，自行对某一个人进行追诉，采取强制措施，进行审问和拷讯，并作出有罪或无罪判决。诉讼参与人事实上无法对法官的诉讼活动进行有效而充分的参与，被告人更是处于诉讼客体的地位，其人格尊严和基本权利得不到尊重和维护。从历代法典规定来看，审判程序大体由审问被告人开始，接下来讯问原告、证人等，必要时让他们对质，对有一定证据证明被告人有罪而被告人仍不招供的，就可以实施拷讯，然后据供定罪。[1]如秦律规定：“凡讯狱，必先尽听其言而书之，各展其辞，虽智其言也，勿庸辄诘。其辞已尽而毋解，乃以诘者诘之。诘之有尽听其解辞，有视其他毋解者以复诘之。诘之极而数言也，更言不服，其律当治谅者，乃治谅。”[2]唐律也规定：“诸应讯囚者，必先以情审察辞理，反复参验，犹未能决，事须讯问者，立案同判，然后拷讯。”[3]

〔1〕 参见陈光中等:《中国古代司法制度》，群众出版社1984年版，第126页。

〔2〕《睡虎地秦墓竹简》，文物出版社1978年版，第246~247页。

〔3〕《唐律疏议·断狱》，“讯囚察辞理”条。

在这种纠问式程序中，法官集侦查、起诉、裁判等诸项相互矛盾的诉讼职能于一身，法庭审判尽管采取“坐堂问案”的形式，却是法官追查犯罪事实活动的继续，一旦事实清楚，被告人招供，法庭审判即告终止。审判事实上是追究者与被追究者之间进行的较量，而不是使被告人、原告人获得公正听审的活动，法官因承担追诉责任而与被告人处于对立的地位。这种纠问式程序在中国实行了数千年，直至清末才被从法律上加以废除。但其影响依然存在。我国目前审判官事实上承担着较强的调查职能，庭外活动缺乏必要的参与性和公开性，法官将庭审视为调查犯罪的继续，这种审判方式在很大程度上沿袭了纠问式程序中的内容。

2.“马锡五审判方式”的影响

“马锡五审判方式”是20世纪40年代在解放区出现的一种审判方式。马锡五是陕甘宁边区法院的法官，他从长期的司法工作中，总结出人民司法工作的经验，创造了一种独具特色的审判方式。这种审判方式的主要特征是：法官深入群众，进行深入的调查和研究，而不是“坐堂问案”；法官直接到出事地点就地开庭审判，尽量简化诉讼手续，不拘形式；法官在坚决执行政策法令和维护群众基本利益的前提下，进行合理调查；法官邀请有威信的群众到场参加断案。这种被视为“司法工作中的群众路线”的体现的审判方式，简言之，就是“就地审判，不拘形式；深入调查研究，联系群众，解决问题”。[1]

“马锡五审判方式”对中国大陆刑事审判模式的形成产生了巨大的影响，一方面因为它一直被视为中华人民共和国司法工作

---

〔1〕 张希坡：《马锡五审判方式》，法律出版社1983年版，第153页。

的长期经验，另一方面也因为马锡五个人的影响力。1949年后，马锡五曾担任最高人民法院副院长，他的工作方法和经验在全国法院得到了广泛推广。1979年通过的《刑事诉讼法》就吸收了这种审判方式的很多经验。大体而言，“马锡五审判方式”对我国刑事审判模式的影响主要体现在以下两个方面：一是强调法官进行大量的庭外调查，而不拘于控辩双方当事人所提出的证据。法官为此要在庭审前、庭审中直至判决以前亲自走出法庭，调查和审核证据，直接收集与案件有关的各种证据。二是法庭审判由法官主导和控制。法官所从事的一切活动都围绕查明事实真相而进行，他必须进行全面、彻底的调查，并有权采取有助于查明真相的一切手段。

3.苏联审判模式的影响

中国大陆刑事审判制度的建立没有直接受到德、法、日等国刑事审判程序的影响，却受到了苏联审判模式的影响。而苏联的审判程序在历史上曾属于大陆法系诉讼制度的一部分，并在很多方面又与大陆法系国家的程序具有极为相似的特征。这样，我国刑事审判程序的形成就间接地受到大陆法系国家审问式模式的影响。这种影响主要体现在：法官积极主动地进行证据的收集和事实的调查，控辩双方仅居于辅助或次要的地位，双方在审判中的参与要受到法官的严密控制，等等。

（三）中国刑事审判模式的基础理念

刑事审判程序作为解决被告人刑事责任问题的过程，它的运作模式或结构形式归根结底反映了国家与公民个人之间的关系。中国刑事审判制度建立在“国家本位主义”观念基础之上。国家本位主义观念要求把国家利益置于至高无上的地位，个人利益应无条件地服从、附属于国家利益，个人利益只有在不损害国家利益的前提下才能得到承认和尊重；而在国家利益与个人利益发生冲突的场合下，个人利益则失去存在的价值，没有保护的必要。国家本位主义的观念在中国刑事审判制度中集中表现为绝对工具主义的程序价值观念。

绝对工具主义程序价值观念认为，审判程序的所有规范只在一种情形下才具有意义，即它们有助于确保刑事实体法的正确实现。换言之，判断审判程序好坏优劣的唯一标准就是程序能否产生公正的裁判结果。一项审判程序设计得再合理和正当，只要它不具备产生公正结果的能力，就不能算作好程序。我国学者和司法官员一般都认为："严肃执法的基本要求是必须全面执行法律，既要按实体法办事，又要按程序法办事，程序法是审判工作的操作规程，是正确实施实体法的保证。""只有严格依照法定程序办案，才能保证办案质量，而不按程序办案，就可能出现错案。"〔1〕可见，绝对工具主义程序理论将程序视为实现实体法的工具，认为遵守程序的唯一条件是它能够"保证办案质量"。但是，怎样才算"保证办案质量"了呢？这种观念认为最好的裁判结果是使一切犯罪人均不逃脱法网，简言之即"有罪必罚"。

与西方两大法系国家不同，中国的法院负有惩罚和控制犯罪的政治任务，它事实上不能充当客观、公正的裁判机构，担当起维护法治的任务，而只是维护社会秩序和安定的机器之一。因为在绝对工具主义和有罪必罚的价值观念统治下，法院、法官、审判程序乃至法律本身都具有较强的工具性，它们只有在相对于某一外

〔1〕 张必佑等：《推行公诉人举证的实践和探索》，载《四川审判》1993年第2期。

在目的而言具有实用性时，才具有价值和意义。而这种“外在目的”在中国主要是指国家的安定和社会的良好秩序。正因如此，法院要在审判中主导和控制证据调查程序，就必须对控辩双方的对抗加以限制，使他们的参与只有在对法院查明真相有意义时才得以允许。而且，法院在尚不足以认定被告人有罪的情况下，不是直接作出有罪或无罪的裁判，而是反复将案件退回检察机关补充侦查。也正因为法院处于政治意志的工具这一地位，中国刑事审判程序的“实效模式”才得以出现，那种对有效惩治犯罪具有保障作用的“先定后审”、限制辩护等做法才在司法实务中久行不衰，禁而不止。

与法院审判程序所具有的上述工具性价值相似，法律赋予被告人的各项程序性保障也仅具有工具意义。在中国，法庭审判不是被视为使被告人获得公正听审机会和权利的保障，而是被视为针对被告人的继续追诉活动。法律所确立的对被告人有利的各项程序保障只有在有助于法院查明事实真相时才具有意义。正因如此，在法官主导着事实发现程序的情况下，被告人的积极有效参与往往被视为多余和不必要，甚至被认为是对实现有效惩治犯罪目标的妨碍。

（四）刑事审判模式的弊端

1979年《刑事诉讼法》确立的刑事审判制度，受到了一系列政治、经济、社会、文化因素的影响。特别是1982年前后开始的“严打”运动，对于重新建立的审判制度产生了较大的负面影响。这种带有审问式诉讼特征的审判制度，在司法实践中出现了一些严重问题。我们可以将1979年《刑事诉讼法》确立的审判制度视为一种“书本模式”，而把1981年以后的审判模式称为“实效模式”。这种实效模式背离了1979年《刑事诉讼法》的立法初衷，暴露出一些严重的制度弊端。

首先，在实际审判活动中，法官普遍出现“先定后审”的问题。法官不仅在庭审前进行全面的调查，而且向法院提交了对被告人的刑事责任问题作出实体裁判的意见，这一意见经过审判委员会讨论决定后成为事实上的裁判。这种调查、裁判活动往往是由一名职业法官主持进行的，公诉人、辩护人、被告人及其他当事人均不得参与。这样，法院就在没有经过开庭审判、没有控辩双方实施攻击和防御的情况下，自行对案件作出了终局性裁判。

在司法实践中，检察机关在提起公诉并将全部卷宗移送法院后，法院的审判工作即告开始。法院首先确定某一法官作为承办人，负责审理此案。承办人先对检察官的案卷进行全面阅览和研究，并根据卷宗的内容提审被告人，询问证人、被害人和鉴定人，必要时也可以自行收集新的证据，如自行勘验、检查、鉴定、搜查、扣押等。承办人在调查完毕后认为被告人犯罪事实清楚、据以定罪的证据确实充分的，即直接提出对被告人定罪判刑的初步意见，然后上报庭长、院长审批或提交审判委员会讨论决定。对于审判委员会经讨论所作的决定，承办人必须服从。在很多情况下，法院在法庭审判开始前即已作出了实体裁判。这种被称为“先定后审”的现象在相当大的范围内存在。

“实效模式”的第二个弊端是被告人的辩护职能出现严重的萎缩，被告人对刑事审判程序的控制程度极低。在绝大多数情况下，被告人在审判前程序中已向检察官或司法警察作出了有罪供述，法官在庭审中将审问被告人作为法庭调查的中心环节，并将促使被告人在庭审中公开供认有罪作为这种“审问”的主要目的。

同时，由于辩护律师介入诉讼的时间过于迟延，被告人即使能够委托或被指定律师辩护，也无法进行充分的防御准备。而在那些没有律师参与辩护的大量刑事案件中，被告人的防御能力就更无法与检察官抗衡了。据统计，在1990年前后我国基层法院开庭审判的刑事案件中有律师参与辩护的仅占20%~30%。1991年全国各级法院审结的重大刑事案件共42.7万件，其中有律师参与辩护的不足17万件，仅占40%。[1]由于得不到律师的有效协助，被告人事实上提不出强有力的辩护主张和论据，这也造成在绝大多数案件中，法官在法庭上所调查的证据几乎全部是检察官提出的不利于被告人的证据。不仅如此，法官对控诉方的证据很少进行直接和言词式的调查，而大量采取书面和间接式的审查。法官很少传唤控方证人出庭作证，而只是宣读侦查人员和检察人员在侦查中已收集的证人证言笔录，而且这种宣读往往是“摘录式”的，被告人既没有机会对不利于己的证人进行质诘或反对询问，也无法对所宣读的证言充分发表意见。这样，被告人事实上就难以对证据的提出和调查程序实施有效的控制和参与。

“实效模式”的第三个问题是控辩双方之间的抗辩几乎完全让位于法官对被告人的追究。在这种模式中，检察官与被告人或辩护人之间的抗辩事实上极其微弱，因为被告人并不拥有足以与检察官相抗衡的对抗能力和参与能力，他几乎不能对裁判制作程序实施任何有效的控制，而检察官又以“法律监督者”自居，而不积极地参与诉讼并证实自己一方的指控主张。相反，法官与被告人或辩护人之间却存在某种程度上的对抗或追究关系。法官由

---

〔1〕 张必佑等:《推行公诉人举证的实践和探索》，载《四川审判》1993年第2期。

于在庭审前对被告人有罪问题已产生了较强的预断，甚至已对此作出了实体裁判，他事实上已不可能再充当客观、中立的裁判者，而是成为积极的追诉者，专注于证明自己预断或裁判结论的正确性。因此控辩双方当事人之间本应存在的横向交涉和对抗关系事实上让位于法官与被告人之间的纵向追究关系。

可以看出，在中国刑事审判程序的“实效模式”中，法院在开庭前已对刑事案件作出了实体裁判，法庭审判在很大程度上已流于形式；被告人由于无法提出有效的辩护主张和论据，而难以对庭审程序实施有效的参与和控制；法庭审判不再包含控辩双方的横向交涉和对抗因素，而完全成为法官与被告人之间的纵向追究关系。

二、1996年的“刑事审判方式改革”

自1990年以来，面对刑事审判制度存在的诸多问题，法学界和司法界纷纷开始讨论“刑事审判方式改革”问题。一些地方法院也开始进行自生自发的审判方式改革试验。为指导各地法院有序展开审判方式改革的试验，最高人民法院曾于1992年发布了一份有关刑事审判第一审程序的改革指导意见。至此，在最高人民法院指导下，一场有着重大影响的刑事审判方式改革试验在许多地方的基层法院开始了。[1]这次改革之所以被称为“试验”，是因为它采取“试点”的方式，只在全国部分省、直辖市、自治区的部分基层法院试行，而没有在更大范围内推广进行。同时，试点法

〔1〕 参见胡康生等主编：《中华人民共和国刑事诉讼法释义》，法律出版社1996年版，第343~351页。

院并不是对所有刑事案件均按照新的审判程序进行审理，而是选择其中相对简单、事实清楚而且定性并不复杂的案件作为试验的对象。

这次刑事审判方式改革试验，引起了法学界、司法界和律师界的广泛关注，并对立法部门的刑事诉讼立法活动产生了巨大影响。这次改革对已在我国实行多年的刑事审判模式提出了挑战，并对我国刑事审判制度的科学化、民主化进行了一次富有意义的探索。它对我们发现一条通往中国最佳刑事审判模式的道路产生了不少有益的启示。

1996年3月，全国人大通过了修订后的《刑事诉讼法》。该项法律全面吸收了"刑事审判方式改革"的成果，确立了一种"抗辩式"或"辩论式"的审判方式。所谓"控辩式"或"辩论式"模式，是我国法学界和司法界对各地新确立的审判方式的一种概括，也是对各地法院所创造的新的审判模式的简称。根据立法部门的解释，这种改革旨在通过"完善庭审方式"，确保被告人"充分行使辩护权"，并且"通过双方对证据的质证"，"更准确地判定被告人是否有罪和罪行轻重，从而正确地适用法律"。同时，这种改革也旨在纠正"先定后审""庭审流于形式"等现象，"更好地加强庭审，发挥控辩双方的作用"。[1]

那么，1996年的"刑事审判方式改革"究竟在哪些方面对我国审判制度作出了改革呢？

（一）合议庭权限的扩大

1979年《刑事诉讼法》将提交审判委员会讨论决定案件的权

〔1〕 参见胡康生等主编：《中华人民共和国刑事诉讼法释义》，法律出版社1996年版，第343~351页。

力赋予了法院院长，后者根据需要，可将那些“重大或者疑难案件”提交审判委员会讨论决定。1996年《刑事诉讼法》则将提交审判委员会讨论的自主权赋予合议庭。合议庭“对于疑难、复杂、重大的案件”，“认为难以作出决定的”，可自行“提请院长决定提交审判委员会”讨论决定。这样，审判委员会讨论和决定案件的程序事实上将由合议庭来启动，院长无权自行决定将哪一个案件提交审判委员会讨论。同时，根据该法规定，合议庭对于一般案件“开庭审理并且评议后”，“应当作出判决”，这就等于将对一般案件的审理权和裁判权同时赋予了合议庭。

（二）庭前实质审查制度的废止

根据1979年《刑事诉讼法》，法院只有在“事实清楚、证据充分”的情况下才能决定开庭审判，这几乎等于法院在确定被告人有罪的前提下才会开庭审判。审判人员一旦作出开庭审判决定，即意味着他所掌握的有罪证据足以达到对被告人定罪、判刑的程度。这样，法庭审判的实质性工作已在开庭前的审查公诉中完成，庭审流于形式、失去自治性似乎是理所当然的结果。

1996年《刑事诉讼法》为改变这种局面，明确要求法院“对于起诉书中有明确的指控犯罪事实并且附有证据目录、证人名单和主要证据复印件或者照片的”，应当决定开庭审判。这就意味着法院不再对公诉案件的实体问题——被告人是否有罪问题——进行审查，而仅保留一种程序上甚至形式上的审查，也就是将开庭审理的条件设定为两个方面：一是起诉书有明确的指控事实，二是起诉书附有相应的证据材料，这些证据材料只包括证据目录、证人名单及主要证据复印件或照片。至于公诉方移交的案卷材料能否证明被告人有罪，则不再属于法院庭前审查的范围。

（三）对交叉询问机制的吸收

根据1979年《刑事诉讼法》，法官在开庭前确定证据调查的范围、方式和顺序，在庭审中自行出示证据，审问被告人，询问证人和被害人，自行宣读书证。控辩双方只是在征得法官允许的前提下发表意见，或者进行讯问或者询问。但是，1996年《刑事诉讼法》对此作出了较大的改变，通过引进交叉询问制度，将法庭调查的证据区分为控方证据和辩方证据，允许双方对本方的证据进行出示、宣读或者说明，对本方传召的证人、被害人、鉴定人进行首先发问。而对于不利于本方的证据，控辩双方都可以在举证方出示、宣读、发问完毕后，发表质证意见，或者向证人、被害人、鉴定人进行反驳性发问。这种由举证方与反对方交互进行的发问或发表意见，还可以根据案件情况进行若干个轮次。

尽管由于证人、鉴定人出庭作证制度在当时并没有得到完整的确立，使针对证人、鉴定人的“交叉询问”经常流于形式，但是，自1996年《刑事诉讼法》实施以来，那种由控辩双方主导证据调查的审判方式得到确立，并成为我国刑事审判程序的基本框架。自那时以来，原来实行的法官自行宣读、自行出示、自行审问、自行发问的做法得到了废止。

（四）法官主导地位的削弱

1996年《刑事诉讼法》大大削弱了法官在审判中的职权主导作用。在开庭之前，法官不再对案件是否构成犯罪的问题进行实质审查，不再进行任何形式的庭前调查核实证据工作，所查阅的案卷材料也受到显著限制，仅限于证人名单、证据目录以及主要证据的复印件或者照片。这就使法官在开庭前产生预断和偏见的可能性大为降低，法官庭前“先定后审”的情况得到控制。而在开庭审理过程中，法庭调查以公诉人宣读起诉书为开始，被告人、被害人相继就起诉书指控的犯罪进行陈述。这种设计实际上赋予被告人、被害人在法庭调查开始之初作出“开头陈述”的机会，有助于各方依次明确提出自己的基本观点和主张，为随后进行的调查和辩论奠定基础。法庭调查依次按照讯问被告人，询问证人、鉴定人，出示物证，宣读书证等顺序进行。在讯问被告人，询问证人和鉴定人时，刑事诉讼法要求首先由证人讯问或询问，然后依次由被告人、被害人、辩护人、诉讼代理人发问，最后再由审判人员讯问或询问。在调查书证、物证时，刑事诉讼法要求由公诉人、辩护人向法庭出示物证，宣读证言笔录、鉴定结论、勘验笔录及其他证据文书，然后审判人员听取公诉人、被害人、辩护人、诉讼代理人的意见。

当然，新的审判程序并没有因此走向对抗式审判模式，因为审判人员在法庭调查过程中仍可以进行补充性的讯问、询问，并且对控辩各方的询问和发问实施一定的控制，以防止与案件无关的发问。不仅如此，审判人员在庭审中如果对证据有疑问，还可以宣布休庭，对证据进行调查核实，即在法庭之外，运用勘验、检查、扣押、鉴定和查询、冻结等各种调查手段，收集新的证据并对各方提交的证据进行审查、核实，以求查明案件事实真相。

三、2012年案卷移送制度的恢复

2012年，我国立法机关作出了修改《刑事诉讼法》的决定，对审判制度作出一些新的改革。根据这部《刑事诉讼法》，检察机关在向法院提起公诉时，应“将案卷材料、证据移送人民法院”。同

时，法院对提起公诉的案件进行审查后，对于“起诉书有明确的指控犯罪事实的”，应当决定开庭审判。根据这一规定，1996年《刑事诉讼法》对检察机关移送的案卷范围作出限制的规定受到废止，检察机关无须再向法院提交“证据目录”、“证人名单”和“主要证据的复印件或者照片”，而需要将全部案卷材料连同起诉书一起移送法院。显然，这标志着庭前案卷移送制度在我国《刑事诉讼法》中得到了全面恢复，并对1996年以来实行的审判方式产生了较大的影响。

当然，2012年《刑事诉讼法》在恢复庭前案卷移送制度的同时，仍然坚持了法院庭前形式审查制度，而没有恢复1979年曾确立的实质审查制度。具体说来，法院启动开庭程序的条件仍然只是“起诉书有明确的指控犯罪事实”这一形式要件，而不是诸如案件“事实清楚、证据充分”之类的实质条件；法官在开庭前不得进行任何形式的庭前证据调查活动，而主要通过阅卷方式进行庭前准备活动。

那么，为什么立法机关最终还是决定重新恢复庭前移送案卷制度呢？

首先，庭前移送案卷制度的恢复，可以保证法官庭前全面阅卷，从而进行全面的审判准备。

在我国刑事诉讼中，负责庭前准备的法官与主持法庭审理的法官一般都是同一个人，而该法官也同时享有对案件事实和法律适用问题的裁判权。假如检察机关不移送全部案卷材料，而只是象征性地提交部分证据的复印件，那么，法官在开庭前就不熟悉双方所掌握的证据情况，对于有罪证据和无罪证据的分布也不了解，对于控辩双方的争议也无法形成全面的认识。这就导致法官在开庭前无法就程序争议问题作出及时的裁决，在开庭后也无法引导双方就存在争议的问题展开有针对性的质证和辩论。例如，不熟悉案卷情况，法官就难以对案件适用普通程序还是简易程序作出合理的选择；不了解公诉方证据的情况，法官也无法就被告方所提出的排除非法证据的申请作出公正的裁决，甚至无法进行必要的庭前准备活动；不了解案卷笔录的情况，法官也无法确定证人、鉴定人、侦查人员出庭作证的名单……又如，在法庭审理过程中，不熟悉案卷笔录的法官只能被动地听从公诉人的举证，任由公诉人主导整个法庭调查活动，法官甚至对被告人、证人、鉴定人进行补充发问的余地都不存在了。

其次，庭前案卷移送制度的恢复，可以有效地保证辩护律师查阅、摘抄、复制案卷材料，充分地进行辩护准备活动。

1996年《刑事诉讼法》对检察机关移送案卷范围的限制，既剥夺了法官庭前全面查阅案卷的机会，也使辩护律师失去了查阅、摘抄、复制案卷笔录的机会。按照我国的司法惯例，辩护律师到法院阅卷一般不存在太多的障碍，但他们到检察机关查阅案卷则通常会遭到检察官的阻挠和限制。既然检察机关庭前移送法院的案卷范围受到了限制，那么，辩护律师在法院能够查阅的案卷也就只限定为“证人名单”、“证据目录”和“主要证据的复印件”了。而在检察官自行确定“主要证据”范围的制度下，辩护律师所能查阅到的将是无关紧要的证据材料，而对那些真正的“主要证据”，辩护律师则通常要到开庭后才能接触。而对这些被检察官以“突然袭击”的方式出示在法庭上的证据材料，辩护律师既无法进行有针对性的防御准备，也无法提出有理有力的质证意见。可以说，1996年所确立的“抗辩式审判方式”，直接带来了辩护律师“阅卷难”的问题，使公诉方的证据无法受到辩护律师的有效质证，法庭上的证据调查完全被架空，法庭也因此失去了鉴别虚假证据的能力。

2012年《刑事诉讼法》对庭前案卷移送制度的恢复，尽管其立法初衷不一定是保障辩护律师的阅卷权，但该制度的实施则在客观上有助于解决辩护律师“阅卷难”的问题。根据这一法律，辩护律师可以在审查起诉环节和开庭前阶段获得两次查阅、摘抄、复制公诉方案卷材料的机会。而检察机关全面移送案卷制度的恢复，则是辩护律师在开庭前能够查阅案卷材料的重要制度保证。通过开庭前的全面阅卷，辩护律师可以对公诉方所掌握的有罪证据进行全面查阅和防御准备，也可以获悉那些有利于被告人的证据材料，甚至可以申请法院调取那些没有被检察机关装入案卷之中的证据材料。

最后，庭前案卷制度的恢复，可以避免“庭后移送案卷制度”的负面效果。

1996年《刑事诉讼法》对检察机关移送案卷范围的限制，所限制的是法官庭前查阅公诉方案卷的机会。但是，这一制度在1998年以后，逐渐导致一种“庭后移送案卷制度”的盛行。这种庭后阅卷往往发生在法官作出判决之前，对于法官认定案件事实肯定会产生实质性的影响。由于法官庭前不了解公诉方的证据情况，公诉方通过简单地宣读证据笔录来主导着法庭调查过程，法官注定无法通过法庭审理来形成对案件事实的认定，因此，法官不得不寄希望于庭审后的全面阅卷，来对公诉方证据进行审查，并对案件事实加以认定。结果，庭审后的阅卷实际成为法官认定案件事实的关键阶段，那种由公诉方所主导的法庭审理反而流于形式。这就使法庭审理的功能无法发挥出来。

2012年《刑事诉讼法》通过恢复庭前移送案卷制度，客观上废止了1998年以来一直实行的庭后移送案卷制度，使法官在开庭前全面查阅案卷材料。相对于庭后移送案卷制度而言，庭前移送案卷制度的恢复，至少可以帮助法官在开庭前了解案件的证据情况，避免法庭审理被公诉方所完全左右，可以对有疑问的证据进行一定的主导性调查，对案件事实的认定保持着控制力。这对于发挥法庭受理的功能，避免庭审流于形式，显然都是有着积极作用的。

四、对中国刑事审判模式的评价

1996年完成的“刑事审判方式改革”，对我国刑事审判制度作出了重大调整。2012年《刑事诉讼法》尽管恢复了案卷移送制度，使1996年的审判方式改革的效果受到削弱，但是，这种所谓“抗辩式”或“辩论式”的审判方式大体上得到了延续，而没有发生实质性的变化。2014年以来我国推行的“审判中心主义改革”以及随后的“庭审实质化改革”，都是在1996年审判方式改革的基础上，对我国刑事审判方式所作的制度调整，而没有改变这种审判方式的整体面目。

相对于1979年《刑事诉讼法》所确立的原有审判方式而言，1996年审判方式改革的推行，有助于增强控辩各方在调查证据、影响裁判进程方面的积极性和主动性，适当削弱法官在法庭调查中的主导作用，使裁判方的中立性及控辩双方的充分、平等和有效参与得到保障。这种改革在很大程度上吸收了我国刑事庭审方式改革的经验，使刑事审判程序朝着科学化和公正化方向向前迈进了一大步。

当然，经历了2012年《刑事诉讼法》的修改，又经历了2014年以来的审判中心主义改革之后，我们回过头来观察1996年的刑事审判方式改革，会对其制度贡献有着更为真切的认识，对其局限性和不足之处也可以有更为深刻的体会。在以下的讨论中，笔者拟从审判程序以及制度保障措施这两个角度来对中国刑事审判模式作出评论。

（一）审判程序的评价

前面已经作过分析，1996年审判方式改革取得的主要成就是废止了庭前实质审查制度，要求法官不再将“事实清楚，证据充分”作为开庭审理的前提条件，禁止法官在开庭前进行庭外调查核实证据工作。这对于减少法官在开庭前形成预断，减少“先定后审”，促使法官将工作重心置于法庭审理过程之中，无疑是有着极为重要的意义的。

与此同时，我国《刑事诉讼法》对交叉询问机制的吸收，严格将证据区分为控方证据与辩方证据，并允许控辩双方主动对本方证据的出示、宣读和发问，允许对方进行反驳性发问，或者提出质证意见。这种交叉询问机制的引入，大大减弱了法官在证据调查方面的主导作用，增强了控辩双方在举证、质证、辩论方面的主动性和积极性，符合刑事审判的基本规律，对于维护审判程序的公正性有着积极的意义。

为避免控辩双方的诉讼抗辩出现混乱，我国《刑事诉讼法》适度保留了法官的职权主导作用，使法官在发现事实真相方面保持适度的积极性。尤其是在2012年以后，随着庭前会议制度的推行，法官在开庭前注重程序争议问题的解决并对控辩双方存在争议的焦点问题作出整理，开庭后重点围绕这些"争议焦点问题"来组织法庭调查和法庭辩论。这对于程序正义和诉讼效率的协调，显然是有着积极意义的。在法庭审理中，法官没有完全交由控辩双方进行证据调查，而是在控辩双方出示、宣读或者发问之后，当庭进行一些补充性的调查工作，如向被告人讯问，向证人、鉴定人发问。当发现法庭审理难以查清一些疑难问题的时候，法官还可以组织庭外调查，在法庭之外调查核实有关证据。可以说，这种对法官职权作用的保留，显然汲取了日本和意大利刑事审判制度改革的经验，避免了对抗式诉讼中那种由于法官过于消极被动所带来的弊端。

当然，1996年审判方式改革本身也存在一些固有的缺陷。尤其是案卷移送制度的存废之争，显示出我国审判方式改革决策者在制度设计上的"进退失据"。2012年《刑事诉讼法》对案卷移送制度的恢复，被公认为我国刑事审判制度改革的重大倒退。本来，1996年审判方式改革的一大亮点就是对检察机关案卷移送制度的废止，这可以最大限度地避免法官通过事先阅卷而产生先入为主的预断，防止法庭审理流于形式。但是，由于制度设计没有考虑配套问题，1998年草率地推行了所谓的"庭审后移送案卷制度"，致使法官在开庭审理结束后全面阅卷，架空了整个法庭审理程序，也使辩护方无法获得阅卷的机会，造成公诉方对整个证据调查程序的垄断和主导。立法者在2012年的立法过程中本应该就事论事地解决这些问题，却采取了一种非理性的立法方式，直接恢复了案卷移送制度，使检察机关在开庭前全面移送案卷，法官在开庭前有机会全面查阅公诉方的证据材料。这显然造成1996年限制公诉方移送案卷之立法努力的“功亏一篑”。可想而知，1979年《刑事诉讼法》所确立的法官庭前阅卷制度，曾经造成普遍性的先定后审制度，而2012年对案卷移送制度的恢复，也必然会带来法官庭前产生预断，法官难以接受辩护方的无罪辩护意见，甚至会出现法官与辩护方发生诉讼观点的冲突问题。

（二）制度保障措施的不足

1996年刑事审判方式改革试图吸收英美对抗式诉讼制度的合理因素。但是，对抗式诉讼是一种更高层次的诉讼制度，它建立在诉讼主体性理论和公平游戏理论的基础之上，其正常运行需要有一系列制度配套措施。在一定程度上，没有这些制度配套措施的保障，对抗式诉讼制度不仅得不到良好的运行，反而会带来一些更为严重的问题。在1996年刑事审判方式改革完成之后，我国司法改革决策部门持续不断地对审判制度作出改革，这本身就说明，在制度保障措施没有建立起来的情况下，对审判方式进行的仓促改革，只能使审判制度的问题变得更加严重。

首先，抗辩式审判程序对于辩护律师的依赖性大大增加了。假如没有辩护律师的参与，或者辩护律师无法提供有效的辩护工作，那么，这种由控辩双方主导的审判程序会陷入困境，甚至会变成检察机关主导下的单方面追诉程序。在1996年刑事审判方式改革之后，我国的刑事辩护制度改革并没有显著的进展，适用强制性指定辩护的案件仍然没有得到显著的增加。可想而知，在大多数案件的被告人无力委托辩护人，而他们又不符合强制性指定辩护适用条件的情况下，抗辩式诉讼制度又怎么能得到良好的运转呢？2014年以后，司法体制改革决策部门才开始提出构建“刑事辩护全覆盖”的制度构想，在一些地方进行改革试点。这一改革假如能落到实处，那么，我国1996年完成的刑事审判方式改革才能有一个基本的制度保证。

其次，抗辩式诉讼制度的正常运转，大大依赖于直接和言词原则的贯彻。没有证人、鉴定人、被害人的出庭作证，所谓的"交叉询问"机制就成为空中楼阁，而不可能得到有效的实施。1996年审判方式改革完成后，由于证人、鉴定人出庭作证制度没有得到建立，大多数案件的法庭审理没有任何证人、鉴定人的参与，这必然导致案卷笔录中心主义的审判方式盛行，辩护方对公诉方证人证言、鉴定意见的质证和反询问，无法得到制度上的保障。直至2014年以后，最高人民法院才提出推行"庭审实质化"的改革计划，确保证人、鉴定人出庭作证问题才成为我国审判制度改革的重要议题。但是，即便未来证人、鉴定人出庭作证得到制度上的保障，在案卷移送制度保持不变的情况下，公诉方制作的证人证言笔录、鉴定意见是否具有证据能力，这仍然是一个有待解决的问题。可想而知，在证人、鉴定人出庭作证的情况下，法官仍然可以将证人证言笔录、书面鉴定意见作为定案的根据，那么，这种证人、鉴定人出庭作证又有什么实质意义呢？

再次，我国一直没有建立预审法官制度，无法将庭前准备职能与庭审职能加以分离，造成同一个法官或合议庭既负责庭前会议，查阅案卷，解决程序争议问题，又负责对案件进行实体上的法庭审理。在2012年《刑事诉讼法》恢复案卷移送制度之后，法官庭前容易形成预断，并造成庭审流于形式的问题，开始引起法学界的重视。要走出这一两难境地，就需要将负责庭前预备的法官与负责庭审的法官进行审判职能上的分离。但迄今为止，这方面的改革仍然没有得到启动。

又次，自1979年以来，在数次审判制度改革完成之后，被告人的诉讼地位都没有得到显著的提高。数部刑事诉讼法仍然保留犯罪嫌疑人“如实回答”的义务，对于保持沉默或者拒不供认“犯罪事实”的被告人，法院仍然将其视为“认罪态度不好”，并作为从重量刑情节。这种对行使辩护权的被告人实施惩罚的制度设计，迫使大量被告人不得不充当事实上的“控方证人”，从而作为非自愿的有罪供述。再加上庭审开始后，公诉人拥有向被告人作首先讯问的权力，这就使被告人处于十分不利的境地，其防御效果和机会会受到消极的影响。

最后，法官对诉讼程序的选择仍然拥有较大的自由裁量权，在未经与控辩双方充分协商的情况下，就可以擅自作出各种诉讼决定，这显然违背抗辩式诉讼制度设计的初衷。在刑事审判中，对于是否展开庭前会议，是否协助辩护方进行调查核实证据，是否传召证人、鉴定人出庭作证，对于是否启动非法证据排除程序，对于是否组织重新鉴定，对于是否延期审理……法官都拥有近乎独断的裁量权，控辩双方的申请对法官没有任何约束力。在法官对几乎所有程序问题都可依据职权随意处置的制度下，所谓的“抗辩式诉讼制度”，又有多大的存在空间呢？

第四节 中国刑事审判模式之展望

一、“参与模式”——刑事审判程序的理想模式

笔者在本书第一章中曾把“与法庭裁判结果具有直接利害关系的当事人参与裁判制作过程”视为审判活动的本质特征。而在

围：三方诉讼主体均应在控诉、辩护和裁判三项诉讼职能区分的框架内进行活动，而不能违背控审分离、法官中立和控辩双方平等对抗等原则。法官固然不应保持消极仲裁者的地位，但也不能在调查证据方面过于热心，以至于抑止了当事人双方的积极性和主动性，并与其公正裁判者的身份产生冲突。法官须时时注意避免担当任何两种相矛盾的诉讼角色，尤其应在调查证据和中立裁判之间保持相对的平衡。同时，随着双方当事人对抗性的激烈化，被告人必须获得律师的有效协助，以与检察官拥有平等的参与能力，否则，那种按照“参与模式”而构建的审判程序将无法正常运作。

“参与模式”是一种建立在控辩双方与法官积极参与裁判制作过程基础上的理想审判模式。从理论上看，这一审判模式能够充分发挥检察官、被告人、辩护人和法官的主体性，因而具有积极的意义。“参与模式”“由于把诉讼当事人的程序主体性提高到一个明确的高度，从而能够充分体现在原有模式中很难找到自己位置的民主主义理念”，它“不是仅仅把当事人的程序主体性作用限定在为了帮助法官作出正确裁断而提供足够的资料这一狭窄的范围内，而是容许当事者在用双方的辩论内容来拘束法官判断的同时，把法官这一个第三者的存在和决定权能纳入自己努力解决自己的问题这样一种主体性相互作用的过程。”[1]具体而言，“参与模式”的意义表现在以下几个方面：

首先，从发现事实真相，实现实体正义的角度来看，“参与模式”有助于发挥法官、检察官、被告人及其辩护人在发现真实方面

---

〔1〕［日］棚濑孝雄：《纠纷的解决与审判制度》，王亚新译，中国政法大学出版社1994年版，第259页。

的积极性和主动性，使事实真相在双方当事人的积极对抗与法官的主动引导中得以及时揭示。日本学者团藤重光认为，“在审判中，无论是事实认定或是适用法律，都不能是主观的、任意的，而必须具有客观性”，“正确的事实认定和法律适用，是通过一切参与审判的人在各自的作用上竭尽全力才能实现的。”这种审判中的客观性“是以法官为首的一切参与诉讼的人充分发挥正确意义上的主体性，并通过相互进行‘友好的——敌对的合作’才能够实现的”。[1]

审问式审判程序在发现真实方面的最大缺陷是过分抑止了检察官和辩护人的主体性。事实上，作为诉讼的对立双方，检察官和被告人都有某种为获得胜诉而争斗的主观愿望，这种愿望实际反映了双方通过实施诉讼行为而维护自己实体利益目标的动机。我国台湾地区学者黄东熊认为：“关于证据之收集，应给予当事人有最大之机会与自由，始能搜集最为充足的证据”，“关于证据之调查，应给予当事人有对原证人、鉴定人之证言、鉴定行反对询问之机会，始能辨别其证言、鉴定可靠与否”，“此乃基于对诉讼结果具有切身利害关系者为当事人，故将证据之搜集与调查，委诸于当事人时，其效率最高，最能达到发现真实之目的之原理”。[2]在法庭审判中赋予控辩双方在调查证据方面充分的参与机会，对于查明事实真相而言，效率最高，效果最好。这主要表现在以下两个方面：(1)控辩双方主导法庭调查程序，可以使有利和不利于被告人两方面的证据全面地提出到法庭上来，避免那种由法官主导

〔1〕［日］团藤重光：《刑事诉讼中的主体性理论》，载［日］《法学家》1988年第1号。

〔2〕黄东熊：《刑事诉讼法论》，三民书局1991年版，第376页。

很大程度上有助于维护控辩双方地位的平等性。因为法官在审判中过于积极主动固然有可能失去中立性和公正性，但他如果过分消极而放任双方当事人自行攻击和防御，也不利于维护双方的平等性而使审判失去公正性。因此，法官只有在不失中立性的前提下积极地参与，及时地协助弱者实施对抗活动，才能真正维护庭审的公正性。

二、“参与模式”在中国的实现

“参与模式”作为一种理想的刑事审判模式，要求控辩双方与法官都能积极、充分地参与裁判的制作过程，任何一方的主体性都不受到不合理的抑制。这种“参与模式”的内在精神在于充分尊重和保障司法审判中各个诉讼主体的人格尊严和自由意志，使各方的主体性得到最大发挥。对于中国刑事审判程序的改革而言，这一模式实际上意味着对法官、检察官、被告人等诉讼主体的地位加以全面的调整：法官须从积极主动的调查者身份中解脱出来，而承担相对消极的角色：他的职责是维护控辩双方权利的对等性，确保双方参与的充分有效性，并在必要时作补充性的调查。同时，辩护律师必须在收集有利于被告人的证据和事实方面承担更大的责任，并且有能力在法庭上进行有效的交叉询问。检察官也不再是可有可无的消极“监督者”，而应担当起积极追诉者的角色，在提出证据证明指控的内容方面承担主要责任，并且与辩护律师在法庭上展开激烈的对抗。这对于中国法官、检察官、辩护律师而言都将是一种全新的体验。

1996年完成的刑事审判方式改革，使我国刑事审判制度中的

"超职权主义"色彩有所减弱，对抗式诉讼制度的若干合理因素得到一定程度的吸收。可以说，法官在证据调查方面的主导性和垄断性受到很大的削弱，控辩双方对证据调查的控制力有所增强。这显然体现了"参与模式"的基本要求。2012年《刑事诉讼法》恢复了案卷移送制度，法官在开庭前重新获得查阅公诉方案卷材料的机会，从而在证据调查方面的控制力又有所增强。但是，该法同时也完善了证据规则，强化了证人、鉴定人出庭作证规则，改革了刑事辩护制度，使辩护律师的会见权、阅卷权和庭审质证权得到适度的强化。这在一定程度上加强了被告人及其辩护人的参与能力。2014年以来的司法体制改革，将建立"以审判为中心的诉讼制度"作为一项重要的改革目标，推进"庭审实质化"，并为此对刑事审判制度作出了全方位的改革。例如，法院逐步贯彻证据裁判原则，强调将法院定罪标准列为刑事诉讼中的最高标准，并要求侦查和起诉服从于这一最高标准；法院贯彻实施直接和言词原则，推动证人、鉴定人出庭作证，弱化庭前证人证言笔录的证据效力；法院实施非法证据排除规则，将侦查行为的合法性纳入法庭审查的对象，又将侦查人员通过非法手段获取的证据直接排除于法庭之外。这些旨在推进"庭审实质化"的改革努力，有助于克服法庭审理流于形式的固有弊端，发挥法庭审理的积极作用，使被告人及其辩护人在法庭调查和法庭辩论中的作用可以得到更加充分的发挥。

但是，"参与模式"的正常运转，要求控辩各方拥有较高的参与能力和较强的参与意识，也要求各方的充分参与具有适当的制度和程序环境。然而在我国刑事诉讼中，受一系列制度因素的制约，控、辩、裁三方的充分参与和有效参与都面临着一系列的制度而如果这种庭审形式化的问题不得到解决，那么，无论是审判方式改革，还是司法体制改革，都没有任何实质性的意义。所谓的“参与模式”，注定将是空中楼阁。推动法庭审理的“实质化”，确实应该成为我国刑事审判制度改革的前置性改革方案，其重要性要远远大于审判方式改革。

第六章　刑事审判程序之模式（Ⅱ）

——简易程序模式

托寓画：《威尼斯人抉择于正义与和平之间》（venezia in trono onorata dalla giustizia e la pace），意大利画家 Paolo Veronese (1528–1588）创作于 1575–1578 年。作品绘画在意大利威尼斯公爵府（总督府）“十人会议”厅内的天花板上。“十人会议”厅曾经承担了威尼斯共和国最高法院的功能，“十人会议”厅前面的“罗盘厅”以前曾经是宗教裁判所。

↑

第一节　简易审判程序的两个基本模式

在本书第五章中，笔者重点就普通刑事审判程序的模式进行了系统的研究。简易程序与普通程序的情况不同，它实际上是一种通过对普通刑事审判程序的一些环节、步骤加以不同程度的简化，从而使刑事案件得到快速处理的特别审判程序。从理论上讲，设立简易程序的主要目的在于对正义与效益这两大程序价值目标加以适当的协调，以避免或减缓两者的冲突和矛盾。普通审判程序要符合最低限度程序公正标准，就必须给予被告人、被害人及其他程序参与者以尽可能全面的权利保障，同时也要对法官的权力给予适当的限制和约束。在这种情况下，普通程序的烦琐和复杂几乎是不可避免的。但是，无论是哪一个国家，如果将每一个刑事案件都按照完整、正式的普通程序模式加以审判，都可能使刑事司法制度不堪重负。这一方面是因为国家对刑事审判活动的司法资源投入都是相当有限的，而所要审理的刑事案件数量却呈现居高不下甚至持续上升的趋势，对部分案件采用简便、快捷的方式加以审理是迫不得已而为之的；另一方面，刑事审判活

intelligent)，以及"是否具备事实上的基础"(factual basis)，法官如果认为被告人的有罪答辩违反宪法和法律，可以拒绝对此承认。即使答辩符合法律，法官也可以确定应否接受答辩。从理论上看，法官只对判决负责，而无须遵守检察官与被告人达成的协议。但实际上法官的这种审查往往流于形式。在绝大多数场合下，法官对控辩双方所达成的协议都会予以确认和采纳，并以此作为判决的根据。另外，法律一般严格禁止法官参与任何形式的辩诉交易。

辩诉交易程序的最大特点是检察官与辩护律师可控制裁判制作程序及裁判结果。检察官在这种程序中拥有相当大的自由裁量权。检察官参与交易的主要动机在于促使被告人作出有罪答辩，以避开冗长繁杂的陪审团审判，使案件得到迅速处理，同时也可确保被告人受到定罪，避免自己在正式庭审中败诉。为了吸引被告人答辩有罪，检察官可对控罪和量刑建议进行相当灵活的处理。他可以减轻所控罪行的严重程度，减少所控罪行的数量，可以较轻控罪代替较重的控罪，也可以接受被告方提出的量刑要求。检察官尽管没有量刑权，但法官对他的量刑建议一般都会接受。被告人在这种程序中事实上拥有自行处分自己实体权益的权利，因为答辩有罪往往意味着放弃得到陪审团审判的权利，这实际就等于放弃了获得无罪判决的机会。

在英美，人们目前正在广泛地讨论辩诉交易程序的合宪性、合法性和正当性问题，支持者和反对者的力量都很强大。不过从客观效果上看，辩诉交易的采用使大量刑事案件不经正式法庭审判而获得迅速的处理，这可以弥补正式陪审团审判因过于烦琐、拖延而带来的不足，有效地解决日益严重的刑事案件积压和司法拖延的问题。美国联邦最高法院在1971年Santobell v.New York案的判决中指出：如果每一项刑事指控均要经受完整的司法审判，那么州政府和联邦政府需要将其法官的数量和法院设施增加不知多少倍。前联邦最高法院首席大法官沃伦·伯格（Warren Earl Burger）也认为，即使将适用辩诉交易的案件比例从目前的90%降低到80%，用于正式审判所需要的人力、物力等司法资源投入也要增加一倍，这既包括对法官、书记官、法警、陪审员数量的要求，也包括对法庭审判设施的要求。因此，辩诉交易已是确保美国刑事司法制度得以正常运转的基本保障，没有它，“整个美国刑事司法制度就会面临崩溃的危险”。[1]

二、处刑命令程序

处刑命令程序（penal order）是大陆法系国家在一些简单、轻微案件中所适用的简易审判程序。在这种程序中，法院或法官只对检察官提出的书面申请和案件进行审查即可对被告人处以罚金等轻微刑罚，而不再进行正式的法庭审判程序。目前，这种简易程序被德国、法国、日本、意大利等传统大陆法系国家所采纳。

与英美辩诉交易程序不同，大陆国家的法律对适用处刑命令程序的案件在范围上作出了明确的限制。在德国，这一程序只能适用于可对被告人判处罚金、没收驾驶执照等刑罚的轻微案件之中。在日本，这一程序又称为“略式手续”，它由专门的简易法院在那些只能对被告人处以5000日元以下的罚金、罚款及缓刑、没

〔1〕 参见陈瑞华：《美国辩诉交易程序与意大利刑事特别程序之比较》，载《政法论坛》1995年第3~4期。

收等附加处分的简单案件中适用。在意大利,这一程序也主要在那些可对被告人处以罚金的轻微案件中适用。笔者下面以德国法律的有关规定为例,对处刑命令程序加以分析。

处刑命令程序以检察官向法官提出适用处刑命令的申请为开始。申请书中必须详细载明案件的情况以及所要求的特定刑罚种类及罚金数额。法官只对检察官的书面申请及其案卷材料进行审查,并据此决定是否发布一项处刑命令。法官如果决定发布处刑命令,只能按照检察官申请书中所要求的那样适用刑罚。法官如果拒绝发布处刑命令,必须将案件移交法庭举行正式审判。但在实践中法官极少这样做。

法官按照检察官的申请发布了处刑命令后,被告人既可以接受这一命令,也可以拒绝接受。在前一种情况下,处刑命令就与法院正式判决一样产生了法律效力。如果被告人拒绝接受处刑命令,案件仍应被移送法庭进行正式审判。但在审判过程中,法庭可以对被告人判处比原处刑命令更严厉的刑罚。如果被告人起初拒绝接受处刑命令后来却认定自己不可能在正式审判中得到更多的利益,他可以重新提出接受处刑命令的要求。检察官一般应当同意被告人的这一要求。在德国,处刑命令程序是一种迅速而简便的审判程序,它一般可用来处理50%的刑事案件,这些案件大多涉及轻微的盗窃、诈骗、贪污以及违反交通法规的行为。处刑命令实际上为被告人广泛接受和承认,因为在法官发布处刑命令后,只有约20%的被告人拒绝接受,而随后又有约25%的这种拒绝被被告人撤销了。

其他国家的处刑命令程序与德国大致相同,但也有一些独特之处。例如,日本检察官不能自行向法院提出发布处刑命令的请求，而必须在向被告人告知这一请求的细节并取得被告人同意之后，才能提出。在意大利，法官发布处刑命令之后应告知被告人有权要求将案件移送法院举行正式审判，被告人在被告知后的15日内可提出这种要求。值得注意的是，意大利法官一旦对检察官提出的适用处刑命令的申请予以认可，即可对被告人减少50%的法定罚金数额，以鼓励被告人接受处刑命令。

三、辩诉交易与处刑命令之比较

目前在两大法系国家的立法及司法实务中还有其他一些简便快捷的简易程序，但辩诉交易与处刑命令程序影响最大，它们实际上分别构成了两大法系国家不同的简易审判程序模式。

辩诉交易程序基本上完全在检察官和辩护律师的控制下进行运作，最终的裁判结局一般也通过双方的协商而产生。这一被认为“在对抗式审判阴影中存在”的简易程序，尽管是为提高诉讼活动的经济效益而不得已采取的，但它仍然与对抗式审判所赖以存在的基础理念有关，并沿袭了对抗式审判的一些本质特征。如果说对抗制意味着控辩双方为获得胜诉而进行的争斗的话，那么辩诉交易实际上是双方为避免两败俱伤的争斗结果而采取的一种妥协或“合作”。这种妥协或合作的目的在于避开审判所具有的“要么全有，要么全无”的非合意性缺陷，使双方都能够在一定程度上“胜诉”，而不是全部“败诉”。但无论是争斗，还是合作，检察官、被告人、辩护律师都是为了获得有利的结局而参与，他们主导和控制了程序的运作、发展甚至案件的结案方式，法官在其中都处于消极仲裁者的地位，一般很少介入或参与双方争斗或交易的全过程。

与对抗式审判一样，辩诉交易程序也建立在一种高度尊重控辩双方的主体性和参与权的程序正义观念基础上，使被告人自行主宰自己的命运，自行处分自己的诉讼权利和实体权益，自行选择自己认为有利的诉讼结局。在这种程序中，实现实体正义不是诉讼主体所追求的唯一目标。例如，法官对双方交易协议的接受一般不是建立在查明事实真相的基础上，而只要能够确定被告人的答辩是“自愿和理智”地作出的，法官一般即予以承认。法官不去对被告人是否有罪作出独立、客观地探究，不去详查被告人的罪名是否符合事实，也不去查明检察官所建议的刑事处罚是否与被告人的罪行相适应，他甚至不去努力使同等情况下的被告人受到大体相同的定罪和判刑。

大陆法系国家的处刑命令程序作为对审问式审判的补充，基本上突破了传统审问式审判模式的特征。这一程序吸收了英美有罪答辩制度的精神，给予被告人自行处分自己实体利益和诉讼权利的自由。对于被告人而言，同意和接受法官所作的处刑命令，实际上意味着放弃获得正式法庭审判的权利，也意味着放弃获得无罪判决的机会。因为处刑命令一旦为被告人所接受，即相当于对被告人作出的有罪裁判，被告人必将面临受到定罪和判刑的结果。同时，大陆法系国家也给予选择处刑命令程序和结果的被告人一定的优惠和刺激：法官将按照检察官所建议的那样对被告人作出刑事处罚，而不再详究被告人所犯的可能更为严重的罪行。意大利法律甚至允许法官对接受处刑命令的被告人给予50%幅度的减刑。

但是，处刑命令程序毕竟只是在极为轻微的刑事案件中适用，被告人即使接受了不公正的处刑命令，也顶多会承受罚金等轻微处理，这不会对他的实体权益造成过大的侵害。与辩诉交易程序不同，处刑命令不仅只在轻微案件中适用，而且检察官与被告人也不得进行任何形式的交易或协商。检察官无权为吸引被告人接受处刑命令，而故意降低控罪严重程度、减少控罪或故意降低刑罚幅度（即使可以降低，也必须遵守法律的明确规定）。在处刑命令程序中，检察官的自由裁量权受到了很大限制，因为法官形式上仍要进行书面审判，他要阅卷和审查证据。一些国家还要求法官在必要时传唤证人到场。这样，法官事实上仍可对处刑命令程序给予相当大的控制。

第二节　意大利的混合式简易程序模式

在意大利1930年颁布的《意大利刑事诉讼法》中，除了一些轻微案件适用处刑命令程序加以迅速处理以外，普通刑事案件均按照统一的审问式程序加以审判，因而简易审判程序并不重要。但是在1988年的刑事司法改革中，意大利除了通过移植对抗式程序建立了一种新的混合式普通审判程序模式以外，还通过采纳英美辩诉交易程序，构建了两种极为重要的简易审判程序：一是“基于当事人请求而适用刑罚的程序”（意：applicazione della pena su richiesta della parti）；二是简易审判程序（意：giudizio abbreviato）。这两种特殊程序是通过向传统审问式程序中注入对抗式审判程序或辩诉交易程序的因素而形成的，它们代表了意大利极富特色的混合式简易程序模式。与大陆法系国家传统的简易程序模式不同，这两种程序不仅可以在轻微案件中适用，而且可用于对几乎所有刑事案件的审判。[1]不仅如此，这两种特殊程序还突破了那种仅以罪行轻重程度作为划分普通程序和简易程序标准的传统做法，第一次将控辩双方的主动选择以及双方协商的结果作为适用速决程序的前提条件。只要当事人双方自愿达成了协议，那么几乎任何一种刑事案件均可以按照简易的方式加以解决。

一、基于当事人请求而适用刑罚的程序

这种程序又被一些意大利学者称为“辩诉交易程序”。这种程序是在检察官已掌握充分的有罪证据、当事人双方就被告人有罪这一结论不存在争议的前提下进行的。双方只是就被告人实际所应受到的刑罚达成协议，法官所要审查的只是双方协议的内容和过程是否合法和适当，而不再举行任何形式的审判。

根据新法典的规定，适用辩诉交易的案件主要包括两类：(1)对被告人适用罚金的案件。(2)根据案件的减刑情节，控辩双方的协商情况，以及对被告人所判处的法定刑罚可降低三分之一幅度等因素，被告人实际所受刑罚最终不超过两年监禁的案件。这样，选择辩诉交易的被告人可获得减刑三分之一的“优惠”。

当事人双方在审判前的任何时间里均可以就被告人量刑问题进行协商和交易，并向法官提出协议的内容。被告人甚至可以越过检察官而单独向预审法官提出对其直接适用刑罚的请求。新法典要求预审法官对当事人双方或被告人单独提出的请求进行

〔1〕 William T.Pizzi&Luca Marafioti, “The New Italian Code of Criminal Procedure: The Difficulties of Building an Adversarial Trial System on a Civil Law foundation”, 17 *Yale Journal of International Law*, 5(1992).

全面的审查。法官根据控方的卷宗材料及当事人双方的陈述，确定被告人的有罪答辩是否出于自愿以及双方协商而定的刑罚是否适当。法官还要确保被告人的罪名与其犯罪事实相符合。法官一旦接受了双方达成的协议，即应以此协议内容为根据作出有罪裁判，并立即宣布。在检察官拒绝对被告人适用辩诉交易的情况下，法官可要求他陈述理由。法官如果认为这种拒绝是不合理的，可以直接对被告人作出适用刑罚的判决。对这种判决，检察官有权提出上诉。[1]

意大利的这种“基于当事人请求而适用刑罚的程序”与英美辩诉交易程序具有许多相似之处。例如，适用这一种程序的前提是被告人自愿作出了“有罪答辩”；作为回报和鼓励，被告人可获得幅度较大的减刑机会；当事人双方在审判前就被告人所受刑罚进行协商、交易，法官的判决一般也直接以双方协议的内容作为基础；等等。这表明，意大利在大陆法系国家中开创了吸收英美辩诉交易的先河。

但是，意大利新刑诉法典对辩诉交易的适用也进行了一些限制，这些限制显示了立法者对传统审问式程序若干特征的保留：（1）新法典禁止检察官与辩护律师将被告人所犯罪行的性质问题作为交易和协商的对象。如果检察官对被告人所指控的罪名与案件事实是相符合的，那么他就不能为了降低被告人的刑罚幅度而将其改变为较轻的罪名。（2）新法典将辩诉交易程序的适用范围严格限制在轻微案件中，同时对被告人可获得的减刑幅度作了明确规定，这使当事人双方的交易和协商只能在较小范围内进行。

〔1〕 Lawrence J.Fassler, “The Italian Penal Procedure Code: An Adversarial System of Criminal Procedure in Continental Europe”, 29 *Colum J.Transnant’LL.*245(1991).

（3）法官以检察官的卷宗材料为根据，对当事人双方协商和交易的情况进行审查和监督，从而对确保定罪判刑的正确性和适当性负有责任。（4）即使检察官不同意举行辩诉交易程序，法官也可以直接接受被告方提出的适用刑罚要求。这种情况实际上已变成法官越过检察官而直接与被告人达成协议。法官对当事人双方的自由处分权实施着相当大的限制。

二、简易审判程序

这一程序是指法官不举行公开、言词的正式审判，而仅通过审查检察官呈送的卷宗材料即对被告人作出迅速判决的特别程序。新法典规定，举行简易审判一般要由被告人或其辩护律师直接向预审法官提出要求，但须取得检察官的同意。在预审过程中，被告人和检察官也可以联合向法官提出这种要求。法官一旦接受了举行简易审判的要求，即以检察官卷宗中所载的证据为依据进行全面的书面审查，而不再将诉讼各方全部召集在法庭上进行公开的对抗式审判。这样，法官的判决就几乎完全建立在卷宗的基础上。法官通过书面审理，如果判决被告人有罪，即将根据被告人的罪行所确定的刑罚减少三分之一的幅度。在意大利，简易审判程序的适用范围要比辩诉交易广泛得多，它目前可适用于除那些可对被告人判处终身监禁刑的最严重案件以外的任何案件之中。

与英美辩诉交易一样，意大利的简易审判程序为检察官和被告方提供了一个从事协商的机会。对于被告人而言，选择了简易审判程序意味着他放弃了获得正式法庭审判的机会，在很多情况下也等于选择了一种“有罪答辩”。在简易审判过程中，法官通常只以检察官卷宗为根据进行书面审查，证人、鉴定人等均不出庭作证，法官一般会得出与检察官相去不远的结论——被告人有罪。但选择了简易审判的被告人也会获得相应的利益：（1）可获得自动减刑三分之一的优惠；（2）可避免由正式审判所带来的羁押和干扰；（3）可避免使自己的罪行暴露于大庭广众之下；（4）可节省大量的律师费用及诉讼费用。不仅如此，举行简易审判，还必须取得检察官的同意。检察官事实上对这一程序的举行拥有“否决权”。

但与英美辩诉交易不同的是，检察官在简易审判程序中的自由裁量权受到很大限制：首先，即使检察官和被告人均同意举行简易审判，预审法官仍有权拒绝采纳这一程序；其次，在简易审判过程中，被告人是否有罪问题（至少在形式上）仍须由法官通过书面审查作出判决。这样，简易审判的举行和案件的结局事实上均要由法官——而不是检察官作出最终决定。

意大利新法典对上述两种简易程序的确立，在很大程度上是为彻底解决其诉讼拖延问题所作的努力和尝试。“二战”以后，意大利国内出现了日趋高涨的刑事司法改革运动。从20世纪50年代开始，意大利国会和宪法法院对旧法典进行了无数次小的修改，这些修改措施加强了被告人的人权保障，提高了被告人在审判前程序中的诉讼地位，也使司法机关的权力受到了更大的约束和限制。这种积极的变革也带来了一种消极后果：意大利传统上十分简便快捷的诉讼程序逐渐变得更为复杂和烦琐，案件结案的周期也逐渐延长；但旧法典所确立的那种单一的程序运转方式使大部分刑事案件均要经过同一种程序模式才能结案。这样，意大利逐渐出现了严重的案件积压和诉讼拖延问题。有资料表明，在20世纪70年代，对一件普通刑事案件的审判可拖延至10年甚至更长的

会在其决议中对各国立法部门提出了以下建议:“对简单的案件,可以采取,也应当采取简易程序;但是应确保被告人享有获知被控内容和有罪证据的权利,享有获得法庭审判的权利,包括提供证据的权利和延聘律师为其辩护的权利。”尽管简易审判的顺利进行要取决于被告人的自愿选择,但被告人只有在获得律师有效协助、了解控方主张和证据的情况下,才有可能作出明智的决定。同时,法官也要保持其对审判过程的适当控制,并对控辩双方的协议或选择进行审查,以防止其滥用自由裁量权。

四、简易审判程序的适用标准走向多元化

传统上,大陆法系国家以案件可适用刑罚的轻重程度作为划分普通程序与简易程序的标准,使简易程序仅在较轻微案件中适用。意大利新刑事诉讼法典突破了仅以罪行轻重程度作为划分适用普通程序和简易程序标准的传统方法,使案件可根据控辩双方的选择及双方协商的结果作为是否适用简易程序的前提条件。这意味着一些较重大的案件也可以通过简易审判的方式得到解决。这代表了大陆法系国家简易程序的立法发展趋势。

五、在简易程序中引入控辩协商的因素

在适用刑事简易程序方面,英美法与大陆法一直存在一条难以逾越的理念鸿沟。英美法尊重控辩双方的诉讼处分权,在被告人自愿认罪的情况下,不再举行正式的法庭审理程序,而直接进入量刑听证程序。大陆法则遵循实体真实原则,强调即使在被告人认罪的情况下,法院仍然要举行直接和言词的审理程序,唯有

在案件事实认定上达到“内心确信无疑”的程度，才能对被告人定罪量刑。不仅如此，英美法高度尊重检察官在起诉方面的自由裁量权，允许检察官在案件没有达到法定证明标准的情况下，可以与辩护方进行辩诉交易，或者通过减少指控罪数、降低指控罪名或者大幅度降低量刑幅度等方式，来换取被告人的有罪答辩。而大陆法则既不能降低证明标准，也很难在罪数、罪名和量刑幅度等方面作出如此大的妥协或让步。

尽管如此，大陆法国家在构建简易程序方面还是借鉴了英美的法制经验，程度不同地引入了控辩协商的因素。在《意大利刑事诉讼法》所确立的数种简易程序中，检察官都可以通过降低刑罚幅度来吸引被告人进行认罪并选择简易程序。当然，大陆法国家的法官对于控辩双方达成的量刑协议，并不是无所作为的，而可以通过阅卷来审查指控是否存在基本的事实基础，对量刑协议的合法性和适当性进行实质性的审查，必要时可以拒绝接受控辩双方达成的这种量刑协议。不仅如此，意大利的法制经验还表明，大陆法国家的法官并不甘心只是充当消极的裁判者，而可以与被告人直接进行协商，为吸引被告人选择当庭认罪，法官可以直接为被告人提供量刑上的优惠，或者承诺尽量降低刑罚幅度。

第四节　我国刑事简易程序的确立与演进

一、1996年《刑事诉讼法》对简易程序的确立

1996年《刑事诉讼法》在推动普通程序走向“抗辩式诉讼”的同时，还首次引入了刑事简易程序。这种简易程序大体可在两种案件中适用：一是轻微的刑事公诉案件；二是部分自诉案件，包括

告诉才处理的案件和被害人起诉的有证据证明的轻微刑事案件。

根据该项法律，简易程序的适用条件主要有四项：(1)被告人可能被判处3年以下有期徒刑、拘役、管制或单处罚金；(2)案件事实清楚、证据充分；(3)人民检察院建议或者同意适用；(4)适用于基层人民法院审理的第一审刑事案件。同时，公诉案件简易程序在运作方式上与普通审判程序有所不同，具有明显的简易性。这主要表现在以下方面：

一是审判组织的简化。简易审判由审判员一人独任主持进行，而不再由合议庭负责进行。

二是出庭公诉的简化。适用简易程序审理公诉案件时，人民检察院可以不派员出席法庭；被告人可以就起诉书指控的犯罪进行陈述和辩护。这一规定开启了检察机关在简易程序中不出庭支持公诉的先河。

三是审判过程的简化。适用简易程序审理案件，不受普通审判程序中有关讯问被告人，询问证人、鉴定人，出示证据以及法庭辩论程序的限制。但在公诉人出庭的情况下，被告人及其辩护人可以同公诉人互相辩论。被告人在判决宣告前有权作最后陈述。

四是审理期限的缩短。适用简易程序审理案件，人民法院应当在受理后20日以内审结，而不再经过审理普通案件所需的一个月甚至更长的时间。

1996年《刑事诉讼法》对简易审判程序的确立，旨在确保诉讼效益的提高，保证司法资源的合理配置，使大量事实清楚、情节简单的轻微刑事案件得到迅速的处理，防止司法资源的不合理浪费和不当的司法拖延。同时，确立简易程序也势必会对普通审判程序的改革提供现实可行的保障，使国家司法机关集中人力、物力和财力审理那些重大、复杂的刑事案件，也使被告人、被害人的诉讼权利在普通程序中得到更加充分、有效的保障。但由于种种原因，这种简易程序在制度安排上过于仓促，也存在明显的局限性和不足之处。这主要表现在以下几个方面：

首先，简易程序的设计没能赋予被告人自主、自愿地选择和放弃的权利。对刑事案件适用简易审判程序往往会导致被告人一系列的诉讼权利受到限制乃至剥夺，被告人失去了充分有效地参与裁判制作过程的机会，以至于因此失去获得法院作出无罪裁判的权利。只有把适用简易程序的主动权赋予被告人，使他在自主、自愿的情况下自行选择这一程序，才能确保他的自由意志和道德主体地位得到保障和维护，从而使他受到公正的对待。英美的辩诉交易程序和大陆法系国家的处刑命令程序在适用上都要以被告人自愿选择为前提，即循此原理。1996年《刑事诉讼法》将适用简易程序的主动权赋予人民法院，并要求这一程序的适用以人民检察院建议或同意适用为前提，而不论被告人是否同意或自行主动选择适用简易程序。这虽使法院和检察院在适用简易程序方面拥有较大的自由裁量权，却使被告人事实上处于一种消极等待国家机关处理、被动承受国家专门机关定罪或科刑的客体地位，而不拥有任何自主选择的权利和机会。不仅如此，人民法院在审理过程中如果发现不宜适用简易程序的，还可自行决定放弃适用简易程序，按照普通审判程序重新审理。而被告人在审判过程中如果认为简易程序的适用会使他受到不公正的待遇，或者认为法院依简易程序所作的裁判有失公正，却没有自行要求适用普通程序的机会。这样，简易程序在选择和放弃适用方面均不受被告人自主意志的约束。

其次，刑事简易程序的正常运转对辩护律师的依赖性大大增强了。没有辩护律师的参与、指导和帮助，被告人在简易审判中将处于十分不利的境地。而根据1996年《刑事诉讼法》，强制性指定辩护只适用于少数被告人，那些适用简易程序的轻微案件根本不适用强制性的指定辩护。结果，在法院适用简易程序进行审理的案件中，被告人一旦因为贫穷或其他原因无力聘请辩护律师，就只能进行自行辩护。这显然难以保障被告人在选择简易程序方面的自愿性，更无法维护被告人的基本诉讼权利。

最后，检察机关在简易审判中可以不派员出席法庭的规定，无异于使主持简易审判的法官同时承担两种相互矛盾的诉讼职能——刑事追诉和司法裁判，这严重违背控审分离和法官中立原则，不符合最基本的程序公正要求。

2003年，最高人民法院、最高人民检察院和司法部联合发布了《关于适用简易程序审理公诉案件的若干意见》，对简易程序适用中的一些程序问题作出了新的规定。根据这种规定，简易程序的启动方式有两种：一是检察机关在提起公诉时建议法院适用；二是法院对符合法定条件的案件主动适用。但在这两种情形下，法院都需要征得被告人、辩护人的同意。可以说，公诉人与被告人、辩护人均同意适用简易程序，是法院启动刑事简易程序的前提条件。而法院对案件应否适用简易程序的审查，也是简易程序适用上的必经程序。在简易审判过程中，被告人一旦自愿认罪，并对起诉书指控的犯罪事实没有提出异议的，法院可以直接作出有罪判决。这显示出被告人的自愿认罪事实上具有决定案件裁判结局的效果。不仅如此，“简易程序适用意见”还明确规定了“从轻量刑”的原则，要求法院对自愿认罪的被告人，“酌情予以从轻处罚”。这意味着那些同意适用简易程序并自愿认罪的被告人，可以获得法院从轻量刑的“回报”，自愿认罪事实上成为法院从轻量刑的“酌定从轻情节”。

二、“普通程序简便审”的出现

1996年《刑事诉讼法》实施后不久，一些地方法院就面临着越来越严重的案件积压问题。这一方面是因为该部法律对简易程序的适用范围作出了过于严格的限制，使这一程序在提高诉讼效率方面发挥的作用并不明显；另一方面也是因为该法所确立的“抗辩式诉讼制度”确实存在耗时费力的问题，在普通程序中影响了诉讼效率的提高。于是，一种通过对普通程序加以简化来提高诉讼效率的做法在实践中大行其道。对于那些被告人自愿认罪的案件，即便可以适用普通程序，法院也可以按照一种相对简化的程序模式进行审理，并将这种简化后的程序称为“普通程序简便审”。

2003年，最高人民法院、最高人民检察院、司法部在总结部分法院“普通程序简便审”改革经验的基础上，还发布了《关于适用普通程序审理“被告人认罪案件”的若干意见（试行）》。这一司法解释在总结各地法院试行“普通程序简便审”之改革经验的基础上，对那些被告人可能被判处无期徒刑以下刑罚的案件，确立了一种相对简易的“普通程序”。

与简易程序一样，“认罪案件的普通程序”也有检察机关建议适用和法院主动适用两种启动方式。但作为这一程序适用的前提，被告人必须自愿认罪，检察机关、被告人、辩护人也必须都同

庭辩论规则的限制。但是，控辩双方可以进行辩论，法官在判决宣告前应当听取被告人的最后陈述意见。

四、“认罪认罚从宽”特别程序的确立

2014年启动的司法体制改革运动，对于我国刑事诉讼制度的改革完善产生了重大影响。改革决策者在推动“以审判为中心的诉讼制度改革”的同时，还将建立“认罪认罚从宽制度”纳入刑事司法改革的框架之中。最初，认罪认罚从宽的改革构想，主要体现在刑事速裁程序的确立方面。

2014年6月27日，全国人大常委会授权最高人民法院和最高人民检察院在在全国18个城市开展刑事案件速裁程序的试点工作。[1]这一试点一开始主要适用于那些被告人可能被判处1年有期徒刑以下刑罚的轻微刑事案件中。

2016年，在刑事速裁程序试点工作结束之后，全国人大常委会再次授权最高人民法院、最高人民检察院在同样的18个城市进行为期两年的“认罪认罚从宽制度”的试点工作。[2]值得关注的是，后一制度试点的适用范围得到了一定的扩展，被确定为那些可能判处3年有期徒刑以下刑罚的刑事案件。

从理论上说，“认罪认罚从宽”属于一种兼具实体和程序内容的改革措施，其实体部分属于传统上“宽严相济”刑事政策的表现，而其程序部分则是一种特殊的简易程序，也就是通常所说的

---

〔1〕 参见张先明:《全国人大常委会授权“两高”开展刑事案件速裁程序试点工作》，载《人民法院报》2014年6月28日。

〔2〕 参见沙雪良:《18市拟试点认罪认罚从宽制度》，载《京华时报》2016年8月30日。

“刑事速裁程序”。[1]准确地说，2016年开始试点的“认罪认罚从宽制度”并没有取代2014年开始试点的“刑事速裁程序”，而是将刑事速裁程序纳入认罪认罚制度的框架之内。只不过，在这一制度框架内，刑事速裁程序被扩展适用到可能判处3年有期徒刑以下刑罚的案件。[2]

根据为期两年的刑事速裁程序的试点经验来看，全流程简化的刑事速裁程序可以推行。从审查起诉到法庭审理，整个刑事诉讼的结案周期得到大幅度缩短，法庭审理时间被控制在10分钟左右甚至更短。绝大多数刑事案件实行了当庭宣判，法官的人均结案数大幅度上升，刑事速裁案件的上诉率和抗诉率得到降低。伴随着这一程序的试点，法律援助律师在法院、看守所设置的“值班律师办公室”进行工作，为犯罪嫌疑人、被告人提供一定的法律帮助。根据最高人民法院、最高人民检察院报送全国人大常委会的《刑事案件速裁程序试点工作总结》，刑事速裁程序的试点取得了积极的法律效果和社会效果。[3]

2018年，立法机关通过修订《刑事诉讼法》，将“认罪认罚从宽”确立为一项刑事诉讼基本原则，并将认罪认罚从宽程序确立为一种特别刑事诉讼程序。根据这部法律，犯罪嫌疑人、被告人自愿如实供述自己的罪行，承认指控的犯罪事实并愿意接受刑事处罚的，司法机关可以依法从宽处理，并适用一种特别的“认罪认

〔1〕　参见最高人民法院司法改革领导小组办公室编：《〈最高人民法院关于全面深化人民法院改革的意见〉读本》，人民法院出版社2015年版，第76页以下。

〔2〕　参见荆龙：《刑事案件认罪认罚从宽制度试点工作说明》，载《人民法院报》2016年8月30日。

〔3〕　参见沙雪良：《18市拟试点认罪认罚从宽制度》，载《京华时报》2016年8月30日。

罚从宽”的程序。

“认罪认罚从宽”程序的基本特点是，侦查机关、公诉机关在各自的诉讼阶段可以告知犯罪嫌疑人“认罪认罚从宽”的政策，以及对认罪认罚案件适用特别程序的规定。一旦犯罪嫌疑人自愿认罪认罚，侦查机关将记录在案，随案移送，案件自此将进入一种特别快速程序通道。这种快速程序具有以下几个方面的特点：

首先，在审查起诉阶段，检察机关对于认罪认罚的犯罪嫌疑人，在告知诉讼权利的基础上，还要就本案涉及的犯罪事实、罪名、量刑建议、适用程序等问题，听取辩护律师或值班律师的意见，同时也要听取被害人及其诉讼代理人的意见。在此过程中，犯罪嫌疑人及其辩护律师或值班律师都可以就所要建议的量刑种类和幅度，与检察机关进行充分沟通和协商。在各自作出让步或妥协的情况下，双方可以就量刑建议达成协议。

其次，犯罪嫌疑人自愿认罪，并同意量刑建议和程序适用的，应当在辩护律师或值班律师在场的情况下签署“认罪认罚具结书”，辩护律师或值班律师经确认具结书真实合法的，也应在具结书上签字。未经辩护律师或值班律师签字确认的具结书，一律不具有法律效力。

再次，对于认罪认罚的犯罪嫌疑人，检察机关在提起公诉时，应当提出与犯罪嫌疑人达成协议的量刑建议，并随案移送“认罪认罚具结书”等材料。

最后，无论适用何种审判程序，法院对于“认罪认罚”的被告人，应当告知诉讼权利和认罪认罚从宽的法律规定，对“认罪认罚”的自愿性、真实性和合法性进行审查。对于“认罪认罚”案件，法院在作出判决时，原则上应当采纳检察机关指控的罪名和量刑建议。但是，法院认为被告人不构成犯罪或者不应当追究刑事责任、被告人违背意愿“认罪认罚”、被告人否认指控的犯罪事实或者检察机关指控的罪名与法院审理认定的罪名不一致的，法院也可以不采纳检察机关指控的罪名，或者不接受检察机关所提出的量刑建议。

那么，作为我国的一项基本原则，“认罪认罚从宽”程序究竟适用于哪些案件呢？最初，根据全国人大常委会授权最高人民法院和最高人民检察院进行试点的情况，“认罪认罚从宽”程序主要适用于刑事速裁程序，这似乎给人一种“认罪认罚从宽”程序就等于刑事速裁程序的印象。但随着改革试点的完成，尤其是随着全国人大2018年通过对《刑事诉讼法》的全面修订，最终将“认罪认罚从宽”原则适用于刑事诉讼的全流程之中。对于被告人“认罪认罚”的案件，检察机关一旦提起公诉，法院可以根据案件情况，分别决定适用简易程序、速裁程序以及普通程序。由此，在我国《刑事诉讼法》所确立的三种审判程序——普通程序、简易程序和速裁程序——中，“认罪认罚从宽”的原则都可以得到贯彻实施，“认罪认罚从宽”的特别程序也都可以得到适用。

第五节　简化审判的三种模式

2018年以后，我国《刑事诉讼法》所确立的审判程序可以分为两大模式：一是普通审判程序模式；二是简化审判程序模式。前者适用于中级法院及其他更高层级的法院所受理的刑事一审案件，以及基层法院所受理的被告人不认罪的刑事案件。而后者则适用于所有被告人认罪认罚或者只认罪不认罚的刑事案件。根据被告人所可能被判处的刑罚幅度，简化审判模式又可以被细分为三种模式：一是普通程序简化审理模式；二是简易程序模式；三是速裁程序模式。其中，普通程序简化审理模式是法院对那些符合认罪认罚从宽条件的案件，运用普通程序进行的审判程序，以及由简易程序和速裁程序转换过来的审判程序。而简易程序则适用于基层法院受理的被告人可能被判处3年以上有期徒刑的刑事案件，速裁程序适用于基层法院受理的被告人可能被判处3年有期徒刑以下刑罚的轻微刑事案件。

那么，上述三种简化审理模式在具体审判过程中究竟有哪些区别呢？下面依次对其作出简要的分析和评论。

一、普通程序简化审理模式

我国刑事诉讼法所确立的普通程序，既可以适用于基层人民法院对于被告人不认罪案件的审理，也可以适用于中级人民法院、高级人民法院和最高人民法院对所有刑事案件的审理。过去，法院运用普通程序审理刑事案件，要适用统一的刑事审判程序。但自2018年《刑事诉讼法》确立“认罪认罚从宽”程序以来，“认罪认罚从宽”程序开始适用于所有被告人自愿“认罪认罚”的案件，当然也可以在原来适用普通程序的案件中得到适用。由此，根据被告人是否“认罪认罚”这一标准，普通程序就分为两种模式：一是被告人不认罪的普通程序；二是被告人“认罪认罚”的普通程序。后者就是指本书所说的“普通程序简化审理模式”。

在这种普通程序简化审理模式中，被告人通常在审判前阶段已经作出了“认罪认罚”的承诺，并在辩护律师或法律援助值班律师的在场见证下，签署了“认罪认罚具结书”。检察机关在向法院提起公诉时，除了要提交起诉书以外，还要提交“认罪认罚具结书”和“量刑建议书”。

在法庭审理中，法院要告知被告人所享有的诉讼权利和“认罪认罚”的法律规定，听取被告人及其辩护人或者值班律师的意见。除了要遵循普通审理程序的规定以外，法院在庭审中要重点对被告人“认罪认罚”的自愿性、具结书内容的真实性和合法性进行审查核实。核实的内容主要有：被告人是否自愿认罪认罚，有无因受到暴力、威胁、引诱而违背意愿认罪认罚；被告人认罪认罚时的认知能力和精神状态是否正常；被告人是否理解认罪认罚的性质和法律后果；检察机关和侦查机关是否履行了告知义务并听取意见；值班律师或者辩护人是否与检察机关进行沟通，提供了有效帮助或者辩护，并在场见证“认罪认罚具结书”的签署；等等。在庭审过程中，法庭应围绕定罪量刑的关键事实，对被告人认罪认罚的自愿性、真实性等问题进行发问，以确认被告人是否实施犯罪，是否真诚悔罪。

按照普通程序审理“认罪认罚”案件的，法院可以对庭审程序进行进一步的简化。这主要表现在以下几个方面：一是在讯问被告人环节，合议庭应当庭讯问被告人对指控的犯罪事实、证据和量刑建议的意见，核实具结书签署的自愿性、真实性和合法性；二是在法庭调查环节，合议庭应简化对被告人、被害人、证人、鉴定人的讯问和发问程序，对控辩双方没有异议的证据，可以仅就证据名称和证明内容进行说明，而只有对那些控辩双方存在异议或者法庭认为有必要调查核实的证据，才予以出示并进行质证；三是在法庭辩论环节，合议庭应组织控辩双方围绕存有争议的问题展开辩论，对于无争议的问题，则可以简化辩论环节；四是在裁判文书环节，合议庭可以采取简化的裁判方式。

由此可见，所谓普通程序简化审理模式，其实就是刑事诉讼法所确立的简易程序的翻版。由于被告人已经选择了“认罪认罚”，因此，合议庭会采取简易的方式审理被告人的定罪量刑问题。这种法庭审理的重点将是被告人“认罪认罚”的自愿性问题，包括被告人“认罪认罚具结书”的真实性、自愿性和合法性问题。在一定程度上，所谓的普通程序简化审理模式，其实主要就是一种针对被告人“认罪认罚”自愿性问题的程序性模式。

当然，假如在庭审过程中，合议庭发现被告人不构成犯罪或者不应当被追究刑事责任，被告人违背意愿认罪认罚，被告人否认指控的犯罪事实的，应当及时终止这种简化审理程序，转化为正式的普通审理程序。与此同时，法院在运用建议程序或者速裁程序进行法庭审理过程中，发现案件存在上述情形之一的，也可以转化为正式的普通审理程序。

二、简易程序模式

2018年《刑事诉讼法》所确立的简易程序，与2012年所确立的简易程序大体相似，没有发生实质性的区别。只不过，2012年《刑事诉讼法》所确立的简易程序可以被适用于基层法院受理的所有被告人自愿认罪案件，而2018年《刑事诉讼法》所确立的简易程序则主要适用于基层法院受理的被告人可能被判处3年以上有期徒刑的案件。对于这些案件，被告人只要自愿认罪，并同意适用简易程序，或者被告人自愿认罪认罚的，基层法院就都可以适用简易程序。

由于与被告人"认罪认罚从宽"程序要进行衔接，简易程序的适用要以被告人自愿"认罪认罚"为前提，检察机关在起诉时也会提交与被告人及其辩护律师或值班律师达成协议的量刑建议，同时要提交与犯罪嫌疑人签署的认罪认罚具结书。法院在审查被告人认罪认罚自愿性和具结书的真实性和合法性的前提下，原则上都要采纳检察机关在量刑建议中提出的量刑种类和量刑幅度。

在适用认罪认罚从宽特别程序的前提下，法院对适用简易程序的案件，要组成合议庭进行审判；法官应当询问被告人是否认罪认罚，是否同意适用简易程序审理案件。在法庭审理中，法官不再对案件举行普通程序所确立的法庭调查和法庭辩论程序，对于举证、质证和辩论均采取简化处理。但是，法官应当允许控辩双方进行辩论，并给予被告人发表最后陈述的机会。

三、速裁程序模式

对于检察机关起诉的被告人可能被判处3年以下有期徒刑刑罚的轻微刑事案件，基层法院可以按照速裁程序进行审理。除了有较为明确的适用对象外，速裁程序的适用还应符合以下基本条件：

一是案件事实清楚，证据确实、充分，也就是达到了法定的证明被告人有罪的标准。

二是被告人自愿认罪认罚并同意适用速裁程序审理案件的。

三是对于有被害人的案件，被告人与被害人或其法定代理人就附带民事诉讼赔偿等事项达成调解协议或者和解协议的。

为避免法院滥用速裁程序，2018年《刑事诉讼法》对于以下情形禁止适用速裁程序：被告人是盲、聋、哑人或者是限制行为能力的精神病人的；被告人是未成年人的；案件具有重大社会影响的；共同犯罪案件中部分被告人对指控的犯罪事实、罪名、量刑建议或者适用速裁程序存有异议的；被告人与被害方没有就附带民事诉讼赔偿等事项达成调解或和解协议的；等等。

与简易程序不同的是，法院适用速裁程序审理案件，一般不再进行法庭调查和法庭辩论。但是，法官在判决宣告前，要听取辩护人的意见，并听取被告人的最后陈述意见。与此同时，为提高诉讼效率，法院对适用速裁程序的案件，一律实行当庭宣判。

当然，法院在适用速裁程序审理案件的过程中，仍然要适用前述有关"认罪认罚从宽"的特别程序。检察机关在提起公诉时，可以建议适用速裁程序，并将起诉书连同"量刑建议书"和"认罪认罚具结书"一并提交法院。法院要当庭审查被告人"认罪认罚"的自愿性，审查"认罪认罚具结书"的真实性和合法性。在审查确认的基础上，法院一般都会对检察机关指控的罪名和量刑建议予以确认。

四、评价

自1996年《刑事诉讼法》首次确立简易审判程序以来，历经数次司法改革和立法完善，我国终于确立了普通程序与简化审理模式两大模式并存的刑事审判制度。尽管"认罪认罚从宽"原则可以在普通程序、简易程序和速裁程序中均加以适用，但是，真正集中体现

“认罪认罚从宽”精神的程序，应当还是简易程序和速裁程序。

在简易程序和速裁程序中贯彻“认罪认罚从宽”的理念，最大的突破莫过于对控辩协商制度的接受和确立。所谓“控辩协商”，是指在犯罪嫌疑人、被告人“认罪认罚”的前提下，检察官与其就量刑种类和量刑幅度达成非正式协议，就按此协议向法院提出量刑建议。从理论上说，检察官与犯罪嫌疑人就量刑问题进行协商，并达成一种“各方利益兼得”的协议，这体现的是一种“协商性司法”的理念，维护了控辩双方平等协商和等价有偿的市场经济价值观念。假如犯罪嫌疑人有足够的能力进行这种协商，而辩护律师或值班律师又能尽职尽责地维护其合法权益，那么，检察官在形成量刑建议的时候，确实有可能提出一种对被告人而言较为“优惠”的量刑方案。

尽管2018年《刑事诉讼法》要求法院要审查案件是否事实清楚，证据是否确实、充分，但是，对于被告人“认罪认罚”的案件，法院一般都放弃了实质审查权，而只是保留了形式审查权。具体而言，法院所要审查的主要是被告人“认罪认罚”的自愿性，以及“认罪认罚具结书”的真实性和合法性。经审查后加以确认无误的，法院即可确认检察机关指控的罪名，并按照量刑建议所设定的量刑幅度来科处刑罚。法院对定罪量刑实质审查权的放弃，其实意味着检察机关在适用认罪认罚从宽的特别程序中占据了主导性地位，牢牢控制了整个简易程序和速裁程序，并对案件最终的定罪量刑结局具有压倒性的影响力。

当然，这种“认罪认罚从宽”的特别程序尽管包含着一些“控辩协商”的成分，却没有完全变成美国式的“辩诉交易”程序。美国辩诉交易的本质特征是，检察官在起诉方面享有极大的自由裁量权，接受辩诉交易的前提在于避免法院作出无罪判决的结局。正因如此，检察官愿意适用辩诉交易的案件通常都是在采纳证据和认定事实上存在明确缺陷或瑕疵的案件，也就是案件可能难以达到“排除合理怀疑”的证明标准，他们为避免法院作出无罪判决，而不得不退而求其次，愿意在指控的犯罪数量、罪名以及量刑幅度上作出不同程度的让步或妥协，以换取被告人作出有罪答辩，从而避开那种具有高度不确定的陪审团审判，使法院直接启动量刑听证程序。但是在中国，由于受到罪刑法定、罪刑相适应以及在适用“法律之上人人平等”等刑法原则的约束，检察官与犯罪嫌疑人不可能在以下问题上达成妥协，或者作出重大让步：一是在认定被告人构成多项指控罪名的情况下，减少指控的罪名数量；二是在认定被告人构成重罪的情况下，将指控的罪名改为轻罪；三是在被告人不存在法定减轻处罚情节的情况下，仅仅因为被告人“认罪认罚”而提出法定量刑幅度以下的量刑建议。与此同时，对于案件明显事实不清、证据不足，达不到法定定罪标准的，检察官也不会轻易提出适用简易程序或速裁程序的建议，法院也有可能阻止此类案件进入简易程序或速裁程序之中。这样，所谓的“控辩协商”，其实也就变成控辩双方在确定犯罪事实和指控罪名的前提下，在法定量刑幅度内对被告人选择适用较为轻缓的量刑幅度。这就使控辩双方达成妥协的空间变得十分有限。

自2014年司法体制改革决策者将“认罪认罚从宽改革”纳入改革框架以来，直至2018年《刑事诉讼法》确立“认罪认罚从宽”的特别程序，这种以提高诉讼效率、实现司法资源合理配置为目标的改革，就大体上告一段落了。但是，通过认真观察简易程序和速裁程序的适用情况，我们也发现了这一特别程序的一些缺憾和不足。这突出地表现在值班律师难以发挥作用和检察官主导“认罪认罚”程序这两个方面。

目前，各地看守所和法院都设置了法律援助值班律师办公室，有专门的值班律师为那些认罪认罚的犯罪嫌疑人、被告人提供紧急性、临时性的法律帮助。按照2018年《刑事诉讼法》的制度设计，值班律师并不是辩护律师，也不享有辩护人的诉讼权利和诉讼地位。值班律师只是为那些愿意“认罪认罚”的犯罪嫌疑人、被告人提供有限的法律帮助，如提供法律咨询、提供有关程序选择的建议、申请变更强制措施等。在适用“认罪认罚从宽”程序方面，值班律师所能做的通常是向检察官就指控的犯罪事实、罪名和量刑建议发表意见，在犯罪嫌疑人签署“认罪认罚具结书”时在场并签字确认，等等。由于不具有辩护人的身份，值班律师既无法享有阅卷、会见和调查取证的权利，也难以在法庭审理中为被告人提供辩护服务。可想而知，值班律师就连案卷都无法接触，对案情和争议焦点问题并不熟悉，他们怎么可能为犯罪嫌疑人、被告人提供有效的法律帮助呢？另外，值班律师都是接受法律援助机构的委派来提供法律帮助的，他们既没有接受犯罪嫌疑人、被告人的委托，也没有被制定担任某一犯罪嫌疑人、被告人的辩护人，他们既没有“客户”的概念，也缺乏基本的“忠诚义务”和“有效辩护”意识。在司法实践中，一些值班律师经常将看守所、侦查机关、检察机关的工作便利作为考虑问题的出发点，而难以维护基本的职业伦理。例如，很多值班律师就将自身定位为协助推动犯罪嫌疑人、被告人“认罪认罚”的一方，甚至定位为犯罪嫌疑人签署“认罪认罚具结书”的“见证人”，以帮助检察机关获取具有法律效力的具结书为己任，而对检察机关指控的犯罪事实、罪名以及量刑建议不作任何富有意义的审查。这样的值班律师在实践中必然出现“功能异化”的问题。

对于检察机关主导“认罪认罚从宽”程序的问题，前面已经有所讨论。但是，在值班律师没有机会查阅案卷，难以发挥实质作用的情况下，法官又经常怠于全面阅卷，放弃了对检察机关指控的犯罪事实、罪名和量刑建议的实质审查权，而仅仅从形式上审查被告人“认罪认罚”的自愿性。可以说，在值班律师无法对检察官形成制衡作用，而法官的法庭审理又完全流于形式的情况下，检察机关就完全掌控了“认罪认罚从宽”程序的进程，甚至基本上决定了案件的定罪量刑结局。但是，检察机关毕竟是一种刑事追诉机关，它既不中立也不客观，而具有追求追诉成功的欲望和动力。再加上我国侦查机关屡屡出现违反法律程序获取有罪证据的情况，检察机关也经常滥用国家赋予的公诉资源，对于案件事实不清、证据不足，根本无法达到“排除合理怀疑”的证明标准的，也会提起公诉。而在值班律师不熟悉案情、法官对案卷情况不甚了解的情况下，这种认罪认罚从宽程序岂不容易变成检察机关自导自演的“独角戏”吗？假如检察机关起诉的案件根本就是冤假错案，那么，在证据信息不对称的情况下，检察机关的指控仍然可以轻易地通过值班律师的审查，甚至得到法官的当庭确认。这样的认罪认罚程序岂不让人深感忧虑？

我的第一本书

——《刑事审判原理论》再版小记

1997年，北京大学出版社出版了我的第一本学术著作《刑事审判原理论》。这本书出版后，在法学界引起不小的反响。根据苏力教授2004年就中国1997年以来法学著作引用率的实证分析，该书被列为引用率最高的前15部中国法学著作之一，也是唯一一部进入这一排名的诉讼法学类著作。2004年，《刑事审判原理论》的第二版出版。

如今，距离《刑事审判原理论》的初次出版已经过去二十多年了。在这二十多年时间里，我先后又出版了十余部个人学术专著，并从一名法学博士后研究人员成为法学教授。经过这么多年的学术生涯，我已经没有了过去那种出版著作后的欣喜和兴奋，而更多了些接受裁判般的惶恐。然而，每当想起当年我在北大出版社出版第一本书前后的情景，就不由感慨万端，心情久久不能平静。

1995年6月，我在中国政法大学完成了博士学位论文答辩，顺利获得了法学博士学位，同时被当时的北京大学法律学系录取为第一位法学博士后研究人员。论文在答辩过程中受到了一致的好评，被认为在刑事审判的性质、价值标准、程序正义理论、诉讼原则、诉讼构造分类等方面的研究上取得了较大的突破。答辩后的我不仅自视甚高，而且觉得前途一片光明。但没有想到的是，在后来几个月的时间里，我在联系该书的出版问题上竟然连连遭遇挫折，以至于一度产生了放弃出版的想法！

在当时的法律出版界，出版学术专著是一件十分困难的事情。如果没有名家推荐，交不起赞助费，预期的经济效益不甚乐观，那么，学术著作将很难面世。起初，我找到的是一家专业出版社。一位法律编辑接待了我，跟我大谈特谈法律中的一些前沿理论课题，最后让我把博士论文留下，回去等候消息。两个星期过去了，在我即将前往北大报到的前夕，法律编辑打来电话，说稿件未能满足出版要求，而且缺少名家推荐。

后来，我又与几家出版社的编辑联系过出书事宜。但他们要么声称会收取多达几万元的出版赞助费，要么以选题不适或者经济效益不乐观为由，婉言拒绝了。博士学位论文一次又一次遭遇到了“退稿”。

幸运的是，在1996年年底，我经过修改的博士学位论文终于被北京大学出版社所接纳。当责任编辑杨立范先生通读完稿子并答应列入出版计划的时候，我简直快欣喜若狂了。出版有了眉目，我反而不着急将论文稿子送出去，而是潜下心来开始了近乎苛刻的修改工作。由于当时电脑并不普及，我的博士学位论文是用手工在稿子上一个字一个字写出来的。在答辩之前，论文就前后写过两遍：第一遍（初稿）写了近8个月，总字数多达40万；时隔一个月后，我在原稿的基础上，又写出了第二稿（修改稿），将总字数精简为20万。在北大出版社答应出版之后，我仍然是以手工操作方式对论文进行了增、删、改、补。能在原稿上修改的，尽量保持原稿的样式；实在改动太大的，就将修改后的稿子重新抄写一遍。

在修改博士学位论文的同时，我还在当时的北大法律学系开设了来北大后的第一学期课程——为一个研究生班讲授“刑事诉讼法专题”。听课的学员都是在职人员，来自公、检、法、司以及其他政府部门，其中还有几位科班出身的律师和法学教师。在讲课过程中，我有意无意地将博士学位论文中的不少观点教授给了学员们，得到了他们的热情反馈，对博士学位论文的出版给予了真诚的期待和祝愿。这给了我极大的鼓舞和激励。

在1995年年底对博士学位论文的修改工作几近结束之际，《刑事诉讼法》的修订课题和修订方向也已经尘埃落定。第二年3月，全国人大正式通过了修订后的《刑事诉讼法》。该项法律对中国的刑事诉讼制度作出了多处重大而影响深远的改革。作为一部新出版的法学著作，不可能不对这部法律的相关内容作出适当的评述，否则，就属于对读者的不负责任。于是，我再一次延长了出版周期，对书稿进行了最后一次修改。

1997年2月，包含着本人大量心血的《刑事审判原理论》一书终于面世了。抚摸着新书的封面，闻着新书散发的淡淡幽香，我一连几天都沉醉其中。甚至就连睡觉时都会放一本在枕前，就那么漫无目的地翻一翻，仿佛就像爱抚自己的新生儿……可惜的是，出版第一本书时的这种奇妙感觉，在以后的出书过程中再也没有出现过。

在当时的中国法学界，像样一些的法学著作并不多见。尤其是在诉讼法学界，占主导地位的著作仍然是一部部法学教科书，以及一些带有教科书体例的“专著”。而真正具有世界眼光而又问题意识强烈的理论著作则甚为少见。

《刑事审判原理论》不见得对中国问题作出了多少深入的分析，也不见得就站在世界法学理论的最前沿，但它的理论视角和创新意识却是明显的，资料的整理也是全面的，观点的表述也是全新的。根据后来的了解，青年学生对这本书表现出很大的兴趣，一些北京以外的法官和法学教师也对它表现出了偏爱。这里顺便介绍两个小插曲：上海当时的一位中级法院的院长读过这本书后，就邀请素昧平生的我前去该法院讲学，讲授“程序正义理论”，并担任该院“审判方式改革研究专家委员会委员”，后来整理出来的讲稿甚至成为年轻法官培训上岗的教材；一位地方综合性大学的法学院院长，直接给素不相识的我打电话，邀请我为该法学院全体师生教授刑事诉讼法学前沿讲座……

《刑事审判原理论》在给我带来荣誉的同时，也激发了我进一步的学术思路。自1997年以来，我先后在程序正义理论、司法权的性质、刑事审判的司法审查、刑事诉讼的纵向构造、证据法学的理论基础等课题的研究上下过不少的功夫。这些课题显然都是《刑事审判原理论》研究的继续和深化；近期以来，我所研究过的未决羁押的法律分析、法院变更罪名、对被告人重复追诉、刑事证据规则、公法的第三领域等问题，也深受我第一本书的影响。

甚至我刚刚出版的《程序性制裁理论》以及其中所提出的程序性违法、程序性制裁、程序性裁判、程序性辩护、程序性上诉、宪法性救济等崭新的概念以及相关理论，简直也可以说是《刑事审判原理论》的理论延伸……可以说，正是通过第一本书的写作和出版，我才可能持续不断地在一块学术沃土上长期地耕耘和思索，不仅保持对法学学术的持续热情，而且发现了过去所没有见识过的丰富研究课题。爱因斯坦说过，我们掌握的知识就好比一个圆圈，知识越多，圆圈越大，未知的领域也就越大。深入地就一个题目钻研下去，并从中发现更多的未知领域，拓展自己的学术空间，这或许是我未来拓展学术视野的必由之路。

当然，从今日的眼光来看，《刑事审判原理论》中的一些观点已经显得有些不合时宜了，其中所运用的法学方法也似乎有些幼稚；这部带有浓重"思辨"色彩的"学生期作品"也缺乏笔者近期所强调的"问题意识"。但是，作为我的第一本书，《刑事审判原理论》的出版过程使我深深地体会到创业之艰难。尤其是对于那些初出茅庐的青年学子而言，假如没有心胸豁达人士的发现和提携，要想做出一些成绩几乎是不可想象的。这本书可能不属于我的巅峰之作，甚至就连代表作都算不上，但它却奠定了我一生的学术基础，培养了我的学术兴趣和热情，使我树立了以学术为业的信念。

《刑事审判原理论》的出版是我学术生涯的开始，却已经深深影响了我的学术之路。

2019年3月1日记于

北京大学中关园

参考文献

一、中文部分

1.［美］约翰·罗尔斯:《正义论》，何怀宏等译，中国社会科学出版社1988年版。

2.［日］棚濑孝雄:《纠纷的解决与审判制度》，王亚新译，中国政法大学出版社1994年版。

3.［美］诺内特等:《转变中的法律与社会》，张志铭译，中国政法大学出版社1994年版。

4.［美］E.博登海默:《法理学——法哲学及其方法》，邓正来译，华夏出版社1987年版。

5.［美］彼得·斯坦等:《西方社会的法律价值》，王献平译，中国人民公安大学出版社1990年版。

6.［美］戈尔丁:《法律哲学》，齐海滨译，生活·读书·新知三联书店1987年版。

7.［法］托克维尔:《论美国的民主》，董果良译，商务印书馆1992年版。

8.［美］卡尔威因等:《美国宪法释义》,徐卫东、吴新平译,华夏出版社1989年版。

9.［美］乔恩·R.华尔兹:《刑事证据大全》,何家弘等译,中国人民公安大学出版社1993年版。

10.［美］哈罗德·伯曼编:《美国法律讲话》,陈若恒译,生活·读书·新知三联书店1988年版。

11.［法］勒内·达维德:《当代主要法律体系》,漆竹生译,上海译文出版社1984年版。

12.沈宗灵:《现代西方法理学》,北京大学出版社1991年版。

13.［英］特纳:《肯尼刑法原理》,王国庆等译,华夏出版社1989年版。

14.［美］阿瑟·奥肯:《平等与效率》,王奔洲等译,华夏出版社1987年版。

15.龚祥瑞:《西方国家司法制度》,北京大学出版社1993年版。

16.［意］朱塞佩·格罗索:《罗马法史》,黄风译,中国政法大学出版社1994年版。

17.［美］弗兰克纳:《伦理学》,关键译,生活·读书·新知三联书店1987年版。

18.［意］贝卡里亚:《论犯罪与刑罚》,黄风译,中国大百科全书出版社1993年版。

19.［美］艾德勒:《六大观念》,郗庆华等译,生活·读书·新知三联书店1991年版。

20.［美］罗杰·科特威尔:《法律社会学导论》,潘大松等译,华夏出版社1989年版。

21.［美］罗伯特·考特等:《法和经济学》，张军等译，上海三联书店1991年版。

22.［法］孟德斯鸠:《论法的精神》，张雁深译，商务印书馆1982年版。

23.李心鉴:《刑事诉讼构造论》，中国政法大学出版社1992年版。

24.陈光中等:《中国古代司法制度》，群众出版社1984年版。

25.陈朴生:《刑事经济学》，正中书局1975年版。

26.黄东熊:《刑事诉讼法论》，三民书局1991年版。

27.蔡墩铭:《审判心理学》，水牛出版社1981年版。

28.［美］A.J.M.米尔恩:《人权哲学》，王先恒等译，东方出版社1991年版。

29.［德］K.茨威格特等:《比较法总论》，潘汉典等译，贵州人民出版社1992年版。

30.［美］埃尔曼:《比较法律文化》，贺卫方、高鸿钧译，生活·读书·新知三联书店1990年版。

31.徐景峰主编:《联合国预防犯罪和刑事司法领域活动与文献纵览》，法律出版社1992年版。

32.［日］木下太郎:《九国宪法选介》，康树华译，群众出版社1981年版。

33.《人权宣言》，求实出版社1989年版。

34.《意大利刑事诉讼法典》，黄风译，中国政法大学出版社1994年版。

35.《德国刑事诉讼法典》，李昌珂译，中国政法大学出版社1995年版。

36.(唐)长孙无忌等:《唐律疏议》,中华书局1982年版。

37.[德]施奈德:《犯罪学》,吴鑫涛等译,中国人民公安大学出版社1990年版。

38.[德]施奈德:《国际范围内的被害人》,许章润等译,中国人民公安大学出版社1992年版。

39.王名扬:《美国行政法》,中国法制出版社1995年版。

40.陈光中、严端:《中华人民共和国刑事诉讼法修改建议稿与论证》,中国方正出版社1995年版。

二、外文部分

1.Barton L.Ingraham, *The Structure of Criminal Procedure*, Greenwood Press, 1987.

2.Jenny Mcewan, *Evidence and the Adversarial System*, Blackwell Publishers, 1992.

3.R.A.Duff, *Trial and Punishment*, Cambridge University Press, 1986.

4.Gerald M.Pops&Thomas J.Pavlak, *The Case for Justice*, Jossery-Bass Publishers, 1991.

5.J.R.Lucas, *On Justice*, Oxford University Press, 1980.

6.*Comparative Law Yearbook*, *Vol.9*, Martinus Nijhoff Publishers, 1985.

7.J.A.Andrews, *Human Rights in Criminal Procedure*, Martinus Nijhoff Publishers, 1982.

8.Mireille Delmas-Marty, *The Criminal Process and Human*

Rights, Martinus Nijhoff Publishers, 1995.

9.*Judicial Independence*, Martinus Nijhoff Publishers, 1985.

10.R.Dworkin, *A Matter of Principle*, Oxford: Clarendon Press, 1985.

11.Michael D.Bayles, *Principles of Law*, D.Reidel Publishing Company, 1987.

12.Micheal D.Bayles, *Procedural Justice*, D.Reidel Publishing Company, 1990.

13.Esmein, *A History of Continental Criminal Procedure*, Little Brown&Company, 1913.

14.D.J.Galligan, *Procedure*, Dartmouth Publishing C.Ltd, 1992.

15.D.J.Galigan, *Discretionary Powers: A Legal Study of Official Discretion*, Oxford: Clarendon Press, 1986.

16.H.Packer, *The Limits of the Criminal Sanction*, Stanford University Press, 1968.

17.Masters&Gruter, *The Sense of Justice*, *Biological Foundations of Law*, Sage Publications, International Educational and Professional Publishers, 1992.

18.D.J.Galligan&C.J.Sampford, *Law*, *Rights and the Welfare State*, London: Groom Helm, 1992.

19.Klaus R.Scherer, *Justice: Interdisciplinary Perspectives*, Cambridge University Press, 1992.

20.Lon L.Fuller, *The Forms and Limits of Adjudication*, *in American Court System*, W.H.Freman&Company, 1978.

21.Gerald J.Postama, The Principle of Unility and the Law of Procedure: Bentham's Theory of Adjudication, in *Georgia Law Review*, Vol.11: 1393 (1977).

22.Richard A.Posner, An Economic Approach to legal Procedure and Judicial Administration, in *The Journal of Legal Studies* 2 (1973).

23.R.S.Summers, Evaluating and Improving Legal Process—A Plea for "Process Values", in *Cornell Law Review*, Vol.60, November 1974, No.1.

24.Jack H.Nagel, *Participation*, Prentice-Hall, Inc., 1987.

25.Melvin Eisenberg, Participation, Responsiveness, and the Consultative Process: An Essay for Lon Fuller, *Harvard Law Review* 92 (1978).

26.William T.Pizzi&Luce Marafioti, The New Italian Code of Criminal Procedure: The Difficulties of Building an Adversarial Trial System on a Civil Law Foundation, in *The Yale Journal of International Law*, Vol.17, No.1, Winter 1992.

27.M.Chrif Bassiouni, *The Protection of Human Rights in the Administration of Criminal Justice*, Transnational Publishers, Inc., 1994.

天
Borderless
下

图书在版编目(CIP)数据

刑事审判原理论 / 陈瑞华著. -- 3版. -- 北京：
法律出版社, 2020
ISBN 978-7-5197-4016-0

Ⅰ. ①刑… Ⅱ. ①陈… Ⅲ. ①刑事诉讼 – 审判 – 研究
– 中国 Ⅳ. ①D925.218.4

中国版本图书馆CIP数据核字(2019)第248041号

刑事审判原理论（第三版）
XINGSHI SHENPAN YUANLILUN（DI-SAN BAN）
陈瑞华 著

策划编辑 高 山
责任编辑 高 山 邓颖君
装帧设计 汪奇峰

开本 A5
版本 2020年7月第3版
出版 法律出版社
总发行 中国法律图书有限公司
印刷 天津嘉恒印务有限公司

印张 16 **字数** 353千
印次 2020年7月第1次印刷
编辑统筹 学术·对外出版分社
经销 新华书店
责任印制 陶 松

法律出版社/北京市丰台区莲花池西里7号(100073)
网址/www.lawpress.com.cn
投稿邮箱/info@lawpress.com.cn 销售热线/400-660-8393
举报维权邮箱/jbwq@lawpress.com.cn 咨询电话/010-63939796

中国法律图书有限公司/北京市丰台区莲花池西里7号(100073)
全国各地中法图分、子公司销售电话：
统一销售客服/400-660-8393/6393
第一法律书店/010-83938432/8433 西安分公司/029-85330678 重庆分公司/023-67453036
上海分公司/021-62071639/1636 深圳分公司/0755-83072995

书号： ISBN 978-7-5197-4016-0 **定价：** 88.00元
(如有缺页或倒装，中国法律图书有限公司负责退换)